westermann

Martin Voth, Jörg Bräker

Lernsituationen Einzelhandel

2. Ausbildungsjahr

8. Auflage

Bestellnummer 66134

Die in diesem Produkt gemachten Angaben zu Unternehmen (Namen, Internet- und E-Mail-Adressen, Handelsregistereintragungen, Bankverbindungen, Steuer-, Telefon- und Faxnummern und alle weiteren Angaben) sind i. d. R. fiktiv, d. h., sie stehen in keinem Zusammenhang mit einem real existierenden Unternehmen in der dargestellten oder einer ähnlichen Form. Dies gilt auch für alle Kunden, Lieferanten und sonstigen Geschäftspartner der Unternehmen wie z. B. Kreditinstitute, Versicherungsunternehmen und andere Dienstleistungsunternehmen. Ausschließlich zum Zwecke der Authentizität werden die Namen real existierender Unternehmen und z. B. im Fall von Kreditinstituten auch deren IBANs und BICs verwendet.

Materialien für Lehrerinnen und Lehrer

Lösungen Download: 978-3-427-66135-1
Zum Informationshandbuch:
BiBox für Lehrerinnen und Lehrer (Einzellizenz) 978-3-427-66139-9
BiBox für Lehrerinnen und Lehrer (Kollegiumslizenz) 978-3-427-66140-5

BiBox westermann inkl. E-Book

Materialien für Schülerinnen und Schüler

Informationshandbuch: 978-3-427-66133-7

Dazu erhältlich:
BiBox (Laufzeit 1 Jahr) 978-3-427-66136-8

BiBox westermann inkl. E-Book

westermann GRUPPE

Druck und Bindung: Westermann Druck GmbH, Braunschweig

ISBN 978-3-427-**66134**-4

LERNFELD 6 Waren beschaffen

LERNFELD 7 Waren annehmen, lagern und pflegen

LERNFELD 8 Geschäftsprozesse erfassen und kontrollieren

LERNFELD 9 Preispolitische Maßnahmen vorbereiten und durchführen

LERNFELD 10 Besondere Verkaufssituationen bewältigen

Warenwirtschaftssystem 2: Beschaffung

LERNFELD 6
Waren beschaffen

1 Die Limitrechnung bei der Beschaffungsplanung einsetzen

Frau Abel, Mitarbeiterin in der Sportabteilung des City-Warenhauses, bemerkt eine Kundin, die sich Hilfe suchend umschaut, und spricht diese an. Frau Abel: „Guten Tag, was kann ich für Sie tun?"

Kundin: *„Ich suche einen Tennisanzug von ‚Sporty' in einer von den neuen modischen Farben. Haben Sie da noch etwas vorrätig? Ich kann in meiner Größe nichts finden."*

Frau Abel geht mit der Kundin zum Ständer mit den Tennisanzügen. Da sie auch keine Anzüge der Firma ‚Sporty' finden kann, ruft sie Andrea, die für die Bestellung der Anzüge zuständig ist.

Frau Abel: *„Die Kundin interessiert sich für einen Tennisanzug der Firma ‚Sporty'."*

Andrea: „Davon habe ich bereits am Montag den letzten verkauft, tut mir leid."

Die Kundin verabschiedet sich mit einem enttäuschten Gesichtsausdruck von den beiden.

Frau Abel: *„Das ist aber ärgerlich. Die Kundin war heute nicht die erste, der ich Sportbekleidung der Firma ‚Sporty' hätte verkaufen können, wenn noch etwas vorhanden gewesen wäre. Wie viele hatten wir denn auf der Messe geordert?"*

Andrea: „12 Stück. Herr Heuser wollte bei diesen modischen Farben lieber etwas zurückhaltender bestellen."

Frau Abel: *„Aber die Saison fängt doch gerade erst an, was sollen wir den Kunden denn anbieten? Hat sich denn schon jemand bei ‚Sporty' erkundigt, ob wir noch Anzüge nachbestellen können?"*

Andrea: „Für weitere Wareneinkäufe haben wir leider kein Geld mehr übrig. Wir sollten zusehen, dass wir die Anzüge der Firma ‚Ass' an den Mann und die Frau bringen, die in der letzten Saison so gut verkauft werden konnten. Davon haben wir auch in dieser Saison wieder eine große Menge bestellt, das Lager quillt fast über. Leider hängen diese Anzüge in diesem Jahr wie Blei in den Ständern."

Frau Abel: *„Tja, der Geschmack unserer Kunden verändert sich halt ständig. Damit wir darauf entsprechend reagieren können, müssen wir den Einkauf einfach besser planen. Für die kommende Saison sollten wir den Wareneinkauf für Sportbekleidung mithilfe der Limitrechnung steuern."*

Andrea: „Limitrechnung?"

Frau Abel: *„Mithilfe der Limitplanung legt der Einzelhändler fest, bis zu welchem Betrag innerhalb eines bestimmten Zeitraums Waren eingekauft werden dürfen. So ist es möglich, den Wareneinkauf sorgfältiger zu planen. Es muss immer genug Auswahl vorhanden sein, damit wir jederzeit verkaufsbereit sind. Andererseits müssen aber auch noch genug finanzielle Reserven vorhanden sein, um auf eine veränderte Nachfrage reagieren zu können."*

Andrea: „Das hört sich gut an."

Frau Abel: *„Ja, es ist auch ein wirksames Mittel zur Einkaufsplanung. Am besten machen wir uns für die nächste Saison gleich an die Arbeit."*

ARBEITSAUFTRAG

Planen Sie den Wareneinkauf für die Warengruppe „Sportbekleidung“ mithilfe der Limitrechnung für die Herbst-/Wintersaison 20(0).

VORSCHLÄGE ZUM VORGEHEN

1. Verwenden Sie das unten stehende Formular für die Saison Herbst/Winter 20(0). Die Einkaufsplanung liegt um einen Monat verschoben zwischen August und Januar. Die Euro-Beträge sind Einstands-(Bezugs-)preise.
2. Gehen Sie davon aus, dass in der Warengruppe „Sportbekleidung“ Produkte im Wert von 120000,00 € (bewertet zu Einstandspreisen) verkauft werden können.
3. Berücksichtigen Sie aufgrund von Vergleichszahlen aus der Vergangenheit, dass sich der geplante Umsatz wie folgt auf die Saison-Monate verteilt:

September	20 %	November	10 %	Januar	20 %
Oktober	30 %	Dezember	10 %	Februar	10 %

4. Planen Sie für die Saison eine Vergrößerung des Lagerbestandes um Waren im Wert von 20000,00 €.
5. Setzen Sie 20 % des Netto-Limits als Limitreserve an.
6. Verteilen Sie das Netto-Limit wie folgt auf die Einkaufsmonate:

August	40 %	Oktober	10 %	Dezember	10 %
September	20 %	November	10 %	Januar	10 %

Limitrechnung					Saison	H/W 20(0)
Saison-Monate	%	Plan-Verkauf €	Ist-Verkauf €	Abweichung +/– €		
September	20 %					
Oktober						
November						
Dezember						
Januar						
Februar						
= Brutto-Limit	€	120000,00 €				

			Aufteilung des Netto-Limits nach Monaten					
+ Lager-Anbau	€							
– Lager-Abbau	€		August	Sept.	Okt.	Nov.	Dez.	Jan.
= Netto-Limit	%		40 %					
	€							
– Limitreserve	%							
	€							
= freies Limit	€							

AUFGABEN

1

Ein Einzelhändler erstellt für die Warengruppe „Weiße Ware" (Kühlschränke, Gefriertruhen, Elektroherde usw.) eine Limitplanung für den Monat Januar.

Limitplanung Monat Januar 20(0)	
geplanter Wareneinsatz (Brutto-Limit)	430 000,00 €
tatsächlicher Lagerbestand am Monatsanfang	80 000,00 €
geplante Erhöhung des Lagerbestandes auf	100 000,00 €
geplante Limitreserve	30 %

Berechnen Sie aufgrund der oben stehenden Zahlen das freie Limit. Verwenden Sie die nachfolgende Tabelle.

	€
Geplanter Wareneinsatz (Brutto-Limit)	
+ Lageranbau	
– Lagerabbau	
= Netto-Limit	
– Limitreserve	
= freies Limit	

Warenabsatz = verkaufte Menge in Stück
Wareneinsatz = verkaufte Menge zu Einstandspreisen
Umsatz = verkaufte Menge zu Verkaufspreisen

2

Die Lederwarenabteilung eines Einzelhandelsgeschäftes verfügt für die Beschaffungsplanung über folgende Daten zum 1. Halbjahr 20(0):

geplanter Wareneinsatz	620 000,00 €
Lagereröffnungsbestand	210 000,00 €
geplanter Lagerschlussbestand	180 000,00 €
Limitreserve	25 %

Erstellen Sie aufgrund der Daten die Limitplanung für das 1. Halbjahr 20(0).

3

Die Spielwarenabteilung eines Warenhauses plant die Wareneinkäufe für den Monat Mai anhand folgender Daten.

Limitplanung für den Monat Mai 20(0)	
geplanter Wareneinsatz (Brutto-Limit)	230 000,00 €
tatsächlicher Lagerbestand am Monatsanfang	60 000,00 €
geplanter Lagerbestand am Monatsende	90 000,00 €
geplante Limitreserve	30 %
bereits erteilte Aufträge	65 000,00 €

Berechnen Sie aus den oben stehenden Daten das noch zur Verfügung stehende freie Limit.

4

Ein Kosmetikgeschäft plant den Jahreseinkauf über eine Limitrechnung nach folgenden Daten.

Limitplanung 20(0)	
geplanter Wareneinsatz (Brutto-Limit)	1 300 000,00 €
tatsächlicher Lagerbestand am Jahresanfang	250 000,00 €
geplanter Lagerbestand am Jahresende	240 000,00 €
geplante Limitreserve	20 %
Wareneinkauf bis zum 30.06.20(0)	680 000,00 €

Berechnen Sie das freie Limit, das für die zweite Jahreshälfte zur Verfügung steht.

5

Das Einzelhandelsgeschäft Wohndesign plant die Wareneinkäufe für das zweite Halbjahr 20(0). Dabei geht es von folgenden Zahlen aus:

geplante Verkäufe zu Einkaufspreisen	650 000,00 €
geplanter Lageranfangsbestand zum 01.07.20(0)	150 000,00 €
geplanter Lagerendbestand am 31.12.20(0)	120 000,00 €

Berechnen Sie aus den gegebenen Zahlen das Netto-Limit.

6

Ein Einzelhändler erhält aus seiner Warenbuchhaltung am 01.11.20(0) folgende Werte:

Lagerbestand am 31.10.20(0)	900 000,00 €
geplanter Lagerbestand für den 30.11.20(0)	700 000,00 €
geplanter Wareneinsatz für den Monat November	300 000,00 €
bereits für November erteilte Aufträge	20 000,00 €

Der Einzelhändler arbeitet mit einer Limitreserve von 10 % vom geplanten Wareneinsatz.

Ermitteln Sie

a den geplanten Lagerabbau im Monat November in Euro,

b das Gesamtlimit in Euro ohne Berücksichtigung der Limitreserve und der bereits erteilten Aufträge,

c das noch zur Verfügung stehende Limit unter Berücksichtigung der Limitreserve und der bereits erteilten Aufträge.

7

Die nachfolgend beschriebenen Vorgänge verändern das Einkaufslimit.

Prüfen Sie, ob durch unten stehende Vorgänge das Einkaufslimit [1] erhöht, [2] verringert, [3] nicht verändert wird.

Vorgänge:

1	Durch eine Werbeaktion ist mehr Lagerbestand abgebaut worden als geplant.	☐
2	Aufgrund des günstigen Einkaufs wird Ware auf der Aktionsfläche angeboten.	☐
3	Durch die Geschäftseröffnung eines neuen Mitbewerbers stellen sich Umsatzrückgänge ein.	☐
4	Ein Lieferer sendet nicht bestellte Ware. Der Einzelhändler schickt die Ware nach Absprache mit dem Lieferer zurück.	☐

8

Das freie Limit ist die entscheidende Planungsgröße bei der Einkaufsplanung.

Stellen Sie fest, welche der unten stehenden Erläuterungen auf den Begriff „freies Limit“ zutreffen.

1 Betrag, der in einem Planungszeitraum für die Auftragsvergabe insgesamt zur Verfügung steht.

2 Soll-Wareneinsatz unter Berücksichtigung der geplanten Lagerbestandsveränderungen

3 Betrag, der für die Auftragsvergabe in einer bestimmten Planungsperiode insgesamt zur Verfügung steht, vermindert um eine Reserve, die das Planungsrisiko auffangen soll.

4 Gesperrter Betrag, der nur dann freigegeben wird, wenn sich die Umsätze entsprechend der Planung entwickeln.

9

Jeweils zum Monatsende hält Frau Abel, die Mitarbeiterin in der Sportabteilung des City-Warenhauses, die Verkäufe zu Einstandspreisen im Formular zur Limitrechnung fest. Ende November zeigt sich folgendes Bild:

Siehe auch Situation auf Seite 5

Limitrechnung						Saison	H/W 20(0)	
Saison-Monate	%	Plan-Verkauf €	Ist-Verkauf €		Abweichung +/– €			
September	20	24 000,00	19 600,00		– 4 400,00			
Oktober	30	36 000,00	32 500,00		– 3 500,00			
November	10	12 000,00	5 500,00		– 6 500,00			
Dezember	10	12 000,00						
Januar	20	24 000,00						
Februar	10	12 000,00						
= Brutto-Limit	€	120 000,00						
+ Lager-Anbau	€		Aufteilung des Netto-Limits nach Monaten					
– Lager-Abbau	€		August	Sept.	Okt.	Nov.	Dez.	Jan.
= Netto-Limit	%		40 %	20 %	10 %	10 %		
	€		56 000	28 000	14 000	14 000		
– Limitreserve	%		20 %	20 %	20 %	20 %		
	€		11 200	5 600	2 800	2 800		
= freies Limit	€		44 800	22 400	11 200	11 200		

Korrigieren Sie die Limitplanung für die Monate Dezember und Januar.

a Berechnen Sie, um wie viel Prozent der Ist-Verkauf insgesamt in den Monaten September bis November gegenüber den Plan-Verkäufen dieser drei Monate zurückgeblieben ist.

b Vermindern Sie das Netto-Limit, die Limitreserve und das freie Limit um diesen Prozentsatz und setzen Sie die Einkaufsbeträge für die Monate Dezember und Januar neu fest.

10

In der Lederwarenabteilung des City-Warenhauses wird eine vereinfachte Limitplanung betrieben. Dort werden alle Lieferungen in einer besonderen Datei festgehalten, die der Limitkontrolle und der Überwachung der Bestellungen dient.

Wareneingangs- und Limitdatei							**20(0)**
Waren-gruppe:		Kolleg-/Dokumentenmappen		freies Limit (EK-Preis):		6 500,00 € pro Jahr	
Warenart:		Schultaschen		Limitreserve:		500,00 €	
Datum	**Nr.**	**Lieferant**	**erteilte Aufträge/€**	**verfügbares Limit/€**	**Wareneingang Datum**	**Wareneingang Bezugspreis/€**	**schwebende Aufträge/€**
15.01.	1	Müller KG	1 560,00	4 940,00	21.01.	1 560,00	
10.02.	2	Gebrüder Holl	860,00	4 080,00			
15.03.	3	Ludwig & Co.	720,60	3 359,40	22.03.	320,00	400,60
17.03.	4	Müller KG	644,27				

a Erläutern Sie den Aufbau der Wareneingangs- und Limitdatei.

b Dem Auftrag an Gebr. Holl ist noch keine Warenlieferung gefolgt. Beschreiben Sie die Auswirkung des Auftragswerts von 860,00 € auf das verfügbare Limit.

c Begründen Sie, was mit dem verfügbaren Limit geschieht, wenn die Gebr. Holl den Auftrag wegen Lieferschwierigkeiten nicht ausführen können.

d Ludwig & Co. hat erst eine Teilsendung geliefert. Geben Sie an, mit welchem Wert sich der Auftrag auf das verfügbare Limit auswirkt.

e Von der Lederwarenfabrik Müller KG treffen heute, am 23. März 20(0), für den Auftrag vom 17. März 20(0) als Teillieferung 20 Kollegmappen zum Bezugspreis von 434,52 € ein. Tragen Sie den Wareneingang in den Bogen ein und errechnen Sie das verfügbare Limit, das eigentlich schon bei der Erteilung des Auftrags hätte errechnet werden müssen.

11

In einem Lebensmittelsupermarkt hat die Marktleiterin freitags die Einkaufsmengen für die Folgewoche festzulegen. Bei der Warenart „Speiseöl" geht sie von folgenden Daten und Überlegungen aus:

* Aus dem Warenwirtschaftssystem kann sie entnehmen, dass in der Vorjahreswoche 50 Flaschen verkauft worden sind.
* Wegen des besonders schönen Wetters vermutet sie eine Absatzsteigerung von 10 % (Öl für Grillgerichte, Salate usw.).
* Im Regal sind noch 14 Flaschen vorhanden.
* Eine verspätete Lieferung aus dem Zentrallager wird noch am Samstag dieser Woche eintreffen (20 Flaschen).

Errechnen Sie, wie viele Flaschen Speiseöl die Marktleiterin bestellen soll.

	+/–/=	Flaschenzahl
Absatz der Vorjahreswoche		
vermutete Änderungen in den Absatzzahlen		
geplanter Absatz		
Lagerbestand		
Bestellungsrückstände		
Einkaufsbedarf		

12

Jeder Einzelhändler muss sein Sortiment z.B. aufgrund von Kundenansprüchen anpassen. Nachfolgend werden acht Situationen vorgestellt, in denen Einzelhändler mit Sortimentsänderungen reagiert haben.

Geben Sie an, ob es sich bei den nachfolgend beschriebenen Situationen um

1 eine Sortimentsbereinigung,

2 eine Sortimentserweiterung,

3 eine Sortimentsumstrukturierung oder

4 Trading-up bzw. Trading-down handelt.

Tragen Sie Ihre Lösungen in die Tabelle ein (Mehrfachantworten möglich).

a) In der Lebensmittelabteilung eines Warenhauses werden vermehrt Bio-Artikel (naturbelassene Lebensmittel, Reformhaus-Produkte, Obst und Gemüse aus biologischem Anbau) aufgenommen, sodass dem Kunden eine größere Auswahl an Warenarten und Artikeln zur Verfügung steht.		
b) Ein Kfz-Geschäft richtet innerhalb des Verkaufsraumes einen „Zubehör-Shop“ ein. Zubehör (Pflegemittel, Dachgepäckträger, Autoradios u. Ä.) hatte der Betrieb vorher nicht in seinem Sortiment.		
c) Weil der Umsatz zurückgeht, nimmt ein Uhren-Schmuck-Geschäft anstelle des traditionellen Sortiments verstärkt modisch orientierte Ware auf.		
d) Ein Möbel-Fachgeschäft verringert das Angebot an Kindermöbeln, weil die Nachfrage zurückgegangen ist.		
e) Ein Schuheinzelhändler gliedert seinem Geschäft eine Reparaturwerkstatt an.		
f) Ein Fotofachgeschäft nimmt die Warengruppe (als Dienstleistung) „Pass-Fotografie“ in sein Sortiment auf.		
g) Ein Elektrofachgeschäft ersetzt nach und nach preisgünstige Geräte durch Artikel mit höherem Produktniveau.		
h) Ein Textilfachgeschäft gliedert niedrigpreisige No-Name-Produkte aus dem Sortiment aus und ersetzt sie durch hochwertige Markenware.		

13

In einer großen Warenhauskette diskutiert die Geschäftsleitung über die Frage, ob mehr Herstellermarken oder mehr Handelsmarken (Eigenmarken) in das Sortiment aufgenommen werden sollen.

Herr Heise: *„Ich bin der Meinung, dass ausschließlich Herstellermarken in den Augen der Kunden für gleichbleibend hohe Qualität bürgen. Diese Marken sind den Kunden bekannt, haben einen großen Wiedererkennungswert und machen unsere Kunden zu Stammkunden, weil sie wissen, dass wir die Herstellermarken führen.“*

Herr Brands: „Was Herr Heise zu den Herstellermarken sagt, stimmt. Aber das gilt genauso gut für unsere Eigenmarken. Die bekannten Herstellermarken findet der Kunde auch bei unseren Mitbewerbern. Ich bin überzeugt, dass wir uns nur mit unseren Eigenmarken bei den Kunden profilieren, weil sie eben nur bei uns zu bekommen sind. Wenn dann die hohe Qualität auch noch mit einem etwas günstigeren Preis kombiniert wird, schaffen wir die Kundenbindung, die unseren Geschäftserfolg langfristig sichert.“

Frau König: *„Der Kunde weiß mittlerweile, dass sich hinter unseren Eigenmarken bekannte Hersteller verbergen. Gerade seit wir Eigenmarken auch im gehobenen Preisbereich anbieten, werden unsere Eigenmarken in den Augen der Kunden als gleichwertig zu den Herstellermarken angesehen. Daher sind die Wirkungen, die Hersteller- und Handelsmarken in unserem Sortiment entfalten, gar nicht so unterschiedlich. Wenn man allerdings bedenkt, dass die Kalkulation der Eigenmarken für uns positiver ausfällt, kann unser zukünftiger Weg nach meiner Meinung nur lauten: stärkere Profilierung und intensivere Kundenbindung durch mehr Eigenmarken!“*

Stellen Sie begründet fest, welcher(n) der oben stehenden Aussagen Sie zustimmen können.

14

Abteilungsleiterbesprechung im City-Warenhaus Bauer

Herr Bauer: *„Ein weiterer wichtiger Punkt unserer heutigen Tagesordnung betrifft das Einkaufsverhalten in den Abteilungen. Die Zahl der Fehlzettel ist in letzter Zeit deutlich angestiegen. Auch die Reklamationsliste, die wir in der Verwaltung führen, ist erschreckend umfangreich. Beides deutet darauf hin, dass wir vermehrt nicht die Ware führen, die Kunden wünschen, und was wir haben, ist oft mangelhaft."*

Frau Gerdes: „In meiner Abteilung ändern sich die Produkte aus der Warengruppe Computer rasend schnell. Die Kunden verlangen immer sofort das Allerneueste, und wenn etwas nicht hundertprozentig funktioniert, ist das Geschrei gleich riesengroß."

Herr Bauer: *„Frau Gerdes, Sie sind aber dafür verantwortlich, dass Sie ein Sortiment haben, das den Kundenwünschen entspricht. Sie können sich jederzeit über das Internet informieren, die Vertreter der Lieferanten stehen hier im Hause Schlange. Sie können ..."*

Frau Gerdes: (unterbricht) „Moment, ich habe doch Hunderte von Artikeln. Wie soll ich das denn leisten?"

Frau Jevic: *„Bei den Lebensmitteln geht die Artikelzahl in die Tausende!"*

Frau Möller: „Heißt das, dass ich für jeden Bleistift aufwendige Marktbeobachtungen machen muss? Ich verkaufe doch davon nur ein paar Stück in der Woche."

Herr Bauer: *„Nein, für jeden Artikel lohnt sich dieser Aufwand nicht. Aber für die wichtigen Produkte, die den größten Umsatz bringen, müssen Sie sich einsetzen. Unser Warenwirtschaftssystem liefert Ihnen die Umsatzzahlen artikelgenau. Damit haben Sie eine gute Informationsbasis, wo Sie Ihre Arbeitskraft einsetzen sollten."*

Frau Gerdes: „Gut, ich lasse mir die Renner-Penner-Liste ausdrucken und nehme die ersten 100 Renner – toll!"

Herr Bauer: *„Wir müssen das Problem schon professioneller anpacken. Frau Möller, Sie haben in der Abteilung Schreibwaren/Büro doch ein überschaubares Sortiment. Sie könnten uns mithilfe einer ABC-Analyse abgestuft sichtbar machen, welche Artikel für Ihre Abteilung die Umsatzbringer sind, die Sie ab sofort ganz besonders im Auge haben."*

Frau Möller: „Meine Tochter lernt gerade in der Grundschule das ABC – darum geht es ja wohl nicht – oder?"

Herr Bauer: *„Keine Sorge, Sie erhalten von mir die notwendigen Informationen, um eine ABC-Analyse durchführen zu können. In der nächsten Woche schauen wir uns Ihre Lösung an – einverstanden?"*

Frau Möller: „Ich bin gespannt, wie das funktioniert. Einverstanden!"

Aus dem Warenwirtschaftssystem hat sich Frau Möller die Top 10 der verkauften Produkte ausdrucken lassen und die Artikel um die Einkaufsdaten ergänzt (siehe unten stehende Tabelle). Die wird sie nun beispielhaft nach ihrer wirtschaftlichen Bedeutung für die Abteilung in drei Gruppen einteilen, um die Konsequenzen für ihr Einkaufsverhalten sichtbar zu machen:

Gruppe A: Umsatzanteil 70 %

Gruppe B: Umsatzanteil 20 %

Gruppe C: Umsatzanteil 10 %

Erstellen Sie eine ABC-Analyse für die Abteilung Schreibwaren/Büro und machen Sie deutlich, wie die Abteilungsleiterin ihr Einkaufsverhalten auf die Produktgruppen anpasst. Verwenden Sie die nachfolgende Tabelle für die Einteilung der Artikel.

ABC-Analyse

Rang	Artikel	Einkaufs-preis pro Stück/€	Einkaufs-menge Stück	Einkaufs-wert €	Einkaufs-wert in % vom Gesamtwert	Einkaufswert in % aufsummiert	Kategorie A, B, C
1	Kopierer-Toner	73,45	745	54720,25			
2	Laser-Faxgerät	132,42	324	42904,08			
3	Fax-Toner	22,96	749	17197,04			
4	Tintenpatrone Farbset	13,97	1104	15422,88			
5	Tintenpatrone schwarz	11,72	1112	13032,64			
6	Tintenstrahl-Faxgerät	96,93	96	9305,28			
7	Füllfederhalter Faktor	11,47	384	4404,48			
8	Füllfederhalter Junior	5,97	648	3868,56			
9	Heftapparat Automatik	8,47	320	2710,40			
10	ELBA-Ordner	0,92	2268	2086,56	100,00	100,00	
			7750	165652,17			

15

Nachfolgend werden die Einkaufswerte von 15 Produkten eines Onlineshops für Tierbedarf dargestellt. Die Bedeutung der Produkte für den Shop soll in einer ABC-Analyse deutlich gemacht werden. Für die Einteilung gelten folgenden Grenzen:

Gruppe A: Einkaufswert 80 %

Gruppe B: Einkaufswert 15 %

Gruppe C: Einkaufswert 5 %

Erstellen Sie eine ABC-Analyse, die die wirtschaftliche Bedeutung von 15 Produkten deutlich macht.

Rang	Artikel	Einkaufswert in €	Einkaufswert in %	Einkaufswert in % aufsummiert	Kategorie A, B, C
1	Hundefutter trocken	43500,00	21,12		
2	Hundefutter nass	39200,00	19,03		
3	Katzenfutter nass	35600,00	17,28		
4	Katzenfutter trocken	30900,00	15,00		
5	Nager- & Kleintierfutter	22400,00	10,87		
6	Vogelfutter	12500,00	6,07		
7	Wildvögelfutter	8300,00	4,03		
8	Fischfutter	5400,00	2,62		

Rang	Artikel	Einkaufswert in €	Einkaufswert in %	Einkaufswert in % aufsummiert	Kategorie A, B, C
9	Ergänzungsfutter Hund	2 300,00	1,12		
10	Katzenpflege	1 500,00	0,73		
11	Hundeboxen	1 400,00	0,68		
12	Hundesnacks	1 200,00	0,58		
13	Katzentransport	900,00	0,44		
14	Ergänzungsfutter Katze	600,00	0,29		
15	Aquarium	300,00	0,15		
		206 000,00	100,00		

16

Die Inhaberin eines Teegeschäfts hat für eine ABC-Analyse folgende Tabelle zusammengestellt:

Rang	Artikel	Einkaufswert in €	Einkaufswert in %	Einkaufswert in % summiert	Kategorie A, B oder C
1	Schwarzer Tee	48 400,00	30,97	30,97	
2	Grüner Tee	40 200,00	25,72	56,69	
3	Weißer Tee	18 600,00	11,90	68,59	
4	Aroma-Tee	14 900,00	9,53	78,12	
5	Früchte-Tee	13 200,00	8,45	86,56	
6	Kräuter-Tee	8 600,00	5,50	92,07	
7	Ayurveda	4 200,00	2,69	94,75	
8	Eis-Tee	3 500,00	2,24	96,99	
9	Saison-Tee	2 700,00	1,73	98,72	
10	Zubehör	2 000,00	1,28	100,00	
		156 300,00	100,00		

Sie teilt die Produkte wie folgt ein:

A-Artikel = 85 % vom Einkaufswert

B-Artikel = 10 % vom Einkaufswert

C-Artikel = 5 % vom Einkaufswert

a Tragen Sie die Buchstaben A, B oder C in die rechte Spalte der Tabelle ein.

b Unterscheiden Sie A- und C-Produkte im Rahmen der ABC-Analyse.

c Stellen Sie die Konsequenzen für die Beobachtung dieser Produkte (A, C) im Sortiment dar.

17

Die Ergebnisse einer ABC-Analyse lassen sich auch grafisch darstellen.

Erläutern Sie die nebenstehende grafische Darstellung einer ABC-Analyse von Artikeln.

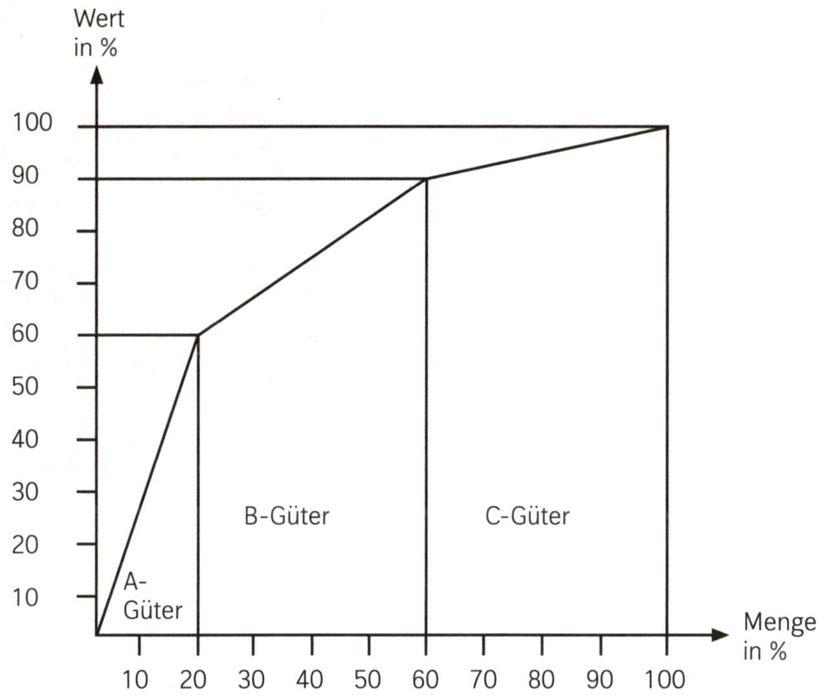

18

Ein traditionelles Textilfachgeschäft in der Haupteinkaufsstraße einer Stadt	Ein Onlineshop, der gebrauchte Kleidungsstücke (secondhand) verkauft
Das Geschäft hat eine 1a-Lage und ist gemietet. Einige Monate vor Saisonbeginn kauft die Inhaberin Textilien für die Frühjahr-/Sommer- und Herbst-/Wintermode ein. Das Verkaufslager und auch das kleine Reservelager sind dann mit Waren gefüllt. Schlechtes Wetter im Sommer oder ein warmer Winter führen regelmäßig zu hohen Beständen am Ende der Saison. Mit deutlichen Rabatten wird versucht, die Restbestände zu verkaufen, damit Platz und Geld für den Einkauf der Artikel für die nächste Saison zur Verfügung stehen.	Laufend kauft der Inhaber gebrauchte (oft noch neuwertige) Kleidungsstücke über eine Ankaufsplattform im Internet auf, lässt sie von Mitarbeitern prüfen, evtl. aufbereiten und im Shop anbieten. Die Waren werden in einem Lagerhaus in einem Gewerbegebiet aufbewahrt. Die Lagermiete ist niedrig. Jederzeit kann zusätzliche Fläche hinzugemietet werden. Zwar laufen modisch aktuelle Stücke besser, aber auch ältere Artikel finden irgendwann ihren Käufer. Die Ware kann ruhig ein bis zwei Jahre im Angebot sein: Irgendwann gibt es einen Liebhaber für die „alten Schätzchen“.

a **Beschreiben Sie die Kostensituation der beiden Unternehmen.**

b **Erläutern Sie, wie sich nach Ihrer Meinung die psychische Belastung der Inhaber mit Blick auf die Beschaffungssituation darstellt.**

c **Begründen Sie, wie die Inhaber der beiden Geschäfte mit Ladenhütern umgehen.**

2 Den Preislagenaufbau für den Einkauf auf der Herbstmesse nutzen

Vom 10. bis zum 12. September ist Schuhmesse in Düsseldorf. Frau Seifert, die Leiterin der Abteilung Schuhe/Lederwaren, wird die Messe besuchen und dort den größten Teil der Schuhe für Frühjahr und Sommer des nächsten Jahres einkaufen. Die Auszubildende Petra darf sie begleiten, soll aber auch bei der Vorbereitung des Messebesuchs mithelfen.

Budget = Voranschlag, Haushaltsplan, gesprochen: bü'djee

Frau Seifert: „Zunächst schauen wir uns an, welcher Einkaufsbetrag, welches Budget, für die Messe zur Verfügung steht. Insgesamt sind es 300 000,00 € für das gesamte Geschäftsjahr."

Petra: *„Oh, das ist aber viel Geld!"*

Frau Seifert: „Ja, aber wir dürfen es nicht komplett ausgeben. Wir kaufen ja nur für Frühjahr und Sommer des nächsten Jahres ein. Im Frühjahr gibt es eine weitere Messe für die Herbstware."

Petra: *„Das heißt, wir können nur für 150 000,00 € Schuhe einkaufen."*

Frau Seifert: „Nicht ganz, wir benötigen auch noch für Bestellungen außerhalb der Messe und für kurzfristige Nachbestellungen Geld. Deshalb stehen nur 70 % des Halbjahresbudgets für die Messe zur Verfügung."

Petra: *„Fein, dann kann es ja losgehen."*

Frau Seifert: „Nicht so schnell! Zunächst müssen wir aus den Verkaufs- und Bestandszahlen der vergangenen Monate Rückschlüsse für den Einkauf ziehen. Sie sehen hier unsere aktuelle Preislagenstatistik. Sie gibt uns Anhaltspunkte, wo wir unsere Einkaufsschwerpunkte setzen müssen."

Preislagen in der Warengruppe „Schuhe"

€	Verkäufe Jan.–Aug. 20(0)	Bestand Ende August 20(0)
150,00		
125,00	10 %	26 %
100,00	18 %	27 %
75,00	24 %	25 %
50,00	28 %	14 %
25,00	20 %	8 %
	Anteil am Gesamtumsatz der Warengruppe	Anteil am Gesamtbestand der Warengruppe
%	30 28 26 24 22 20 18 16 14 12 10 8 6 4 2	2 4 6 8 10 12 14 16 18 20 22 24 26 28 30

Frau Seifert: „Sie wissen, dass wir unsere Einkäufe aber nicht allein vom Preis abhängig machen."

Petra: *„Natürlich nicht, Verkäuflichkeit unter modischen Gesichtspunkten, Verarbeitung, Liefertreue sind ebenfalls wichtig."*

Frau Seifert: „Ich sehe, Sie wissen bereits Bescheid. Dann können wir ja jetzt unseren Einkaufsbetrag auf die Preislagen aufteilen – zur groben Orientierung für die drei Messetage. Führen Sie über jeden Einkauf genau Buch und achten Sie darauf, dass wir die Beträge für die einzelnen Preislagen ungefähr einhalten."

Petra: *„Das gefällt mir, das mache ich gerne. Darf ich auch ein bisschen mitentscheiden?"*

Frau Seifert: „Sie sind doch modisch interessiert – warum nicht! Aber ich muss am Ende die Verantwortung für die Einkaufsentscheidungen tragen."

ARBEITSAUFTRAG

Verteilen Sie das Einkaufsbudget auf die Preislagen unter Berücksichtigung der Preislagenstatistik.

VORSCHLÄGE ZUM VORGEHEN

1. Planen Sie die Einkaufsbeträge so, dass sich die Warenbestände und die Verkäufe in den Preislagen entsprechen.
2. Verwenden Sie die nachfolgende Tabelle für Ihre Lösung.

Einkaufsbudget Warengruppe Schuhe für Frühjahr/Sommer 20(+1)				
Preislagen in €	Verkäufe in %	Bestände in %	Einkaufsbudget	
			in %	in €
über 125,00–150,00	10 %	26 %		
über 100,00–125,00	18 %	27 %		
über 75,00–100,00	24 %	25 %		
über 50,00–75,00	28 %	14 %		
25,00–50,00	20 %	8 %		
Summe	100 %	100 %		

AUFGABEN

1

Kunden, die ein Geschäft betreten, sehen die ausgestellten Waren (Verkaufslager). Die Bestände in der oben stehenden Tabelle („Einkaufsbudget") geben auch die Produkte aus dem Reservelager wieder.

Nehmen Sie an, die Schuhe im Verkaufslager der Schuhabteilung des City-Warenhauses entsprechen in ihrer Verteilung nach Preislagen den Beständen (Verkaufs- und Reservelager). Begründen Sie, welches Preisimage die Schuhabteilung vermutlich in den Augen ihrer Kunden hat (hohes, mittleres, niedrigeres Preisniveau).

2

Verschiedene Überlegungen beeinflussen die Kaufentscheidungen beim Bezug von Waren in der Schuhabteilung eines Warenhauses.

Legen Sie die Rangfolge der Entscheidungsgrößen fest, die Ihrer Meinung nach beim Einkauf von Schuhen auf einer Messe, bei einem Vertreter oder über das Internet wirksam sind.

Nr.	Entscheidungsgrößen beim Einkauf	Rangfolge beim Schuheinkauf
1.	Preis-Leistungs-Verhältnis	
2.	Produktqualität	
3.	modische Aktualität	
4.	Lieferzuverlässigkeit	
5.	Flexibilität	
6.	Marke/Image	
7.	Reklamationsverhalten	
8.	Innovationsfreude	
9.	Leistungen des Lieferanten (Unterstützung bei Verkaufsförderung und Warenpräsentation)	
10.	persönliche Verbindung zum Lieferanten (Vertrauensbasis)	

3

Die Geschäftsführerin eines Textilkaufhauses lässt sich zur Jahresmitte den unten stehenden Preislagenaufbau ausdrucken.

a Beschreiben Sie den Aufbau der Tabelle.

b Stellen Sie fest, inwieweit Plan- und Ist-Zahlen in den betrachteten Zeiträumen übereinstimmen.

c Welche Empfehlungen können der Geschäftsführerin gegeben werden
- **für den am Ende des Monats Juli geplanten Sommerschlussverkauf,**
- **für den Wareneinkauf in der zweiten Jahreshälfte (sofern die Einkäufe nicht bereits auf den Frühjahrsmessen getätigt worden sind) und**
- **für die zukünftigen Wareneinkäufe und damit für die künftige Zusammensetzung des Sortiments?**

Preislagen in Stück			Datum: 02.07.20(0)		
Warengruppe: Damenblusen					
Plan-Verkauf			Zeitraum: 01.01.–31.12.20(0)		
	unten	Mitte	oben	exklusiv	Summe
in €	25,00–50,00	51,00–80,00	81,00–100,00	über 100,00	
%-Anteil	30,0 %	40,0 %	25,0 %	5,0 %	100,0 %
Stück	1 500	2 000	1 250	250	5 000
Ist-Verkauf (aufgelaufen)			Zeitraum: 01.01.–30.06.20(0)		
	unten	Mitte	oben	exklusiv	Summe
in €	25,00–50,00	51,00–80,00	81,00–100,00	über 100,00	
%-Anteil	22,5 %	38,0 %	31,5 %	8,0 %	100,0 %
Stück	528	891	739	188	2 346
Bestände					
%-Anteil	38,0 %	47,0 %	12,0 %	3,0 %	100,0 %
Stück	359	444	113	28	944

4

Dem Geschäftsführer eines Warenhauses liegt eine Tabelle mit der Umsatzentwicklung seiner Abteilungen für die letzten drei Jahre vor.

Umsatzentwicklung nach Abteilungen 20(-2) bis 20(0) in Mio. €

Abteilung	Umsatzerlöse 20(-2)/Mio. €	Anteil in %	Umsatzerlöse 20(-1)/Mio. €	Anteil in %	Umsatzerlöse 20(0)/Mio. €	Anteil in %
Lebensmittel	4,80	23,85	4,78	23,49	4,81	23,51
Textilien	2,40	11,92	2,35	11,55	2,10	10,26
Uhren/Schmuck	0,30	1,49	0,29	1,43	0,30	1,47
Schuhe/Lederwaren	0,33	1,64	0,32	1,57	0,34	1,66
Drogerie/Parfümerie	0,90	4,47	0,98	4,82	1,15	5,62
Haushaltswaren	1,80	8,94	1,75	8,60	1,62	7,92
Elektro	3,60	17,88	3,95	19,41	4,15	20,28
Tapeten/Bodenbeläge	0,60	2,98	0,59	2,90	0,59	2,88
Möbel	3,66	18,18	3,60	17,69	3,63	17,74
Sport	0,69	3,43	0,69	3,39	0,70	3,42
Spielwaren	0,33	1,64	0,34	1,67	0,34	1,66
Papier/Schreibwaren	0,72	3,58	0,71	3,49	0,73	3,57
	20,13	100,00	20,35	100,00	20,46	100,00

Werten Sie die Tabelle aus, indem Sie folgende Teilaufgaben lösen

a Beschreiben Sie den Aufbau der Tabelle.

b Stellen Sie fest, in welchen Abteilungen die Verkaufsfläche und das Warenangebot erweitert werden sollten.

c Benennen Sie die Abteilungen, deren Verkaufsfläche reduziert und deren Warenangebot zurückgenommen werden sollte.

d Erläutern Sie weitere Maßnahmen, mit denen das Warenhaus auf zurückgehende Umsätze reagieren könnte.

5

Die Inhaberin eines Sportfachgeschäftes ermittelt am Ende des Jahres 20(0) die in der unten stehenden Tabelle dargestellten Zahlen.

a Beschreiben Sie zunächst den Aufbau der Tabelle.

b Berechnen Sie die Werte in den Spalten „Umsatzveränderung" und „Ø-Bon" und ergänzen Sie die Tabelle.

Ø-Bon = durchschnittlicher Kaufbetrag pro Kunde

c Entscheiden Sie begründet, welche Warengruppen die Inhaberin des Sportfachgeschäftes durch ein zusätzliches Warenangebot fördern soll.

Warengruppen	Umsatz 20(-1)/€	Umsatz 20(0)/€	Umsatzveränderung %	Kundenzahl 20(-1)	Kundenzahl 20(0)	Ø-Bon 20(-1)/€	Ø-Bon 20(0)/€
Baden & Beach	45 000,00	41 000,00		810	750		
Fitness	176 000,00	188 000,00		1 260	1 310		
Outdoor	210 000,00	245 000,00		2 345	2 488		
Racket	180 000,00	116 000,00		1 510	1 050		
Running/Walking	142 000,00	174 000,00		1 100	1 280		
Teamsport	37 000,00	32 000,00		510	460		
Summe	790 000,00	796 000,00					

6

Frau Möller, die Leiterin der Abteilung Schreibwaren/Büro im City-Warenhaus Bauer, hat durch ihr Warenwirtschaftssystem einen Warengruppenbericht des Jahres 20(0) ausdrucken lassen und die Vergleichszahlen aus dem Vorjahr hinzugefügt (siehe nachfolgende Tabelle). Außerdem hat sie dem Warenwirtschaftssystem eine Liste mit den besten (Top 10) und schlechtesten (Flop 10) Umsätzen pro Artikel entnommen.

Top 10/ Flop 10 = Renner-Penner-Liste

a Ergänzen Sie die Tabelle mit den fehlenden Prozentzahlen.

b Begründen Sie, inwieweit die Top 10/Flop 10-Liste die Umsatzzahlen stützt.

Warengruppenbericht/Umsatz in €	20(-1)	20(0)	Veränderung in %
01 kleiner Bürobedarf	12 700,00	11 800,00	
02 Papier	17 900,00	13 400,00	
03 Schreibgeräte	42 600,00	33 800,00	
04 Ordnungsmittel	21 500,00	18 400,00	
05 Technik	69 200,00	83 400,00	
06 EDV-Zubehör	107 500,00	145 000,00	
Summe	271 400,00	305 800,00	

7

Die Filialleiterin eines Lebensmittel-Supermarkts ermittelt am Ende des Geschäftsjahres 20(0) untenstehende Zahlen aus ihrem Warenwirtschaftssystem:

	Umsätze	Warenbestände
Food	78 %	62 %
Non-Food	22 %	38 %
	100 %	100 %

a Erläutern Sie die Umsatz- und Bestandszahlen der beiden Warenbereiche.

b Geben Sie eine Empfehlung für die Einkäufe von Food- und Non-Food Artikeln für das folgende Geschäftsjahr.

City-Warenhaus Bauer
Oberstraße 17
40878 Ratingen

Umsatz-Ranking

Von: 01.01.20(0) DON Bis: 31.12.20(0) DON

Top 10

Pos.	Art.Nr.	Art.Name 1 Warengruppe	Umsatz (€)
1	44060101	Kopierer-Toner WG 06	87.400,00
2	44050201	Laser-Faxgerät WG 05	73.200,00
3	44060102	Fax-Toner WG 06	17.500,00
4	44060202	Tintenpatrone Farb-Set WG 06	14.600,00
5	44060201	Tintenpatrone schwarz WG 06	13.500,00
6	44050202	Tintenstrahl-Faxgerät WG 05	12.100,00
7	44030102	Füllfederhalter Faktor WG 03	8.300,00
8	44030101	Füllfederhalter Junior WG 03	7.300,00
9	44010102	Heftapparat Automatik WG 01	5.150,00
10	44040101	ELBA-Ordner WG 04	4.500,00
Gesamt			243.550,00

Flop 10

Pos.	Art.Nr.	Art.Name 1 Warengruppe	Umsatz (€
1	44010201	Heftklammern Zink WG 01	1.040,00
2	44030201	Bleistift Grip 2001 WG 03	1.050,00
3	44010202	Heftklammern Kupfer WG 01	1.200,00
4	44040202	Ordner-Register Recycling WG 04	1.260,00
5	44020201	Briefpapier Marmor WG 02	1.400,00
6	44020102	PLANA Jet WG 02	1.700,00
7	44040201	Ordner-Register A-Z WG 04	2.100,00
8	44020202	Briefpapier Perga WG 02	2.200,00
9	44010101	Heftapparat Standard WG 01	2.700,00
10	44030202	Bleistift Noris 120 WG 03	2.600,00
Gesamt			17.250,00

3 Waren nachbestellen

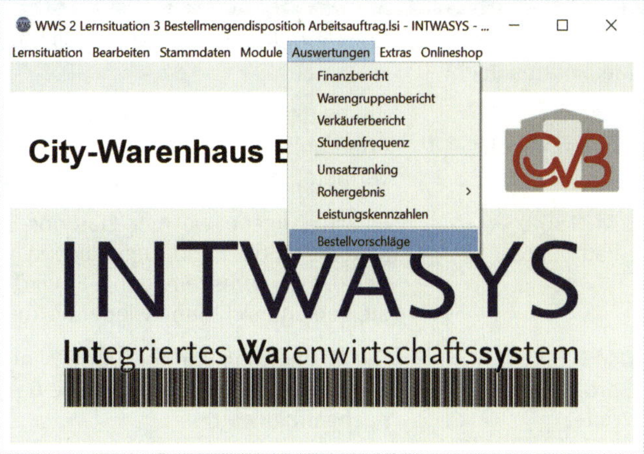

Frau Enders, die Leiterin des Einkaufs im City-Warenhaus Bauer, lässt sich regelmäßig aus dem Warenwirtschaftssystem die Bestell-Vorschlagsliste ausdrucken. In der Liste sind die Produkte aufgeführt, deren Meldebestand erreicht oder unterschritten worden ist. Das Programm entwickelt für diese Produkte selbstständig eine Bestellmenge. Allerdings darf sich Frau Enders nicht einfach auf die vorgeschlagenen Bestellmengen verlassen. Sie muss vielmehr in jedem Einzelfall überprüfen, ob auch Besonderheiten (z. B. das Wetter, sportliche Ereignisse und Feiertage) ausreichend berücksichtigt worden sind.

Die Listen gehen daher zunächst in die zuständigen Abteilungen. Dort werden die Vorschläge überprüft und eventuell abgeändert (Feld „Abweichung", siehe nachfolgend).

In der Abteilung Spielwaren hat Frau Dünsing die Bestell-Vorschlagsliste mit den Produkten erhalten, die ihre Abteilung betreffen.

Bestellpunkt-Verfahren

Bestell-Vorschlagsliste		**Datum: Montag, 03.04.20(0)**		
Artikel-Nummer	Artikel Verkaufspreis/€ Hersteller	Mindestbestand Höchstbestand Meldebestand aktueller Bestand	Durchschnittsverkauf/Tag Lieferzeit/Tage **Vorschlag**	Abweichung
04431240	Mein erstes Buch 9,95 Ravensburger	2 12 6 6	1 4 **10**	
04431433	Wachsmalstifte 9,95 Pelikan	4 30 16 15	3 4 **26**	
04431562	Skateboard Mega 45,45 Altron	2 10 5 5	1 3 **8**	
04431895	Barbie-Puppe Winter 27,95 Mattel	2 30 22 22	4 5 **28**	

Hinweise

Artikel	Besonderheiten
04431240 Mein erstes Buch	Standardprodukt mit regelmäßigem Abverkauf, es gibt keine Besonderheiten.
04431433 Wachsmalstifte	Am 05.04.20(0) findet ein Oster-Malwettbewerb in der Spielwarenabteilung statt. Erfahrungsgemäß steigt danach der Verkauf von Wachsmalstiften. Frau Dünsing vermutet, dass der Absatz um 20 % zunehmen wird.
04431562 Skateboard	Es wird langsam wärmer. Outdoor-Sportarten werden immer beliebter. Skateboards sind bei Kindern und Jugendlichen im Trend. Der Durchschnittsverkauf pro Tag war in der kalten Jahreszeit gering. Er wird aber bestimmt für einen Monat auf 2 Stück pro Tag steigen und sich dann wieder normalisieren.
04431895 Barbie-Puppe Winter	Die Ausstattung Barbie-Puppe Winter ist gut gelaufen, aber der Winter ist vorbei. Sommermotive sind gefragt. Die Barbie-Puppe Winter wird in nächster Zeit kaum noch nachgefragt werden.

ARBEITSAUFTRAG

Überprüfen Sie die Bestellvorschläge des Warenwirtschaftssystems und wandeln Sie sie – falls erforderlich – ab.

VORSCHLÄGE ZUM VORGEHEN

1. Stellen Sie fest, wie der Meldebestand vom Warenwirtschaftssystem ermittelt worden ist.
2. Erklären Sie, wie das Warenwirtschaftssystem den Bestellvorschlag berechnet.
3. Überprüfen Sie die Bestellvorschläge, indem Sie die Hinweise zu den Artikeln beachten.
4. Tragen Sie Ihre Änderungen zu den Bestellvorschlägen jeweils in das Feld „Abweichung“ ein.

AUFGABEN

1

Im Bestellvorschlag zu den Wachsmalstiften ist der aktuelle Bestand niedriger als der Meldebestand (siehe rote Hervorhebung unten).

Artikel-Nummer	Artikel Verkaufspreis/€ Hersteller	Mindestbestand Höchstbestand Meldebestand aktueller Bestand	Durchschnittsverkauf/Tag Lieferzeit/Tage **Vorschlag**	Abweichung
04431433	Wachsmalstifte	4	3	
	9,95	30	4	
	Pelikan	16		
		15	**26**	

a **Begründen Sie, wie es dazu kommen kann, das der aktuelle Bestand niedriger liegt als der Meldebestand.**

b **Berechnen Sie den Meldebestand für die Wachsmalstifte, wenn folgende Ereignisse eintreten:**
   ba **Die Lieferfrist für Wachsmalstifte erhöht sich auf 5 Tage.**
   bb **Zusätzlich wird der Mindestbestand auf 6 Packungen erhöht.**

c **Beschreiben Sie allgemein die Wirkung auf den Meldebestand, wenn der Durchschnittsverkauf pro Tag steigt.**

Nehmen Sie an, Frau Dünsing hätte im Warenwirtschaftssystem die Liste mit offenen Bestellungen noch aufgerufen (siehe nachfolgend).

d Begründen Sie, welche Auswirkung die offene Bestellung auf den Bestellvorschlag von 26 Stück gehabt hätte

Modul - Offene Bestellungen

Filter nach Lieferantennamen

Filter zurücksetzen

Lieferant	Best.-Nr.	Art.-Nr.	Bezeichnung 1	Stück	geliefert	Bestelldatum	Lieferzeit	Einkaufsbetrag €
Pelikan	18-143	04431433	Wachsmalstifte	10	0	27.03.20(0)	4	56,00

Schließen | Löschen | Neu | Wareneingang | Drucken

2

Bestellrhythmus-Verfahren

Es ist Samstag, der 27. Juni, 16:00 Uhr. Es ist ein schöner Sommertag und die Meteorologen haben weiterhin sonniges und warmes Wetter vorausgesagt. Der Leiter des Lebensmittel-Supermarktes Hansen muss seinem Einkaufsverbund die wöchentliche Bestellung übermitteln. Wenn die Daten heute in den Computer eingegeben werden, trifft die Ware am Dienstagmorgen per Lkw ein.

Herr Hansen geht nun mit seinem mobilen Datenerfassungsgerät durch die Regalreihen und disponiert die Bestellmengen. Bei einigen seiner Einkaufsentscheidungen schauen wir ihm über die Schulter.

Zunächst geht er zu den Kühltruhen und betrachtet die Eistorten: **„Festtags-Torte Pfirsich-Melba Sahne"**
Herr Hansen denkt: „Für Montag reicht der Bestand, 12 Stück brauche ich mindestens. Bei dem schönen Wetter?"

Abverkauf: 12 Stück pro Woche
Bestand: 4 Stück

Bestellung?

Öl
Herr Hansen geht zum Verkaufsregal mit Öl. Die Grillsaison hat begonnen. Auch Salat ist jetzt sehr beliebt.

Abverkauf: 20 Flaschen/Woche
Bestand: 10 Flaschen
Einkaufsgebinde: 15 Stück

Bestellung?

Bier (0,5-Liter-Flaschen)
Herr Hansen: „Oh, viel verkauft! Na klar, Viertelfinale Fußballeuropameisterschaft."

Abverkauf: 160 Kisten/Woche
Bestand: 18 Kisten

Bestellung?

Zwiebel-Sahne-Soße
Herr Hansen: „Putenoberkeulen und Hähnchenbrustfilet sind im Angebot. Dazu kaufen die Kunden gerne die Zwiebel-Sahne-Soße."

Abverkauf: 30 Päckchen/Woche
Bestand: 8 Päckchen
Einkaufsgebinde: 30 Päckchen

Bestellung?

a **Machen Sie Vorschläge für die Bestellmenge, die Sie Herrn Hansen jeweils empfehlen würden.**

b **Halten Sie fest, welche Ereignisse die Einkaufsdisposition von Herrn Hansen beeinflusst haben.**

3

Im Lebensmittelsupermarkt Hansen: Bereits am Freitag, den 26. Juni (siehe Aufgabe 2), hatte Herr Hansen die unten stehenden Sonderfälle bei seiner Einkaufsplanung zu berücksichtigen.

Fall 1

Studentenfutter (Bioprodukt) Direktbelieferung durch den Hersteller Lieferung im 4-Wochen-Rhythmus Bestellung 3 Tage vor Liefertag Das Produkt ist in der Werbung, zurzeit ist Fußballeuropameisterschaft.	Abverkauf: 10 Stück in 4 Wochen Bestand: 4 Stück Einkaufsgebinde: 10 Stück Bestellung?

Fall 2

Obst und Gemüse werden täglich (Montag bis Samstag) angeliefert. In dieser Woche bietet der Einkaufsverbund Obst und Gemüse zu Sonderpreisen an (Einkaufspreis netto z. B. für einen Kopfsalat 0,39 € statt 0,49 €). Weil in der nächsten Woche wieder die normalen Einkaufspreise gelten, ist daher sorgfältig zu entscheiden, vor allem weil Herr Hansen über ein Kühllager für Obst und Gemüse verfügt.

Spargel Die Spargelsaison geht zu Ende; die Nachfrage steigt am Ende noch einmal an.	Abverkauf: 1 Kiste pro Tag Bestand: 0 (unverkäuflicher Rest) Einkaufsgebinde: Kiste Bestellung?

Fall 3

Gemüse (Schlangengurken, Strauchtomaten, Möhren im Beutel, Eisbergsalat)	Abverkauf: 2 Kisten pro Tag, d. h. – 32 Schlangengurken – 30 Möhrenbeutel – 16 kg Strauchtomaten – 32 Salatköpfe Einkaufsgebinde: 1 Kiste (z. B. 16 Schlangengurken) Bestände: Gurken: 0 Salat: 6 Stück Möhren: 3 Beutel Strauchtomaten: 0 Bestellung (für die 4 Sorten)?

Legen Sie anstelle von Herrn Hansen für die Fälle 1 bis 3 die Einkaufsmengen fest.

4

Die Jahreszeit beeinflusst die Einkaufsüberlegungen eines Einzelhändlers.

a Betrachten Sie ein Warenhaus und nennen Sie mindestens jeweils zwei Produkte, bei denen eine steigende Nachfrage aufgrund der Jahreszeit zu erwarten ist. Bedenken Sie, dass die geeigneten Produkte schon ein wenig vor dem Ereignis präsentiert werden sollten.

Jahreszeit

1 Mai/Juni (Sommerbeginn)

2 Mitte/Ende August

3 Mitte/Ende September

4 Mitte/Ende November

b Halten Sie mindestens fünf Ereignisse im Verlauf eines Jahres fest, die den Abverkauf von Waren in Ihrem Ausbildungssortiment beeinflussen und die damit bei den Bestellüberlegungen zu berücksichtigen sind.

5

Für die Beschaffungsplanung stehen dem Einzelhändler das Bestellpunkt- und das Bestellrhythmus-Verfahren zur Verfügung.

Kennzeichnen Sie (X) die nachfolgenden Aussagen, je nachdem, welchem Verfahren sie zuzuordnen sind.

	Aussagen	Bestellpunkt-Verfahren	Bestellrhythmus-Verfahren
1	Auslösendes Ereignis ist das Erreichen des Meldebestandes.		
2	Das Einzelhandelsgeschäft „Marktplatz" bestellt jeden Freitag die Ware für die nächste Woche.		
3	Der Bestellzeitpunkt ist fix.		
4	Der Bestellzeitpunkt ist variabel.		
5	Wetter, Jahreszeit, Feiertage oder besondere Ereignisse sind bei der Festlegung der Bestellmenge zu berücksichtigen.		
6	Kurze Bestellfristen ermöglichen kleine Warenvorräte.		

6

Frau Möller, die Leiterin der Abteilung Schreibwaren/Büro im City-Warenhaus Bauer hat Flash-Speicherkarten neu ins Sortiment aufgenommen. Mit der ersten Bestellung hat sie den Höchstbestand von 20 Artikeln eingekauft und bei der Gelegenheit auch die Artikelstammdaten im Warenwirtschaftssystem angelegt. Heute, beim Eingang der Ware, ergänzt sie noch die Lagerdaten. Frau Möller geht davon aus, dass sie pro Tag eine Speicherkarte verkaufen wird. Als Mindestbestand hält sie 4 Stück für ausreichend.

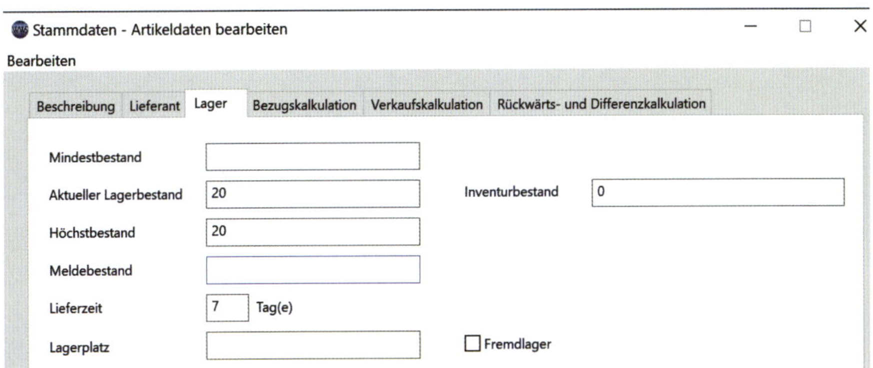

Stammdaten - Artikeldaten bearbeiten

Bearbeiten

Beschreibung | Lieferant | Lager | Bezugskalkulation | Verkaufskalkulation | Rückwärts- und Differenzkalkulation

Mindestbestand			
Aktueller Lagerbestand	20	Inventurbestand	0
Höchstbestand	20		
Meldebestand			
Lieferzeit	7 Tag(e)		
Lagerplatz		☐ Fremdlager	

Ergänzen Sie den Mindest- und den Meldebestand in der Maske.

4 Ein Sortiment nachhaltig gestalten

Mittagspause: Herr Berns, Leiter der Lebensmittelabteilung, sitzt mit der ersten Kraft, Frau Jevic, im Gemeinschaftsraum. Zum Nachtisch isst er einen Bio-Schokopudding. Frau Jevic wundert sich.

Frau Jevic: „Nanu, Herr Berns, sind Sie unter die Ökos gegangen?"

Herr Berns: „Es hat noch niemandem geschadet, sich bewusster zu ernähren."

Frau Jevic: „Ob Pudding da der richtige Weg ist?"

Herr Berns: „Bewusst ernähren heißt ja nicht unbedingt, auf Leckeres zu verzichten. Haben Sie eigentlich schon mal von den LOHAS gehört?"

Frau Jevic: „Nein, noch nie. Ist das irgendein Urwaldstamm?"

*Herr Berns: (lacht) „LOHAS ist die Abkürzung für **L**ifestyle **o**f **H**ealth **a**nd **S**ustainability, also einen Lebensstil, der Gesundheit und Nachhaltigkeit fördert."*

Frau Jevic: „Und das funktioniert mit Bio-Schokopudding?"

Herr Berns: „Auch. LOHAS kaufen qualitativ hochwertige Produkte aus ökologischer Herstellung und fairem Handel, verzichten dabei aber nicht auf Genuss. Ich habe da einen Beitrag im Fernsehen gesehen. Das ist für uns eine sehr interessante Kundengruppe."

Frau Jevic: „Reicht denn nicht unsere kleine Bio-Ecke?"

Herr Berns: „Nein, Nachhaltigkeit wird immer wichtiger. Auch große Unternehmen erkennen das. Ich habe jetzt eine neue Sorte an tiefgekühlten Fischprodukten gelistet. Damit will ich testen, ob unsere Kunden bereit sind, für ein wirklich gutes Produkt mehr Geld auszugeben."

Frau Jevic: „Interessant, aber wissen die Mitarbeiter schon Bescheid? Ich glaube nicht, dass einer jemals etwas über LOHAS gehört hat. Und auch über diesen ‚nachhaltigen Fisch' brauchen wir genaue Informationen, damit wir die Kunden entsprechend beraten können."

Herr Berns: „Stimmt. Was halten Sie davon, wenn wir hier im Gemeinschaftsraum Tischaufsteller platzieren? Darauf könnten Informationen zu den LOHAS, dem neuen Produkt und auch dem MSC-Siegel, das diesen Fisch auszeichnet, stehen."

Frau Jevic: „Ja, klingt gut. Soll ich das übernehmen?"

Herr Berns: „Frau Jevic, Sie können Gedanken lesen. Ich gebe Ihnen gleich den Sales-Folder und einen Artikel über das MSC-Siegel."

Sales-Folder = gedruckte Unterlage mit Informationen zu einem Produkt. Sie kann auch Hinweise zu Aktionen, Rabatten und Konditionen enthalten.

Sales-Folder

Frisch gefangen:
Naturfilets machen Appetit auf Meer
Der Tiefkühlkosthersteller iglo, der verantwortungsvolle Fischerei unterstützt und sich aktiv für nachhaltigen Fischfang einsetzt, präsentiert seine Naturfilets unter der neuen Bezeichnung „FangFrisch“.
Vielfältiger Fischgenuss mit iglo FangFrisch Naturfilets

Neben den hochwertigen FangFrisch Naturfilets Wildlachs und Pazifische Scholle finden Fischliebhaber ab Januar auch zum ersten Mal Kabeljau und Seelachs von iglo in den Tiefkühltruhen. Die hochwertigen, einzeln verpackten Filets sind im Handel für je 3,99 € erhältlich und allesamt mit dem MSC-Zertifikat für Nachhaltigkeit ausgezeichnet. „Die Naturfilets sind praktisch grätenfrei und zudem ohne Panade – so lässt sich der Fisch ganz nach eigenem Geschmack zubereiten“, so iglo-Kulinarik-Experte Thomas Krause. „Unter www.iglo.de gibt es jede Menge Rezepte und Zubereitungsvorschläge, lassen Sie sich inspirieren!“

Einführung KW 14/20(0)

ZERTIFIZIERTE NACHHALTIGE FISCHEREI
MSC
www.msc.org/de

Eine zuverlässige Einkaufshilfe
Das MSC-Siegel steht für Fischprodukte aus nachhaltiger Fischerei

Jeder Fischkonsument kann einen Beitrag leisten, um die Überfischung der Meere einzudämmen, ohne auf Fischverzehr verzichten zu müssen, wenn er zu MSC-zertifiziertem Fisch greift.

Kabeljau-Fang (vor Norwegen): In deutschen Küstengewässern ist der beliebte Speisefisch rar geworden.

52 Prozent der Fischbestände werden derzeit bis an ihre biologische Grenze befischt, 25 Prozent sind bereits überfischt erschöpft oder erholen sich von Überfischung, und nur drei Prozent der Fischbestände sind noch wenig befischt. Die Zahlen zeigen, dass dringend Handlungsbedarf besteht, um der Nachfrage nach Fischprodukten, die sich in den letzten 30 Jahren verdoppelt hat, weiterhin gerecht werden zu können. Um die weltweite Überfischung der Meere zu verringern, wurde 1999 der Marine Stewardship Council (MSC) gegründet. Die unabhängige, gemeinnützige und weltweit tätige Organisation setzt sich für eine nachhaltige und verantwortungsvolle Befischung der Meere ein. Ihr oberstes Ziel ist es, die Zukunft der Fischbestände und eine gesunde Meeresumwelt, von der die Fischerei abhängig ist, langfristig zu sichern. Dazu hat der MSC Richtlinien entwickelt.

Die drei Grundsätze und Kriterien lauten:

1. Schutz der Bestände: Die Fischerei darf nicht zur Überfischung oder Erschöpfung der befischten Bestände beitragen. Folglich darf nur so viel gefischt werden, wie nachwächst.
2. Minimale Auswirkungen auf das Ökosystem: Der Fischereibetrieb muss dafür sorgen, dass das Ökosystem Meer in seiner Struktur und Artenvielfalt erhalten bleibt.
3. Verantwortungsvolles Management: Die Fischerei muss die lokalen, nationalen und internationalen Gesetze und Normen erfüllen.

Fischereien, die diese Standards erfüllen, erhalten für fünf Jahre ein Zertifikat und dürfen ihre Ware mit dem ovalen blauen MSC-Siegel kennzeichnen.

Quelle: Magazin der REWE GROUP ***echo***

ARBEITSAUFTRAG

Erstellen Sie einen DIN-A4-großen Tischaufsteller für den Aufenthaltsraum der Lebensmittelabteilung, der die Mitarbeiter über das neu eingeführte Produkt informiert.

DER TISCHAUFSTELLER SOLL FOLGENDE FRAGEN BEANTWORTEN

1. Wodurch zeichnet sich die Kundengruppe der LOHAS aus?
2. Warum passt der neu gelistete Tiefkühlfisch besonders gut zu dieser Kundengruppe?
3. Wofür steht das MSC-Siegel?

AUFGABEN

1

Herr Berns, der Abteilungsleiter für den Bereich Lebensmittel im City-Warenhaus Bauer, hat von einem Teelieferanten einen Sales-Folder zugeschickt bekommen.

Teehandel Taubner OHG
Allende-Platz 14
20146 Hamburg

Tel: +49 (0)40 214 645-0
Fax: +49 (0)40 214 645-47
E-Mail: Info@Taubner.com

01.10.20(0)

Aktion: Schwarz- und Grüntees aus Ambootia

Sehr geehrter Herr Berns,

wir freuen uns, Ihnen exklusive Grün- und Schwarztees aus den Teegärten unseres indischen Anbaupartners Ambootia im Kilopaket zum Aktionspreis anbieten zu können.

Im indischen Distrikt Darjeeling fördert Ambootia den Bio-Anbau und gibt vielen Kleinbauern Arbeit. Durch unsere langjährige Zusammenarbeit unterstützen wir unseren Anbaupartner darin.

Folgende Tees bieten wir Ihnen an:

- Darjeeling Schwarztee
- Darjeeling Grüntee

Die Aktion läuft ab Oktober solange der Vorrat reicht. Die Tees sind ab sofort verfügbar.

Wir freuen uns auf Ihre Bestellung!

Weitere Informationen zum Projekt finden Sie im Anhang.

Mit freundlichen Grüßen

G. Waldfeld

Gerhard Waldfeld
– Vertriebsleiter –

Anlage: Projektbeschreibung „Ambootia“

Ambootia-Teegarten – Arbeit, Zuhause und Zukunft für 4000 Menschen
Der Ambootia-Teegarten wurde 1861 gegründet. Er liegt an den Ausläufern des Himalaya im indischen Darjeeling-Distrikt. Hier werden die feinsten Teesorten der Welt gewonnen. Sanjay Bansal übernahm Ambootia 1994 und bewirtschaftet den Teegarten seit 1995 nach biologisch-dynamischen Richtlinien. Das bedeutet vor allem, dass beim Anbau der Tees keine chemischen Spritz- oder Düngemittel eingesetzt werden. Stattdessen werden die Tee-Büsche zum Beispiel durch natürliche Pflanzenextrakte gestärkt und vor Krankheiten und Schädlingen geschützt.

Teepflückerinnen im Darjeeling-Teegarten Ambootia

Der soziale Aspekt

Durch die Umstellung auf den arbeitsintensiveren biologischen Anbau können die Mitarbeiter in Ambootia nicht nur saisonal, sondern das ganze Jahr über beschäftigt werden. Neben ihrem festen Einkommen und der Zahlung einer Altersvorsorge werden sie und ihre Familien außerdem durch Bildungs- und Weiterbildungsmaßnahmen sowie medizinische Versorgung unterstützt. Außerdem stellt Sanjay Bansal seinen Angestellten ein Haus mit kleinem Garten kostenlos zur Verfügung, sodass rund 4000 Menschen auf dem riesigen Gelände des Teegartens leben.

Sie profitieren hier auch von einer kostenlosen Müllabfuhr, einer verlässlichen Wasserversorgung und einer guten sozialen Infrastruktur. In ihren Gärten bauen die Menschen Orangen, Kurkuma und andere Lebensmittel an oder gewinnen Honig. So erwirtschaften sie sich ein zusätzliches Einkommen.

Ökologische Maßnahmen

Der Teegarten liegt in einer gebirgigen Gegend mit steilen Abhängen. Erosion, besonders hervorgerufen durch intensiven Holzeinschlag, war früher ein großes Problem. Um der Erosion entgegenzuwirken, hat Sanjay Bansal umfangreiche Gegenmaßnahmen ergriffen. So werden die Teebüsche entlang der Höhenlinien gepflanzt. Zusätzlich werden große Flächen wieder aufgeforstet. Um den privaten Holzeinschlag zu vermeiden, gibt es Biogasanlagen, die den Familien umweltfreundliches Kochen ohne Holz ermöglicht.

a **Begründen Sie, warum es sich bei den angebotenen Tees um nachhaltige Produkte handelt. Entwerfen Sie dazu eine Tabelle mit zwei Spalten, in denen Sie jeweils die im Sales-Folder genannten**
   * **ökologischen,**
   * **sozialen und wirtschaftlichen (ökonomischen) Aspekte des Ambootia-Projektes auflisten.**

b **Beurteilen Sie, ob ein Tee aus dem Ambootia-Teegarten oder ein handelsüblicher Tee, der das Bio-Siegel trägt, eher dem Prinzip der Nachhaltigkeit entspricht. Begründen Sie Ihre Entscheidung.**

BIO nach EG-Öko-Verordnung

2

IVN ZERTIFIZIERT BEST NATURTEXTIL

„Naturtextil – IVN zertifiziert BEST“ ist ein Standard mit sehr hohen Ansprüchen an Textilien. BEST spiegelt die vom Internationalen Verband der Naturtextilwirtschaft e. V. (IVN) entworfenen Richtlinien für Naturtextilien wider und bildet die gesamte textile Produktionskette in ökologischer und sozialverantwortlicher Hinsicht ab. Nachfolgend sind einige der wichtigsten Kriterien aufgeführt, damit Textilien mit BEST zertifiziert werden.

Lesen Sie die Texte aufmerksam und prüfen Sie anschließend, ob die darunter stehenden Aussagen richtig oder falsch sind.

Faser
Die Grundlage für Textilien aller Art bilden zunächst einmal die Fasern, aus denen sie hergestellt sind. Bei BEST muss der Stoff zu 100 % aus Naturfasern bestehen, die aus kontrolliert biologischem Anbau oder kontrolliert biologischer Tierhaltung stammen. Synthetische Fasern, wie Elasthan oder Polyacryl, dürfen nur zu höchstens 5 % beispielsweise bei Bündchen oder Spitze eingesetzt werden. Aber auch der Anbau von Naturfasern kann Umweltschäden verursachen. Herkömmlich angebaute Baumwolle beispielsweise schädigt die Umwelt durch den hohen Einsatz von Pestiziden und hohen Wasserverbrauch. Bei Biofasern sind synthetische Dünge- oder Pflanzenschutzmittel verboten. Für die Produktion von tierischen Fasern wie Wolle und Seide gelten ebenfalls hohe Ansprüche: artgerechte Tierhaltung und Bio-Futter.

Pestizid = Schädlingsbekämpfungsmittel

synthetisch = künstlich hergestellt

Aussagen:

1 Baumwolle ist eine Naturfaser und deshalb immer umweltverträglich.

2 Synthetische Düngemittel und Pestizide sind bei der Herstellung von Baumwolle aus kontrolliert biologischem Anbau verboten.

3 Weil es die Mode verlangt, dürfen auch die BEST-zertifizierten Stoffe mehr als fünf Prozent Elasthan enthalten.

4 Nur artgerecht gehaltene Schafe können Wolle liefern, die die Kriterien von BEST erfüllt.

Weiterverarbeitung
Wenn die Faser erst gewonnen wurde, muss sie noch viele Schritte bis zum fertigen Textil durchlaufen, zum Beispiel Spinnen, Färben, Weben, Stricken, Zuschneiden oder Nähen. In all diesen Produktionsstufen werden in der herkömmlichen Herstellung häufig gefährliche Substanzen eingesetzt, die aber bei BEST-zertifizierten Textilien verboten oder nur extrem eingeschränkt zugelassen sind. So muss vor dem Spinnen die Faser gereinigt werden. Dabei ist darauf zu achten, dass die verwendeten Mittel Abwasser und Luft nicht belasten. Das gilt auch für das Färben, Bedrucken etc. Es dürfen grundsätzlich keine Chemikalien eingesetzt werden, die gesundheitsschädigend für den Menschen oder giftig für Natur und Umwelt sind.

Aussagen:

1 Bei der Weiterverarbeitung wird es nicht mehr so streng gesehen, welche Chemikalien zum Einsatz kommen. Schließlich werden diese im Laufe der Zeit wieder ausgewaschen.

2 Es dürfen grundsätzlich keine Farbstoffe eingesetzt werden, die gesundheitsgefährdend sind.

3 Die verwendeten Substanzen dürfen Abwasser und Luft belasten, bei BEST steht schließlich der Mensch im Vordergrund.

Verpackung und Transport
Auch Verpackung und Transport sind geregelt: Dabei dürfen die BEST-zertifizierten Textilien auf keinen Fall mit herkömmlichen Produkten zusammen gelagert und transportiert werden, da sie sonst verunreinigt oder vertauscht werden können. Bei Unternehmen, die sowohl ökologisch als auch herkömmlich arbeiten, müssen alle ökologischen Stoffe getrennt von den herkömmlichen gelagert und eindeutig gekennzeichnet werden. Sämtliche Transportmittel und -wege müssen dokumentiert werden.

Aussagen:

1 Sind die ökologischen Stoffe erst fertig, ist es egal, wie sie gelagert und verpackt werden.

2 Ökologisch und herkömmlich hergestellte Stoffe dürfen nicht gemeinsam gelagert und transportiert werden.

3 Die Transportmittel und -wege müssen auch später noch nachvollziehbar sein.

Sozialstandards
Sämtliche Betriebe sind per BEST-Auflagen dazu verpflichtet, festgelegte Sozialstandards einzuhalten. Es gibt keine Zwangsarbeit, Kinderarbeit oder Sklavenarbeit. Vereinigungsfreiheit und Recht auf Tarifverhandlungen werden respektiert. Die Arbeitsbedingungen sind sicher und hygienisch. Es werden existenzsichernde Löhne gezahlt. Es gibt keine überlangen Arbeitszeiten. Es erfolgt keine Diskriminierung. Den Arbeitern wird eine reguläre Anstellung angeboten und grobe oder unmenschliche Behandlung ist nicht erlaubt.

Aussagen:

1 In der Erntezeit wird jede Hand gebraucht. Darum dürfen dann Kinder der Schule fernbleiben und zum Baumwollpflücken auf die Felder geschickt werden.

2 Die Beschäftigten sind fest angestellt und haben geregelte Arbeitszeiten.

3 BEST heißt „Für den Kunden das Beste". Die ökologische Herstellung ist auch so schon teuer genug, da ist es nur von Vorteil, wenn sich die Produktionskosten wenigstens durch sehr niedrige Löhne in Grenzen halten lassen.

3

Die Auszubildende Annalena Sörger füllt das Regal mit den gestückelten Dosentomaten auf. Dabei fällt ihr Blick auf das Etikett und sie macht eine erstaunliche Entdeckung. Diese teilt sie sogleich dem Abteilungsleiter Rainer Dürrlich mit, der gerade vorbeikommt.

Annalena: Herr Dürrlich, schauen Sie mal! Diese Tomaten sind aus Asien. Aber wenn ich mir die grün, weiß und rot gestaltete Dose angucke, dann denke ich doch, dass die Tomaten aus Italien kommen und nicht von ein paar Tausend Kilometer weiter weg. Ist das kein Betrug?

Herr Dürrlich: Nein, da steht schließlich nirgends ausdrücklich drauf, dass es sich um italienische Tomaten handelt. Der Verbraucher soll nur den Eindruck haben, weil solche Tomaten meistens für mediterrane Gerichte verwendet werden.

Annalena: Ich finde das nicht richtig. Der Westfälische Schinken im Kühlregal, kommt der vielleicht aus Osteuropa?

Herr Dürrlich: Nein, der hat das Etikett „Regionalfenster". Die Schweine kamen aus dem Münsterland, wurden dort geschlachtet und zu Schinken verarbeitet.

Annalena. Das schaue ich mir nachher mal genauer an.

Herr Dürrlich: Tun Sie das. Vorher gebe ich Ihnen aber noch einen Artikel aus einer Fachzeitschrift. Wenn Sie den lesen, erfahren Sie schon etwas über das „Regionalfenster".

Das Gute aus der Region
Besonders bei frischen Erzeugnissen legen die Verbraucher immer mehr Wert auf die Herkunft der Produkte. Vielen ist es wichtig, dass die Ware aus der Region kommt. Mit dem Regionalfenster können Hersteller ihre regionalen Produkte mit einer Herkunftskennzeichnung versehen. Bei Lebensmitteln, Blumen und Zierpflanzen gibt das Regionalfenster Auskunft über die Region, den Ort der Verarbeitung, den Anteil der verwendeten regionalen Zutaten und die beauftragte Kontrollstelle.

Die Regionalfenster Service GmbH vergibt die Lizenzen für das Regionalfenster und kontrolliert regelmäßig die Angaben der Hersteller auf Richtigkeit.

Das Regionalfenster beantwortet drei Fragen:

www.regionalfenster.de

Wo kommt es her?

* Herkunft der Hauptzutat/-en
  Beispiel: Wo wurde das Schwein gehalten?

Wo wurde es verarbeitet?

* Verarbeitungsort/e (Die Verarbeitung muss in Deutschland erfolgt sein.)
  Beispiel: Wo wurde das Fleisch zu Wurst verarbeitet?

Wie hoch ist der regionale Anteil?

* Bei zusammengesetzten Produkten muss die Gesamtsumme aller regionalen Rohstoffe als Prozentzahl angegeben werden.
  Beispiel: Wie hoch ist der Anteil der regionalen Rohstoffe in der Wurst?

In der Fußzeile wird die Institution genannt, die die Angaben zu den drei Fragen jährlich kontrolliert.

a Nennen Sie Gründe, warum vielen Kunden die regionale Herkunft von Waren wichtig ist.

b Erläutern Sie anhand des nebenstehenden Beispiels eines Brotes, welche Angaben ein Regionalfenster über das Produkt macht.

c Nehmen Sie Stellung dazu, dass die Herkunftskennzeichnung durch die Hersteller freiwillig erfolgt.

Abschlussaufgabe 1 in Lernfeld 6

Situation 1

Sie sind in der Drogerieabteilung der Marktland GmbH, einem Warenhaus in Rostock, beschäftigt. Um zu kontrollieren, ob Sie mit Ihrem aktuellen Angebot an Herren-Duschgels immer noch die Kundenerwartungen abdecken, haben Sie mithilfe Ihres EDV-gestützten Warenwirtschaftssystem einige Daten zusammengestellt. Nachdem Sie diese Informationen ergänzt haben, gilt es für Sie, die gegenwärtige Sortimentszusammensetzung zu analysieren und anschließend eventuelle Veränderungen Ihres Angebots vorzunehmen.

Monatsauswertung für die Warenart Herren-Duschgel

Artikel	Verkaufspreis	Absatz Oktober des laufenden Jahres 20(0)	Umsatz Oktober des laufenden Jahres 20(0)	Umsatzanteil in %	Umsatz Oktober des Vorjahres 20(–1)	Veränderung des Umsatzes in %	Rohgewinn Oktober des laufenden Jahres 20(0)
Edidas Shower Gel fresh boy	2,99	146			421,59		132,86
HAX Duschgel Polar	2,49	115			251,49		98,90
Benno Bandini Power	8,99	15			71,92		51,00
Riff Duschgel Atlantic	1,79	20			35,80		7,80
Stroganoff Hot Bluff	5,99	22			119,80		62,04
Move Santana	2,19	3			26,28		1,77
Duschnass Flipper	0,75	442			328,50		114,92
VA For Men Vantastic	1,49	274			420,18		150,70
Tiger Eshnapur	7,99	25			87,89		77,50
gesamt		1 062		100,00	1 763,45		697,49

1

Stellen Sie die kompletten Verkaufsdaten für das Sortiment an Duschgels zusammen. Füllen Sie dazu die oben stehende Tabelle aus.

2

Nennen Sie die Artikel, die das Kernsortiment der Duschgels darstellen.

3

Entscheiden und begründen Sie, welche zwei Artikel die Marktland GmbH aus dem Sortiment nehmen sollte.

4

Innerhalb der Marktland GmbH gibt es Überlegungen, das Duschgel Stroganoff – Hot Bluff aus dem Programm zu nehmen.

Beurteilen Sie diese Maßnahme.

5

Die Duschgels Benno Bandini – Power und Tiger – Eshnapur haben im Vergleich zum Vorjahr ihren Umsatz außergewöhnlich steigern können. Diese Entwicklung könnte die Marktland GmbH zu einem Trading-up veranlassen.

Beschreiben Sie, was unter einem Trading-up zu verstehen ist, und nennen Sie einige Maßnahmen zur Umsetzung dieses Vorhabens.

6

Nachdem Sie das Sortiment umgestellt haben, planen Sie den Umsatz für den kommenden Monat.

Berechnen Sie den Gesamtumsatz, wenn Sie von einem Umsatzzuwachs von 3,5 % ausgehen.

7

Im Branchendurchschnitt wird in vergleichbaren Drogerieabteilungen ein Gesamtumsatz an Duschgels von monatlich 1 950,00 € erzielt.

Bestimmen Sie, um wie viel Prozent die Marktland GmbH nach der Sortimentsumstrukturierung über oder unter dem Branchendurchschnitt liegt.

8

Beschreiben Sie weitere Gründe, die neben der Umsatzentwicklung ebenfalls eine Veränderung eines bestehenden Sortiments notwendig machen könnten.

Situation 2:

Fast nichts ändert sich so schnell wie die Schuhmode. Damit die Marktland GmbH darauf vorbereitet ist und ihrer Kundschaft immer die aktuellen Modelle anbieten kann, wird der Wareneinkauf mithilfe der Limitplanung gesteuert. Bei der Erstellung der Limitplanung für das 1. Quartal 20(0) greifen die Mitarbeiter/-innen der Schuhabteilung auf folgende Daten zurück:

Limitplanung der Schuhabteilung 1. Quartal 20(0) Januar-März

geplanter Wareneinsatz in €	780 000,00
tatsächlicher Lagerbestand zu Einstandspreisen am Quartalsanfang in €	290 000,00
geplanter Lagerbestand zu Einstandspreisen am Quartalsende in €	320 000,00

9

a) Ermitteln Sie den geplanten Lageraufbau oder Lagerabbau für das 1. Quartal und beschreiben Sie die damit verbundene Veränderung des Warenbestandes.
b) Berechnen Sie das Gesamtlimit der Schuhabteilung, ohne dabei die Limitreserve zu berücksichtigen.
c) Bestimmen Sie das noch zur Verfügung stehende freie Limit, wenn mit einer Limitreserve von 15 % gerechnet wird.
d) Begründen Sie, warum mit einer Limitreserve geplant wird.
e) Bis zum 28.02.20(0) sind bereits Waren in einem Wert von 535 000,00 € eingekauft worden. Berechnen Sie das freie Limit, das für den Monat März noch zur Verfügung steht.

5 Liefermöglichkeiten durch eine Anfrage erkunden

„Glänzende Absatzzahlen für Inlineskates“

lautete die Überschrift in einer Fachzeitschrift für den Handel. Frau Abel, die Leiterin der Sportabteilung im City-Warenhaus, war da allerdings ganz anderer Meinung. In ihrer Abteilung verlief der Absatz dieses Produktes eher schleppend. Sie war der Meinung, dass die Auswahl für die Kunden nicht ausreichte und dass vor allem nicht die richtigen Marken im Sortiment angeboten wurden. Der Ausdruck aus der Liefererdatei zeigt, dass nur von zwei Herstellern Inlineskates bezogen wurden, die außerdem nicht zu den führenden Marken gehörten.

Vor allem hatten die Hersteller nicht die Trendprodukte im Sortiment, die von Jugendlichen und Erwachsenen

Lieferanten-Liste

Nr.	Suchbegriff	Ort	Telefon	FAX	E-Mail
12	Sokoman	Hamburg	040 72 56 73	040 72 56 39	info@sokoman.de
21	Longissor	Berlin	030 58 97 44 2	030 58 97 45 7	info@longissor.de

bevorzugt werden.

Frau Abel beschloss daher, Vergleichsangebote einzuholen, um neue Marken in das Sortiment aufzunehmen. Allerdings soll die Zahl der Lieferanten nicht zu groß werden, weil andernfalls Mengenrabatte nicht genutzt werden können. Zwei, höchstens drei Lieferer für Inlineskates müssten nach Meinung von Frau Abel ausreichen.

In einer Fachzeitschrift haben zwei Hersteller von Inlineskates annonciert.

professionell
innovativ
ausgereift
KA3 Sportartikel
Bersarinstraße 56
09130 Chemnitz
Tel.: 0371 894530
Fax: 0371 894544
E-Mail: info@ka3.de

Rollersports GmbH
Benzstraße 12
91058 Erlangen
Tel.: 09131 42340
Fax: 09131 42355
E-Mail:
info@Rollersports.de

Frau Abel will die Lieferer KA3 und Rollersports um ein Angebot bitten.

ARBEITSAUFTRAG
Entwerfen Sie beispielhaft eine schriftliche Anfrage an KA3 und bitten Sie um deren Angebot.

VORSCHLÄGE ZUM VORGEHEN

1. Beachten Sie die nachfolgenden Zusatzinformationen.
2. Verwenden Sie das Briefformular auf Seite 38.
3. Prüfen Sie, ob das City-Warenhaus Bauer mit Absenden der Anfragen eine Verpflichtung zum Kauf eingegangen ist.

Zusatzinformationen
Datum: 08. Sept. 20(0)
Zum Inhalt der Anfrage
1. Bitte um Angebot über ...
2. nur aktuelle, trendgerechte Ware
3. umsatzstarke Sportabteilung im City-Warenhaus Bauer, bei günstigem Angebot dauerhafte Geschäftsbeziehung möglich.

AUFGABEN

1

Ein Einzelhändler ruft bei seinem Lieferanten an und fragt nach dem aktuellen Preis für italienische Weintrauben. Welcher der nachfolgenden Aussagen stimmen Sie zu?

bestimmte, unbestimmte Anfrage

1 Es handelt sich um eine Bestellung des Einzelhändlers, weil er eine konkrete Kaufabsicht deutlich wissen lässt.
2 Es handelt sich um eine unbestimmte Anfrage des Einzelhändlers, weil er noch unbestimmte Kaufvorstellungen hat.
3 Der Einzelhändler hat eine bestimmte Anfrage gestellt, weil sich seine Frage auf eine konkrete Ware bezieht. Ein Kaufvertrag kommt dadurch aber noch nicht zustande.

2

Der Lebensmittel-Supermarkt Hansen ist einer Einkaufskooperation (Verbundgruppe) angeschlossen, und zwar einer horizontalen Kooperation. Trotzdem kauft der Supermarkt bestimmte Produkte bei regionalen Anbietern ein.

a Unterscheiden Sie horizontale und vertikale Verbundgruppen.

b Verbundgruppen (Kooperationen) hatten ursprünglich vor allem eine wichtige Aufgabe. Nennen Sie diese Aufgabe und geben Sie einen Vorteil an, der sich für die zusammengeschlossenen Mitglieder ergibt.

c Nennen Sie zwei weitere Leistungen, die Verbundgruppen heute für ihre Mitglieder erbringen.

d Begründen Sie, warum der Lebensmittel-Supermarkt Hansen auch bei regionalen Lieferanten einkauft.

3

Das City-Warenhaus nutzt interne und externe Bezugsquellen.

a Geben Sie jeweils ein Beispiel für eine interne und eine externe Bezugsquelle.

b Nennen Sie vier Bezugsquellen, die Sie in Ihrem Ausbildungsbetrieb nutzen. Geben Sie zusätzlich an, ob es sich jeweils um eine interne oder um eine externe Bezugsquelle handelt.

c Beschreiben Sie, wie Sie eine Bezugsquelle für ein Produkt aus Ihrem Ausbildungssortiment über das Internet finden können.

Briefformular zum Arbeitsauftrag

City-Warenhaus Bauer

City-Warenhaus Bauer, Oberstraße 17, 40878 Ratingen

Oberstraße 17
40878 Ratingen

Ihr Zeichen:
Ihre Nachricht vom:
Unser Zeichen:
Unsere Nachricht vom:

Name:
Telefon: 02102 56742 0
Fax: 02102 56733
E-Mail: City-Warenhaus@t-online.de

Datum:

Inhaber	**Bankkonto**	**Handelsregister**	**Geschäftssitz**
Sven Bauer e. K.	Sparbank Ratingen, IBAN: DE92 3015 1660 4565 0510 00 BIC: WELADED1RAT	Düsseldorf HR A 124477	Oberstraße 17 40878 Ratingen

e.K. = eingetragener Kaufmann

6 Den Bezugspreis kalkulieren

Die Hersteller KA3 und Rollersports haben sofort auf die Anfrage reagiert und folgende Angebote übersandt.

KA3
Sportartikel
Bersarinstraße 56
09130 Chemnitz

KA3, Bersarinstraße 56, 09130 Chemnitz

City-Warenhaus Bauer
Oberstraße 17
40878 Ratingen

Ihr Zeichen:	ab-de
Ihre Nachricht vom:	08.09.20(0)
Unser Zeichen:	sn
Unsere Nachricht vom:	
Name:	Schneider
Telefon:	0371 89453-12
Telefax:	0371 894544
E-Mail:	info@ka3.de
Datum:	12.09.20(0)

Angebot

Sehr geehrte Frau Abel,

vielen Dank für Ihre Anfrage über Inlineskates. Aus unserem Programm bieten wir Ihnen an:

> Inlineskates ON AIR, Bestell-Nr. 3477, Größen 35–49, Nettopreis 112,50 €. Bei einer Abnahmemenge ab 100 Stück gewähren wir einen Rabatt von 10 %. Wir liefern die Ware frei Haus.

Zahlungsbedingungen: Zahlung innerhalb 30 Tagen netto Kasse oder innerhalb von 10 Tagen mit 3 % Skonto.

Über Ihren Auftrag würden wir uns sehr freuen.

Mit freundlichen Grüßen

Schneider

Schneider

Anlage
Prospekt

Inhaber	**Bankkonto**	**Handelsregister**	**Geschäftssitz**
Stefan Schneider e. K.	Commerzbank Chemnitz IBAN: DE19 8704 0000 0005 7554 33 BIC: COBADEFF870	Chemnitz HRA 4387	Bersarinstraße 56 09130 Chemnitz

Rollersports GmbH
Benzstraße 12
91058 Erlangen

Tel. 09131 42340
Fax: 09131 42355
E-Mail: Rollersports@aol.com

Rollersports GmbH, Benzstraße 12, 91058 Erlangen

City-Warenhaus Bauer
Oberstraße 17
40878 Ratingen

Ihr Zeichen: ab-de
Ihre Nachricht vom: 08.09.20(0)
Unser Zeichen: gr
Unsere Nachricht vom:

Name: Grell
Telefon: 0371 89453-12
Telefax: 0371 894544
E-Mail: info@rollersports.de

Datum: 12.09.20(0)

Angebot über Inlineskates

Sehr geehrte Frau Abel,

wir danken Ihnen für Ihre Anfrage. Auf der Grundlage unserer allgemeinen Geschäftsbedingungen bieten wir Ihnen an:

> Bestellnummer S-887-00, Typ U4, Stückpreis netto 107,25 €, einschließlich Versandverpackung, farblich und größenmäßig sortiert. Lieferbedingung: Für den Versand berechnen wir eine Versandkostenpauschale von 1,50 € pro Stück.

Bei Bestellungen ab 100 Stück erhalten Sie 15 % Rabatt. Unsere Zahlungsbedingungen lauten: Zahlbar innerhalb von 30 Tagen nach Rechnungsdatum; bei Zahlung innerhalb von 10 Tagen 2 % Skonto.

Eine detaillierte Produktbeschreibung entnehmen Sie bitte dem beiliegenden Prospektmaterial.

Wir freuen uns über Ihren Auftrag.

Mit freundlichen Grüßen

Rollersports GmbH

Grell

Grell

Anlagen
Prospektmaterial

Geschäftsführerin	Bankkonto	Handelsregister	Geschäftssitz
Nele Steiner	Hypovereinsbank Erlangen IBAN: DE41 7632 0072 0422 1493 00 BIC: HYVEDEMM417	Erlangen HR B77423	Benzstraße 12 91058 Erlangen

Frau Abel hat sich die Artikelliste mit den bisher geführten Produkten ausdrucken lassen, damit sie die Bezugspreise für alle vier Anbieter berechnen kann.

Artikelliste

Art.-Nr.	Lieferer	Artikel	Listenpreis	Rabatt	Zahlung	Lieferung
42331204	Sokoman	FT 9	99,75	–	30 Tage, 14 Tage 2 % Skonto	frei Haus
42332106	Longissor	Mission one	92,25	10 % ab 50 Stück	30 Tage netto Kasse	Bezugskosten 1,00 € pro Stück

Für die Kalkulation des Bezugspreises verwendet Frau Abel ein Tabellenkalkulationsprogramm.

	A	B	C	D	E
1	**Bezugspreiskalkulation**				
2					
3	**Artikel**	**Inlineskates**		**Menge:**	**100 Stück**
4	**Lieferer**	**Sokoman**	**Longissor**	**KA3**	**Rollersports**
5	Listenpreis				
6	- Rabatt				
7	= Zieleinkaufspreis				
8	- Skonto				
9	= Bareinkaufspreis				
10	+ Bezugskosten				
11	= Bezugspreis				
12					
13	Bezugspreis pro Stück				

ARBEITSAUFTRAG

Kalkulieren Sie die Bezugspreise für die beiden eingeführten Inlineskates (Sokoman, Longissor) und die Inlineskates aus den Angeboten von KA3 und Rollersports.

VORSCHLÄGE ZUM VORGEHEN

1. Übernehmen Sie die Kalkulationsdaten aus der Artikeldatei und aus den schriftlichen Angeboten. Gehen Sie von einer Bezugsmenge von 100 Stück aus.
2. Verwenden Sie für die Kalkulation ein Kalkulationsprogramm oder die Tabelle oben.
3. Rechnen Sie die Bezugspreise auf einen Bezugspreis für 1 Stück um.

AUFGABEN

1

Für die Lederwarenabteilung ist eine Sendung (ein Postpaket) mit Damenhandtaschen eingetroffen. Die äußere Prüfung und auch eine Kontrolle des Inhalts erbrachten keine Beanstandungen. Da die Sendung unfrei befördert worden ist, verlangte der Zusteller des Paketdienstleisters 7,90 € für den Transport der Sendung.

Der Sendung ist die nachfolgend abgebildete Rechnung beigefügt.

Quittung

Düsseldorf 16.05.20(0)
7,90 €
Preis Paket
(umsatzsteuerfrei)

Lederwarenfabrik Müller KG — **MKG**

Lederwarenfabrik Müller KG, Fritz-Walter-Weg 34, 70372 Stuttgart

City-Warenhaus Bauer
Oberstraße 17
40878 Ratingen

Fritz-Walter-Weg 34
70372 Stuttgart

Telefon: 0711 533876
Fax: 0711 533843
USt-IdNr.: DE744312454

Rechnung-Nr. 4234/0 Kunden-Nr.: 45400 Datum: 14.05.20(0)

Menge	Artikel-Nr.	Artikelbezeichnung	Einzelpreis/€	Gesamtpreis/€
10	1286	Damentaschen farblich sortiert	105,00 – 5 % Rabatt	1 050,00 52,50
			Nettobetrag 19 % USt	997,50 189,53
			Bruttobetrag	1 187,03

Zahlungsziel: 30 Tage ab Rechnungsdatum; innerhalb 10 Tagen mit 2 % Skonto.
Bankverbindung: VR-Bank Stuttgart, IBAN: DE71600608933420300100, BIC: GENODES1FIL

Im Büro wird die Rechnung geprüft und der Bezugspreis einer Damenhandtasche ermittelt, damit anschließend der Verkaufspreis kalkuliert sowie die Ware ausgezeichnet werden kann.

Prüfpunkte	Bestellung	Rechnung
1. Menge		
2. Artikel-Nummer		
3.		

City-Warenhaus Bauer

Fax Deckblatt

Oberstraße 17
40878 Ratingen

Telefon: 02102 56742–0

Fax: 02102 56733

E-Mail: City-Warenhaus@t-online.de

USt-IdNr.: DE433711343

DATUM:	15.01.20(0)	ZEIT:	14:45
AN:	Lederwarenfabrik Müller, KG, Fritz-Walter-Weg 34, 70372 Stuttgart		
Fax:	0711 533843		

Bestellung

Liefern Sie mir bitte zum nächstmöglichen Termin

10 Damentaschen, Artikel-Nr. 1286, farblich sortiert,

zum Listenpreis von 105,00 € pro Stück, abzüglich 5 % Rabatt und 2 % Skonto bei Zahlung innerhalb von 10 Tagen. Lieferbedingung: unfrei.

Mit freundlichen Grüßen

Bauer

a Prüfen Sie die Rechnung auf ihre sachliche und rechnerische Richtigkeit.

b Kalkulieren Sie den Bezugspreis für eine Damentasche. Gehen Sie davon aus, dass die Rechnung innerhalb von 10 Tagen bezahlt wird.

2

Der Lebensmittelmarkt Georg Schenk hat 320 Packungen Kräuterkäse eingekauft.

a Berechnen Sie anhand der nachfolgenden Belege (Rechnung der Alpin-Milchprodukte GmbH und Quittung eines Paketdienstleisters) den Bezugspreis für 1 Stück Kräuterkäse. Achten Sie auf die richtige Behandlung der Umsatzsteuer (Vorsteuer) in der Bezugskalkulation.

b Nennen Sie die Beträge, die an die Alpin-Milchprodukte GmbH und an den Paketdienst zu zahlen sind.

Alpin-Milchprodukte GmbH Singen

Alpin-Milchprodukte GmbH Wieselstraße 16 78224 Singen

Lebensmittelmarkt
Georg Schenk
Carl-Zeuss-Straße 8

74078 Heilbronn

Wieselstraße 16
78224 Singen

Telefon: 07731 24556
Fax: 07731 24558
USt-IdNr.: DE734386910

Rechnung-Nr. 22457 Kunden-Nr.: 433 Datum: 27.05.20(0)

Menge	Artikel-Nr.	Artikelbezeichnung	Einzelpreis/€	Gesamtpreis/€
320	234	Kräuterkäse	1,50	480,00
			– 5 % Rabatt	24,00
			Nettobetrag	456,00
			7 % USt	31,92
			Bruttobetrag	487,92

Zahlungsziel: 30 Tage ab Rechnungsdatum; innerhalb 10 Tagen mit 3 % Skonto.
Bankverbindung: BW-Bank Singen, IBAN: DE12692200202439120312, BIC: SOLADESTG692

DPD Heilbronn
Fontanestraße 74
74074 Heilbronn

DPD

Quittung

von Lebensmittelmarkt Georg Schenk
für Hausfracht

	€
Nettobetrag	25,00
+ 19 % Umsatzsteuer	4,75
Bruttobetrag	29,75

erhalten.

Heilbronn, 28.03.20(0) Schober

(Unterschrift)

3

Das Bürofachgeschäft BüroKomplett hat von zwei Lieferanten Angebote über Ringbucheinlagen erhalten.

Berechnen Sie die Bezugspreise aus folgenden Angebotsangaben. Gehen Sie davon aus, dass die Skontofrist ausgenutzt wird.

Angebot 1:

Ringbucheinlage „Saturn", DIN-A4, 200 Blatt, 70-g-Papier

Preis 1,30 €, ab 500 Stück 10 % Rabatt, zahlbar innerhalb von 30 Tagen ohne Abzug, bei Zahlung innerhalb von 10 Tagen 2 % Skonto

Bezugskosten für 500 Stück 5,00 €

Angebot 2:

Ringbucheinlage „Planet", DIN-A4, 200 Blatt, 80-g-Papier

Preis 1,35 €, ab 500 Stück 8 % Rabatt, zahlbar innerhalb von 30 Tagen netto Kasse, 3 % Skonto bei Zahlung innerhalb von 10 Tagen

Frei-Haus-Lieferung

4

Der Lebensmittelmarkt BioRegio hat verschiedene Lebensmittel bezogen. Dabei ist auf das Verpackungsgewicht zu achten, weil die Preise sich jeweils auf das Nettogewicht (Reingewicht) beziehen.

Ermitteln Sie in den folgenden Fällen den Listeneinkaufspreis (LEP).

Lieferer	Bruttomenge	Tara	Warenpreis je Einheit
Schulz	135 kg	5 %	7,00 €/kg netto
REGA	30 Kisten zu je 45 kg	5 %	18,50 €/kg netto
Borg	2 500 kg	40 kg	2,50 €/kg netto

5

Der Leiter des Lebensmittelmarktes BioRegio hat eine Lieferung mit Bananen erhalten.

Errechnen Sie den Bareinkaufspreis für die gesamte Lieferung und für 1 Kilo aus folgenden Daten:

85 Kisten Bananen zu je 40 kg netto, Listeneinkaufspreis 0,75 € je kg Reingewicht einschließlich Verpackung; Rabatt 20 %, Liefererskonto 2 %.

6

Ein Einzelhändler hat Fleischkonserven bezogen und nachfolgende Rechnung (Auszug) erhalten.

Menge	Artikel-Nr.	Bezeichnung	Einzelpreis/€	Gesamtpreis/€
1 500	127704	Fleischkonserven	1,90	2 850,00
		Rabatt 15 %		– 427,50
		Nettobetrag		2 422,50
		7 % Umsatzsteuer		169,58
		Bruttobetrag		2 592,08

Wir gewähren ein Zahlungsziel von 30 Tagen nach Rechnungsdatum oder 2 % Skonto innerhalb von 10 Tagen.

a Berechnen Sie
- den Rechnungspreis,
- den Überweisungsbetrag (Skonto wird in Anspruch genommen).

b Kalkulieren Sie den Bareinkaufspreis für eine Konservendose.

7

Im Zweirad-Center Breuer sind unten stehende Rechnungen eingetroffen.

Ermitteln Sie aufgrund dieser Rechnungen den Bezugspreis für ein Trekking-Rad.

Achtung! Zweimal Bezugskosten, in beiden Rechnungen

Vorschlag = Zunächst den Bezugspreis für 10 Trekking-Räder berechnen, dann den Stückpreis

Zweirad-Import Gerstner GmbH
Bredenstraße 47
28195 Bremen

Zweirad-Center Breuer
Steinstraße 24
40212 Düsseldorf

Kunden-Nr: 0102
Auftrag vom 05.08.20(0)
Versand: unfrei
Datum: 06.08.20(0)

Rechnung Nr. 03-477-001

Menge/ Stück	Artikel-Nr.	Bezeichnung	Einzelpreis: €	Gesamtpreis €
10	RX-1177	X-8 Trekking, art brush design	1 200,00	12 000,00
		5 % Rabatt		600,00
				11 400,00
10		Spezial-Versandboxen	10,00	100,00
			Nettobetrag	11 500,00
			19 % USt	2 185,00
			Rechnungsbetrag	13 685,00

Zahlungsziel: 30 Tage ab Rechnungsdatum netto Kasse

Bankverbindung: SEB Bremen, IBAN: DE95290104000012237705, BIC: ESSEDE5F290, USt-IdNr.: DE211745982

INTERSPED GmbH
Internationale Spedition
Merkurstraße 14, 40223 Düsseldorf

Zweirad-Center Breuer
Steinstraße 24
40212 Düsseldorf

Rechnung Nr. 03-14233

Kundennummer	Speditionsauftrags-Nr.	vom	Datum
140123	12443-20(0)	03.08.20(0)	06.08.20(0)

Pos.-Nr.	**Text**	**€**
001	10 Fahrräder, 120 kg, Bremen – Düsseldorf, 310 km	80,00
	Nettobetrag	80,00
	+ 19 % USt	15,20
	Bruttobetrag	95,20

Zahlbar sofort und ohne Abzug – Volksbank Düsseldorf – IBAN: DE95301600830724527455, BIC: GENODED1DNE

	A	B
1	**Kalkulation Bezugspreis**	
2	**Eingabeteil**	
3	**Artikel**	**X8 Trekking**
4	**Lieferer**	**Gerstner**
5		
6	Listenpreis in €	
7	Stückzahl	
8	Rabatt in %	
9	Skonto in %	
10	Bezugskosten in €	
11		
12	**Ausgabeteil**	
13		**€**
14	Listenpreis	
15	- Rabatt	
16	= Zieleinkaufspreis	
17	- Skonto	
18	= Bareinkaufspreis	
19	+ Bezugskosten	
20	= Bezugspreis gesamt	
21		
22	Bezugspreis Stück	

8

Die Inhaberin der Geschenkboutique „Dies & Das" will fünf Kisten Kerzen, farbig sortiert, bei einem Kerzenhersteller bestellen. Zur Kalkulation des Bezugspreises entnimmt sie dem Angebot des Kerzenherstellers die unten stehenden Angaben.

Errechnen Sie den Bezugspreis der Sendung.

Daten für die Bezugskalkulation	
Gewicht:	40 kg Kerzen je Kiste
Preis:	7,50 € je kg Reingewicht einschließlich Verpackung
Rabatt:	20 %
Skonto:	2 % bei Zahlung innerhalb von 10 Tagen
Transportversicherung:	3 Promille (pro Tausend) vom Listenpreis
Fracht:	5,50 € pro 100 kg

9

Der Baumarkt Weber KG hat bei der Dura GmbH Fugenfüller laut Angebot vom 23.06.20(0) bestellt. Diese Sendung wird am 29.06.20(0) in 20 Kisten durch eine Spedition geliefert. Das Gewicht der Sendung beträgt 420 kg, davon sind 20 kg als Tara anzusetzen. Der Spediteur stellte 75,00 € netto + 19 % USt. in Rechnung.

Dem Angebot des Lieferers sind folgende Daten zu entnehmen:

Daten für die Bezugskalkulation	
Preis:	1,20 € per kg Nettogewicht ausschließlich Verpackung
Rabatt:	15 %
Zahlungsbedingungen:	sofort netto Kasse
Verpackung:	1,50 € pro Kiste

Errechnen Sie den Einstandspreis der Sendung und den Preis für 1 kg Fugenfüller.

10

Das Fachgeschäft für Bürobedarf Hans Haller hat sechs gleichartige Schreibtische für 6 297,48 € (Überweisungsbetrag) eingekauft.

a Berechnen Sie den Listenpreis für einen Schreibtisch mithilfe des unten stehenden Rechnungsausschnitts und dem Rechenschema. Dem Fachgeschäft wurden 10 % Rabatt und bei Zahlung innerhalb von 10 Tagen 2 % Skonto gewährt.

b Kalkulieren Sie den Bareinkaufspreis für einen Schreibtisch.

Rechnung

Menge	Artikel-Nr.	Bezeichnung	Einzelpreis	Gesamtpreis
6	22455	Schreibtisch – Rabatt		
		Nettobetrag + 19 % USt		
		Rechnungsbetrag		
		– Skonto		
		Überweisungsbetrag		6 297,48

Rechenschema

Listeneinkaufspreis		100 %	
– 10 % Rabatt		– 10 %	
= Nettobetrag		90 %	← 100 %
+ 19 % Umsatzsteuer			+ 19 %
= Rechnungsbetrag		100 %	→ 119 %
– 2 % Skonto		– 2 %	
= Überweisungsbetrag		98 %	

Kalkulation

Listeneinkaufspreis		
– Rabatt		
= Zieleinkaufspreis		
– Skonto		
= Bareinkaufspreis		: 6 =

11

Andrea muss einen Teil ihrer Ausbildung in der Verwaltung des City-Warenhauses leisten. Jetzt soll sie für einen Kunden eine Rechnung nach folgenden Angaben ausstellen:

Nettoverkaufspreis: 110,00 €

Lieferbedingung: frei Haus

Umsatzsteuer: 19 %

Der Kunde erhält einen Mengenrabatt von 10 %.

Andrea: „Ich kann mir einfach die Reihenfolge nicht merken. Wann muss die Umsatzsteuer aufgeschlagen, wann der Rabatt berücksichtigt werden? Muss ich den Skontoabzug auf der Rechnung ausweisen?“

Frau Abel: *„Aber das ist doch ganz einfach. Umsatzsteuer berechnet man vom vereinbarten Entgelt. Welcher Betrag ist denn vereinbart worden?"*

Andrea: „Und beim Skonto: Nimmt denn jeder Kunde Skonto in Anspruch?"

City-Warenhaus Bauer

Oberstraße 17
40878 Ratingen

Telefon: 02102 56742-0
Fax: 02102 56733
E-Mail: City-Warenhaus@t-online.de

Fitness & Sport
Grabenstraße 17
40213 Düsseldorf

Datum: 22.04.20(0)

Bestellung vom: 21.04.20(0)

USt-IdNr.: DE433711343

Rechnungs-Nr. 2744-20(0) | **Kunden-Nr. 310**

Menge	Artikel-Nr.	Bezeichnung	Einzelpreis/€	Gesamtpreis/€
5	4-13-0744	Rucksäcke Air Comfort System	110,00	550,00

Wir gewähren ein Zahlungsziel von 30 Tagen nach Rechnungsdatum oder 2 % Skonto innerhalb von 14 Tagen.

Bankverbindung: Sparkasse Ratingen, IBAN: DE92301516604565051000, BIC: WELADED1RAT

a Ergänzen Sie die fehlenden Angaben in der Rechnung.

b Stellen Sie die Bezugskalkulation des Unternehmens Fitness und Sport dar, wenn es innerhalb der Skontofrist bezahlt.

Artikel	Rucksäcke
Menge/Stück	
Listenpreis in €	
Rabatt in %	
Skonto in %	
Versand frei Haus	

Kalkulation	€
Listenpreis	
– Rabatt	
= Zieleinkaufspreis	
– Skonto	
= Bareinkaufspreis	
+ Versandkosten	
= Bezugspreis	

12

Eine Warenhauskette kauft ihre Waren direkt in Asien ein. In einer Sendung aus Asien sind Hosen und T-Shirts eingetroffen. Der beauftragte Spediteur berechnet folgende Bezugskosten für die gesamte Sendung:

* Transportkosten (Seefracht, Umschlag im Seehafen, Lkw-Fracht = Gewichtsspesen): 4600,00 €
* Versicherungskosten und Zölle (= Wertspesen): 7000,00 €

Gewichtsspesen
Bezugskosten, die nach dem Bruttogewicht der Ware aufgeteilt werden, z. B. für Verpackungskosten oder Fracht.

Wertspesen
Bezugskosten, die nach dem Wert der Ware (= Zieleinkaufspreis) aufgeteilt werden, z. B. Versicherungskosten oder Zölle.

a Teilen Sie die Transportkosten nach dem Gewicht der Waren und die Versicherungskosten und Zölle nach dem Wert der Ware (Zieleinkaufspreis) auf. Verwenden Sie die nachfolgende Tabelle.

	A	B	C	D	E	F
1	**Produkt**	**Gewicht der Ware in kg**	**Gewichtsspesen in €**	**Wert der Ware in €**	**Wertspesen in €**	**Gesamtspesen in €**
2	Hosen	10000		160000,00		
3	T-Shirts	6000		120000,00		
4	Summe	16000		280000,00		

b Kalkulieren Sie den Bezugspreis für
ba eine Hose und
bb ein T-Shirt.
Berücksichtigen Sie noch folgende Angaben.

* Der Lieferant gewährt keinen Rabatt.
* Bei Zahlung innerhalb von 14 Tagen erhält das Warenhaus 2 % Skonto.
* Es sind 5000 Hosen geliefert worden.
* Die Zahl der T-Shirts beträgt 12000 Stück.
* Die Bezugskosten sind getrennt nach Gewichts- und Wertspesen aufzuschlagen (siehe Kalkulationsschema rechts).

Grundlage sind die Ergebnisse aus a.

Bezugskalkulation	Hosen in €	T-Shirts in €
Listeneinkaufspreis		
Rabatt		
Zieleinkaufspreis		
Skonto		
Bareinkaufspreis		
Gewichtsspesen		
Wertspesen		
Bezugspreis		

13

Barbara möchte in einem Onlineshop ein Paar Stiefel kaufen. Allerdings kann sie nicht sofort erkennen, welchen Preis sie letztlich bezahlen muss.
Sie hat sich daher eine kleine Tabelle erstellt, die alle Bestandteile der Internet-Bestellung darstellt (siehe unten).

*Ihr Onlinepreis: (*inkl. MwSt. zzgl. Versand)*

64,95 €

~~69,95 €~~
Artikel-Nr.: 276 004 024

Willkommensgutschein 10,00 €

Sie erhalten bei uns zurzeit einen Willkommensgutschein von 10,00 € bei Ihrer Anmeldung bei uns. Diesen Gutschein erhalten Sie per E-Mail mit Ihrer Anmeldebestätigung zusammen als Gutscheincode.
Sie können diesen Gutschein für Ihre erste Versandbestellung ab einem Mindestwarenwert von 50,00 € einlösen.

Zahlungsmöglichkeiten	Verpackungs- und Versandkosten
Zahlung per Vorkasse Bei dieser Zahlungsart gewähren wir Ihnen zusätzlich 3 % Skonto auf den Warenwert Ihrer Bestellung. Wir senden Ihnen eine Auftragsbestätigung Ihrer Bestellung per E-Mail zu, in der unsere Bankverbindung genannt ist. Nachdem der Kaufpreis auf unserem Konto eingegangen ist, wird die Ware versendet.	Für die Lieferung und Verpackung werden grundsätzlich pauschal 4,50 € Versandkosten berechnet. Diese Pauschale deckt nur einen Teil unserer tatsächlichen Kosten für Versand und Verpackung, die restlichen Kosten übernehmen wir gerne für Sie.

Berechnung des Bezugs-/Einkaufspreises

		€
	Warenwert	
	Willkommensgutschein (Rabatt)	
=	neuer Warenwert	
	wegen Vorkasse (3 % Skonto vom neuen Warenwert)	
=	tatsächlicher Warenwert	
	Versandkosten	
=	**Einkaufspreis**	

a Berechnen Sie den Einkaufspreis für die Stiefel, den Barbara letztlich bezahlen muss.

b Ein Lebensmitteleinzelhändler kauft von einem regionalen landwirtschaftlichen Betrieb frischen Spargel ein. Mit dem Landwirt hat der Einzelhändler folgende Bezugsbedingungen vereinbart:
- Einkaufsmenge: 40 kg
- (Listen-)Preis pro Kilogramm (ab Hof): 5,00 €
- ab 20 kg erhält der Einzelhändler einen Mengenrabatt: 10 %
- Wenn der Einzelhändler innerhalb einer Woche bezahlt, darf er vom (reduzierten) Warenwert Skonto abziehen: 2 %.
- Kosten für das Abholen vom Hof (Bezugskosten): 20,00 €

Berechnen Sie den Preis, den der Einzelhändler für 1 kg Spargel als Bezugspreis zu bezahlen hat.

		€
	Warenwert/Listenpreis	
	(Mengen-)Rabatt	
=	neuer Warenwert (Zieleinkaufspreis)	
	Skonto	
=	Bareinkaufspreis	
	Bezugskosten	
=	**Bezugspreis**	

7 Angebote von Lieferanten vergleichen

Frau Abel hatte die Bezugspreise der vier Lieferanten von Inlineskates kalkuliert (siehe Lernsituation 6 auf Seite 39). Das Ergebnis des quantitativen Angebotsvergleichs hat sie in einer Excel-Tabelle festgehalten (siehe Ausschnitt unten).

Nun will sie durch einen qualitativen Angebotsvergleich entscheiden, welche zwei bis drei Lieferanten zukünftig mit ihren Produkten im Sortiment des City-Warenhauses Bauer vertreten sein werden.

Frau Abel hat dazu Informationen über die Lieferer zusammengetragen. Für Sokoman und Longissor können die bisherigen Einkaufserfahrungen genutzt werden.

bisherige Lieferanten:

Sokoman und Longissor

neue Anbieter:

KA3 und Rollersports

A	B	C	D	E
Bezugspreiskalkulation				
Artikel	**Inlineskates**		**Menge:**	**100 Stück**
Lieferer	**Sokoman**	**Longissor**	**KA3**	**Rollersports**
Listenpreis	9.975,00	9.225,00	11.250,00	10.725,00
...				
= Bezugspreis	9.775,50	8.402,50	9.821,25	9.083,93
Bezugspreis pro Stück	**97,76**	**84,03**	**98,21**	**90,84**

Angebotsvergleich:
- quantitativ
- qualitativ

Sokoman

Unsere Bestellungen wurden von diesem Unternehmen stets umgehend und zuverlässig erledigt. Das Lieferverhalten ist daher sehr positiv einzuschätzen. Reklamationen wurden im Großen und Ganzen korrekt abgewickelt, im Einzelfall fehlte es an Kulanz. Die Qualität der Produkte lässt häufig zu wünschen übrig. Das Unternehmen hat zunehmend Schwierigkeiten, seine Produkte auf dem technisch neuesten Stand zu halten. Dementsprechend hat der Name „Sokoman“ bei den Endverbrauchern stark an Ansehen verloren. Das Image des Unternehmens leidet unter dem biederen Aussehen der Produkte und fehlender werblicher Begleitung in den Medien. Umweltschutz und Nachhaltigkeit spielen für Sokoman keine Rolle.

Longissor

Das Lieferverhalten von Longissor ist zufriedenstellend. Gelegentliche Terminüberschreitungen können als gerade noch akzeptabel bezeichnet werden. In Reklamationsfällen zeichnet sich das Unternehmen durch eine großzügige Abwicklung aus. Die Qualität der Produkte liegt auf einem mittleren Niveau. Es fehlen technische Neuerungen und eine gewisse Spritzigkeit im Design. Das Image von Longissor kann als solides Mittelmaß beschrieben werden. Es spricht eher die mittlere Kundengeneration an, weniger die kauffreudige junge Kundschaft. Auf der Webseite von Longissor sind Hinweise auf die ökologische Verantwortung des Unternehmens zu finden. Es fehlen aber konkrete Maßnahmen zur Umsetzung nachhaltiger Produktionsprozesse.

Mithilfe einer Nutzwertanalyse wird Frau Abel die Angebote vergleichbar machen.

Angebotsinhalte	Gewichtung	Sokoman		Longissor		KA3		Rollersports	
	%	Bewertung (1–10 Punkte)	Bewertung x Gewichtung	Bewertung (1–10 Punkte)	Bewertung x Gewichtung	Bewertung (1–10 Punkte)	Bewertung x Gewichtung	Bewertung (1–10 Punkte)	Bewertung x Gewichtung
Bezugspreis									
Summe	100								

Über Herrn Bauer, der sich mit Geschäftsfreunden in Verbindung gesetzt hat, erhielt Frau Abel folgende Informationen über die beiden neuen Anbieter.

KA3

In Bezug auf die Lieferverpflichtungen gilt das Unternehmen als zuverlässig. Reklamationen werden großzügig und umgehend bearbeitet. Die Produkte von KA3 sind technisch auf dem neuesten Stand und von hoher Qualität. Dem Unternehmen ist es gelungen, sich gerade bei jungen Kunden positiv ins Bild zu setzen. KA3 gilt als das Produkt der Spitzensportler mit innovativem Image. Auf der Webseite von KA3 werden umfangreiche Maßnahmen zur Energieeinsparung und zur Verringerung der CO_2-Belastung beschrieben. Das Unternehmen veröffentlicht jährlich einen Nachhaltigkeitsbericht.

Rollersports

Liefer- und Reklamationsverhalten gelten als einwandfrei. Die Qualität der Produkte ist gut, wenn auch nicht überragend. Es fehlt insbesondere an herausragenden Innovationen. Das Unternehmen profitiert von seiner früheren Stellung als Marktführer bei Inlineskates. Viele Kunden schätzen Rollersports-Produkte aufgrund ihres Namens. Jüngere Kunden werden von Rollersports weniger angesprochen. Informationen zu Nachhaltigkeitsbemühungen liegen nicht vor.

ARBEITSAUFTRAG

Vergleichen Sie die Angebote von KA3 und Rollersports mit den Angeboten der bisherigen Lieferanten und entscheiden Sie, welche zwei bis drei Lieferer zukünftig mit ihren Produkten im Sortiment des Warenhauses vertreten sein sollen.

VORSCHLÄGE ZUM VORGEHEN

1. Legen Sie – neben dem Bezugspreis – weitere Bewertungskriterien fest. Prüfen Sie dazu die Informationen über die Lieferanten (siehe oben) und entwickeln aus den Informationen geeignete Bewertungskriterien. Tragen Sie die ermittelten Kriterien in die Spalte „Angebotsinhalte" unterhalb von „Bezugspreis" ein.
2. Gewichten Sie die Angebotsinhalte nach Ihrer Bedeutung für Ihre Lieferantenentscheidung (Eintrag in Spalte „Gewichtung").
3. Bewerten Sie, in welchem Maße die vier Lieferanten die Kriterien erfüllen. Verwenden Sie dazu die Informationen über die Lieferer oben.
4. Multiplizieren Sie die Bewertung mit der Gewichtung und tragen Sie das Ergebnis in die Tabelle ein.
5. Entscheiden Sie, welche Lieferanten Sie auswählen wollen.

AUFGABEN

1

Der Abteilung Elektronik-Computer des City-Warenhauses Bauer liegen zwei Angebote vor (gekürzte Darstellung):

High-Tech-Pro GmbH, Großhandlung, Hamburg

Angebot 22.04.20(0)

Sehr geehrte Damen und Herren,

aufgrund Ihrer Anfrage unterbreiten wir Ihnen folgendes Angebot:

Produkt:	Tintenpatronen EPSON Stylus, schwarz und color
Preis:	14,60 €, ab 100 Stück 10 % Rabatt
Beförderungsbedingungen:	Versandkostenpauschale von 12,00 €
Zahlungsbedingungen:	Zahlbar innerhalb von 30 Tagen ohne Abzug, innerhalb von 8 Tagen mit 3 % Skonto.

Das Angebot ist freibleibend.

Mit freundlichen Grüßen

Großhandlung für Bürobedarf, Office-Solution KG, Frankfurt

Angebot 23.04.20(0)

Sehr geehrte Frau Gerdes,

wir bieten Ihnen aufgrund Ihrer Anfrage an:

Tintenpatronen EPSON Stylus, schwarz und color zum Preis von 15,10 €. Bei einer Abnahmemenge von 100 Stück erhalten Sie 15 % Rabatt. Wir liefern frei Haus.

Zahlungsbedingungen: Zahlbar innerhalb von 30 Tagen netto Kasse oder innerhalb von 10 Tagen mit 2 % Skonto.

Wir freuen uns über Ihren Auftrag.

Mit freundlichen Grüßen

a Führen Sie einen Angebotsvergleich durch und ermitteln Sie das preisgünstigste Angebot bei einer Bestellmenge von 100 Stück.

b Stellen Sie fest, wie lange die beiden Angebote gültig sind.

c Nennen Sie zwei Gründe, warum das City-Warenhaus einen Lieferanten vorziehen könnte, bei dem der Bezugspreis höher liegt als bei anderen Anbietern.

2

Ein Baumarkt hat zu Vergleichszwecken drei Lieferanten angeschrieben und sie gebeten, ein Vergleichsangebot zum Produkt „Schraubstock" abzugeben. Die Angebote sind qualitativ auf gleichem Niveau, sodass der Bezugspreis ausschlaggebend ist.

Angebot 1:
Schraubstock Nr. 211.422, Stückpreis 24,80 €, ab 50 Stück 5 % Rabatt, ab 100 Stück 10 % Rabatt, Versandart: unfrei, Versandkosten 2,20 € pro Stück, Lieferzeit ca. 14 Tage, das Angebot ist „unverbindlich".

Angebot 2:
Schraubstock Nr. 428 S, Stückpreis 25,10 €, ab 100 Stück 15 % Rabatt, Zahlungsbedingungen: 14 Tage mit 2 % Skonto, 30 Tage netto Kasse; Verpackungskosten zum Selbstkostenpreis von 10,00 € pro Kiste (100 Stück), Lieferbedingung: ab Werk, Beförderungskosten 1,80 € pro Stück.

Angebot 3:
Schraubstock Nr. 12.488, Stückpreis 23,70 €, Zahlung: 3 % Skonto in 10 Tagen, in 30 Tagen netto Kasse, Verpackungskosten 4,00 € pro Karton (25 Stück), Lieferbedingung: unfrei, Beförderungskosten 1,50 pro Stück.

a Ermitteln Sie den preisgünstigsten Anbieter.

b Beantworten Sie folgende Fragen:

- ba Angebot 1 enthält keine Angaben über die Zahlungsbedingungen. Wann müsste eine Rechnung nach diesen Angebotsbedingungen bezahlt werden?
- bb Wer trägt eventuell entstehende Verpackungskosten, wenn sie im Angebot nicht erwähnt werden (vgl. Angebot 1)?
- bc Angebot 3 enthält keine Aussage zur Lieferzeit. Wann müsste der Anbieter liefern, falls ihm der Auftrag erteilt wird?

3

Einem Einzelhändler liegen die nachfolgenden Angebote für die Produkte A bis C vor:

Produkt A:	Listenpreis 420,00 €, Skonto 3 %, Frachtkosten 8,00 €, Kosten für eine Transportversicherung 1,00 € pro Stück
Produkt B:	Listenpreis 390,00 €, Rabatt 10 %, Kosten für die Versandverpackung 5,00 €, Beförderungskosten 20,00 €
Produkt C:	Listenpreis 450,00 €, Rabatt 15 %, Skonto 2 %, Verpackungskosten 10,00 €, Beförderungskosten 15,00 €

Ermitteln Sie die Bezugspreise für die Produkte.

4

Der Einkäufer einer großen Lebensmittelkette hat regelmäßig Angebote mit unterschiedlichen Freizeichnungsklauseln auf seinem Schreibtisch.

1 Preise unverbindlich
2 freibleibend
3 solange Vorrat reicht
4 Preiserhöhungen vorbehalten
5 Lieferung freibleibend

Prüfen Sie, welche Freizeichnungsklausel für den Lieferanten am wenigsten verbindlich ist.

5

Ein Einzelhändler hat einem Kunden auf dessen Wunsch ein schriftliches Angebot am 13.12.20(0) per Post zugeschickt. Am 14.12.20(0) erfährt der Einzelhändler, dass durch einen Großbrand bei seinem Lieferanten der Bezug der angebotenen Ware nicht mehr sichergestellt ist. Der Einzelhändler möchte daher das Angebot unwirksam machen.

Erläutern Sie, was er zu tun hat.

6

Bei Angebotsvergleichen ist oft der Preis entscheidend.

Stellen Sie fest, welche der folgenden Überlegungen nach Ihrer Meinung neben dem Preis für den Angebotsvergleich bedeutsam sein können.

1 langjährige geschäftliche Zusammenarbeit mit einem Anbieter
2 zuverlässiges Einhalten der Lieferfrist
3 gleichbleibende Qualität der Produkte
4 kurzfristige Nachlieferungsmöglichkeit
5 großzügige Behandlung von Reklamationsfällen
6 verwandtschaftliche Beziehungen zu einem Anbieter

7

Ein Kunde bestellt telefonisch bei einem Einzelhändler in der Nachbarstadt Waren und bittet um Zusendung der Artikel. Über die Beförderungskosten wird nichts vereinbart.

a Erläutern Sie, was der Einzelhändler unternehmen muss, damit der Kunde die Ware bekommt.
b Begründen Sie, wer die Beförderungskosten trägt.

8

Ein Einzelhändler kann mit seinen Lieferanten unterschiedliche Zahlungsbedingungen vereinbaren.

Nennen Sie die Zahlungsbedingung eines Lieferanten, die aus der Sicht des Einzelhändlers am günstigsten ist.

1 zahlbar innerhalb von 30 Tagen

2 Lieferung gegen Vorauszahlung

3 Lieferung gegen bar

4 Lieferung gegen Nachnahme

9

Ein Einzelhändler hat von seinem Lieferanten eine Rechnung mit nebenstehenden Daten erhalten.

Ermitteln Sie die Zahlungsbedingungen, die für diese Lieferung gelten.

Rechnung (Auszug)	Datum: 15.01.20(0)
Rechnungsbetrag	3450,00 €
Ihre Überweisungstermine und -beträge:	
bis zum 29.01.20(0)	3381,00 €
bis zum 14.02.20(0)	3450,00 €

10

In den nachfolgend beschriebenen Fällen 1–6 hat der Lieferant jeweils ein Angebot abgegeben und der Käufer hat daraufhin bestellt.

Prüfen Sie, ob jeweils noch eine Bestellungsannahme/Auftragsbestätigung des Lieferanten erforderlich ist.

1 Der Lieferant hat ein freibleibendes Angebot gemacht.

2 Der Lieferant hat ein Angebot gemacht mit dem Vermerk „Preise unverbindlich".

3 Schriftliches Angebot vom 15.11.20(0), schriftliche Bestellung vom 25.11.20(0) zu den Angebotsbedingungen.

4 Telefonisches Angebot vom 15.11.20(0), schriftliche Bestellung am 19.11.20(0).

5 Verbindliches schriftliches Angebot vom 15.11.20(0), schriftliche Bestellung „gemäß Ihrem Angebot" am 19.11.20(0).

6 Rechtzeitige Bestellung gemäß den Angebotsbedingungen, allerdings verlangt der Käufer zusätzlich einen Sonderrabatt von 10%.

11

Der Bürowarenhändler Steffens, Leipzig, erhält vom Büromaschinenhersteller Bürotechnik GmbH, Rostock, ein Angebot mit folgender Formulierung in den Allgemeinen Geschäftsbedingungen: Erfüllungsort und Gerichtsstand für beide Teile ist Rostock. Der Vertrag kommt durch die Bestellung des Bürowarenhändlers Steffens zustande.

a Nennen Sie den Erfüllungsort für die Lieferung und für die Zahlung.

b Begründen Sie den Ort, an dem der Bürowarenhändler Steffens Klage einreichen müsste, falls es zu einer gerichtlichen Auseinandersetzung mit dem Lieferer kommt.

c Beschreiben Sie, welche Lösung sich ergäbe, wenn im Angebot keine Aussage über den Erfüllungsort und den Gerichtsstand enthalten wäre.

8 Mit besonderen Bedingungen bestellen

Situation 1: Einen Probekauf tätigen

In der Sportabteilung des City-Warenhauses: Mit einer Zeitung in der Hand geht Herr Blank auf Frau Abel zu.

Herr Blank: „Haben Sie das schon gelesen? Das Fahrrad-Center steht mal wieder groß in der Zeitung. Dabei ist das doch ein billiger Gag. Diese Trikots mit den Autogrammen bekannter Sportler können wir doch ganz normal bei Sprenger & Sohn per Katalog bestellen."

Frau Abel: *„Ja, das stimmt, aber die Kombination mit einer echten Autogrammstunde, noch dazu mit dem Sieger des Sechstagerennens vom letzten Sonntag, wirkt natürlich wie ein Magnet. Der Laden war zum Bersten voll."*

Herr Blank: „Diese Trikots müssen wir auf jeden Fall auch anbieten. Bestellen Sie zunächst einmal eine kleine Menge, sagen wir mal 20 Stück. Wenn die Trikots gut laufen, bestellen wir einen größeren Posten. Aber machen Sie das dem Lieferanten auch deutlich, dann bekommen wir einen höheren Rabatt."

Frau Abel: *„Ich möchte aber daran erinnern, dass wir beim letzten Mal, als wir mit den Sporttaschen nachzogen, eine viel schlechtere Qualität geliefert bekamen."*

Herr Blank: „Das darf natürlich nicht wieder passieren. Schicken Sie doch einfach Karin ins Fahrrad-Center. Dort soll sie ein Trikot kaufen. Das legen Sie dann der Bestellung bei und verlangen genau solche Trikots, klar?"

Frau Abel: *„Klar."*

ARBEITSAUFTRAG 1

Entwerfen Sie ein Bestellschreiben für die Trikots.

VORSCHLÄGE ZUM VORGEHEN

1. Stellen Sie fest, welche Art von Kaufvertrag hier eingeleitet wird.
2. Verwenden Sie im Text geeignete Fachbezeichnungen, die sicherstellen, dass Trikots in der gewünschten Qualität geliefert werden.
3. Machen Sie dem Hersteller deutlich, dass eventuell ein größerer Auftrag folgt.

Kaufvertragsarten:
Kauf
- auf Probe
- nach Probe
- zur Probe

Empfänger: Textilwerke Sprenger & Sohn, Soldiner Straße 15, 13359 Berlin

Angaben zum Produkt: Artikel-Nr. 549TA, Größen 46 bis 52 sortiert, zur sofortigen Lieferung, Listenpreis 11,25 €, Lieferungs- und Zahlungsbedingungen laut Katalog Nr. 4/20(0)

Situation 2: Auf einem Stand einer Herbstmesse

Frau Yildrim, zuständig für modische Artikel im City-Warenhaus Bauer, und ein Aussteller für Herrenhosen, Herr Esser, sitzen an einem kleinen Tisch auf dem Messestand.

Frau Yildirim: „Ich halte noch einmal fest: Von Artikel Nr. 380033, 65/35 Baumwolle/Polyester, Einschubtaschen seitlich, abgesteppte Nähte, mit 2 cm Umschlag sowie Gürtel reservieren Sie uns 300 Stück. Die Spezifizierung folgt in 14 Tagen schriftlich."

Herr Esser: *„Es wäre uns lieb, wenn wir die Abruftermine frühzeitig wüssten."*

Frau Yildirim: „Die gebe ich Ihnen ebenfalls in 14 Tagen."

ARBEITSAUFTRAG 2
Entwerfen Sie das Schreiben (als Brief oder E-Mail) an den Hosen-Hersteller.

- Kauf auf Abruf
- Spezifikationskauf
- Terminkauf
- Fixkauf

VORSCHLÄGE ZUM VORGEHEN
1. Stellen Sie fest, welche Art von Kaufvertrag hier eingeleitet wird.
2. Spezifizieren Sie die Bestellung auf der Messe nach Farben und Größen und teilen Sie die Abruftermine mit.
3. Verwenden Sie die nachfolgenden Informationen.

Empfänger: HEKO GmbH, Textilwerk, Höhenstraße 45, 14469 Potsdam
Datum: 28. Sept. 20(0)
Beziehen Sie sich auf die Messe-Bestellung vom 14.09.20(0).

Spezifizierung: 1. Farbe 006, Größen:	44	5 Stück
	46	5 Stück
	48	20 Stück
	50	40 Stück
	52	20 Stück
	54	10 Stück

2. Farbe 244, Größen: wie oben
3. Farbe 487, Größen: wie oben

Abruftermine: Ab 01.02.20(0) bis 15.04.20(0) jeweils zum 1. Werktag im Monat.

AUFGABEN

1

Kaufverträge lassen sich nach Art, Güte und Beschaffenheit der gekauften Ware einteilen.

1 Der Kunde eines Sportfachgeschäftes möchte einen Tennisschläger für drei Tage ausprobieren. Falls er ihm zusagt, will er ihn endgültig behalten.

2 Ein Schuheinzelhändler bestellt auf einer Messe Schuhe für die nächste Saison nach den Ausstellungsstücken der Hersteller.

3 Weil immer wieder Kunden nach hochwertigen Designer-Uhren verlangen, beschließt der Inhaber eines Uhren-/Schmuckgeschäftes sein Sortiment um eine kleine Auswahl von Designer-Uhren zu erweitern. Falls der Trend anhält, will er beim Hersteller größere Mengen ordern.

Stellen Sie fest, um welche Kaufvertragsart es sich jeweils handelt.

2

Kaufverträge lassen sich auch nach der Rechtsstellung der Vertragspartner unterscheiden.

Betrachten Sie folgende Kaufvertragsbeziehungen

- bürgerlicher Kauf
- einseitiger Handelskauf (Verbrauchsgüterkauf)

1 Es handelt sich um einen „bürgerlichen Kauf".

2 Es liegt ein „einseitiger Handelskauf" (Verbrauchsgüterkauf) vor.

3 Hier spricht man von einem „zweiseitigen Handelskauf“.

- zweiseitiger Handelskauf

a) Einzelhändler kaufen Waren bei ihren Lieferanten. ☐

b) Kunden erwerben in Einzelhandelsgeschäften Waren. ☐

c) Die Auszubildende Marion verkauft ihrer Freundin eine DVD, die sie nicht mehr haben möchte. ☐

Ordnen Sie die Nummern 1 bis 3 den Vertragsbeziehungen a bis c zu

3

Kaufverträge können auch nach den Lieferbedingungen unterschieden werden.

Geben Sie an, welche Kaufvertragsarten in den nachfolgenden Kaufvertragsvereinbarungen beschrieben werden.

1 „Lieferung Ende September 20(0)“

2 „Liefern Sie bitte nach vorliegendem Muster ...“

3 „Falls Ihnen die Ware nicht zusagt, können Sie sie innerhalb von 14 Tagen umtauschen.“

4 „Artikel Nr. 14466, Menge 300 Stück, Lieferung: in drei Teillieferungen, Abruf jeweils 10 Tage vor Lieferung.“

5 Ein Warenhaus hat einen Artikel in seinen Weihnachtsprospekt aufgenommen, der am 10.12. an alle Haushalte verteilt wird. Die Bestellung an den Lieferanten lautet: „Ich bestelle für den 06.12.20(0) fest.“

4

Unten werden verschiedenen Situationen beschrieben, die sich auf unterschiedliche Kaufvertragsarten beziehen.

Ordnen Sie die Kaufvertragsarten den Situationsbeschreibungen zu.

Kaufvertragsarten

1 Kauf auf Probe

2 Kauf nach Probe

3 Kauf zur Probe

4 Terminkauf

5 Fixkauf

6 Spezifikationskauf

7 Kauf auf Abruf

Situationen

a) Das City-Warenhaus Bauer bestellt bei einem Lieferanten 20 Packungen einer französischen Käsesorte, um zu testen, ob die Kunden des Warenhauses diese Sorte auch dauerhaft nachfragen. ☐

b) Ein Kunde bestellt in der Lebensmittelabteilung des City-Warenhauses ein kaltes Buffet für seinen Geburtstag am 20.05.20(0) um 19:00 Uhr. Der Kunde betont, dass er das Buffet genau zu diesem Termin benötigt. ☐

c) Das City-Warenhaus Bauer bestellt bei einem Lieferanten Gartenmöbel für die Frühjahrssaison. Als Liefertermin wird der 02. März 20(0) vereinbart. ☐

d) Ein Kunde kauft für seine Tochter eine Puppe zum Geburtstag. Falls der Tochter die Puppe nicht gefällt, darf er die Puppe innerhalb einer Woche zurückgeben und kann den Kaufpreis zurückverlangen. ☐

e) Auf einer Messe werden 90 Winter-Sportjacken in verschiedenen Farben und Größen bestellt. Die Ware ist ab September in 3 Teillieferungen jeweils zum 1. Werktag im Monat zu liefern. ☐

f) Der Außendienstmitarbeiter eines Aufschnittlieferanten hatte eine spezielle Schinkensorte zum Probieren dagelassen. Nun werden von dieser Sorte 50 Packungen bestellt. ☐

g) Der Einkäufer eines Sportgeschäftes kauft auf einer Messe 30 Ski-Hosen eines bestimmten Typs. Die Größen- und Farbauswahl wird vier Wochen vor Saisonbeginn im September festgelegt und mit dem Abruf der Ware mitgeteilt. ☐

5

Kunden wollen regionale Produkte kaufen. Die Filialleiterin eines Lebensmittel-Supermarktes bezieht daher verschiedene Frischeprodukte von örtlichen Landwirten. Die nachfolgenden Situationen beziehen sich auf den Einkauf von Spargel.

Situation 1: Die Filialleiterin hat einen Landwirt angerufen und nach dem Kilogrammpreis für Spargel gefragt. Der Landwirt nennt als Preis 6,00 € pro kg. Am nächsten Tag bestellt die Filialleiterin per E-Mail 30 kg zum Preis von 6,00 €. Der Landwirt meldet sich telefonisch und erklärt, dass der Spargel nun 6,20 € kostet.

Begründen Sie, ob ein Kaufvertrag wirksam zustande gekommen ist.

Situation 2: Ein Landwirt bietet in der örtlichen Tageszeitung Spargel zum Preis von 6,00 € pro kg an. Die Filialleiterin bestellt daraufhin telefonisch 30 kg Spargel. Der Landwirt entgegnet, dass er aufgrund des schlechten Wetters im Augenblick nicht liefern kann. Filialleiterin: „Sie müssen mir den Spargel liefern, wir haben einen wirksamen Kaufvertrag abgeschlossen."

Begründen Sie, ob ein Kaufvertrag zustande gekommen ist.

Situation 3: Ein Landwirt hat der Filialleiterin Spargel per E-Mail zum Preis von 6,00 €/kg angeboten. Die Filialleiterin bestellt darauf ebenfalls per E-Mail 50 kg zum Preis von 5,80 €/kg.

Begründen Sie, ob ein Kaufvertrag zustande gekommen ist, und erläutern Sie, was eventuell unternommen werden muss, damit es zu einem wirksamen Kaufvertrag kommt.

Situation 4: Aufgrund einer telefonischen Anfrage erklärt ein Landwirt, dass er Spargel augenblicklich zum Preis von 6,00 €/kg verkauft. Allerdings könne er wegen der schlechten Witterung nicht sagen, welche Menge möglich ist.

Begründen Sie, ob der Landwirt ein rechtlich wirksames Angebot gemacht hat.

6

Wenn die Filialleiterin mit einem Landwirt über Spargellieferungen verhandelt, geht es nicht nur um Preise und Mengen, sondern auch um die Frage, wer die Beförderungskosten für die Lieferung des Spargels trägt.

a Begründen Sie, welche Vereinbarung über Beförderungskosten die Filialleiterin vereinbaren sollte, damit die Kosten für sie möglichst niedrig sind:

1 unfrei

2 frei Haus

3 ab Werk/Hof

Nehmen Sie an, bei einer telefonischen Verhandlung über die Lieferung von Spargel wird es versäumt, die Frage zu klären, auf wessen Kosten der Spargel zum Supermarkt gebracht werden soll.

b Erläutern Sie die gesetzliche Regelung zu den Beförderungskosten, die in diesem Falle wirksam wird.

7

Die Filialleiterin hat Spargel im **Rohgewicht** von 34 kg erhalten (4 kg Gewicht hat die Verpackung/haben die Kisten, in denen der Spargel angeliefert wird). Die Preisvereinbarung lautet 6,00 € je kg **Reingewicht** einschließlich **Verpackung**.

a Kalkulieren Sie den Listeneinkaufpreis pro Kilogramm für diese Lieferung.

b Im Text werden drei Fachbezeichnungen für Gewichtsangaben optisch hervorgehoben. Ergänzen Sie die beiden fehlenden Begriffe unterhalb von „Rohgewicht“ und tragen Sie die alternativen Bezeichnungen in den Kasten rechts ein.

Rohgewicht	*oder*	
–		–
=		= *Nettogewicht*

8

Mithilfe eines Warenwirtschaftssystems lässt sich der Bestand an offenen Bestellungen überwachen.

Betrachten Sie die nachfolgende Abbildung aus dem Warenwirtschaftssystem und beschreiben Sie den aktuellen Bestellstatus.

Modul - Offene Bestellungen

Filter nach Lieferantennamen | Filter zurücksetzen

Lieferant	Best...	Art.-Nr.	Bezeichnung 1	Stück	geliefert	Bestelldatum	Lieferzeit	Einkaufsbetra...
Sharp Electronics G...	74	44060101	Kopierer-Toner	6	6	06.07.20..	5	440,71
Pelikan GmbH & Co. ...	77	44030101	Füllfederhalter Junior	24	24	10.07.20..	4	143,31
Sharp Electronics G...	76	44060101	Kopierer-Toner	5	5	10.07.20..	5	367,26
Sharp Electronics G...	75	44060102	Fax-Toner	8	4	10.07.20..	5	183,69
Pelikan GmbH & Co. ...	80	44060201	Tintenpatrone schwarz	34	0	Mi, 15. Jul 20...	5	398,54
Sharp Electronics G...	79	44060102	Fax-Toner	5	0	Mi, 15. Jul 20...	5	114,81
Sharp Electronics G...	78	44050101	Tischkopierer	6	0	Mi, 15. Jul 20...	4	1.634,04

Schließen | Löschen | Neu | Wareneingang | Drucken

Abschlussaufgabe 2 in Lernfeld 6

Situation

Der besonders heiße Sommer im vergangenen Jahr hat die Nachfrage nach Ventilatoren in die Höhe getrieben. Um den Kunden im kommenden Sommer eine größere Auswahl zu bieten, hat die Marktland GmbH beschlossen, noch einen zweiten Ventilator in das Sortiment aufzunehmen. Sie werden in diesem Zusammenhang beauftragt, Angebote von Herstellern einzuholen, eine Entscheidung für eines der Geräte zu treffen und anschließend eine Bestellung durchzuführen.

1

Da der bisherige Lieferant der Marktland GmbH kein weiteres Modell im Angebot hat, müssen Sie zuerst neue Bezugsquellen ermitteln.

Beschreiben Sie, auf welchen Wegen Sie neue Lieferanten von Ventilatoren ermitteln können.

2

Ihre Suche nach neuen Lieferanten war erfolgreich, Sie haben zwei Hersteller von Ventilatoren ausfindig gemacht. Nun senden Sie Anfragen an die beiden Lieferanten.

a Beschreiben Sie, was die Marktland GmbH über die Anfragen herausfinden möchte.
b Beurteilen Sie, ob die Anfragen eine rechtliche Bedeutung für die Marktland GmbH haben.

3

Aufgrund Ihrer Anfragen schicken Ihnen Hersteller die zwei unten stehenden Angebote zu.

a Beurteilen Sie, wie lange die beiden schriftlichen Angebote gültig sind.
b Im Angebot der Mathias Wegmann KG wird zu den Beförderungskosten die Angabe „frei Haus" gemacht. Erläutern Sie die Bedeutung dieser Versandvorschrift.
c Nehmen Sie einen Angebotsvergleich vor und ermitteln Sie das günstigste Angebot. Kalkulieren Sie dazu den jeweiligen Bezugspreis für eine Bestellmenge von 50 Stück. Die Marktland GmbH nimmt grundsätzlich die Gewährung von Skonto in Anspruch. Stellen Sie Ihre Berechnung in einem Kalkulationsschema übersichtlich dar.
d Der Bezugspreis ist häufig nicht das einzige Kriterium bei der Wahl eines Lieferanten. Nennen Sie noch weitere Gesichtspunkte, die bei der Entscheidung für einen bestimmten Lieferanten eine Rolle spielen.

4

Nachhaltiges Handeln in allen Unternehmensteilen ist ein Leitmotiv der Marktland GmbH. Dies spiegelt sich auch im Einkaufsbereich wider. Im formulierten Unternehmensleitbild der Marktland GmbH heißt es dazu:

> ... Wir streben eine **nachhaltige** Sortimentsgestaltung an. Dazu bevorzugen wir im Einkauf Lieferanten, die mit ihren Produkten ihrer gesellschaftlichen Verantwortung nachkommen, indem sie bestimmte Umwelt- und Sozialstandards erfüllen. ...

Beschreiben Sie mögliche Umwelt- und Sozialstandards, deren Einhaltung der Marktland GmbH bei der Lieferantenauswahl wichtig sein könnten.

5

Nachdem sich die Marktland GmbH für einen der Lieferanten entschieden hat, ist jetzt die Ware zu bestellen. Zu beachten ist dabei, dass es sich bei Tischventilatoren um Saisonware handelt, die nur im Sommer bei großer Hitze nachgefragt wird. Wann allerdings die nächste Hitzeperiode kommt, ist ungewiss. Die Marktland GmbH beschließt deshalb, die Ventilatoren auf Abruf zu kaufen.

Erläutern Sie die Abwicklung eines „Kaufs auf Abruf" und verdeutlichen Sie, warum sich diese Vertragsart gerade bei Ventilatoren anbietet.

Mathias Wegmann KG
Haushaltswarengroßhandel
Rektor-Meyer-Pfad 5
06132 Halle (Saale)

Mathias Wegmann KG, Rektor-Meyer-Pfad 5, 06132 Halle (Saale)

Ihr Zeichen:
Ihre Nachricht vom:
Unser Zeichen: SE
Unsere Nachricht vom:

Marktland GmbH
Wellhoferstraße 78
18055 Rostock

Name: Marcus Braun
Telefon: 0381 15274-12
Fax: 0381 15274-30
E-Mail: info@wegmann.de

Datum: 18.03.20(0)

Angebot

Sehr geehrte Damen und Herren,

bezüglich Ihrer Anfrage freuen wir uns, Ihnen folgendes Angebot machen zu können:

Artikel:	Tischventilator Alberta Classic
Listenpreis:	18,20 € pro Stück
	ab einer Abnahmemenge von 20 Stück 10 % Rabatt
Beförderungskosten:	frei Haus
Lieferzeit:	5 Tage
Zahlungsbedingungen:	Zahlung innerhalb 30 Tagen netto Kasse oder innerhalb von 14 Tagen mit 3 % Skonto.

Wir hoffen, dass Ihnen unser Angebot zusagt, und freuen uns über Ihren Auftrag.

Mit freundlichen Grüßen

Mathias Wegmann KG

M. Braun

Marcus Braun (Vertriebsleiter)

VENTO GmbH
Felsengrund 145–147
39104 Magdeburg

Ihr Zeichen:
Ihre Nachricht vom:
Unser Zeichen: Ve/RE
Unsere Nachricht vom:

Marktland GmbH
Wellhoferstraße 78
18055 Rostock

Name: Böhmer
Telefon: 0391 54712
Fax: 0391 54712-18
E-Mail: info@vento.com

Datum: 20.03.20(0)

Angebot

Sehr geehrte Damen und Herren,

vielen Dank für Ihre Anfrage. Aus unserem Sortiment bieten wir Ihnen an:

Tischventilator „Windy", chrom, 23 cm Flügeldurchmesser, Bestell-Nr. 48996, Listenpreis 15,55 €. Sie erhalten 5 % Neukundenrabatt. Bei Bezahlung innerhalb von 10 Tagen gewähren wir Ihnen 2 % Skonto. Ohne Abzug ist die Zahlung innerhalb von 30 Tagen zu leisten. Die Lieferung erfolgt sofort. Bei einer Bestellmenge unter 100 Stück berechnen wir für den Versand 1,25 € je Ventilator.

Bitte prüfen Sie unser Angebot. Über eine Bestellung würden wir uns sehr freuen.

Mit freundlichen Grüßen

VENTO GmbH

i. A. Böhmer

Böhmer

6

Die Marktland GmbH beabsichtigt einem Einkaufsverband (einer Verbundgruppe) beizutreten, in dem sich mehrere Einzelhändler zusammenschließen, um gemeinsam Elektrogeräte bei unterschiedlichen Herstellern einzukaufen.

a Beschreiben Sie je zwei Vor- und Nachteile, die ein solcher Beitritt mit sich bringen würde.
b Entscheiden und begründen Sie, ob es sich hierbei um eine horizontale oder vertikale Kooperation handelt.

LERNFELD 7

Waren annehmen, lagern und pflegen

1 Waren annehmen und prüfen

Für den bevorstehenden Frühling plant das City-Warenhaus eine Verkaufsaktion für Motorradzubehör. Nach sorgfältiger Prüfung mehrerer Angebote entscheidet Herr Bauer, der Firma MAYARD MOTORRADZUBEHÖR einen Auftrag zu erteilen. Es wird vertraglich vereinbart, dass die bei der Verkaufsaktion übrig gebliebene Ware auf Kosten von MAYARD zurückgeschickt und der Rechnungsbetrag entsprechend gekürzt wird. Erst nach eventueller Retoure wird MAYARD die Rechnung an das City-Warenhaus schicken. Am 22. März 20(0) erfolgt die Bestellung, die Lieferung wird für den 27. März 20(0) vereinbart.

City-Warenhaus Bauer

Fax Deckblatt

DATUM:	22.03.20(0)	**ZEIT:**	10:27
AN:	MAYARD Motorradzubehör Achatstraße 122 33739 Bielefeld		
Fax:	05206 922 919		

Oberstraße 17
40878 Ratingen

Telefon: 02102 56742-0
Fax: 02102 56733
E-Mail: City-Warenhaus@t-online.de
USt-IdNr.: DE433711343

Bestellung Nr. 12A

Sehr geehrte Damen und Herren,

vielen Dank für Ihr Angebot vom 10. März 20(0). Liefern Sie uns bitte zu den angebotenen Bedingungen:

20 Stück Motorrad-Helme „Classico", Artikel-Nr. 207.448, Farben 01, 56, 63, 67, 84, Größen 53/54-61/62, zum Preis von 72,50 € netto,

50 Stück Nierengurte neopren rs-uvex, Artikel-Nr. 207.501, Farbe: schwarz, Größen: XS-M-XL, zum Preis von 17,95 € netto,

10 Stück Touren-Lederhose „Commander" aus Rindleder, Artikel-Nr. 207.508, Farbe: schwarz, Größen: 46-64, zum Preis von 169,00 € netto.

Rabatt 10 %.

Zahlungsbedingungen: 30 Tage netto Kasse.

Lieferungsbedingungen: sofort, frei Haus.

Mit freundlichen Grüßen

Bauer

Heute, am 27. März 20(0), trifft die Sendung der Firma MAYARD MOTORRADZUBEHÖR mit einem Lieferwagen der Spedition INTERSPED ein. Der Fahrer von INTERSPED händigt Herrn Schmitz, dem Lagerleiter des City-Warenhauses, fünf Kartons mit den bestellten Motorradhelmen sowie zwei Kartons mit Nierengurten und einen Karton mit Lederhosen aus. Auf den Karton-Etiketten kann Herr Schmitz leicht erkennen, dass jedes Packstück an das City-Warenhaus adressiert ist. Fünf Kartons sind äußerlich unversehrt, die Kartons mit den Nierengurten sowie den Lederhosen sind an einer Seite beschädigt. Ob auch der Inhalt gelitten hat, ist von außen jedoch nicht festzustellen. Leider hat Herr Schmitz im Moment keine Zeit, um auch den Inhalt sofort auf eventuelle Mängel hin zu überprüfen. Erst mittags stellt Herr Schmitz fest, dass zwei Lederhosen (zweimal geringfügige Kratzspuren) sowie ein Nierengurt (ein Klettverschluss leicht eingerissen) beschädigt sind.

Nach erfolgter Prüfung wird die unbeschädigte Ware ins Lager einsortiert, die beschädigten Artikel werden gesondert aufbewahrt. Nach telefonischer Rücksprache beschließt man, auch die leicht beschädigte Ware in die Verkaufsaktion zu nehmen, weil sie noch verkaufsfähig ist. Allerdings räumt die Firma MAYARD ein, den Rabatt von 10 % auf 12 % zu erhöhen.

MAYARD Motorradzubehör

Achatstraße 122
33739 Bielefeld
Telefon 05206 922914
Fax 05206 922919

MAYARD Motorradzubehör, Achatstraße 122, 33739 Bielefeld

City-Warenhaus Bauer
Oberstraße 17
40878 Ratingen

Bank Stadtsparkasse Bielefeld
IBAN DE19480501610004431000
BIC SPBIDE3BXXX
USt-IdNr.: DE544734989
E-Mail: info@mayard-motorrad.de
www.mayard-motorrad.de

Lieferschein Nr. 00-244-01 Datum 26.03.20(0)

Zahl	Verpackung	Art	Stück
5	Karton	Motorrad-Helme „Classico" Artikel-Nr. 207.448, Farben 01, 56, 63, 67, 84, Größen 53/54-61/62	20
2	Karton	Nierengurte neopren rs-uvex mit Belüftungs- perforation und Klettverschluss, Artikel-Nr. 207.501, Farbe: schwarz, Größen: XS-M-XL	50
1	Karton	Touren-Lederhose „Commander" aus Rindleder mit Klimamembran und Lederstretch, Artikel-Nr. 207.508, Farbe: schwarz, Größen: 46-64	10

Lieferung erhalten:

Anmerkungen:

Datum, Unterschrift Empfänger

Wareneingangskontrolle

Kontrollzeichen: ✓ = Dieser Punkt wurde kontrolliert.

Kontrollbogen			
Lieferant			
äußere Prüfung		**Verpackungsmängel/fehlende Packstücke**	
1. Anschrift			
2. Anzahl	Stück		
3. Verpackung			
		Frachtführer Datum Unterschrift	
Prüfung des Inhalts			
Menge	**Art**	**Mängel**	
		Unterschrift Lagerleitung, Datum	

Erfassung im Warenwirtschaftssystem

Lagerbewegungen			
Lieferschein-Nr.		Lieferschein-Datum	
Artikel-Nr.		Warengruppe	
Lieferer			
Bezeichnung			
Menge-Zugang			
Menge-Abgang			
Saldo			

Lagerbewegungen			
Lieferschein-Nr.		Lieferschein-Datum	
Artikel-Nr.		Warengruppe	
Lieferer			
Bezeichnung			
Menge-Zugang			
Menge-Abgang			
Saldo			

Lagerbewegungen			
Lieferschein-Nr.		Lieferschein-Datum	
Artikel-Nr.		Warengruppe	
Lieferer			
Bezeichnung			
Menge-Zugang			
Menge-Abgang			
Saldo			

Leider wird mit der Verkaufsaktion in der ersten Aprilwoche nicht der gewünschte Erfolg erzielt. Von dem eigens für die Aktion eingekauften Motorradzubehör wurden an insgesamt drei Aktionstagen 16 Motorradhelme „Classico" sowie 40 Nierengurte und sechs Lederhosen verkauft. Glücklicherweise wurde mit der Firma MAYARD vereinbart, dass nicht abverkaufte Ware als Retoure behandelt werden kann. Die Ware wird vereinbarungsgemäß auf Kosten des Lieferanten an die Firma MAYARD zurückgeschickt. Aus diesem Grund wird noch am 4. April 20(0) für die restliche Ware ein Waren-Retourenschein erstellt. Die übrig gebliebene Ware wird in einer Colli-Box verpackt, und die Spedition INTERSPED wird mit dem Transport der Ware beauftragt.

Warenretoure

☐ Mit Warenbewegung ☐ Ohne Warenbewegung

Anschrift Empfänger der Retoure: Anschrift Absender der Retoure:

Retouren-Datum: ____________________

Erstellen Sie bitte vereinbarungsgemäß eine Gutschrift über die Warenretoure

Anzahl Positionen: ☐

Die nachfolgend aufgeführten Artikel wurden zurückgeschickt mit

Spedition ____________________ ☐

Post/Paketdienst ☐

Frachtkosten gehen zulasten des Lieferanten: ☐

Artikel-Nr.	Bezeichnung	Menge Retoure	EK-Preis

____________________ ____________________

Datum, Unterschrift Spedition Datum, Unterschrift Händler

Versender für den Speditionsauftrag B-95632 am 4. April 20(0) ist das City-Warenhaus Bauer, das bei der Spedition INTERSPED die Lieferanten-Nummer 012198 hat. Die Warenretoure wird an der Beladestelle Oberstraße 17 in 40878 Ratingen übernommen, mit der Sendungs-Nummer A476 an die Firma MAYARD MOTORRADZUBEHÖR zugeschickt und dort noch am gleichen Tag um 12:05 Uhr abgeladen. Die zurückgeschickte Ware wird mit dem Zeichen X21a in einer Colli-Box mit dem Inhalt „Motorradzubehör" zurückgeschickt. Die Colli-Box wiegt 4,8 Kilogramm, das Bruttogewicht der Sendung beträgt 12,6 Kilogramm. Die Frankatur lautet „frei Haus", und der Warenwert für die Transportversicherung ergibt sich aus den zurückgeschickten Produkten, bewertet zum vereinbarten Verkaufspreis.

Speditionsauftrag

1 Versender/Lieferant 2 Lieferanten-Nr.

3 Speditionsauftrag-Nr.

5 Beladestelle

8 Sendungs-Nr.

11 Empfänger 12 Empfänger-Nr.

INTERSPED GMBH
Internationale Spedition
Merkurstraße 13
40223 Düsseldorf

Telefon: 0211 56742-0
Fax: 0211 56733

14 Anliefer-/Abladestelle

16 Eintreff-Datum 17 Eintreff-Zeit

18 Zeichen und Nr.	19 Anzahl	20 Packstück		22 Inhalt	23 Lademittel-Gewicht kg	24 Brutto-Gewicht kg
Summe	25			Summen:	27	28

29 Gefahrgut

UN-Nr. Gefahrgut-Bezeichnung

Gefahrzettelmuster-Nr. ________ Verpackungsgruppe ________ Tunnelbeschränkungscode ________ Nettomasse kg/l

Hinweise auf Sondervorschriften

30 Frankatur	31 Warenwert für Transportversicherung	32 Versender-Nachnahme

33

Datum, Unterschrift

34 Wir arbeiten ausschließlich auf Grundlage der Allgemeinen Deutschen Spediteurbedingungen 2017 – ADSp 2017. Hinweis: Die ADSp 2017 weichen in Ziffer 23 hinsichtlich des Haftungshöchstbetrages für Güterschäden (§ 431 HGB) vom Gesetz ab, indem sie die Haftung bei multimodalen Transporten unter Einschluss einer Seebeförderung und bei unbekanntem Schadenort auf 2 SZR/kg und im Übrigen die Regelhaftung von 8,33 SZR/kg zusätzlich auf 1,25 Mio. € je Schadenfall sowie 2,5 Mio. € je Schadenereignis, mindestens aber 2 SZR/kg, beschränken.

Wenige Tage später erhält das City-Warenhaus Bauer die Rechnung der Firma MAYARD MOTORRADZUBEHÖR. Herr Bauer wundert sich allerdings über die Höhe des Rechnungsbetrags. „Müsste das nicht viel weniger sein?", fragt er erstaunt und bittet Frau Dehn um Prüfung der Rechnung.

MAYARD Motorradzubehör

Achatstraße 122
33739 Bielefeld
Telefon 05206 922914
Fax 05206 922919

MAYARD Motorradzubehör, Achatstraße 122, 33739 Bielefeld

City-Warenhaus Bauer
Oberstraße 17
40878 Ratingen

Bank Stadtsparkasse Bielefeld
IBAN DE19480501610004431000
BIC SPBIDE3BXXX
USt-IdNr.: DE544734989
E-Mail: info@mayard-motorrad.de
www.mayard-motorrad.de

Rechnung Nr. 00-244-337 Datum 08.04.20(0)

Position	Zahl	Art	Einzelpreis €	Gesamt €
01	20	Motorrad-Helme – „Classico“ Artikel-Nr. 207.448 Farben 01, 56, 63, 67, 84 Größen 53/54–61/62	72,50	1450,00
02	50	Nierengurte neopren rs-uvex mit Belüftungsperforation und Klett-verschluss, Artikel-Nr. 207.501, Farbe: schwarz, Größen: XS-M-XL	17,95	897,50
03	10	Touren-Lederhose „Commander“ aus Rindleder mit Klimamembran und Lederstretch, Artikel-Nr. 207.508, Farbe: schwarz, Größen: 46-64	179,00	1790,00
		Rabatt 10 %		413,75
		Nettopreis		3723,75
		+ 19 % Umsatzsteuer		707,51
		Bruttopreis		4431,26

Zahlbar innerhalb von 30 Tagen netto Kasse.

ARBEITSAUFTRAG

Führen Sie die Wareneingangskontrolle durch und prüfen Sie die Eingangsrechnung des Lieferers.

VORSCHLÄGE ZUM VORGEHEN

1. Vergleichen Sie den Lieferschein mit der Bestellung und quittieren Sie den Warenempfang entsprechend.
2. Führen Sie die Wareneingangskontrolle durch und protokollieren Sie eventuelle Unregelmäßigkeiten.
3. Erfassen Sie den Wareneingang im hauseigenen Warenwirtschaftssystem des City-Warenhauses. Für das eigene Warenwirtschaftssystem werden statt der Artikel-Nummern von MAYARD folgende Artikel-Nummern vergeben:
   - Motorrad-Helm „Classico“: 10453
   - Nierengurte neopren rs-uvex: 10457
   - Touren-Lederhose „Commander“: 10458
4. Erstellen Sie einen Waren-Retourenschein und erteilen Sie der Spedition den Auftrag zur Beförderung der Rücksendung zum Lieferanten. Füllen Sie den Speditionsauftrag aus, den die Spedition INTERSPED als Warenbegleitpapier für den Transport der Ware verwendet.
5. Führen Sie eine sachliche und rechnerische Prüfung der Rechnung unter Berücksichtigung der Retoure durch.
   - Stellen Sie fest, ob die vereinbarten Konditionen und Preise richtig berechnet wurden.
   - Korrigieren Sie gegebenenfalls die Angaben und berechnen Sie den zu zahlenden Preis neu.

AUFGABEN

1

Die Warenannahme des City-Warenhauses hat täglich von 06:00 Uhr bis 15:00 Uhr geöffnet. Für 14:00 Uhr ist ein Lkw der Alpin-Milchprodukte GmbH mit einer Lieferung von Molkereiprodukten angekündigt. Um 14:50 Uhr ist die Lieferung jedoch immer noch nicht eingetroffen. Die Mitarbeiter der Warenannahme freuen sich auf den Feierabend und packen bereits ihre Taschen. Um 15:00 Uhr schließt der Lagerleiter, Herr Schmitz, das Lagertor und verabschiedet seine Kollegen. „Wer nicht rechtzeitig kommt, hat Pech gehabt. Also, dann bis morgen."

Beurteilen Sie vor dem Hintergrund der beschriebenen Situation die Aussage von Herrn Schmitz.

2

Bei der äußeren und inneren Prüfung einer Warensendung müssen unterschiedliche Tätigkeiten durchgeführt werden.

Bestimmen Sie die richtige Reihenfolge der nachfolgenden Arbeiten beim Wareneingang.

1 Ware nach Menge, Art, Güte und Beschaffenheit prüfen

2 äußerlich erkennbare Beschädigungen und fehlende Packstücke vom Lkw-Fahrer oder Postboten bestätigen lassen

3 Anschrift und die Zahl der Versandstücke anhand des Lieferscheins oder des Frachtbriefes feststellen und äußere Unversehrtheit prüfen

4 eingehende Sendung mit der Bestellung und der Lieferantenrechnung vergleichen

5 dem Anliefernden die Annahme der Sendung auf dem Lieferschein oder Frachtbrief durch Unterschrift bestätigen

3

Um Reklamationsansprüche gegenüber dem Lieferanten geltend zu machen, muss der Einzelhändler die Warensendung unverzüglich prüfen.

Geben Sie an, welche der nachfolgenden Beschreibungen eine „unverzügliche Prüfung" einer Warensendung treffend darstellt.

1 Der Inhalt dieser Sendung ist sofort im Beisein des Lkw-Fahrers oder Postboten zu prüfen.

2 Nachdem der äußere Zustand einer Sendung geprüft und dem Überbringer die Annahme der Sendung quittiert worden ist, werden die Pakete sofort ausgepackt und überprüft.

3 Nach der äußeren Prüfung kann die Sendung zunächst einmal zur Seite gestellt werden, um dringende Arbeiten zu erledigen. Sobald der Betriebsablauf es zulässt, erfolgt die Prüfung des Inhalts.

4 Die Prüfung des Inhalts einer Sendung erfolgt innerhalb der Fristen, die für die Reklamation von äußerlich nicht erkennbaren Transportschäden zulässig sind.

4

Das Ergebnis der Wareneingangskontrolle erfordert unterschiedliche Reaktionen des Einzelhändlers.

Beschreiben Sie, wie man sich in den folgenden Fällen verhalten sollte.

1 Obwohl für eine Verkaufsaktion beim Lieferanten drei Paletten mit jeweils 20 Blu-ray Playern zum Fixtermin 3. April 20(0) bestellt wurden, werden zum vereinbarten Termin nur zwei Paletten angeliefert.

2 Wie vereinbart trifft am 16. April 20(0) eine Lieferung Frischmilch ein. Das Mindesthaltbarkeitsdatum ist auf den 19. April 20(0) festgelegt.

3 Aufgrund eines Eingabefehlers beim Lieferanten werden statt der bestellten 200 Stück Druckerpatronen „Epsus XS-2001" 300 Stück angeliefert.

5

Regelmäßig im Frühsommer erhält das City-Warenhaus Bauer für die Textilabteilung vier Paletten mit jeweils 20 Kartons T-Shirts à 30 Stück von der Textilgroßhandlung Trappe KG. Wie bereits in der Vergangenheit beschweren sich die Mitarbeiter der Warenannahme auch in diesem Jahr darüber, dass sie überhaupt keine Zeit hätten, den Wareneingang ordentlich zu kontrollieren, weil schließlich noch andere Warensendungen einträfen. So passiert es auch in diesem Jahr, dass bei der Inventur Differenzen zwischen der berechneten und der tatsächlich verkauften Stückzahl entstehen.

Bei einem Telefonat mit der Trappe KG erörtert Herr Bauer das Problem.

„Wir müssen uns doch auf unseren Lieferanten verlassen können. Unsere Mitarbeiter in der Warenannahme haben bei der Menge der angelieferten Ware einfach nicht genügend Zeit, die T-Shirts in allen Kartons einzeln zu zählen. Wenn die Paletten angeliefert werden, können wir nur die Anzahl der Kartons zählen. Anschließend wird die Ware sofort in den Verkauf gebracht."

Beurteilen Sie die Situation und beschreiben Sie, wie sich das City-Warenhaus mit der Trappe KG einigen könnte.

6

Wird der Warenfluss mithilfe der RFID-Technik gesteuert und kontrolliert, müssen bei jeder Warenlieferung bestimmte Schritte durchlaufen werden.

Bringen Sie die nachfolgenden Arbeitsschritte in die richtige Reihenfolge, indem Sie die Arbeitsschritte mit den Nummern 1–5 versehen.

Nr.	Arbeitsschritte
	Beim Wareneingang erfasst der Einzelhändler mit einem mobilen oder stationären RFID-Lesegerät alle ankommenden Waren. Entweder werden die Produkte einzeln identifiziert oder mehrere Tags werden gleichzeitig erfasst.
	Gibt das Warenwirtschaftssystem eine positive Rückmeldung, sind alle bestellten Waren gekommen.
	Das Warenwirtschaftssystem führt einen Soll-Ist-Vergleich durch. Die ausgelesenen Identifikationsnummern der Waren werden mit den gespeicherten Bestelllisten verglichen.
	Die Lieferung wird beim Hersteller mit RFID-Tags ausgestattet, auf denen jeweils eine eindeutig identifizierbare Nummer gespeichert ist. Dabei können jedes einzelne Produkt oder ganze Verpackungseinheiten mit Tags versehen werden.
	Ist die Rückmeldung des Warenwirtschaftssystems negativ, ist sofort erkennbar, welche Teile der Lieferung fehlen. Eventuell ist dann eine Nachlieferung in Auftrag zu geben.

7

Gegenüber dem Barcode hat die RFID-Technik beim Erfassen von Wareneingängen einige Vorteile.

Listen Sie die im untenstehenden Text genannten Vorteile der RFID-Technik stichpunktartig auf.

Barcode versus RFID

Die Identifizierung von Waren mithilfe von RFID-Tags hat viele Vorteile im Vergleich zum Barcode. RFID-Tags können ohne Sichtkontakt zur Ware berührungslos aus größerer Entfernung gelesen werden. Da mehrere Tags gleichzeitig erfasst werden können, kann dies auch bei größeren Warenlieferungen sehr schnell erfolgen. Sie sind robust und schmutzunempfindlich und haben so eine hohe Lebensdauer. Gegenüber einem Barcode bieten RFID-Tags einen größeren Datenspeicher und sind wiederbeschreibbar. In Kombination mit Messgeräten können sie Zeiten, Temperaturen und weitere Daten während des Transports speichern.

8

Wie vereinbart trifft morgens um kurz vor 08:00 Uhr die Warensendung für die Lebensmittelabteilung des City-Warenhauses ein. Mit dem Lieferanten wurde eine Verplombung der Gitterboxen vereinbart, um die Gefahr des Warenschwunds zu reduzieren. Nach äußerer Prüfung werden alle Gitterboxen von den Auszubildenden Sabrina und Peter in den Verkaufsraum gezogen. Die Abteilungsleiterin Frau Jevic wendet sich an die beiden.

Frau Jevic: „Lasst die Ware dort erst einmal stehen. Wir müssen jetzt die Abteilung für den Verkauf öffnen. Gleich kommen die ersten Kunden."

Sabrina: *„Aber dann stehen die Waren doch im Weg."*

Frau Jevic: „Jaja, wir kümmern uns gleich darum. Die Ware läuft ja nicht weg. Wichtig ist doch erst einmal, dass wir sie reingezogen haben. Alles andere machen wir später."

a Beschreiben Sie die Probleme, die entstehen können, wenn die Ware zunächst komplett an einem Punkt gesammelt wird, bevor sie in die Regale kommt.

b Entwickeln Sie Vorschläge, wie man die Verräumung angelieferter Ware für die unterschiedlichen Bereiche der Lebensmittelabteilung organisieren kann

9

In letzter Zeit hat es häufiger Fälle von Warenverlusten auf dem Weg vom Lieferanten zum City-Warenhaus Bauer gegeben. Das City-Warenhaus Bauer hat deshalb mit seinen Lieferanten vereinbart, dass Fahrzeuge, die Ware anliefern, grundsätzlich verplombt werden müssen. Vereinbarungsgemäß kann nur der Geschäftsführer, Herr Bauer, sowie der Leiter der Warenannahme, Herr Schmitz, die Plomben mit einem Schlüssel öffnen. Leider musste Herr Schmitz heute Morgen ganz plötzlich mit Zahnschmerzen zum Arzt. In der Eile hat er jedoch vergessen, den Plombenschlüssel im Büro von Herrn Bauer abzugeben. Prompt erscheint gegen 10:00 Uhr ein Lkw mit einer größeren Warensendung Elektroartikel für eine Verkaufsaktion. „Beeilt Euch", sagt der Lkw-Fahrer zu den Mitarbeitern der Warenannahme, „ich habe es heute sehr eilig. Ich muss noch drei andere Kunden beliefern."

Entwickeln Sie Vorschläge, wie sich der Mitarbeiter bei der Warenannahme in dieser Situation verhalten kann.

10

Frau Melcher ist gerade damit beschäftigt, die Regale aufzuräumen, als eine Kundin an sie herantritt. Die Kundin wirkt verärgert.

Kundin: „Also, ich würde die Bluse gerne anprobieren ..."

Frau Melcher: *„Die Umkleidekabinen finden Sie dort links ..."*

Kundin: „Das weiß ich selbst, schließlich war ich ja schon mehrfach dort."

Frau Melcher: *(blickt fragend) „Und wie kann ich Ihnen dann helfen? "*

Kundin: „Indem Sie dafür sorgen, dass das Sicherungsetikett entfernt wird."

Frau Melcher: *(lacht) „Da habe ich eine Idee. Sie gehen damit zur Kasse ..."*

Kundin: „Auf den Arm nehmen kann ich mich selbst. Wie gesagt, ich möchte die Bluse anprobieren, bevor ich sie kaufe. Sehen Sie doch mal hier ..."

Frau Melcher wirft einen Blick auf die Bluse und stellt fest, dass eine Hartsicherung im Kragen angebracht ist. Sie wurde so im Knopfloch befestigt, dass sich der Knopf nicht öffnen und die Bluse nicht anprobieren lässt.

Frau Melcher: *„Wer hat das Ding denn so angebracht? Nehmen Sie sich doch die gleiche Bluse noch mal von dort weg. Es liegen ja noch zahlreiche dort."*

Kundin: „Auf diese Idee bin ich auch schon gekommen. Aber alle Blusen haben eine Sicherung an derselben Stelle: im Kragen."

Frau Melcher: *„Dann müssen Sie doch zur Kasse. Nur dort kann die Sicherung entfernt werden."*

Kundin: „Danke für Ihre große Hilfe!"

a Nennen Sie das Problem der Kundin und beurteilen Sie das Verhalten von Frau Melcher.

b Beschreiben Sie ein anderes Verfahren der Warensicherung, mit dem diese missliche Situation vermieden werden könnte.

c Beschreiben Sie für verschiedene Textilien Ihrer Wahl, wo Sie Sicherungsetiketten anbringen können, ohne dass sie den Kunden beim Anprobieren stören.

11

Trotz doppelter Sicherung von Lederjacken durch Klebe-Etiketten und Hart-Etiketten kam es in letzter Zeit zu vermehrten Diebstählen. Klebe-Etiketten wurden einfach abgerissen und Hart-Etiketten, die an den Innentaschen angebracht waren, wurden gleich samt Innentasche herausgeschnitten. „Wir müssen unsere Ware noch aufwendiger sichern", entscheidet Herr Bauer und überlegt, hochwertige Lederjacken künftig durch Leinen zu sichern.

a **Stellen Sie die Vorteile und Nachteile der Leinensicherung gegenüber.**

b **Entscheiden Sie, ob Sie für die Sicherung der Lederjacken die Leinensicherung verwenden würden. Begründen Sie Ihre Entscheidung.**

2 Eine mangelhafte Lieferung reklamieren

Im City-Warenhaus Bauer wurde bei der äußeren Kontrolle einer Sendung (Wareneingangskontrolle Nr. 0126) festgestellt, dass auf den ersten Blick zwei Paletten mit Waren in einwandfreiem Zustand sind. Die inhaltliche Prüfung ergab jedoch erhebliche Mängel. Auf der ersten Palette befanden sich Handreiniger des falschen Typs (2-Liter-Behälter statt der bestellten 1-Liter-Behälter). Dieser Typ ist für die Seifenspender in den Sozialräumen und Kundentoiletten nicht zu verwenden. Auf der zweiten Palette wurde eine Reinigungsmaschine angeliefert. Sie war äußerlich nicht zu beanstanden. Eine erste Erprobung zeigte aber, dass die Maschine nicht einwandfrei geführt werden konnte. Die auftretenden Geräusche zwangen dazu, das Gerät auszuschalten.

Wareneingangskontrollbogen				Nr. 0126
Lieferant	*GEPA Service GmbH, Friedberger Landstraße 85, 60327 Frankfurt*			
Äußere Prüfung	**Verpackungsmängel/fehlende Packstücke**			
1. Anschrift	✓			
2. Anzahl 2	*Paletten*			
3. Verpackung	✓			
		Sauter	*27.03.20(0)*	*Schmitz*
		Frachtführer	Datum	Unterschrift
Prüfung des Inhalts				
Menge	**Art**	**Mängel**		
90	*Karton*	*Handreiniger Natur ÖKO, 4 × 2 Liter, bestellt 8 × 1 Liter, Reiniger in dieser Einzelmenge nicht verwertbar*		
1	*Stück*	*Reinigungsmaschine, handgeführt, GEPA 250 G, Maschine lässt sich nicht einwandfrei führen, Störgeräusche*		
		Schmitz		
		Unterschrift		

ARBEITSAUFTRAG

Entwerfen Sie ein Reklamationsschreiben an den Lieferer GEPA Service GmbH, Friedberger Landstraße 85, 60327 Frankfurt. Beschreiben Sie die Mängel möglichst genau. Weisen Sie auf das Recht hin, dass Sie jeweils bei den Mängeln wahrnehmen wollen.

FORMULIERUNGSHILFEN

1. (Betreff) „Mangelhafte Lieferung", oder „Ihre Lieferung vom ...", oder „Mängelrüge"
2. Ihre Sendung mit (Anzahl und Bezeichnung der Waren) ist am ... bei uns eingetroffen.
3. Als wir die Waren unverzüglich nach Eintreffen überprüften, ... (möglichst genaue Beschreibung der einzelnen Mängel).
4. ... Rechte aus der mangelhaften Lieferung geltend machen.

AUFGABEN

1

Im Hinblick auf die Sache lassen sich verschiedene Mängelarten unterscheiden.

Ordnen Sie die nachfolgend beschriebenen Mängel den Mängelarten in der Tabelle zu.

1 Es wird nicht Papiersorte 13001, sondern die Sorte 17001 geliefert.

2 Es werden statt 30 Büchern 25 Bücher geliefert.

3 Eine Sendung mit 20 Hemden weist an drei Hemden Webfehler auf.

4 Das Audio-TV-Regal aus dem Sonderangebot zum Selbstaufbau ist nun schon von fünf Kunden reklamiert worden, weil mit der vorhandenen Bedienungsanleitung ein Selbstaufbau nicht möglich ist.

5 Der Zustellservice eines Warenhauses hat die gekaufte Waschmaschine in der Wohnung des Kunden falsch angeschlossen. Nun steht die Wohnung des Kunden unter Wasser und die darunter liegende Wohnung hat Nässeschäden.

6 Einen durchschnittlichen Kraftstoffverbrauch von fünf Litern auf 100 km hatte die Fernsehwerbung betont. Für die Kundin Annemarie Berger war das ein entscheidender Kaufgrund. Nach drei Monaten stellt sie fest, dass der Pkw durchschnittlich sieben Liter Diesel verbraucht.

7 Bei den auf einer Palette gelieferten Joghurts war das Mindesthaltbarkeitsdatum bereits abgelaufen.

Mängel	Nr.	Mängel	Nr.
Mangel in der Menge		Mangel in der Art	
Mangel in der Güte		Mangel in der Beschaffenheit	
Mangel in der Montage		Mangel in der Werbung	
Mangel in der Montageanleitung			

2

In einem Schuhgeschäft müssen die Waren, nachdem sie geliefert wurden, kontrolliert werden.

Entscheiden Sie, in welchem Fall ein Mangel in der Menge vorliegt.

1 Ein Damenschuh hat einen Kratzer im Leder.

2 16 Paar Sandaletten wurden bestellt, 22 Paar Sandaletten wurden geliefert.

3 Die Damenschuhe wurden für den 20.02.20(0) bestellt, jedoch erst zum 05.03.20(0) geliefert.

4 Die Absatzhöhe eines Pumps beträgt nur 8,5 cm anstatt 9,9 cm.

5 Anstelle von 12 Paar Ballerinas wurden 12 Paar Pantoletten geliefert.

3

Fehlt eine zugesicherte Eigenschaft, so kann der Käufer die Ware reklamieren.

Stellen Sie fest, ob in den nachfolgenden Fällen eine zugesicherte Eigenschaft fehlt.

1 Kundin: „Steht mir das Kleid?"
Verkäuferin: „Ich finde, es steht Ihnen ausgezeichnet."
Am nächsten Tag reklamiert die Kundin das Kleid mit der Bemerkung, ihr Mann sei der Ansicht, das Kleid stehe ihr überhaupt nicht.

2 Ein Kunde sucht in einem Fachmarkt für Bodenbeläge einen Teppichboden, der besonders für das Auslegen auf einer Treppe geeignet ist. An der Teppichbodenrolle ist ein Kennzeichen angebracht, das ausdrücklich auf die Eignung für Treppen hinweist. Beim Verlegen zeigt sich aber, dass der Teppichboden nicht dafür geeignet ist. Der Käufer verlangt die Erstattung des Kaufpreises und Schadensersatz für die Fachkraft, die den Teppichboden verlegt hat.

3 Eine Kundin erwirbt das Flohhalsband „Antifloh“ für ihre Hauskatze. Als nach vier Wochen die unerwünschten Flöhe immer noch zu sehen sind, verlangt sie vom Verkäufer eine Gutschrift und eine Entschädigung von 100,00 €, da die versprochene Wirkung ausgeblieben sei.

4 Ein Hobbytaucher erwirbt eine wasserdichte Uhr für 498,00 €. Er fragt den Verkäufer, ob er damit auch im Urlaub am Mittelmeer tauchen könne. Dieser versichert ihm, dass er bis zu einer Tiefe von zehn Metern bedenkenlos tauchen könne. Beim ersten Schwimmversuch beschlägt die Uhr.

4

Aufgrund ihrer Erkennbarkeit können Sachmängel zu unterschiedlichen Zeitpunkten festgestellt werden.

a Stellen Sie fest, ob es sich in den nachfolgenden Fällen um einen

1 offenen Mangel,

2 versteckten Mangel oder

3 arglistig verschwiegenen Mangel handelt.

Zweiseitiger Handelskauf: Von den 10 gelieferten Fernsehgeräten hatten 2 die falsche Größe.	
Verbrauchsgüterkauf: Käufer: „Ist das Auto unfallfrei?“ Verkäufer: „Ja, das Auto hatte bisher keinen Unfall.“ Beim ersten Werkstattbesuch des Käufers mit dem erworbenen Fahrzeug macht ihn der Werkstattleiter darauf aufmerksam, dass die Karosserie stark verzogen ist. Ursache könne nur ein Unfall gewesen sein.	
Zweiseitiger Handelskauf: Ein Paket mit 10 Tiefkühl-Pizzen enthält nicht die auf dem Etikett angegebenen Salami-Pizzen, sondern vegetarische Pizzen.	
Zweiseitiger Handelskauf: Der Thermostat eines Backofens funktioniert nicht, sodass die eingestellte Heiztemperatur nicht eingehalten wird.	

b Beschreiben Sie, wann in den vier oben beschriebenen Fällen die Mängel gerügt werden müssen.

5

Bei einem zweiseitigen Handelskauf ist die gelieferte Ware unverzüglich zu prüfen.

Entscheiden Sie, was „unverzüglich“ in diesem Zusammenhang bedeutet.

1 Die Ware muss innerhalb von 3 Wochen nach der Lieferung überprüft werden.

2 Die Ware muss spätestens beim Platzieren auf dem Warenträger überprüft werden.

3 Die Ware muss innerhalb von 1 Tag nach der Bestellung überprüft werden.

4 Die Ware muss ohne schuldhaftes Verzögern überprüft werden.

5 Die Ware muss zusammen mit dem Lkw-Fahrer komplett ausgepackt und einzeln geprüft werden.

6

Ein Lebensmittel-Einzelhändler reklamiert bei seinem Lieferanten eine Warenlieferung von Kaffeemaschinen aus dem Non-Food-Sortiment. Alle Kunden haben die Maschinen wenige Tage nach dem Kauf zurückgebracht, weil der Deckel der Thermo-Kanne nicht richtig schließt und Kaffee während des Brühvorgangs ausläuft.

a Beschreiben Sie die beiden Rechte des Einzelhändlers, die er in der ersten Stufe der Reklamation als vorrangige Rechte geltend machen kann.

b Nennen Sie drei weitere Rechte, die er in der zweiten Stufe als nachrangige Rechte gegenüber dem Lieferanten vorbringen kann, wenn die erste Stufe nicht erfolgreich abgeschlossen werden konnte.

c Kunden, die eine Kaffeemaschine gekauft haben, besitzen die gleichen Rechte wie der Einzelhändler gegenüber seinem Lieferanten. Hinsichtlich der Beweispflicht zur Fehlerhaftigkeit von Produkten gilt für Verbraucher aber eine Besonderheit. Erläutern Sie diese Sonderregelung beim Verbrauchsgüterkauf.

7

Um Gewährleistungsansprüche durchzusetzen, muss die fehlerhafte Ware rechtzeitig geprüft und gerügt werden.

Prüfen Sie in den folgenden Fällen, ob der Käufer seine Rechte aus einer mangelhaften Lieferung noch wahrnehmen kann.

1 Die Kantine eines Warenhauses hat am 16. September 20(0) eine Sendung Milch bekommen. Auf den Packungen steht das Mindesthaltbarkeitsdatum vom 15. September 20(0). Am 20. September 20(0) reklamiert der Kantinenleiter die Milchlieferung.

2 Ein Einzelhändler stellt bei der unverzüglichen Prüfung eines neuen Multifunktionsdruckers fest, dass ein falscher Typ geliefert wurde. Am nächsten Tag reklamiert der Einzelhändler das Gerät und verlangt eine Ersatzlieferung.

3 Ein Einzelhändler bemerkt bei der unverzüglichen Prüfung einer Lieferung von zehn Paketen mit Glätteisen, dass drei falsche Typen von Glätteisen geliefert wurden. Am nächsten Tag reklamiert er diese drei Geräte und verlangt eine Ersatzlieferung.

8

In Reklamationsfällen stellen die Kunden Forderungen, die im Einzelfall geprüft werden müssen.

Beurteilen Sie, ob in folgenden Fällen die Forderungen der Kunden berechtigt sind.

1 Der Kunde Steven Franeta bringt eine Kaffeemaschine zurück, die er vor drei Monaten gekauft hat, mit der Begründung, die Farbe gefalle seiner Freundin nicht. Er verlangt die Rückgabe des Geldes.

2 Eine Kundin erwarb im Oktober einen Wintermantel. Ende November reklamiert sie den Mantel, weil das Futter unsachgemäß vernäht sei. Sie verlangt den Kaufpreis von 298,00 € zurück.

3 Ein Kunde des Autohändlers Berber GmbH hat einen Mittelklassewagen für 35 000,00 € gekauft. Bei der ersten Autowäsche nach einem Monat entdeckt der Autokäufer einen kleinen Farbfleck auf den Felgen des Pkw. Er bringt das Auto zum Händler zurück und verlangt eine Ersatzlieferung.

4 Die Kundin Meike Holz hat am 30. März ein Kaffeeservice für 98,00 € als Geschenk für ihre Schwiegermutter gekauft. Als diese an ihrem Geburtstag, dem 15. April, das Kaffeeservice auspackt, stellt sie fest, dass zwei Tassen zerbrochen sind. Frau Holz reklamiert daraufhin am nächsten Tag das Geschenk beim Verkäufer und verlangt die Herausgabe der 98,00 €. Dieser aber lehnt ab mit der Begründung, dass der Bruch sicherlich beim Auspacken entstanden sei.

3 Die Möglichkeit eines Deckungskaufs beim Lieferungsverzug prüfen

Am Montag, 19.03.20(0), soll im City-Warenhaus Bauer der Osterprospekt über die regionalen Zeitungen verteilt werden. Mit allen Lieferanten, die Produkte zum Prospekt beisteuern, war als Liefertermin Mittwoch, 14.03.20(0), schriftlich vereinbart und auch von den Lieferanten bestätigt worden. Schlechte Erfahrungen mit der Termintreue der Lieferanten hatten dazu geführt, dass alle Kaufvertragsschritte sorgfältig dokumentiert werden.

§ 280 BGB

Schadensersatz wegen Pflichtverletzung
(1) Verletzt der Schuldner eine Pflicht aus dem Schuldverhältnis, so kann der Gläubiger Ersatz des hierdurch entstehenden Schadens verlangen [...]

Am Mittwoch fehlt allerdings die Sendung mit Osterdekorations-Sets der Firma Deko-Art GmbH. Frau Dehn ruft deshalb den Mitarbeiter des Unternehmens, Herrn Scheuer, an, mit dem sie die Verträge ausgehandelt hatte.

Frau Dehn: „Danke Herr Scheuer, es geht mir gut. Allerdings haben wir ein Problem."

Herr Scheuer: *„In unserem Hause heißt es: Probleme sind dazu da, dass man sie löst."*

Frau Dehn: „Das klingt gut. Also: Sie hatten für heute die Lieferung der Osterdekorations-Sets zugesagt. Die Ware ist aber immer noch nicht eingetroffen."

Herr Scheuer: *„Ich schaue eben in mein Warenwirtschaftssystem – einen Augenblick. Hier steht der 21.03.20(0) als Liefertermin."*

Frau Dehn: „Wir haben den heutigen Mittwoch vereinbart; ich kann Ihnen Ihre Terminbestätigung als Fixtermin gerne zufaxen."

Herr Scheuer: *„Nicht nötig. Ich sehe schon, dass mir wohl ein Fehler bei der Übernahme der Vertragsdaten in das System unterlaufen ist. Leider kann ich Ihnen die Sets aber nicht vor dem 21.03. liefern; es gibt keine Vorräte mehr und die laufende Produktion ist bis zur nächsten Woche verkauft."*

Frau Dehn: „Ab dem 19.03. läuft der Prospekt. Die Osterdekorations-Sets sind angekündigt. Dann bleibt mir nur eine Möglichkeit: Ein Deckungskauf bei der Goebel KG; die können kurzfristig liefern. Dort sind die Preise aber etwas höher als bei Ihnen. Den Schaden, der uns dadurch entsteht, stelle ich Ihnen in Rechnung."

Herr Scheuer: *„Moment! Wir haben einen gültigen Vertrag und Sie bekommen die Ware – halt nur etwas später. Und über Schadenersatz brauchen wir überhaupt nicht zu reden."*

Frau Dehn: „Machen Sie sich kundig, Herr Scheuer! Ersatz des Nichterfüllungsschadens!"

Herr Scheuer: *„Wir haben einen Juristen im Hause. Der gibt es Ihnen schriftlich!"*

ARBEITSAUFTRAG

Stellen Sie fest, ob sich die Deko-Art GmbH in Lieferungsverzug befindet und Frau Dehn bei der Goebel KG einen Deckungskauf vornehmen kann.

VORSCHLÄGE ZUM VORGEHEN

1. Prüfen Sie, ob die Lieferung fällig ist.
2. Stellen Sie fest, ob die Deko-Art GmbH ein Verschulden trifft.
3. Begründen Sie, ob das City-Warenhaus Bauer vom Vertrag zurücktreten und Schadenersatz verlangen kann. Prüfen Sie in diesem Zusammenhang, ob eventuell noch eine Nachfrist für die Lieferung einzuräumen ist.

AUFGABEN

1

Das City-Warenhaus Bauer hat den Lieferanten für Toaster gewechselt, weil man mit der Qualität der bisherigen Geräte nicht mehr zufrieden war. Allerdings verläuft schon die Abwicklung der ersten Lieferung alles andere als reibungslos.

30.03.: Angebot des Lieferanten Elektro-Profi über 30 Toaster, die sofort nach Eingang der Bestellung geliefert werden sollen.
03.04.: Bestellung des City-Warenhauses
15.04.: Anruf beim Lieferanten und Erhalt der Auskunft, dass die Bearbeitung der Lieferung dort versehentlich übersehen wurde.
15.04.: Mahnung und Fristsetzung bis zum 22.04.
23.04.: Sendung ist immer noch nicht eingetroffen

a Beurteilen Sie die Rechtslage und entscheiden Sie, ob ein Lieferungsverzug vorliegt. Prüfen Sie dazu folgende Punkte
- **Fälligkeit der Lieferung,**
- **Verschulden des Lieferanten,**
- **Notwendigkeit der Mahnung und Nachfristsetzung.**

b Falls ein Lieferungsverzug vorliegt: Entscheiden Sie, welches Recht das City-Warenhaus geltend machen soll. Bedenken Sie, dass das Warenhaus mittlerweile keine Toaster mehr im Angebot hat.

2

Abfrage: Offene Bestellungen

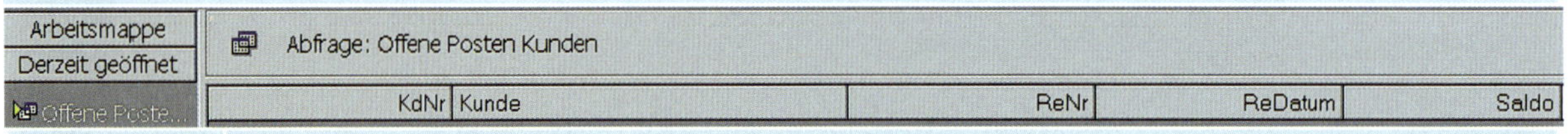

Offene Bestellungen	Abteilung 3.1 Haushaltswaren/Eisenwaren/Werkzeuge						
	Liefer-Nr.	Name	Bestell-Nr.	Liefertermin	Bestelldatum	Rechnungsbetrag	Währung
	18	Bayerische Stahlwarenfabrik	31-344	39. Woche	16.08.20(0)	620,00	€

Das City-Warenhaus Bauer hat am 16. August 20(0) zehn Geschenkkassetten Tafelbestecke, Chromnickelstahl 18/10, bei der Bayerischen Stahlwarenfabrik, Hesseloher Str. 12, 81346 München, schriftlich bestellt. Als Liefertermin ist in der Bestellung die letzte Septemberwoche angegeben. Am 25. August 20(0) erhält das Warenhaus eine schriftliche Auftragsbestätigung, in der der Liefertermin bestätigt wird. Aber weder in der letzten Septemberwoche noch in der ersten Oktoberwoche trifft die Ware ein. Am 6. Oktober ruft Frau Beyer die Bayerische Stahlwarenfabrik an und mahnt die Lieferung an. Telefonisch sagt die Sachbearbeiterin Frau Zimmermann die Lieferung bis zum 10. Oktober zu. Als auch an diesem Tag nicht geliefert wird, erhält Frau Beyer von Frau Bense folgenden Auftrag

Frau Bense: „Frau Beyer, schreiben Sie bitte heute noch einen Brief an die Bayerische Stahlwarenfabrik. Geben Sie die entsprechenden Daten an und teilen Sie denen mit, dass wir nicht länger warten können. Wir brauchen diese Kassetten dringend für das kommende Weihnachtsgeschäft. Wenn die nicht innerhalb der nächsten zehn Tage liefern, werden wir einen Deckungskauf bei einem anderen Lieferer vornehmen. Legen Sie mir anschließend den Brief zur Durchsicht und Unterschrift vor."

Frau Beyer: „Ja gut. Aber wir haben doch mit denen einen Kaufvertrag abgeschlossen. Dann bekommen wir doch eventuell von zwei Firmen die Lieferung."

Beurteilen Sie die Rechtslage in diesem Fall und schreiben Sie den Brief an die Bayerische Stahlwarenfabrik.

4 Ein Lager planen und einrichten

In der Lebensmittelabteilung des City-Warenhauses: Das brasilianische Rinderfilet aus dem Sonderangebot ist sehr gefragt. Die Auszubildende Sabrina muss Nachschub aus dem Fleisch-Kühlraum holen. Mit einer schweren Plastikbox voller Rinderfilet kämpft sie sich quer durch den Markt. Als sie angestrengt schnaubend eine kleine Pause einlegt, kreuzt Herr Bauer ihren Weg.

Herr Bauer: „Nanu, Sabrina. Warum stehen Sie denn hier mitten im Weg herum? Das ist aber ein unpassender Ort für eine Pause."

Sabrina: „Entschuldigung, Herr Bauer. Ich konnte die schwere Kiste nicht mehr halten."

Herr Bauer: „Was tragen Sie auch so viel auf einmal! Nehmen Sie doch einen Rollwagen."

Sabrina: „Sind alle im Einsatz, und die Kolleginnen an der Fleischtheke brauchen die Ware. Die Kunden stehen Schlange. Den weiten Weg zum Kühlraum wollte ich nicht zweimal gehen."

Herr Bauer: „Mmh, es ist wirklich unpraktisch, dass die Fleischtheke nicht direkt ans Lager grenzt. Das wollten wir längst ändern."

Sabrina: „Das wäre super. Die Kollegen von der Käsetheke haben auch dieses Problem und stöhnen darüber."

Herr Bauer: „Wir nehmen das jetzt bald in Angriff. Es ist ohnehin dringend erforderlich, dass wir im Lager die alten Elektroleitungen erneuern. Da können wir gleich das ganze Lager neu planen."

Als Mann der Tat schiebt Herr Bauer das Vorhaben nicht auf die lange Bank. Er vereinbart gleich einen Besichtigungstermin mit dem Architekten Herrn Langenkamp. Zu diesem Treffen lädt Herr Bauer auch die erste Fachkraft der Lebensmittelabteilung, Frau Jevic, ein.

Herr Bauer: „So, Herr Langenkamp. Jetzt haben Sie alles gesehen. Wie sollen wir den Umbau anpacken?"

Herr Langenkamp: „Das kommt drauf an, was Sie wollen. Wir können alles umkrempeln ..."

Herr Bauer: „Nein, nein, bloß nicht. Die Raumaufteilung soll so bleiben, wie sie ist."

Frau Jevic: „Die ist im Prinzip ja auch nicht schlecht. Und wenn wir sie in ihrer Funktion neu belegen, reicht das schon, um einen optimalen Warenstrom zu erreichen."

Herr Bauer: „Ich will auch nicht, dass hier großartig Wände eingerissen werden. Die Kunden haben wenig Verständnis für so viel Lärm und Schmutz und bleiben dann weg."

Herr Langenkamp: „Ich habe verstanden. Wie sieht es mit der Fleischanlieferung aus? Dahinten am jetzigen Standort haben Sie dafür einen eigenen Zugang."

Frau Jevic: „Es wäre sehr wichtig, dass das auch nach dem Umbau so bleibt. Die strengen Hygieneauflagen sind so viel besser einzuhalten."

Herr Langenkamp: „Schon notiert."

Herr Bauer: „Besteht die Möglichkeit, dass wir einen Raum für Nacht- und Frühanlieferung einrichten? Der fehlt uns jetzt nämlich, auch zum Ärger der Lieferanten. Damit könnten wir unsere Anlieferung sehr viel flexibler gestalten."

Herr Langenkamp: „Das dürfte kein Problem sein."

ARBEITSAUFTRAG

Planen Sie das Lager der Lebensmittelabteilung unter Berücksichtigung der im Dialog genannten Vorgaben neu.

VORSCHLÄGE ZUM VORGEHEN

1. Tragen Sie in den Bauplan die neue Belegung (Nutzung) der einzelnen Lagerräume ein.
2. Markieren Sie mit unterschiedlichen Farben die drei Lagerzonen (Verladezone, Lagervorfeld und Lagerkern).

Folgende Lagerräume sind im Bauplan festzulegen:

1 Hauptlager
2 Raum für die Nacht- und Frühanlieferung (Von diesem Raum aus gelangen die Lieferanten nur in den Kühlraum für Obst und Gemüse. Alle anderen Lagerräume sind nachts verschlossen.)
3 Kühlraum Obst und Gemüse
4 Kühlraum Molkereiprodukte
5 Tiefkühlraum
6 Kühlraum Fleisch
7 Kühlraum Geflügel
8 Kühlraum Wurst
9 Kühlraum Käse
10 Schleuse (Aus hygienischen Gründen werden hier alle Umverpackungen des gelieferten Fleisches entfernt.)
11 Fleischauffanglager (Hier wird das gelieferte Fleisch bearbeitet, bevor es in den Verkauf kommt.)

Bauplan des Lebensmittellagers mit angrenzender Verkaufsfläche

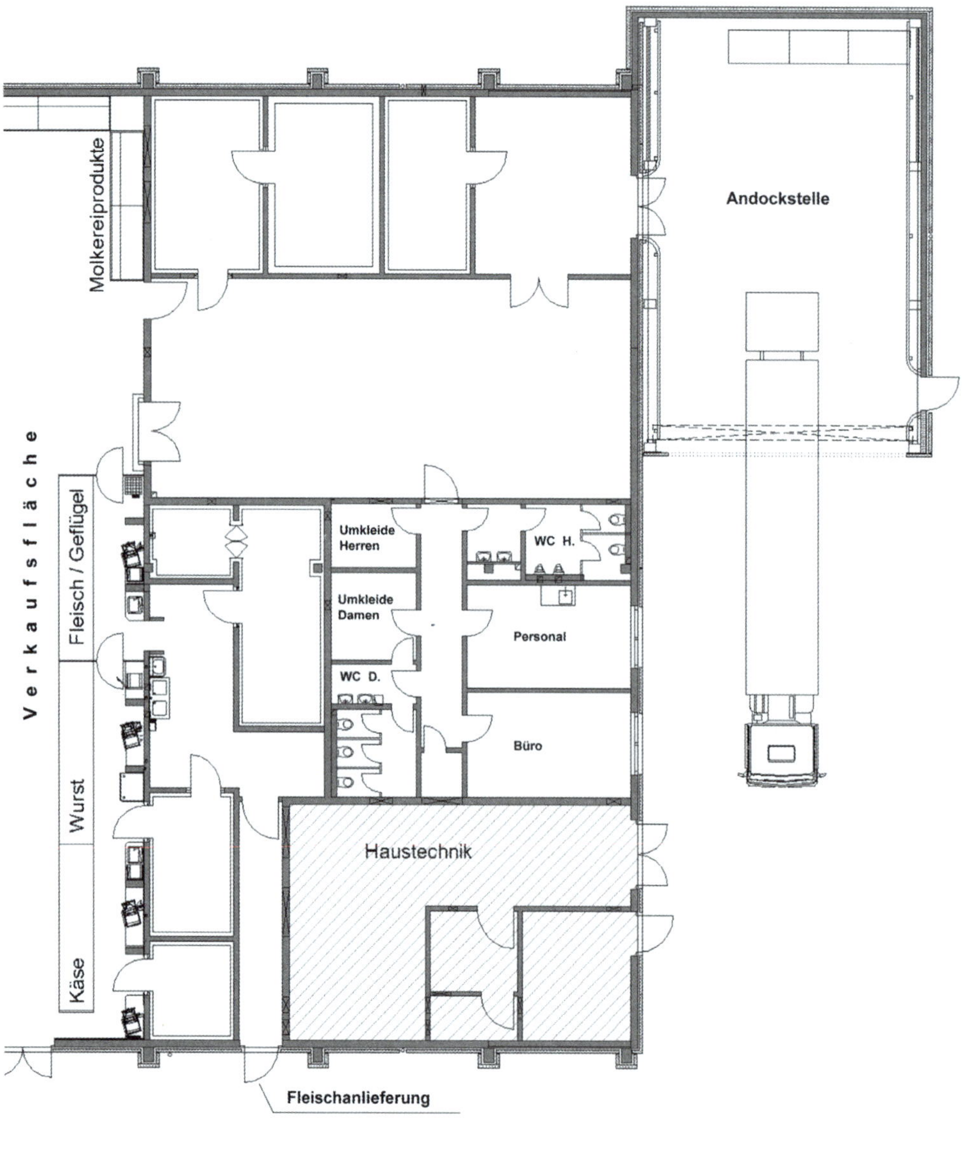

AUFGABEN

1

Das Lager hat für den Einzelhändler unterschiedliche Aufgaben.

Beschreiben Sie für die nachfolgenden Fälle, welche Aufgaben das Lager hier erfüllen könnte.

1 Aufgrund eines Eingabefehlers in das Warenwirtschaftssystem wird statt Bananenjoghurt Nussjoghurt bestellt.

2 Ab einer Bestellmenge von 500 Stück Collegeblocks liefert der Großhändler für Bürobedarf „frei Haus“.

3 Der plötzliche Wintereinbruch führt in einem Baumarkt zu einer extrem hohen Nachfrage nach Streusalz.

4 Bevor eine Lieferung Polohemden in den Verkaufsraum gelangt, müssen sie noch aufgebügelt werden.

5 Im Rahmen der Aktionswoche „Gesund in den Frühling“ wird in einem Drogeriemarkt eine Vielzahl von Bioprodukten in zahlreichen Aufbauten vorrätig gehalten.

6 Die gelieferten Kapuzen-Sweatshirts sind gemäß dem Größenlauf von XS bis XXL und nach Farben zu sortieren.

7 Die 50 Stück auf der internationalen Einrichtungsmesse in Köln bestellten Bürostühle werden dem Möbelfachhändler geliefert. In Rechnung gestellt werden aber nur 45 Stück.

8 Die Lieferung aus dem Zentrallager trifft an diesem Tag nicht ein, da der beliefernde Lkw in einen Auffahrunfall verwickelt war.

9 „Masse verkauft Masse“ heißt ein Grundsatz in der Obst- und Gemüseabteilung. Das bedeutet zum Beispiel für die Sommermonate, dass durchgehend ganze Paletten voller Erdbeeren im Eingangsbereich angeboten werden.

2

Nach der Bauart unterscheidet man offene, halboffene, geschlossene Lager und Speziallager.

Ordnen Sie die unten abgebildeten Artikel jeweils einer der vier Lagerarten zu.

1 Betonplatte

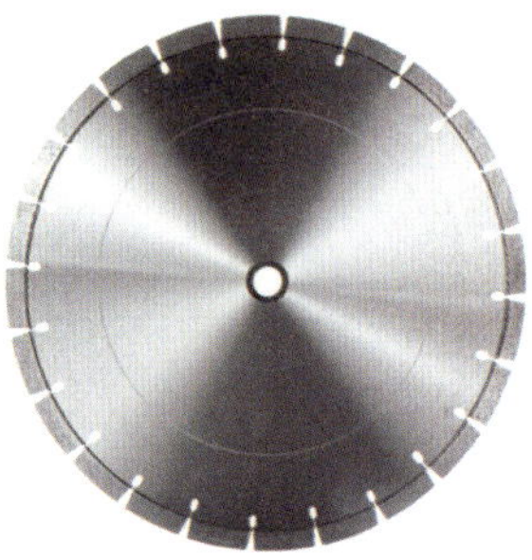

2 Diamant-Trennscheibe

3 Terrakotta Pflanzkasten

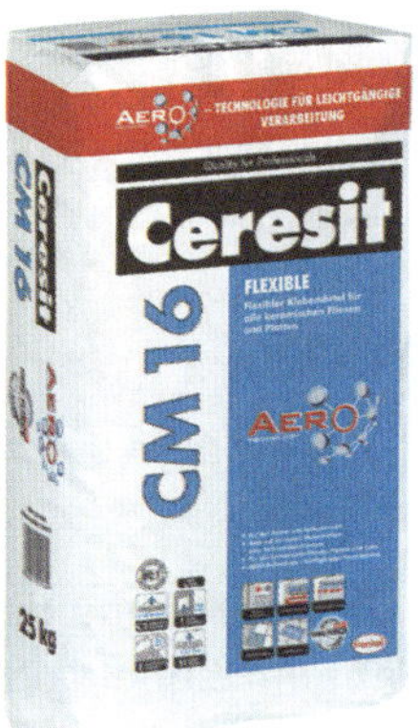

4 Fliesenkleber

5 Buchsbaum

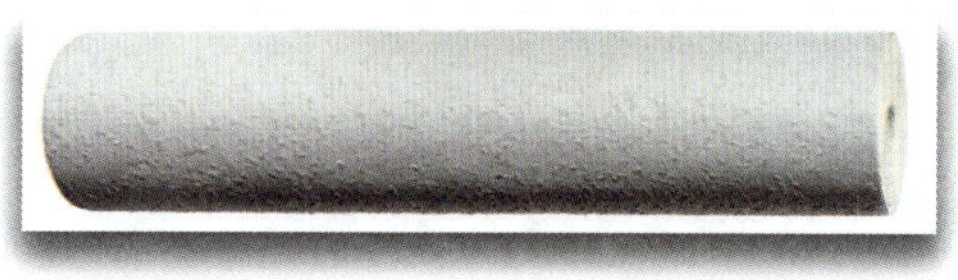

6 Raufasertapete

3

Der Biker-Shop im City-Warenhaus Bauer bekommt von einem Großhändler eine Lieferung Crossräder, die in 14 Tagen im Rahmen einer Frühlings-Aktionswoche preisgünstig angeboten werden sollen. Bei der Eingangskontrolle stellt Herr Adam, der Inhaber des Shops, an zwei Fahrrädern erhebliche Lackschäden fest, die wahrscheinlich daher stammen, dass die Ware beim Transport im Lkw nicht ausreichend gesichert war. Die Pappe, die die Crossräder zum Schutz umgibt, ist bei diesen beiden Fahrrädern auch deutlich eingerissen. Die in zwei mitgelieferten Kartons dazugehörigen Pedale und Sättel sind unversehrt.

Bei der Rückkehr in den Verkaufsraum fällt Herrn Adam auf, dass die Thermolatzhosen und Wintertrikots immer noch auf der Aktionsfläche stehen. Darum sollte sich doch die Auszubildende Silke längst gekümmert haben.

Beschreiben Sie, welche Tätigkeiten in den einzelnen Lagerzonen erforderlich sind, bis die Crossräder in den Verkaufsraum gelangen.

4

Der Lebensmittelabteilung im City-Warenhaus Bauer ist auch ein Getränkemarkt angeschlossen. Angeregt durch die Umgestaltung des Lebensmittellagers will Herr Bauer auch dort einiges ändern. Im Getränkemarkt trifft er den Mitarbeiter Herrn Wiesmuth, um mit ihm das Vorhaben zu besprechen.

Herr Bauer: „So, Herr Wiesmuth. Sie liegen mir ja schon länger mit Ihren Neuerungsplänen in den Ohren. Was sollen wir anders machen?“

Herr Wiesmuth: „Ich möchte, dass wir die Getränkekisten künftig nicht mehr auf den Boden stellen, sondern auf den Europaletten belassen und direkt in den Verkaufsraum schieben. Unsere jetzige Lagertechnik ist sehr arbeitsintensiv. Hinzu kommt, dass durch das Einwegpfand die Leergutannahme sehr aufwendig ist. Durch die Umstrukturierung können wir unsere Arbeitsabläufe optimieren.“

Herr Bauer: „Aber durch die jetzige Bodenzeilenlagerung können wir ein sehr großes Sortiment vorhalten.“

Herr Wiesmuth: „Bei der Zeilenlagerung soll es auch bleiben, nur dann eben auf Paletten. Durch geschicktes Platzieren der 1,20 x 0,80 m großen Europaletten können wir weiterhin unseren Kunden eine gute Auswahl bieten. Und Sonderwünsche erfüllen wir selbstverständlich immer noch auf Anfrage.“

Herr Bauer: „Aber wird der Einkauf nicht zu mühselig für die Kunden? Die Kisten sind doch auch so schon schwer genug.“

Herr Wiesmuth: „Darüber habe ich mir selbstverständlich Gedanken gemacht. Die Paletten dürfen nicht übereinandergestapelt werden. Sonst kommt ja keiner an die Kisten. Die haben übrigens eine Grundfläche von 40 x 30 cm bei einer Höhe von 40 cm. Von denen stellen wir höchstens vier übereinander, damit der Kunde die Kiste ohne Verletzungs- oder Bruchrisiko greifen kann.“

Herr Bauer: „Gut. Wie stellen Sie sich den An- und Abtransport der Paletten vor?“

Herr Wiesmuth: „Das erledigen wir mit dem Hubwagen. Damit wir den Kunden nicht in die Quere kommen oder gar über die Füße fahren, sollten die Gänge ausreichend breit sein.“

Herr Bauer: „Wie wollen Sie den Eingangsbereich umgestalten. Wollen Sie da auch Paletten hinstellen?“

Herr Wiesmuth: „Nein. Die Leergutannahme bleibt, wie sie ist. Auch in der Kassenzone würde ich nichts ändern. Dort bieten wir wie bisher Süßigkeiten, Eis und weitere Impulsartikel an.“

Herr Bauer: „Nun, Herr Wiesmuth. Sie haben sich viele Gedanken gemacht. Das finde ich gut. Fertigen Sie mir dazu doch bitte eine Skizze an. Dann wäre das für mich anschaulicher.“

a Bestimmen Sie, wie viel Quadratmeter Verkaufsfläche insgesamt zur Verfügung stehen.

b Berechnen Sie die Mindestbreite der Gänge. Gehen Sie davon aus, dass die Waren mit dem 90 cm breiten Hubwagen ohne Gegenverkehr transportiert werden.

c Zeichnen Sie in den unten stehenden Bauplan des Getränkemarktes die geplante Anordnung der Europaletten maßstabsgetreu ein. Die Paletten sollen dabei quer zu den Gängen eingelagert werden. Versuchen Sie eine maximale Menge an Verkaufspaletten zu platzieren.

d Ermitteln Sie die Anzahl der Getränkekisten, die Sie bestenfalls auf allen Paletten zusammen lagern können.

e Eine Europalette hat eine Höhe von 14,4 cm. Berechnen Sie die Gesamthöhe bei maximaler Stapelung der Getränkekisten.

f Begründen Sie, warum sich der Getränkemarkt für die Zeilenlagerung entschieden hat.

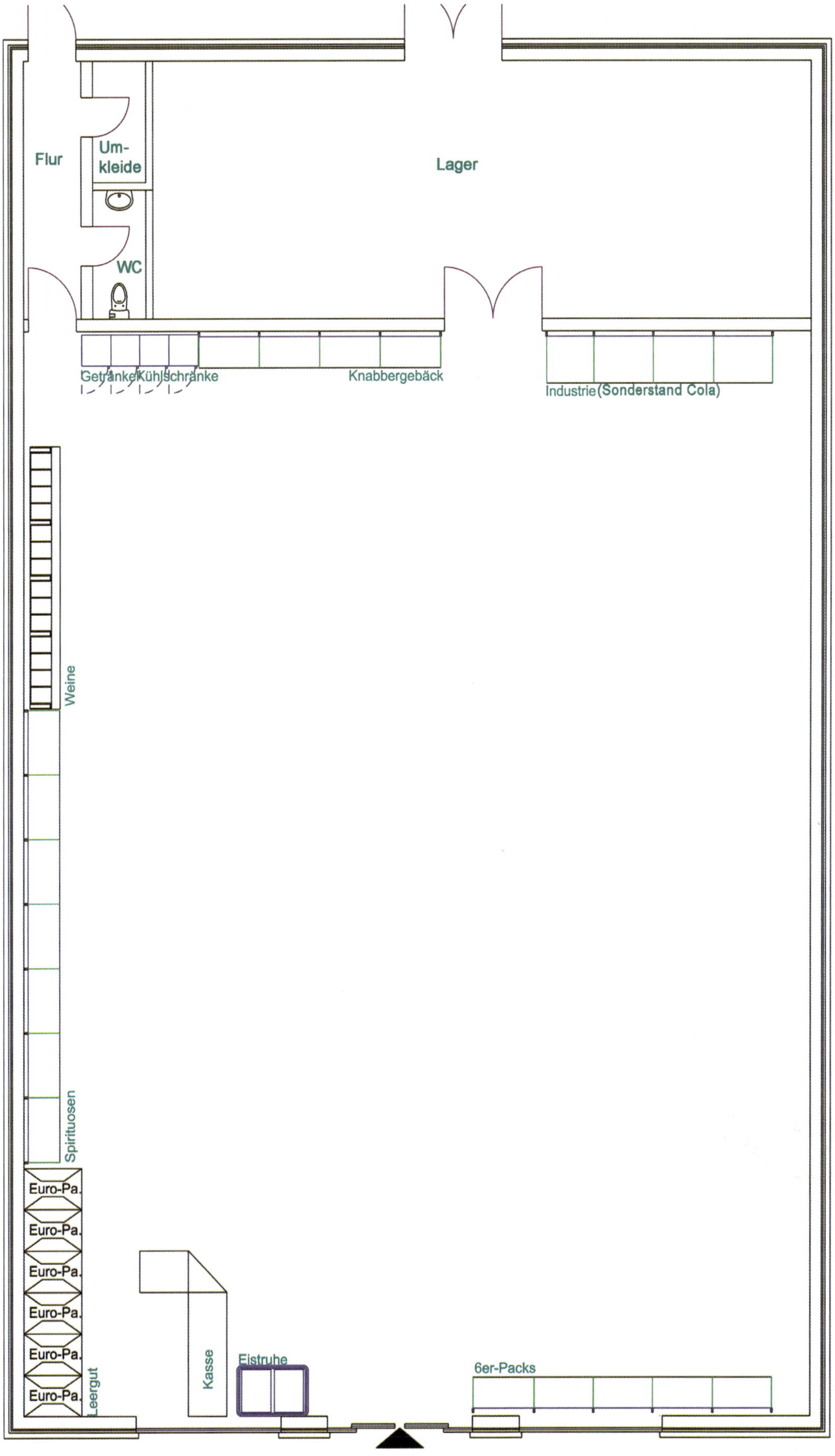

Maßstab 1 : 100
Verkaufsfläche: Länge: 18,4 m Breite: 14,1 m

5

Der Einzelhändler hat die Wahl zwischen der Bodenlagerung und der Regallagerung.

Nennen Sie für beide Lagertechniken jeweils zwei typische Produkte. Begründen Sie Ihre Entscheidung.

6

In der Abteilung Tapeten/Bodenbeläge/Farben des City-Warenhauses Bauer: Eine Kundin wendet sich hilfesuchend an die erste Kraft, Herrn Jansen.

Kundin: „Entschuldigung, haben Sie diesen Lack auch in hellblau da? Im Regal steht er nicht."

Herr Jansen: *„Kein Problem, den haben wir noch auf Lager. Ich gehe eben rüber und hole ihn schnell. Warten Sie bitte einen kleinen Moment."*

Herr Jansen läuft ins Lager. Aber zügig verläuft seine Suche wahrlich nicht, denn dort herrscht das blanke Chaos. Die Waren stehen auf dem Boden, und das auch noch kreuz und quer.

Herr Jansen: *„Oh je, hier hat eine Bombe eingeschlagen. Man kommt ja kaum zwischen den ganzen Stapeln durch. Und ein System kann ich auch nicht erkennen. Ach, da hinten in der Ecke könnte der Lack sein ..."*

Aber in der besagten Ecke stehen andere Farbdosen. Herr Jansen wühlt sich durch diverse Kartons und findet erst nach einer kleinen Ewigkeit das Gesuchte. Hektisch kehrt er zurück in den Verkaufsraum.

Herr Jansen: *„Da bin ich wieder, tut mir leid... (stutzt, schaut sich suchend um) Hallo, wo sind Sie denn?"*

Aber die Kundin war das Warten leid. Sie hat das City-Warenhaus Bauer längst verlassen.

Herr Jansen: *„Verflixt, das darf nicht passieren. Wir müssen Ordnung ins Lager bringen und endlich vernünftige Regale anschaffen. Aber sind Fachboden- oder Palettenregale für uns besser geeignet? Oder sollten wir uns vielleicht für beide Regalsysteme entscheiden? Ich muss mich schlau machen."*

Nachdem Herr Jansen das Lager ausgemessen hat, stellt er fest, dass dort Platz für zwei weitere Regale ist. Allerdings dürfen diese nur je eine maximale Länge von 5,80 m und eine Tiefe von 1,30 m haben. In einem Katalog für Lagereinrichtungen entdeckt er daraufhin die folgenden beiden Angebote für Regalsysteme.

Fachbodenregal
- die Alternative zum Palettenregal für Einzelgut
- Einlegeböden: Stahlpaneele (Stahlboden)
- Tiefe der Regalböden von 650 bis 1 050 mm
- zu einem Grundregal sind beliebig viele Anbauregale zu kombinieren

Preisliste für das Fachbodenregal

Steckregalsystem	Regalhöhe 2200 mm			
	Grundregal		Anbauregal	
Länge × Tiefe mm	Art.-Nr.	€	Art.-Nr.	€
1 400 × 650	68163	366,35	68165	308,00
1 400 × 800	68176	394,45	68178	334,20
1 400 × 1 050	68188	434,45	68191	370,85
1 800 × 650	68204	426,70	68206	368,35
1 800 × 800	68216	463,60	68218	403,50
1 800 × 1 050	68228	516,30	68230	452,70
2 200 × 650	68240	499,45	68242	441,10
2 200 × 800	68252	542,60	68254	482,50
2 200 × 1 050	68264	603,55	68266	539,95
2 600 × 650	68276	601,50	68278	543,15
2 600 × 800	68288	653,45	68290	593,35
2 600 × 1 050	68300	726,90	68302	663,25

Palettenregal: 990,20 €
Lieferumfang: Ein Grundregal mit 2 Ständern und 4 Holmen, auf denen die Paletten aufliegen.
Maße:
Ständer: 3 300 x 1 200 mm (Höhe x Tiefe)
Holme: 3 100 mm (Breite)

* modernes, ausgereiftes Palettenregalsystem für die Lagerung von leichten bis mittelschweren Paletten
* Längs- oder Querlagerung möglich
* Fachlast bis maximal 2 000 kg
* Zum Grundregal sind beliebig viele Anbauregale zu kombinieren (siehe Abbildung).

Grundsätzlich erscheinen Herrn Jansen beide Regalsysteme geeignet. Um eine Entscheidung treffen zu können, hat er Informationen über zwei Produkte zusammengetragen, die später im Regal vorwiegend gelagert werden sollen.

Produktinformationen

Dispersionsfarbe ⇨ wird auf Paletten geliefert		
Einheit	Gewicht pro Einheit	Stück pro Palette
2,5-l-Eimer	3,8 kg	40
5,0-l-Eimer	7,6 kg	40
10,0-l-Eimer	15,3 kg	32
15,0-l-Eimer	22,4 kg	32

Lackfarbe und Lasuren ⇨ werden folienverschweißt im 6er-Pack geliefert	
Einheit	Maße des 6er-Pack
375-ml-Dose	17,0 × 25,5 cm
750-ml-Dose	20,0 × 30,0 cm
2,5-l-Dose	28,0 × 42 cm

Lasur = durchscheinendes bis durchsichtiges Anstrichmittel

a Vergleichen Sie das Fachbodenregal mit dem Palettenregal. Klären Sie dazu mithilfe der gegebenen Preis- und Produktinformationen folgende Aspekte:
  1. Fachbodenregal
     – Bestimmen Sie die optimale Zusammensetzung des Fachbodenregals. Kombinieren Sie dazu ein Grundregal mit mehreren Anbauregalen. Beachten Sie dabei, dass Sie das von Herrn Jansen ausgemessene Platzangebot im Lager maximal ausnutzen.

- Berechnen Sie den Preis des von Ihnen zusammengesetzten Fachbodenregals.
- Vergleichen Sie Ihre Lösung mit den Lösungen Ihrer Mitschüler und wählen Sie die kostengünstigste Regalzusammenstellung aus.
- Bestimmen Sie beispielhaft für die 375 ml-Dose Lackfarbe die Anzahl der 6er-Packs, die auf einen Grundregalboden in der Größe von 1 800 x 1 050 mm maximal gelagert werden können. Gehen Sie davon aus, dass die Dosen im Regal nicht gestapelt werden.

2. **Palettenregal**
   - Legen Sie fest, wie viele Paletten der Größe 100 x 120 cm in einem Regalfach des Palettenregals maximal Platz finden.
   - Berechnen Sie, ob die Fachlast des Palettenregals bei maximaler Belegung ausreicht, um dort ausschließlich Dispersionsfarbe in 10,0-l-Eimern oder 15,0-l-Eimern zu lagern.
3. **Fachbodenregal und Palettenregal**
   - Beurteilen Sie beide Regalsysteme bezüglich der Handhabung. Wie lässt sich die Ware ein- und auslagern?

b Treffen Sie eine Entscheidung, welche beiden Regale Sie für die Neugestaltung Ihres Lagers anschaffen wollen. Begründen Sie Ihre Entscheidung.

7

Auseinandersetzung im Lager eines Supermarktes:
Der Geschäftsführer Manfred Wellenbach ist auf einem Messer ausgerutscht, das auf dem Boden lag, und gestürzt.

Herr Wellenbach: „Verflixt und zugenäht. Wie oft soll ich euch allen denn noch sagen, dass ihr mit dem Arbeitsgerät anständig umzugehen habt? Wer hat das hier liegen gelassen?"

Christian: (eilt zu Hilfe) „Sorry, Chef. Das ist wohl mein Messer, ich muss es verloren haben. Meine Jackentasche hat ein Loch. Haben Sie sich verletzt?"

Herr Wellenbach: „Ist noch mal gut gegangen, aber nächstes Mal gibt's Ärger. (zupft sich dicke Staubflocken von der Hose) Was ist denn das hier für ein Dreck ..."

Mitarbeiter Erich Klausener fährt auf dem Gabelstapler vorbei, ein in den Gang hineinragender Karton mit Studentenfutter versperrt ihm den Weg.

Herr Klausener: „Mensch Christian, schieb doch mal die Kiste richtig rein ..."

Christian: „Scherzkeks, wenn ich die hier reindrücke, kommen auf der anderen Seite die Chips-Kartons raus. Das ist alles zu voll. Außerdem wackelt dann das ganze Regal."

Herr Wellenbach: „Christian, jetzt stellen Sie doch mal eben den Karton eins höher, da ist doch noch Platz."

Christian greift den Karton, eine Kakerlake flitzt darunter hervor und versteckt sich unter Joghurt-Paletten am Ende des Gangs.

Herr Wellenbach: (schüttelt sich) „Das kann nicht wahr sein, jetzt haben wir auch noch Ungeziefer im Lager. Ekelhaft!"

Herr Wellenbach untersucht die Joghurt-Paletten. Die Kakerlake entdeckt er nicht, dafür aber, dass sich die Deckel der Becher verdächtig wölben.

Herr Wellenbach: „Warum stehen die vor dem Kühlhaus und nicht in ihm? Die Ware verdirbt uns hier doch."

Christian: „Der Herr Klausener hat sie heute Morgen dort abgestellt, leider direkt vor die Tür. Die bekommen wir erst auf, wenn wir alles beiseite räumen."

Herr Wellenbach: (stöhnt) „Was herrscht denn hier überhaupt für ein Chaos. Alles wird dort hingestellt, wo gerade Platz ist, und später findet niemand mehr etwas wieder. Ich dachte eigentlich, ich könnte mich auf meine Leute verlassen. Jetzt wird Ordnung gemacht. Los, an die Arbeit!"

Notieren Sie die im Dialog deutlich gewordenen Schwachstellen bei der Lagerhaltung des Supermarktes. Entscheiden Sie anschließend, gegen welche grundsätzlichen Anforderungen an die Lagerhaltung jeweils verstoßen wird.

8

Die Gefahrstoffverordnung schreibt die Kennzeichnung von Produkten vor, von denen Gefahren ausgehen.

Ordnen Sie die abgebildeten Gefahrensymbole den richtigen Bedeutungen zu.

Symbol

1	2	3	4	5

Bedeutung

	brandfördernd
	giftig
	ätzend
	entzündlich
	reizend

9

Je nach Handhabung und Verwendungszweck kommen unterschiedliche Flurförderzeuge im Lager zum Einsatz.

Flurförderzeug

1	Elektro-Hochhubwagen
2	Handgabelhubwagen
3	Rollbehälter
4	Schubmaststapler
5	Hubstapler
6	Elektro-Gabelstapler
7	Gabelniederhubwagzen

Ordnen Sie die Flurförderzeuge entsprechend zu.

Handhabung/Verwendungszweck

	a) von Hand gezogenes oder geführtes Transportmittel für Paletten
	b) Transportmittel mit Handhydraulik zum gleichzeitigen Fahren und Heben von Paletten
	c) Kunststoffrollplatte mit zwei oder drei Aufsteckwänden zur Verteilung von Waren im Geschäft
	d) batteriebetriebenes Transportmittel, bei dem die Ladung nur knapp über dem Boden angehoben und befördert wird
	e) Transportmittel für kurze Beförderungsstrecken und senkrechtes Heben bis in Höhen von ca. 4 m
	f) Elektrofahrzeug mit Hubeinrichtung für schnellen Transport über weitere Beförderungsstrecken
	g) Fahrzeug mit Fahrersitz quer zur Fahrtrichtung und großer Hubhöhe für das Arbeiten in engen Regalgassen

10

Bei der Lagerung und dem Transport von Waren kommen verschiedene Gegenstände zum Einsatz.

Ordnen Sie die folgenden Definitionen den unten stehenden Fachbegriffen zu.

Definition

1 Packmittel, die die Waren lager-, lade- und transportfähig machen.

2 Fördermittel mit technischer Unterstützung

3 Oberbegriff für Transportmittel für den innerbetrieblichen Transport

4 Fördermittel, die ihre Last auf dem Boden auf unterschiedlicher Transportstrecke bewegen.

5 Fördermittel, die mit Menschenkraft betrieben werden.

Fachbegriff

☐ a) Flurförderzeuge

☐ b) Förderhilfsmittel

☐ c) manuelle Flurförderzeuge

☐ d) maschinelle Flurförderzeuge

☐ e) Fördermittel

11

Falscher Umgang mit dem Gabelstapler führt immer wieder zu Unfällen.

Beurteilen Sie folgende Situationen

1 Weil der Weg vom Lager zum Büro so weit ist, nimmt Dennis die Sekretärin ein Stück auf dem Gabelstapler mit.

2 Dennis hat heute viel zu tun und spart sich die Überprüfung des Staplers vor Arbeitsbeginn.

3 Gregor fragt Dennis, ob er ihn mit dem Stapler mal eben an die Hallendecke hochheben könne, er müsse dort eine Lampe wechseln.

4 Damit das Entladen schneller geht, nimmt er die Gabeln schon wieder hoch, während er vom Lager zum Lkw fährt.

5 Dennis hat im Büro Papiere liegen lassen und fährt mit dem Stapler schnell rüber. Weil er ja sofort weiterfährt, lässt er den Stapler solange laufen.

6 Als Dennis eine schräge Rampe herunterfährt, fällt die Palette von der Gabel.

5 Lagerarbeiten zur Qualitätssicherung durchführen

Die Lebensmittelabteilung des City-Warenhauses Bauer ist einer Verbundgruppe angeschlossen. Neben günstigen Einkaufskonditionen profitiert das City-Warenhaus auch von den Expertenratschlägen aus der Verbundzentrale. An einem Freitagnachmittag besucht Herr Drossel, Leiter der Verkaufsberatung Obst und Gemüse, die Lebensmittelabteilung und nimmt sie kritisch unter die Lupe. Bei seinem Rundgang macht er sich Notizen. Sein Beobachtungsprotokoll mit positiven wie negativen Anmerkungen stellt er anschließend dem Abteilungsleiter Herrn Berns zur Verfügung.

Beobachtungsprotokoll

Ort	City-Warenhaus Bauer
Datum	26.06.20(0)
Zeit	18:30–19:00 Uhr
Beobachtungsgegenstand	Obst- und Gemüseabteilung
Protokollführer	Herr Drossel

* Apfelsorten sind farblich ansprechend angeordnet. Allerdings sind zu viele Äpfel mit Druckstellen in der Auslage. Cox Orange war schon weich und schrumpelig. Die würde ich persönlich nicht kaufen.[1]
* Pflaumen sind gequetscht, teils klebrig, schimmelig und riechen angegoren. Fruchtfliegenbefall.
* Direkt daneben liegen Kiwis. Schlecht, wegen Ethylenempfindlichkeit.[2]
* Gelungene Salatpräsentation, befeuchtete Ware ist frisch und knackig. Auch am Freitagabend noch eine gute Auswahl an Blattsalaten. Prima! Allerdings: Darauf achten, dass die Salate nicht im Wasser stehen.
* Die abgepackten Salate wie Feldsalat und Rucola besser separat in der Kühltheke anbieten. Diese ebenso sorgfältig kontrollieren wie den losen Salat. Gilt übrigens für alle abgepackten Waren.
* Beim Wirsing welken die äußeren Blätter.
* Radieschen sind sehr sandig.
* Bananenregal wirkt unaufgeräumt. Noch grüne liegen neben übriggebliebenen, fast überreifen Früchten. Dazwischen Lücken, wo Kunden sich offensichtlich die besten Bananen herausgesucht haben. Auch hier das First-in-first-out-Prinzip beachten![3]
* Wenige Stunden vor Ladenschluss noch ein riesiger Bestand an Erdbeeren (TF-Artikel), die heute noch rausmüssen. Storelife-Zeiten nicht vergessen! Gegebenenfalls kurzfristig Sonderverkauf anbieten.[4]
* Paprika sind alt und teils beschädigt. Kommen die nachts auch in die Kühlung?[5]
* Fußboden ist verschmutzt. Aus dem Mülleimer ragt abgepflücktes Möhrengrün.
* Die Verkaufstheken inklusive Spiegel sind in einem einwandfreien Zustand.

Fußnoten:

1) Es gilt der Leitsatz: „Was ich selbst nicht kaufen würde, biete ich auch dem Kunden nicht an."
2) Ethylen ist ein Reifegas, das von Obst und Gemüse freigesetzt wird. Ethylenempfindliche Obst- und Gemüsesorten (z. B. Kiwis, Rosenkohl, Blumenkohl) sollten daher nicht in unmittelbarer Nähe zu stark ethylenausscheidenden Sorten (z. B. Äpfel, Pfirsiche, Tomaten) gelagert werden. Es kann sonst ein unkontrollierter und vorzeitiger Reifevorgang ausgelöst werden.
3) First-in-first-out-Prinzip: Auf frische Ware wird die Ware vom Vortag gelegt, damit diese Ware zuerst verkauft wird. Bei der alten Ware darf aber nur diejenige verwandt werden, die sich äußerlich nicht von der neuen Ware unterscheidet.
4) Storelife: Ist die Lebenszeit des Artikels in unserem Geschäft bzw. der Zeitraum, in dem der Artikel die vom Kunden erwartete Frische aufweist. TF-Artikel (Tagesfrische-Artikel) haben eine Storelife-Zeit von einem Tag, das heißt, sie sollten ausnahmslos nur am Tag der Anlieferung verkauft werden. Erdbeeren und Himbeeren sind z. B. TF-Artikel.
5) Kühlung ist für viele Obst- und Gemüseartikel wichtig, um die Frische zu gewährleisten. Sie müssen deshalb direkt nach der Anlieferung oder über Nacht ins Kühlhaus. Andere Artikel leiden eher unter der Kühlung, als dass sie frisch bleiben. Als Faustregel gilt hier: „Alles, was grün ist und/oder Blätter hat, kommt ins Kühlhaus."

ARBEITSAUFTRAG

Entwerfen Sie eine Checkliste zur Qualitätssicherung in der Obst- und Gemüseabteilung.

VORSCHLÄGE ZUM VORGEHEN

1. Leiten Sie aus den Beobachtungen von Herrn Drossel Forderungen für den gewünschten Zustand in der Abteilung ab.
2. Beachten Sie die Fußnoten im Beobachtungsprotokoll und nehmen Sie diese als kurze Bemerkungen in die Checkliste auf.

Checkliste zur Qualitätssicherung in der Obst- und Gemüseabteilung

Nr.	Forderung	erfüllt		Bemerkung
		ja	nein	
	I. Einräumen und Platzieren der Ware zu Beginn des Tages			
1	Ware, die nachts im Kühlhaus war, ist in die Theken eingeräumt.	☐	☐	Es darf nur ausnahmslos frische Ware in die Abteilung.
2	Beim Einräumen ist die Ware kontrastreich nach Farbe platziert.	☐	☐	
3		☐	☐	
4		☐	☐	
	II. Pflege und Präsentation der Ware während des Tages			
5		☐	☐	
6		☐	☐	
7		☐	☐	
8		☐	☐	
9		☐	☐	
10		☐	☐	
11		☐	☐	
12		☐	☐	
	III. Pflege der Umgebungsbedingungen der Ware			
13		☐	☐	
14		☐	☐	
15		☐	☐	
	IV. Wegräumen und Aufbewahrung der Ware zum Ende des Tages			
16		☐	☐	

AUFGABEN

1

In einer gut geführten Obst- und Gemüseabteilung sind die Chiquita-Bananen der Umsatzbringer Nummer eins mit einer konstant hohen Gewinnspanne. Die Marke steht für höchste Qualität, für die der Kunde auch bereit ist, zu bezahlen. Um den hohen Qualitätsstandard durchgehend zu gewährleisten, sind die sogenannten „Goldenen Regeln für den Umgang mit Chiquita-Bananen" zu befolgen.

a **Ordnen Sie die folgenden drei Arbeiten zur Qualitätssicherung den unten stehenden Regeln zu.**

1 Sichern der notwendigen Umgebungsbedingungen

2 Pflege der Ware

3 Stichproben bei verderblichen Waren

Tragen Sie vor der jeweiligen Regel die entsprechende Nummer ein.

Regeln

	Chiquita-Kartons niemals werfen
	Für optimale Lagerbedingungen sorgen ideale Lagertemperaturen von 14–18 °C. Große Temperaturschwankungen sind auf jeden Fall zu vermeiden.
	Zugluft vermeiden, sonst wird die Schale grau und die Banane reift nicht weiter.
	Bananen nur an der Krone anfassen
	Bananen immer einlagig in den Platzierungshilfen präsentieren
	Platzierungshilfen müssen zu jeder Zeit in einem sauberen, einwandfreien Zustand sein.
	Bananen immer in der optimalen Verkaufsfarbe anbieten: Farbe 5
	Bananen häufig kontrollieren und überreife Früchte aussortieren

Farbe 3	**Farbe 4**	**Farbe 5**	**Farbe 6**
Mehr grün als gelb	Mehr gelb als grün	Gelb mit grünen Spitzen	Vollgelb

b **Beschreiben Sie, welche Gründe neben der Umsatzerzielung ebenfalls für die Einhaltung des hohen Qualitätsstandards bei den Bananen sprechen.**

c **Nennen Sie Waren aus dem Sortiment Ihres Ausbildungsbetriebes, die ebenfalls besondere Aufmerksamkeit bei der Qualitätssicherung bekommen. Notieren Sie die Tätigkeiten, die Sie in diesem Zusammenhang durchführen.**

2

Um die Qualität der gelagerten Ware zu erhalten, muss sie vor unterschiedlichen Umwelteinflüssen geschützt werden.

Ordnen Sie die sechs Warengruppen/Produkte den Umwelteinflüssen zu, vor denen sie geschützt werden sollten.

Warengruppen/Produkte	Schutz vor ...	
1. Fleischwaren	Feuchtigkeit	☐
2. Kaffee und Tee	Trockenheit	☐
3. Schmuckwaren	Licht	☐
4. Tabak	Geschmacksübertragung	☐
5. Salz und Zucker	Wärme	☐
6. Textilien	Staub	☐

3

Viele Tätigkeiten im Lager dienen der Warenpflege. Eine sorgfältige Behandlung der Produkte ist dabei oberstes Gebot.

Entscheiden Sie, welche Lagerarbeiten nicht der Warenpflege zuzuordnen sind.

1 Umsetzung der alten Warenbestände vor neu gelieferten Produkten

2 Erfassung der Warenbestände im Warenwirtschaftssystem

3 Wässern von Ware

4 Kontrolle von Kühltemperaturen

5 Prüfung der Rechnungen gelieferter Ware

6 Aussortieren von verdorbener Ware

4

Die Warenpflege ist ein wesentlicher Bestandteil der Arbeiten im Lager.

Nennen Sie zwei Gründe, warum auf die Warenpflege großer Wert gelegt werden sollte.

5

Unsere Gesellschaft wird häufig als „Konsumgesellschaft" oder sogar „Wegwerfgesellschaft“ bezeichnet. Es gibt allerdings viele Möglichkeiten, die Abfallmenge zu reduzieren.

a Erläutern Sie den Begriff „Wegwerfgesellschaft“.

b Beschreiben Sie Möglichkeiten des Einzelhändlers zur Abfallvermeidung im Laden.

c Beschreiben Sie, welchen Beitrag die Hersteller von Produkten zur Verringerung der Abfallmenge leisten können.

6

Viele Dinge, die wir wegwerfen, sind durchaus noch brauchbar. Nach einer kleinen Reparatur wird oftmals aus einem Gegenstand, der gerade noch als Müll galt, wieder ein wertvolles Produkt. Das Geschäftsmodell, das diese Sichtweise aufgreift, nennt sich **Re-Commerce**. Der Begriff setzt sich zusammen aus E-Commerce, also dem elektronischen Handel, und der englischen Vorsilbe „re" für „wieder" oder „erneut". Onlinehändler kaufen dabei gebrauchte oder defekte Produkte an, setzten diese instand und verkaufen sie anschließend online weiter. Häufig sind es Bücher, Videospiele, Technikprodukte oder Textilien, die so den Besitzer wechseln.

a **Beschreiben Sie das Vorgehen beim Re-Commerce.**

b **Ordnen Sie Re-Commerce einer Stufe der Abfallhierarchie des Kreislaufwirtschaftsgesetzes zu. Begründen Sie Ihre Entscheidung.**

6 Arbeitsunfälle vermeiden

Für die Lebensmittelabteilung ist eine neue Lieferung Konserven eingetroffen. Der Auszubildende Peter macht sich an die Arbeit. Zunächst öffnet er die Kartons. Weil er das Kartonmesser mal wieder verlegt hat, greift er kurzerhand zur Schere. Da kommt Herr Berns, Leiter der Lebensmittelabteilung, vorbei.

Herr Berns: „Prima, dass Sie sich gleich die Lieferung vornehmen ... Aber, um Himmels willen. Sind Sie von allen guten Geistern verlassen?"

Peter: „Was ist denn? Ich dachte es ist gut, was ich hier mache."

Herr Berns: „Es geht nicht um das ‚Was', sondern um das ‚Wie'. Sie können die Kartons doch nicht mit der Schere bearbeiten. Das ist gefährlich."

Peter: „Ich passe schon auf, dass ich nicht die Etiketten der Konservendosen anratsche."

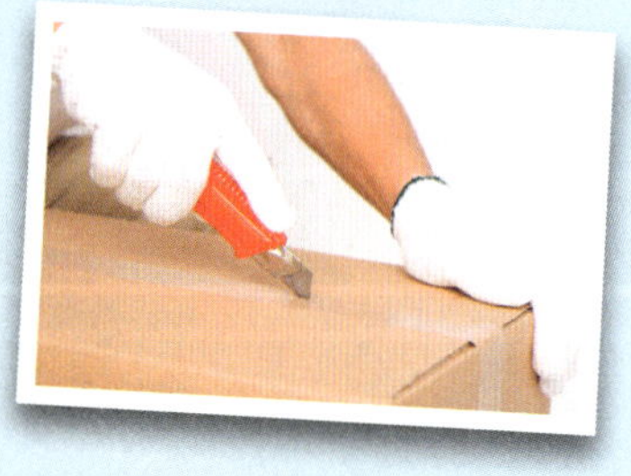

Herr Berns: „Das meine ich nicht, obwohl Sie die Ware mit der langen Scherenklinge durchaus beschädigen könnten. Mir geht es um Ihre Sicherheit. Wenn Sie die Schere an der offenen Klinge packen, holen Sie sich ruck, zuck blutige Hände."

Peter: „Aber, Herr Berns. Jetzt machen Sie hier mal keine Panik, ich bin kein kleines Kind mehr. Sie sagen doch andauernd, dass alles schneller laufen muss."

Herr Berns: „Sicherheit geht dabei aber immer vor. Hier, nehmen Sie bitte mein Kartonmesser mit selbstständiger Klingensicherung. Sofort nach dem Schneiden federt hierbei die Klinge automatisch in den Messergriff zurück. Und ich schaue mir jetzt an, ob Sie das auch richtig benutzen."

Peter verdreht die Augen und seufzt leise.

Herr Berns: „Und damit Sie meine Worte ernst nehmen, gebe ich Ihnen nachher eine kleine Fallsammlung von Arbeitsunfällen mit, die hier in den vergangenen Jahren passiert sind. Übrigens, ich selbst komme darin auch vor. Aber Sie müssen es ja nicht wie ich machen und erst aus Schaden klug werden."

Arbeitsunfälle, die sich in den letzten Jahren im City-Warenhaus Bauer ereignet haben:

①	In der Gemüseabteilung rutschte die Auszubildende **Vera** auf einem am Boden liegenden Salatblatt aus, als sie einen Korb Möhren in den Händen trug. Bei dem Sturz verdrehte sie sich das Knie und schlug sich das Kinn blutig. Eine **ältere Kundin**, der die Möhren vor die Füße rollten, verlor das Gleichgewicht und fiel ebenfalls. Sie zog sich einen Oberschenkelhalsbruch zu.
②	Als **Herr Berns** mit dem Handgabelhubwagen im Lager Waren transportierte, blieb ein Rad in einem Loch im Boden hängen. Bei der schlagartigen Bremsung geriet der Wagen außer Kontrolle. Die herabfallende Ware traf die in der Nähe stehende **Frau Jevic** am Knöchel und fügte ihr Quetschungen zu.
③	Die Dekorateurin **Frau Krömer** stürzte die Treppe herab, als sie sich mit einer Schaufensterpuppe unter dem Arm in einem Stapel Hosen verhedderte, die jemand dort kurz abgelegt hatte. Frau Krömer brach sich das Steißbein und prellte sich mehrere Rückenwirbel.
④	Beim Entladen eines Rollbehälters löste **Herr Berns** die Gummispanngurte. Weil er die Spannung unterschätzt hatte, schnellte ihm der Gurt aus der Hand und traf ihn am rechten Auge. Ein stattliches „Veilchen" und eine Platzwunde an der Augenbraue waren die Folgen.
⑤	Der Auszubildende **Bernd** versuchte, allein einen voll beladenen Rollbehälter die Rampe hochzuschieben. Auf halber Strecke ließ seine Kraft nach, zumal der Wagen wegen einer klemmenden Rolle auch noch schwergängig war. Der Wagen rollte Bernd über den Fuß. Weil er nur leichte Turnschuhe trug, brach sich der Auszubildende den Mittelfuß.

⑥	Mit schweren Verletzungen musste **Herr Breidenstein** ins Krankenhaus gebracht werden. Beim Einweisen eines Lkw an die Laderampe hatte er sich ablenken lassen und war zwischen Wagen und Rampe gelaufen. Der Fahrer hatte Herrn Breidenstein im Rückspiegel nicht mehr gesehen. Er war deshalb davon ausgegangen, dass er freie Fahrt habe, und fuhr Herm Breidenstein an. Die Verletzungen waren so stark, dass Herr Breidenstein mehrere Wochen im Krankenhaus behandelt werden musste und trotz anschließender Heilbehandlung nicht mehr arbeitsfähig wurde.
⑦	**Petra**, Auszubildende in der Personalabteilung, prellte sich die Handgelenke, als sie von einem Bürostuhl stürzte. Auf diesen war sie geklettert, um Akten in ein hohes Regal zu stellen. Bei dem Aufprall zog sie sich zudem mehrere Schürfwunden und Blutergüsse zu.
⑧	Um den Weg abzukürzen, sprang **Herr Hoffmeister** von der Laderampe herunter. Dabei kam er mit dem linken Fuß auf einem losen Stein auf und knickte um. Wegen eines Bänderrisses fiel er mehrere Wochen aus.

ARBEITSAUFTRAG 1

Entwerfen Sie einen Leitfaden für sicheres Arbeiten im Einzelhandel.

VORSCHLÄGE ZUM VORGEHEN

1. Leiten Sie aus der Beschreibung der Arbeitsunfälle im City-Warenhaus Bauer allgemeine Sicherheitsratschläge ab.
2. Ergänzen Sie die Liste der Sicherheitsratschläge aufgrund eigener Erfahrungen in Ihren Ausbildungsbetrieben.

Nr.	Arbeitsunfall	Sicherheitsratschlag
①	Stürze aufgrund eines auf dem Boden liegenden Salatblattes	
②		
③		
④		
⑤		
⑥		
⑦		
⑧		

Nr.	Arbeitsunfall	Sicherheitsratschlag
⑨		
⑩		
⑪		
⑫		

Da die Sicherheit am Arbeitsplatz für Herrn Berns ein persönliches Anliegen ist, wird er von Herrn Bauer zum neuen Brandschutzbeauftragten des City-Warenhauses Bauer ernannt. Die Stelle war einige Wochen nicht besetzt, weil der Vorgänger von Herrn Berns kurzfristig aus dem Betrieb ausgeschieden ist und sein Stellvertreter seit Längerem erkrankt ist.

Herr Bauer: „Ich bin Ihnen sehr dankbar, Herr Berns, dass Sie diese Aufgabe übernehmen."

Herr Berns: „Das mache ich gerne, Herr Bauer. Zumal ich ja unseren Auszubildenden schon immer predige, dass die Sicherheit bei der Arbeit immer an erster Stelle steht."

Herr Bauer: „So ist es recht, Herr Berns."

Herr Berns: „Ich habe bereits den erforderlichen Ausbildungslehrgang absolviert. Jetzt mache ich einen Rundgang durchs Haus und schaue, ob es irgendwo Probleme gibt."

Herr Bauer: „Das ist gut. Bitte erstatten Sie mir doch gleich morgen Bericht, damit wir eventuell erforderliche Maßnahmen zügig einleiten können. Ich würde sagen, wir treffen uns um 14:00 Uhr in meinem Büro."

Am nächsten Tag kommt Herr Berns pünktlich in das Büro des Chefs. Herr Bauer erwartet ihn schon.

Herr Bauer: „Da sind Sie ja, Herr Berns. Ich hoffe, Sie sind nicht über zu vieles gestolpert?"

Herr Berns: „Doch, im wahrsten Sinne des Wortes. Das Treppenhaus wurde schon wieder als Lagerraum zweckentfremdet. Weil es im Falle eines Feuers ja auch als Notausgang dient, ist das unverantwortlich."

Herr Bauer: „Da müssen wir unbedingt einen Aushang im Personalraum machen und auch Hinweise im Treppenhaus anbringen. Und was ist Ihnen sonst noch aufgefallen?"

Herr Berns: „Ich habe Ihnen hier eine Mängelliste zusammengestellt. Bitte sehr."

ARBEITSAUFTRAG 2

Entwerfen Sie einen Maßnahmenkatalog für einen verbesserten Brandschutz.

VORSCHLÄGE ZUM VORGEHEN

1. Beschreiben Sie die Gefahren, die durch die einzelnen Mängel entstehen.
2. Formulieren Sie zu jedem Mangel eine passende Brandschutzmaßnahme.

Mangel	Gefahr	Brandschutzmaßnahme
Der Feuerlöscher in der Spielzeugabteilung steht versteckt hinter einem Regal.		
Die selbsttätig schließenden Feuerschutztüren vom Lager zur Elektroabteilung wurden von Mitarbeitern mit Kartons blockiert, damit sie nicht immer warten müssen, bis sich die Türen wieder öffnen.		
Im Treppenhaus wurde geraucht.		
Der Wasserkocher im Personalraum hat einen lockeren Stecker, sodass die Drähte schon frei liegen.		
In der Lebensmittelabteilung fehlt ein Hinweisschild für den Notausgang.		
Das Bügeleisen in der Damenabteilung war unbeaufsichtigt angeschaltet.		
In der Schuhabteilung lagern die Sprühdosen mit Pflegemitteln in der Nähe der Heizungsrohre.		
In der Herrenabteilung wurden Pullover auf dem obersten Regal dekoriert, die den Leuchtstrahlem damit sehr nah kommen.		
Im mittleren der drei Aufzüge fehlt der Hinweis, dass der Aufzug im Brandfall nicht benutzt werden darf.		
Die Notausgangstür im Erdgeschoss ist mit Ware zugestellt.		
Im Kellerlager stapelt sich Altpapier.		

AUFGABEN

1

Aufregung in der Möbelabteilung: Bei der Warenanlieferung ereignete sich an der Laderampe ein schwerer Unfall. Mitarbeiter Sergej Pawlak wurde verletzt und musste mit dem Rettungswagen ins Paracelsus-Krankenhaus Ratingen gebracht werden. Herr Hoffmeister, erste Kraft der Möbelabteilung, informiert den Bereichsleiter Herrn Berns über das Geschehen.

Herr Berns: „Um Himmels willen, Herr Hoffmeister. Wie geht es Herrn Pawlak, ist er schwer verletzt?"

Herr Hoffmeister: „Nach erster Einschätzung des Notarztes hat er sich wohl beide Beine gebrochen und eine Gehirnerschütterung."

Herr Berns: „Schlimm ..."

Herr Hoffmeister: „Das hätte auch noch viel böser ausgehen können."

Herr Berns: „Was ist denn genau passiert?"

Herr Hoffmeister: „Also, da ist doch die Lieferung mit den kleinen Kommoden aus Italien gekommen. Eigentlich haben wir den Wagen schon morgens erwartet, der Fahrer war aber erst nachmittags auf dem Hof. Der war im Stress und hat vergessen, den Lkw richtig gegen Wegrollen abzusichern."

Herr Berns: „Ach, du Schande!"

Herr Hoffmeister: „Allerdings, denn als Sergej mit dem Gabelhubwagen auf die Ladebühne gefahren ist, setzte sich der Laster in Bewegung. Und Sergej fiel mitsamt Hubwagen herunter. Sergej knallte auf den Kopf, der Hubwagen auf seine Knie. Peng. Ich stand auf der Rampe, als das passiert ist, und habe mich gleich um ihn gekümmert. Der blutete ja auch ganz schön am Kopf. Der Fahrer hat dann sofort den Krankenwagen gerufen."

Herr Berns: „Herr Hoffmeister, mir wird ganz anders. Da hatte unser Herr Pawlak ja wirklich Glück im Unglück. Weiß seine Familie schon Bescheid?"

Herr Hoffmeister: „Ich glaube nicht."

Herr Berns: „Das übernehme ich, und mit Herrn Bauer spreche ich auch gleich. Und dann muss ich auch noch die Unfallanzeige für die Berufsgenossenschaft schreiben. Können Sie mir morgen früh dabei helfen? Dann wissen wir vielleicht auch, wie lange Herr Pawlak ausfällt."

Schreiben Sie eine Unfallanzeige, indem Sie das Formular der Berufsgenossenschaft ausfüllen. Nutzen Sie dazu die folgenden Informationen.

Die Unfallanzeige

Arbeitsunfälle, durch die ein Arbeitnehmer länger als drei Tage arbeitsunfähig ist oder sogar getötet wurde, sind dem Gewerbeaufsichtsamt und der Berufsgenossenschaft durch den Arbeitsgeber innerhalb von drei Tagen anzuzeigen. Die Frist läuft erst ab dem Tag, an dem der Unternehmer über den Unfall informiert wurde. Der Betriebsrat und die Fachkraft für Arbeitssicherheit bzw. der Sicherheitsbeauftragte müssen die Unfallanzeige ebenfalls unterschreiben, um zu dokumentieren, dass sie über den Unfall Bescheid wissen. Der Unfall ist mit wichtigen Angaben bezüglich des Unfalls sowie des Geschädigten anzuzeigen, dazu gehören

* Name, Abteilung, Geburtsdatum und Anschrift des Geschädigten,
* Anzahl der Verletzten und Art der Verletzungen,
* erkennbare Unfallursache,
* Ort, Datum und Uhrzeit des Unfalls und Schilderung des Unfallhergangs,
* Name und Anschrift eventueller Zeugen sowie Hilfeleistender,
* Folgen des Unfalls (Arbeitsunfähigkeit, Tod).

Zusätzliche Informationen für die Unfallanzeige
Unfallzeitpunkt: Freitag, 3. Januar 20(0), 15:40 Uhr. Herr Sergej Pawlak hat Trümmerbrüche in beiden Beinen und eine Gehirnerschütterung davongetragen. Er wird stationär im Paracelsus-Krankenhaus Ratingen, Paracelsusallee 34, 40778 Ratingen, behandelt und dort nach einer Operation auch bleiben. Er ist frühestens in zehn Wochen wieder arbeitsfähig.

Mitgliedsnummer bei der Berufsgenossenschaft M4/18052412. Adresse City-Warenhaus Bauer, Oberstraße 17, 40878 Ratingen. Lohnfortzahlung besteht für sechs Wochen.

In der Personalakte finden sich weitere Daten von Sergej Pawlak:
Stammnummer 43571, geboren am 27.02.1964 in Bythom (Polen), seit 1998 deutscher Staatsbürger, wohnhaft in 40822 Mettmann, Westerwaldweg 9, in Anstellung als Kaufmann im Einzelhandel seit Januar 2003, tägliche Arbeitszeit von 08:00 bis 16:30 Uhr, krankenversichert bei der Deutschen Angestellten Krankenkasse (DAK), Talstraße 4-6, 40822 Mettmann.

Augenzeuge:
Rainer Hoffmeister, Schwalbenweg 172, 40778 Ratingen

2

Die Arbeitssicherheit ist im Lager besonders wichtig. Dort werden täglich viele Waren bewegt und es kommt nicht selten zu Arbeitsunfällen.

Entscheiden Sie, an wen Sie sich wenden können, um sich über die aktuellen Unfallverhütungsvorschriften zu informieren.

1 Handelsverband Deutschland

2 Bundesanstalt für Arbeitsschutz und Arbeitsmedizin

3 Technischer Überwachungsverein (TÜV)

4 Gewerbeaufsichtsamt

5 Berufsgenossenschaft für Handel und Warenlogistik

3

Die Anzahl der Arbeitsunfälle hat sich in der letzten Zeit merklich erhöht.

Prüfen Sie, welche Maßnahme zur Vermeidung von Arbeitsunfällen ergriffen werden kann.

1 Mitarbeiterschulungen zum Thema „Warenwirtschaft“

2 Durchführung eines Erste-Hilfe-Kurses für alle Interessierten

3 Regelmäßige Unterweisung aller Mitarbeiter zum Thema „Arbeitssicherheit“

4 Verlängerung der Aufbewahrung von Unfallberichten

5 Schnelle Unfallmeldung an die Berufsgenossenschaft

4

Das Verhalten der Mitarbeiter spielt vor und während eines Brandes eine bedeutende Rolle.

Entscheiden Sie, welche Verhaltensregelung nicht dem vorbeugenden Brandschutz dient.

1 Belüften Sie Räume regelmäßig, in denen Sie mit brennbaren Flüssigkeiten umgehen.

2 Halten Sie die Brandschutztür zwischen dem Verkaufsraum und Ihrem Lager immer offen, damit im Notfall die Rettungskräfte schnell zum Brandort vordringen können.

3 Informieren Sie sich über Alarmpläne, Rettungswege, Notausgänge und Notrufmöglichkeiten.

4 Melden Sie Mängel an elektrischen Anlagen und Geräten sofort dem Vorgesetzten.

5 Lagern Sie keine entzündlichen Stoffe in der Nähe von Leuchten.

UNFALLANZEIGE

1 Name und Anschrift des Unternehmens

2 Unternehmensnummer des Unfallversicherungsträgers

M | | / | | | | | | |

3 Berufsgenossenschaft Handel und Warenlogistik

Berufsgenossenschaft Handel und Warendistribution
Bezirksverwaltung Bonn

53102 Bonn

4 Name, Vorname des Versicherten

5 Geburtsdatum Tag Monat Jahr

6 Straße, Hausnummer

Postleitzahl

Ort

7 Geschlecht ☐ männlich ☐ weiblich

8 Staatsangehörigkeit

9 Leiharbeitnehmer ☐ ja ☐ nein

10 Auszubildender ☐ ja ☐ nein

11 Ist der Versicherte ☐ Unternehmer ☐ mit dem Unternehmer verwandt ☐ Ehegatte des Unternehmers ☐ Gesellschafter/Geschäftsführer

12 Anspruch auf Entgeltfortzahlung besteht für ☐☐ Wochen

13 Krankenkasse des Versicherten (Name, PLZ, Ort)

14 Tödlicher Unfall? ☐ ja ☐ nein

15 Unfallzeitpunkt Tag Monat Jahr Stunde Minute

16 Unfallort (genaue Orts- und Straßenangabe mit PLZ)

17 Ausführliche Schilderung des Unfallhergangs (Verlauf, Bezeichnung des Betriebsteils, ggf. Beteiligung von Maschinen, Anlagen, Gefahrstoffen)

Die Angaben beruhen auf der Schilderung ☐ des Versicherten ☐ anderer Personen

18 Verletzte Körperteile

19 Art der Verletzung

20 Wer hat von dem Unfall zuerst Kenntnis genommen? (Name, Anschrift des Zeugen)

War diese Person Augenzeuge? ☐ ja ☐ nein

21 Name und Anschrift des erstbehandelnden Arztes/Krankenhauses

22 Beginn und Ende der Arbeitszeit des Versicherten

Beginn Stunde Minute Ende Stunde Minute

23 Zum Unfallzeitpunkt beschäftigt/tätig als

24 Seit wann bei dieser Tätigkeit? Monat Jahr

25 In welchem Teil des Unternehmens ist der Versicherte ständig tätig?

26 Hat der Versicherte die Arbeit eingestellt? ☐ nein ☐ sofort später, am Tag Monat Stunde

27 Hat der Versicherte die Arbeit wieder aufgenommen? ☐ nein ☐ ja, am Tag Monat Jahr

28 Datum | Unternehmer/Bevollmächtigter | Betriebsrat (Personalrat) | Telefon-Nr. für Rückfragen (Ansprechpartner)

Abschlussaufgabe 1 in Lernfeld 7

Situation

Sie sind in der Warenannahme der Marktland GmbH damit beauftragt, die eingehende Ware zu prüfen. Heute, am 14. Februar 20(0), trifft eine Sendung Wanderrucksäcke vom Lieferanten Pickpak ein. Der Fahrer des Lieferwagens überreicht Ihnen, nachdem er die Ware abgeladen hat, folgenden Lieferschein.

Pickpak AG

Pickpak AG Kleine Waagestr. 325 28195 Bremen

Marktland GmbH
Wellhoferstraße 78
18055 Rostock

Lieferschein Nr. 1587
Kunden-Nr. 12-4862 Datum 14.02.20(0)

Menge	Artikel-Nr.	Artikel-Beschreibung
15	1125	Pickpak „Kansas", Material: Microrip-Nylon/Super-Polytex, Farbe: black-blossom
10	1132	Pickpak „Indiana", Material: Ballistic/Super Polytex, Farbe: brown-coffee
10	1136	Pickpak „Alabama", Material: Ballistic/Super-Polytex, Farbe: arctic

Ware vollständig erhalten: Bemerkung:

Datum, Unterschrift Empfänger

1

Nennen Sie die Prüfungstätigkeiten, die noch im Beisein des Lkw-Fahrers durchgeführt werden müssen.

2

Ein gelieferter Karton ist seitlich leicht eingerissen und verformt. Auf den ersten Blick erscheint die Ware allerdings unversehrt.
Beschreiben Sie, was in so einem Fall zu tun ist.

3

Nach der ersten Prüfung der Ware ist der Eingang im Warenwirtschaftssystem zu erfassen.

a) Nennen Sie alle Daten, die im Warenwirtschaftssystem erfasst werden.
b) Erläutern Sie die Bedeutung des EAN-Code/der GTIN bei der Warenerfassung und schildern Sie, wie dieser eingelesen wird.

4

Nach dem Öffnen der gelieferten Kartons führen Sie die innere Prüfung durch. Dabei stellen Sie fest, dass zwei Rucksäcke des Modells „Indiana" in dem angerissenen Karton doch Schaden genommen haben. Beide weisen tiefe Kratzspuren im Obermaterial auf. Bei einem Rucksack ist zusätzlich noch ein Tragegurt angerissen.

a) Beschreiben Sie, wann die innere Prüfung durchgeführt werden sollte.
b) Geben Sie an, wie lange Sie Zeit haben, um die entdeckten Fehler an der Ware bei der Pickpak AG zu reklamieren.
c) Nennen Sie die vorrangigen Rechte, die Sie aufgrund der fehlerhaften Ware gegenüber dem Lieferanten grundsätzlich geltend machen können. Entscheiden Sie anschließend, welches dieser Rechte Sie im vorliegenden Fall in Anspruch nehmen sollten.

5

Wenige Tage nachdem Sie die beiden fehlerhaften Rucksäcke reklamiert und zurückgeschickt haben, erhalten Sie von der Pickpak AG die unten stehende Rechnung zugeschickt.

Prüfen Sie die Rechnung auf Richtigkeit und korrigieren Sie eventuell die Angaben.

Folgende Lieferbedingungen waren im Vorfeld mit der Pickpak AG vereinbart worden:

	Modell „Kansas"	Modell „Indiana"	Modell „Alabama"
Preise (netto)	14,95 €	17,50 €	21,70 €
Rabatt	10 % ab einem Bestellwert von 500,00 €		
Beförderungskosten	frei Haus		

Pickpak AG

Pickpak AG Kleine Waagestr. 325 28195 Bremen

Marktland GmbH
Wellhoferstraße 78
18055 Rostock

Pickpak AG
Kleine Waagestraße 325
28195 Bremen
Telefon: 0421-23 00 25
Fax: 0421-23 00 45
USt-IdNr.: DE752229161

Rechnung
Kunden-Nr. 12-4862 Rechnungs-Nr. 8712-0 Datum 21.02.20(0)

Pos.	Menge	Artikel-Nr.	Artikel-Beschreibung	E-Preis €	Nettobetrag €
1	15	1125	Pickpak „Kansas", Material: Microrip-Nylon/Super-Polytex, Farbe: black-blossom	14,95	224,25
2	10	1132	Pickpak „Indiana", Material: Ballistic/Super Polytex, Farbe: brown-coffee	17,50	175,00
3	10	1136	Pickpak „Alabama", Material: Ballistic/Super-Polytex, Farbe: arctic	21,70	217,00
				Gesamt netto:	616,25

Beförderungskosten in €	USt in %	USt in €	zahlbar innerhalb von 30 Tagen ohne Skontoabzug	Rechnungsbetrag in €
0,00	19	117,09		733,34

Bankverbindung: Sparkasse Bremen, DE59290501019000145819, BIC: SBREDE22XXX

6

Nachdem die gelieferte Ware geprüft und erfasst wurde, kommt sie oftmals nicht sofort in den Verkaufsraum sondern befindet sich noch einige Zeit im Reservelager. Um einen reibungslosen und sicheren Ablauf der Lagervorgänge zu gewährleisten, muss das Lager nach modernen Maßstäben gestaltet sein.
Planen Sie die Neugestaltung des Lagers der Marktland GmbH.

a) Legen Sie fest, welche Zwecke das Reservelager erfüllen soll.
b) Beschreiben Sie, was Sie bei der Festlegung der Lagergröße berücksichtigen müssen.
c) Nennen Sie jeweils typische Artikel, die Sie zukünftig in Bodenlagerung und Regallagerung aufbewahren möchten.
d) Das neue Lager soll alle Anforderungen bezüglich Sauberkeit, Geräumigkeit, Übersichtlichkeit und produktgerechter Lagerung erfüllen. Erläutern Sie, wie diese Anforderungen im Lager umzusetzen sind und was sie bewirken sollen.
e) Nennen Sie Ursachen für mögliche Unfälle der Mitarbeiter im Lager und beschreiben Sie Möglichkeiten, diese Gefahren zu beseitigen.

7 Warenbewegungen erfassen

In der Abteilung Schreibwaren/Büro des City-Warenhauses Bauer wird das Kopierpapier Plana Plus nachbestellt, sobald der Meldebestand erreicht ist. Bestellt wird die Menge, die am Liefertag den Bestand auf den Höchstbestand auffüllt.

Der Meldebestand ist im Warenwirtschaftssystem hinterlegt. Täglich lässt sich die Abteilungsleiterin, Frau Möller, Bestellvorschläge aus dem System anzeigen und ausdrucken. Zur Nachbestellung vorgeschlagen werden vom System alle Bestände, die den Meldebestand erreicht oder unterschritten haben.

Für die Auszubildende Ayse möchte Frau Möller deutlich machen, dass das Bestellverfahren des Warenwirtschaftssystems tatsächlich die Verkaufsbereitschaft der Waren sicherstellt. Dazu erhält Ayse nachfolgende Daten und den Auftrag, die Warenbewegungen des Kopierpapiers in einer Grafik zu verdeutlichen.

Daten:
* Höchstbestand: 50 Packungen
* Mindestbestand: 10 Packungen
* Lieferzeit: 4 Tage
* Verkäufe pro Tag: 5 Packungen

ARBEITSAUFTRAG

Versetzen Sie sich in die Situation der Auszubildenden und stellen Sie die Warenbewegungen des Kopierpapiers Plana Plus für zwei Bestelldurchläufe grafisch dar.

VORSCHLÄGE ZUM VORGEHEN

1. Berechnen Sie den Meldebestand.
2. Stellen Sie den Verlauf des Warenbestands zeichnerisch dar. Beginnen Sie mit dem Höchstbestand von 50 Packungen und einem täglichen Abverkauf von 5 Stück.
3. Ermitteln Sie die Bestellmenge.
4. Tragen Sie Höchst-, Melde- und Mindestbestand in die unten stehende Grafik als waagerechte Linien ein.
5. Markieren Sie auf der Zeitachse (Tage) den Bestelltermin und den Liefertermin.
6. Beurteilen Sie, inwieweit das Bestellverfahren die Verkaufsfähigkeit sicherstellt.

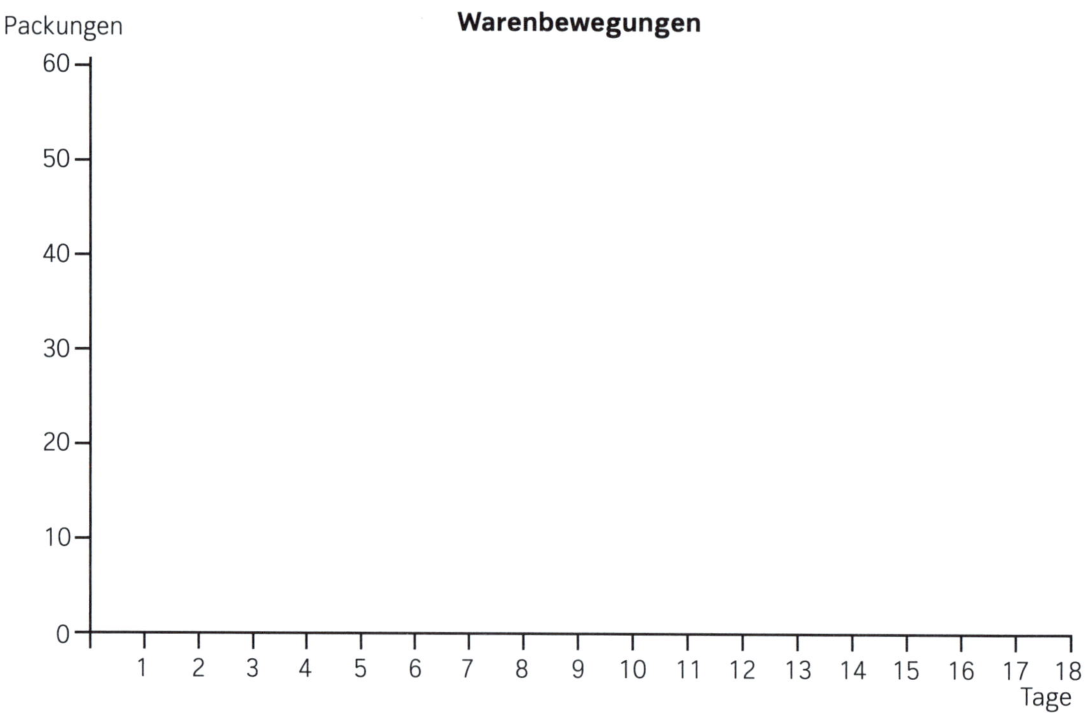

AUFGABEN

1

Für zwei Produkte ist der Meldebestand für das Warenwirtschaftssystem zu bestimmen. Folgende Daten liegen für die Berechnung des Meldebestands jeweils vor:

Produkt 1
Der Mindestbestand einer Ware beträgt 9 Stück. 4 Stück werden täglich durchschnittlich verkauft, die Lieferzeit beträgt 3 Verkaufstage.

Produkt 2
Tagesabsatz 12 Stück, Lieferzeit 1 Woche (6 Arbeitstage), eiserner Bestand (Mindestbestand): fünffacher Tagesbedarf.

Ermitteln Sie jeweils den Meldebestand für beide Produkte.

2

Der Meldebestand eines Artikels beträgt 350 Stück. Der Einzelhändler verkauft von dieser Ware täglich im Durchschnitt 25 Stück. Die Lieferzeit beträgt zwei Wochen (eine Woche = sechs Verkaufstage).

Berechnen Sie den Mindestbestand für diesen Artikel.

3

Folgende Daten liegen für Bohrschrauber-Sets vor:

* Mindestbestand: 10 Stück
* Höchstbestand: 60 Stück
* Lieferzeit: 4 Tage
* Zeitbedarf für den Bestellvorgang: 1 Tag
* Zeitbedarf für die Bearbeitung des Wareneingangs: 1 Tag
* durchschnittlicher Tagesverkauf: 3 Stück

a **Berechnen Sie den Meldebestand für Bohrschrauber-Sets aus diesen Daten.**

b **Ermitteln Sie die Bestellmenge, wenn der Warenvorrat durch die Bestellung bis zum Höchstbestand aufgefüllt werden soll.**

4

Das Warenwirtschaftssystem druckt Ihnen folgende Meldebestandliste aus:

Meldebestandsliste		Datum: 10.04.20(0)			Zeit: 18:10:44	
Nr.	Artikel	Bestand	Meldebestand	Mindestbestellmenge	Höchstbestand	Bestellung
		Stück	Stück	Stück	Stück	Stück
1448	Gartentische	4	5	8	15	
1542	Teichpumpe	3	4	5	10	
1654	HS-Bohrer	16	20	50	100	

Bestimmen Sie anhand des Computerausdrucks die Bestellmengen. Sie haben einen Dispositionsspielraum. Die Mindestbestellmenge ist zu beachten. Durch die Bestellung darf der Höchstbestand nicht überschritten werden. Bei der Festsetzung der Bestellmenge ist zu berücksichtigen

* **Ab Mai beginnt die Saison für Gartenmöbel.**
* **Der Artikel 1542 Teichpumpe läuft sehr schleppend.**
* **Artikel 1654 HS-Bohrer (sortiert) ist ein Standardprodukt mit gleichmäßigem Absatz.**

8 Die Wirtschaftlichkeit der Lagerhaltung mithilfe von Lagerkennzahlen kontrollieren

Frau Yildirim, zuständige Abteilungsleiterin für die Warengruppe Schuhe/Lederwaren, besucht mit der Mitarbeiterin Frau Seifert und der Auszubildenden Sabrina die internationale Schuhmesse in Düsseldorf, um sich über die neusten Trends der kommenden Saison zu informieren. In der Halle für Junge Mode entdecken sie einen neuen Anbieter für Damenschuhe aus Italien, von dessen modischen Modellen alle drei begeistert sind.

Sabrina: „Den Artikel ‚Molto bene' sollten wir unbedingt in unser Sortiment aufnehmen. Ich bin mir sicher, er wird der Renner der Saison."

Frau Yildirim: „Das glaube ich auch. Das Problem ist nur, unser Limit für den Einkauf im Bereich Damenhalbschuhe ist längst erreicht und die Lagerkosten durch den bereits vorhandenen Warenbestand sind hoch. Ich fürchte, wir können den Artikel nicht einkaufen, da uns dafür das Kapital fehlt, das bereits in anderen Artikeln unseres Lagers gebunden ist."

Frau Seifert: „Na, da kann man wohl nichts machen. Schade!"

Sabrina: „Mir ist aber aufgefallen, dass wir bei den Damenschuhen im Bereich Junge Mode seit Jahren drei Standardmodelle im Sortiment führen, die ich mittlerweile für veraltet halte. Das sind die Artikel ‚Coolfeet', ‚Classico' und ‚Runner'. Der Artikel ‚Molto bene' würde neuen Schwung in unser Sortiment bringen."

Frau Seifert: „Standardmodelle sind sicher nicht immer der neuste Schrei, verkaufen sich aber häufig als Klassiker trotzdem gut. Ich finde das Modell ‚Classico' immer noch zeitlos und schick."

Frau Yildirim: „Das mag ja sein, wir sollten aber dennoch dringend überprüfen, wie diese Modelle tatsächlich laufen. Dann können wir vielleicht einen ‚Penner' aus dem Sortiment nehmen und dafür den möglichen ‚Renner' aus Italien in unser Sortiment aufnehmen."

Sabrina: „Die Frage ist aber: Wie kann ich überprüfen, wie die Artikel tatsächlich gelaufen sind?"

Frau Yildirim: „Dazu schauen wir uns neben dem Umsatz die Lagerkennzahlen der drei Modelle an wie Umschlagshäufigkeit und durchschnittliche Lagerdauer."

Sabrina: „So einfach findet man ‚Renner' und ‚Penner'?"

Frau Yildirim: „So ist es. Wir machen bis zur kommenden Woche mithilfe dieser Lagerkennzahlen einen Vorschlag, welchen unserer drei Standardmodelle wir durch den Artikel ‚Molto bene' ersetzen sollten. Die dafür erforderlichen Daten des Jahres 20(0) und des Vorjahres liegen vor."

ARBEITSAUFTRAG

Entscheiden Sie anhand der Lagerkennzahlen, welcher der drei Damenschuhe aus dem Sortiment genommen werden soll.

VORSCHLÄGE ZUM VORGEHEN

1. Berechnen Sie den Umsatz der drei Artikel für das Jahr 20(0) und ermitteln Sie die Umsatzveränderungen im Jahresvergleich.
2. Ermitteln Sie den jeweiligen durchschnittlichen Lagerbestand für das Jahr 20(0). Beachten Sie, dass für den Artikel „Classico" neben dem Jahresanfangsbestand Monatsinventurwerte zur Verfügung stehen.
3. Berechnen Sie die Entwicklung des durchschnittlichen Lagerbestands und ermitteln Sie die Veränderungen gegenüber dem Vorjahr.
4. Berechnen Sie den Wareneinsatz für die drei Schuhmodelle.
5. Bestimmen Sie jeweils die Umschlagshäufigkeit.
6. Bestimmen Sie, wie lange sich die einzelnen Artikel in diesem Jahr jeweils am Lager befunden haben, bevor sie verkauft wurden. Beachten Sie: Ein Jahr wird mit 360 Tagen angesetzt.
7. Entscheiden Sie begründet, welcher Artikel aus dem Sortiment genommen werden soll.

Daten zu den einzelnen Artikeln aus dem Warenwirtschaftssystem des City-Warenhauses Bauer für das Jahr 20(0):

Artikel	Einstandspreis in €/Stück	Bruttoverkaufspreis in €/Stück	Jahresanfangsbestand in €	Jahresendbestand in €	Monatsendbestand in €	Jahresabsatz in Stück
Coolfeet	30,80	59,90	924,00	800,80		48
Classico	26,00	49,90	1 053,00		Jan.: 1 040,00 Feb.: 988,00 Mär.: 936,00 Apr.: 858,00 Mai.: 910,00 Jun.: 858,00 Jul.: 832,00 Aug.: 702,00 Sep.: 624,00 Okt.: 598,00 Nov.: 546,00 Dez.: 520,00	39
Runner	32,40	64,90	1 101,60	648,00		41

Kennzahlen-Tabelle

Artikel	Umsatz in €			durchschnittlicher Lagerbestand in €			Wareneinsatz in € für das Jahr 20(0)	Umschlagshäufigkeit für das Jahr 20(0)	durchschnittl. Lagerdauer für das Jahr 20(0)
	Vorjahr	20(0)	Veränderung in %	Vorjahr	20(0)	Veränderung in %			
Coolfeet	2 396,00			985,60					
Classico	2 495,00			699,13					
Runner	2 596,00			907,20					

AUFGABEN

1

Im Arbeitsauftrag haben Sie entschieden, ein Schuhmodell aus dem Sortiment zu nehmen. Der vorhandene Bestand muss aber noch möglichst schnell abverkauft werden damit Platz im Lager entsteht und die Liquidität der Abteilung Schuhe/Lederwaren verbessert wird.

Schlagen Sie drei geeignete Maßnahmen vor, um den Abverkauf des Damenschuhs zu fördern.

2

Frau Möller, Erstverkäuferin in der Abteilung Schreibwaren/Büro, erhält vom Abteilungsleiter Herrn Blank den Auftrag, zu überprüfen, wie gut sich der neu ins Sortiment aufgenommenen Füllfederhalter „Tinty" im letzten Jahr verkauft hat. Nachdem sie einige Daten gesammelt und berechnet hat, ruft sie Herrn Blank an.

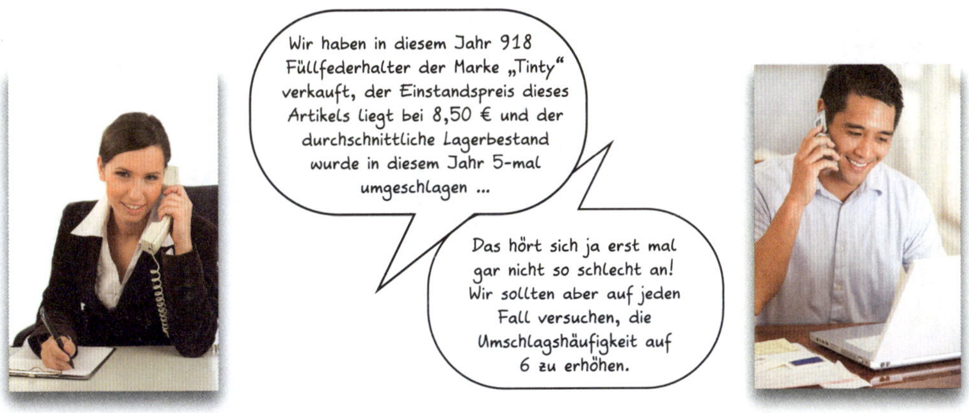

a Berechnen Sie mithilfe der Informationen aus dem Gespräch den durchschnittlichen Lagerbestand des Artikels „Tinty“.

b Ermitteln Sie die mögliche Senkung des durchschnittlichen Lagerbestandes, wenn es gelingt, den Lagerumschlag auf 6 zu erhöhen.

c Bestimmen Sie die Auswirkungen, die die Erhöhung der Umschlagshäufigkeit auf die durchschnittliche Lagerdauer des Artikels „Tinty“ und die Lagerkosten hat.

d Geben Sie mögliche Maßnahmen an, mit denen das City-Warenhaus Bauer eine Erhöhung der Umschlagshäufigkeit herbeiführen kann.

3

Die Filiale des Handelsunternehmens „Superkauf“ in Dresden hat einen neuen Geschäftsführer. Um sich einen Überblick über die Wirtschaftlichkeit der Lagerhaltung seiner Filiale zu verschaffen, hat dieser einige Daten ermittelt, die er hinsichtlich Größe und Standort mit einer ähnlichen Filiale vergleichen möchte.

Vergleichen Sie die beiden Filialen, indem Sie die noch fehlenden Werte in die Tabelle übertragen.

Lagerkennzahlen:	Filiale Chemnitz	Filiale Dresden
Wareneinsatz		4 113 609,00 €
durchschnittlicher Lagerbestand	1 154 636,00 €	
Umschlagshäufigkeit	4	
durchschnittliche Lagerdauer		120 Tage

4

Zum Ende des Jahres liegen folgende Bestandswerte für den Artikel Füllspachtel aus dem Sortiment des Baumarkts Schulte vor

* Anfangsbestand 240 Stück
* Endbestand 1. Vierteljahr 150 Stück
* Endbestand 2. Vierteljahr 185 Stück
* Endbestand 3. Vierteljahr 240 Stück
* Endbestand 4. Vierteljahr 190 Stück

a Berechnen Sie den Durchschnittsbestand pro Vierteljahr.

Vom Artikel Rauprägetapete sind am 30.09.20(0) 130 Rollen im Lager vorhanden. Im Monat September waren nacheinander 35 Rollen, 25 Rollen, 19 Rollen und 28 Rollen verkauft und außerdem 7 Rollen wegen eines Farbfehlers zum Lieferanten zurückgeschickt worden. Im gleichen Monat war eine Lieferung von 12 Kartons zu je 12 Rollen eingegangen.

Bestand zurückrechnen!

b Ermitteln Sie die Höhe des Lagerbestandes zum 1. September 20(0).

5

Frau Reinert führt ein kleines Blumengeschäft in Hamburg. Bei einem Treffen mit ihrer besten Freundin, die gemeinsam mit ihrem Mann ein Juweliergeschäft betreibt, machen beide eine interessante Entdeckung hinsichtlich ihrer Lagerhaltung.

Frau Reinert hat für ihr Geschäft eine Umschlagshäufigkeit von 30 ermittelt, während für das Geschäft ihrer Freundin nur eine Umschlagshäufigkeit von 2 berechnet wurde.

a Erläutern Sie, wie der Unterschied hinsichtlich der Umschlagsgeschwindigkeit in den beiden unterschiedlichen Branchen zustande kommt.

b Berechnen Sie für die beiden Branchen die durchschnittliche Lagerdauer.

6

Der Jahresanfangsbestand eines Warenlagers betrug 60 000,00 €, der Jahresendbestand 30 000,00 € und die verkaufte Menge zu Einstandspreisen 360 000,00 €.

Ermitteln Sie die durchschnittliche Lagerdauer.

7

Durchschnittliche Branchen-Lagerkennzahlen werden regelmäßig in Fachzeitschriften veröffentlicht. Für einen Einzelhändler ist es interessant, diese Zahlen mit den eigenen Kennzahlen zu vergleichen.

Nennen Sie die richtigen Aussagen zu den Folgen, die sich aus den Abweichungen der Umschlagshäufigkeit und der durchschnittlichen Lagerdauer vom Branchendurchschnitt ableiten lassen.

1 Eine höhere Umschlagshäufigkeit zeigt, dass man mehr verkauft hat als die Mitbewerber.

2 Eine höhere Umschlagshäufigkeit zeigt, dass die eingekaufte Ware schneller verkauft wird als im Branchendurchschnitt. Das kann auf eine unzureichende Auswahl für den Kunden hindeuten, weil nur „Schnelldreher" („Renner") im Sortiment sind. Es kann aber auch Ergebnis einer gelungenen Einkaufspolitik des Einzelhändlers sein.

3 Ist die Umschlagshäufigkeit niedriger, liegt ein deutlicher Hinweis auf zu große Einkaufsmengen und auf die Gefahr des Veraltens der Ware vor.

4 Eine kürzere durchschnittliche Lagerdauer ist für den Einzelhändler eher zu verkraften als ein Abweichen nach oben, denn es ist leichter, den Wareneinkauf zu erhöhen, als überhöhte Lagerbestände abzubauen.

8

Lagerkennzahlen lassen sich in Formeln ausdrücken.

Entwickeln Sie aus den nachfolgend dargestellten Begriffen und Zahlen die Formeln für die Berechnung der Umschlagshäufigkeit und der durchschnittlichen Lagerdauer.

durchschnittlicher Lagerbestand	360 Tage	Umschlagshäufigkeit	Wareneinsatz

9

Für ein Einzelhandelsgeschäft liegen folgende Daten vor:
* Verkäufe zu Einstands-(EK)Preisen pro Jahr (Wareneinsatz): 810 000,00 €
* durchschnittlicher Lagerbestand (zu EK-Preisen bewertet): 135 000,00 €
* Warenabsatz pro Jahr: 5 400 Stück
* durchschnittlicher Lagerbestand: 900 Stück

Berechnen Sie:

a die Umschlagshäufigkeit

b die durchschnittliche Lagerdauer

10

Ein Lebensmittelgeschäft hat folgende Daten:

* **Die Lager haltung kostet 93 600,00 € pro Jahr.**
* **Der durchschnittliche Lagerbestand wurde im Jahr 15-mal umgeschlagen (Umschlagshäufigkeit = 15).**

a Berechnen Sie die Lagerkosten je Umschlag.

In einem Haushaltswarengeschäft haben die Lagerkosten mit 93 000,00 € annähernd die gleiche Höhe wie im Lebensmittelgeschäft. Allerdings beträgt die Umschlagshäufigkeit im Haushaltswarengeschäft 2,5.

b Ermitteln Sie die Lagerkosten je Umschlag.

Nehmen Sie an, in der Sportabteilung des City-Warenhauses sei es durch eine bessere Einkaufsplanung gelungen, die Umschlagshäufigkeit für Hartwaren von 1,5 auf den Branchendurchschnitt von 3 anzuheben.

Die Lagerkosten sind pro Jahr jeweils mit 30 000,00 € anzusetzen.

c Berechnen Sie die Lagerkosten je Umschlag.

11

Siehe Zinsrechnen im Anhang des Informationshandbuchs

Der Filiale einer Warenhauskette ist es gelungen, den Warenbestand von 3,1 Millionen € auf 2,6 Millionen € zu senken, ohne die Verkaufsbereitschaft zu beeinträchtigen. Die Zentrale berechnet der Filiale für das Kapital, das durch den Warenbestand gebunden ist, eine Verzinsung von 7 % pro Jahr.

Berechnen Sie die Zinseinsparung, die die Filiale durch den verringerten Warenbestand erzielen konnte.

Zur Erinnerung

Warenabsatz	=	verkaufte Menge in Stück
Wareneinsatz	=	verkaufte Menge zu Einstands preisen
Umsatz	=	verkaufte Menge zu Verkaufspreisen
EK-Preis	=	Einkaufspreis
	=	Einstandspreis
	=	Bezugspreis

12

Ein Elektrofachgeschäft konnte seine Umschlagsgeschwindigkeit von 4 auf 4,5 verbessern, bei einem durchschnittlichen Lagerbestand in Höhe von 250 000,00 €.

a Berechnen Sie die Veränderung des durchschnittlichen Lagerbestandes bei gleichbleibendem Wareneinsatz.

b Bestimmen Sie den Wareneinsatz, wenn der durchschnittliche Lagerbestand von 250 000,00 € unverändert bleibt.

13

Ein Einzelhändler verbesserte seine Umschlagshäufigkeit von 3,0 im Vorjahr auf 3,2 im laufenden Jahr. Der durchschnittliche Lagerbestand betrug im Vorjahr 150 000,00 €.

a Berechnen Sie, um wie viel Euro sich der durchschnittliche Lagerbestand bei gleichbleibendem Wareneinsatz verändert hat.

b Ermitteln Sie die Höhe des Wareneinsatzes, wenn auch im laufenden Jahr ein durchschnittlicher Lagerbestand von 150 000,00 € vorhanden war.

14

Innerhalb von fünf Jahren veränderten sich die Kennzahlen eines Uhren-Schmuck-Geschäftes folgendermaßen:

	20(-5)	20(0)
Bruttoumsatzerlöse	1 000 000,00 €	1 400 000,00 €
Wareneinsatz	500 000,00 €	700 000,00 €
Lagerumschlag	1,2	1
durchschnittlicher Lagerbestand	417 000,00 €	700 000,00 €

Berechnen Sie die Veränderung der Umsatzerlöse und des durchschnittlichen Lagerbestandes in Prozent und begründen Sie diese Abweichungen.

15

Einzelhändler wollen immer verkaufsbereit sein, indem sie Fehlmengen vermeiden. Gleichzeitig soll aber der Lagerbestand im Verkaufs- und Reservelager möglichst gering sein, weil der Warenbestand Kapital bindet.

Beurteilen Sie die Bindung von Kapital im Lager eines Einzelhändlers.

1 Hohe Lagerbestände bedeuten einen hohen Kapitalbestand, auf den der Einzelhändler in Krisenzeiten zurückgreifen kann.

2 Hohe Lagerbestände können für ein Unternehmen gefährlich werden, weil sie Geldmittel binden, die z. B. für die Begleichung von Lieferantenrechnungen benötigt werden.

3 Da eingekaufte Ware ohnehin nicht sofort bezahlt wird, ist die Höhe des Lagerbestandes ohne Bedeutung. Sobald die Ware verkauft ist, kann die Lieferantenrechnung bezahlt werden.

4 Viele Einzelhändler finanzieren ihre Wareneinkäufe mit Bankkrediten. Da in diesen Fällen die Bank die Zinskosten für das eingesetzte Kapital trägt, braucht sich der Einzelhändler um die Höhe des Lagerbestandes nicht zu kümmern.

5 Geld, das nicht in Form von Ware gebunden ist, könnte der Einzelhändler z. B. bei der Bank zinsbringend anlegen oder in sein Geschäft investieren, um es für Kunden attraktiver zu machen.

16

Die Seibold GmbH ist ein Spezialgeschäft für Reisekoffer. Die Inhaberin hat sich zu Beginn des Jahres 20(0) entschlossen, parallel zu ihrem stationären Geschäft einen Onlineshop einzurichten. Am Ende des Geschäftsjahres vergleicht die Inhaberin die Kennzahlen „Umschlagshäufigkeit“ und „durchschnittliche Lagerdauer“ mit der Situation des Vorjahres 20(-1), als sie nur das stationäre Geschäft hatte.

Zahlen aus dem Warenwirtschaftssystem:

	20(-1)	20(0)	
Wareneinsatz in €	(nur stationär)	stationär	online
	840 000,00	860 000,00	300 000,00

Der durchschnittliche Lagerbestand betrug am Jahr 20(-1) 280.000,00 €, im Jahr 20(0) 290.000,00 €.

a Berechnen Sie

aa die Umschlagshäufigkeit und

ab die durchschnittliche Lagerdauer

für das Jahr 20(-1) und für das Jahr 20(0).

b Beurteilen Sie die Ergebnisse, indem Sie vor allem die Auswirkung des Onlineshops auf die Kennzahlen betrachten.

9 Inventurarbeiten durchführen

In der Abteilung Elektronik/Computer werden im Randsortiment auch einige Musikinstrumente geführt. Heute, am 31. Dezember 20(0), ist im City-Warenhaus Inventur. Mesut steht vor den Musikinstrumenten, während Andrea eine Liste nach den Angaben von Mesut ausfüllt.

Mesut: „Mundharmonika, 10, 11, 12 Stück, Verkaufspreis 8,50 €, 1 bis 3 Monate alt, Mundharmonika, 6 Stück, 19,80 €, 3 bis 6 Monate alt, Mundharmonika, 3 Stück, 19,80 €, 6 bis 12 Monate, Mundharmonika, 2 Stück, 19,80 €, 12 bis 24 Monate alt. Durch das Vorsortieren läuft die Inventur recht flott. Jetzt müssen wir nur noch die Bestände im Reservelager aufnehmen."

Im Lager:

Mesut: *„Schulblockflöten, 12 Stück, Verkaufspreis 16,25 €, ganz neu hereingekommen, also bis 1 Monat alt. Was ist das denn?"*

Andrea: „Das Akkordeon ist gestern oben aus dem Regal gefallen. Frau Gerdes meint, dass man es nach der Reparatur vielleicht noch zum halben Preis verkaufen kann."

Mesut: *„Akkordeon, 1 Stück, Verkaufspreis 177,50 €, 3 bis 6 Monate alt, stark beschädigt."*

Andrea: „Müssen wir nicht den halben Preis ansetzen?"

Mesut: *„Wir sollen die Waren zu Verkaufspreisen erfassen. Auf dem Etikett steht 177,50 €. – Diese Flöte lag gestern noch nicht hier."*

Andrea: „Die Alt-Flöte hat eine Kundin gekauft und bereits angezahlt."

Mesut: *„Alt-Blockflöte, 1 Stück."*

Andrea: (unterbricht Mesut) – „Moment, die Flöte ist doch verkauft!"

Mesut: *„Aber sie ist noch hier, und wir erfassen alles, was im Geschäft ist. 93,25 €, bis zu 1 Monat ..."*

Andrea: (unterbricht ihn erneut) – „Wir können doch nur festhalten, was zum Geschäft gehört, wenn wir den Warenbestand in der Inventur ermitteln sollen. Soll ich etwa auch die Notenblätter dort aufschreiben, die wir an den Lieferanten zurückschicken wollen, weil sie beschädigt sind, oder diese Geige, die wir für eine Kundin reparieren lassen?"

Mesut: *„Du machst das reichlich kompliziert. Heute ist Silvester."*

Andrea: „Und du machst es dir zu einfach. Heute Morgen hat Frau Gerdes einem Kunden eine Gitarre für eine Woche überlassen, damit dessen Sohn sie ausprobiert. Gehört die Gitarre in meine Inventurliste oder nicht?"

ARBEITSAUFTRAG

Führen Sie die Inventurliste auf Seite 116 weiter.

VORSCHLÄGE ZUM VORGEHEN

1. Übernehmen Sie die Angaben aus dem Gespräch, die erforderlich sind, damit man die Liste im Büro ordnungsgemäß fortführen kann.
2. Tragen Sie diejenigen Musikinstrumente in den Bogen ein, die tatsächlich bei der Inventur erfasst werden müssen (Spalten 1–6).
3. Führen Sie die Inventurliste fort, indem Sie die Verkaufspreise der Waren auf die Einkaufspreise zurückrechnen (Spalten 7–9). Der Inventurabschlag (= Kalkulationsabschlag) beträgt 55 %.
4. Bewerten Sie beschädigte oder veraltete Waren so, dass sie mit ihrem tatsächlichen Wert erfasst werden (Spalten 10 und 11).
5. Bei den Mundharmonikas zum Preis von 8,50€ müssten laut Artikeldatei 14 Stück vorhanden sein (Soll-Bestand). Entscheiden Sie, mit welcher Stückzahl der Bestand in das Inventurblatt aufgenommen wird (Soll- oder Ist-Wert).

Hinweise

* **Zusatzinformation zur Gitarre: 1 Stück, 180,00 €, 3 bis 6 Monate alt**
* Der Inhaber des Musikfachgeschäftes hat sich mit dem Finanzamt geeinigt, dass Waren im Alter zwischen
  a 6 und 12 Monaten 5 %
  b 12 und 24 Monaten 10 %
  im Wert vermindert werden können (Abschriften).
* **Das beschädigte Akkordeon wird mit 50 % seines Einkaufswertes angesetzt.**

Inventurliste

Warengruppe:	Musikinstrumente			Tag der Aufnahme:			31. Dec. 20(0)		Blatt-Nr.	14
							Warenaufname Bewertung			
Nr.	Warenbezeichnung	Stück	Verkaufspreis €/Stück	Alter (Monate)	Zustand der Ware	Gesamtverkaufspreis €	Inventurabschlag %	Gesamteinkaufspreis €	Wertminderung (Abschriften %)	Wertansatz für die Inventur €
341	Posaune	2	440,00	6–12		880,00	55	396,00	5	376,20
Summe										
angesagt					geschrieben				geprüft	

AUFGABEN

1

Bei der Inventur-Aufnahme der Musikinstrumente war eine Differenz zwischen dem Soll- und dem Ist-Bestand an Mundharmonikas festgestellt worden.

Markieren Sie in der nachfolgenden Übersicht die Ereignisse, die die Inventurdifferenz verursacht haben könnten.

1 Kundendiebstahl

2 Personaldiebstahl

3 falsche Erfassung der Mundharmonika beim Wareneingang

4 Die Vernichtung von zwei wegen Beschädigung unverkäuflichen Mundharmonikas wurde nicht in der Artikeldatei vermerkt.

5 Zählfehler bei der Inventur

2

Bei der Inventur soll der Wert des Warenbestandes zum Bilanzstichtag, z. B. am 31.12., festgestellt werden. Der für die Waren gezahlte Einkaufspreis gibt den tatsächlichen Warenwert aber oftmals nicht wieder. Dann sind Abschriften vom Warenwert erforderlich.

Markieren Sie in der nachfolgenden Übersicht Ereignisse, die Abschriften beim Warenbestand rechtfertigen.

1 lange Lagerdauer

2 Modewechsel

3 technische Überholung

4 sinkende Verkaufspreise von Waren

5 Beschädigungen

6 steigende Einkaufspreise gleichartiger Produkte

3

Nachdem das City-Warenhaus Bauer die Daten der letzten Inventur ausgewertet hatte, musste man mit großer Sorge feststellen, dass die Inventurdifferenzen beim Warenbestand rund 1,5 % des Umsatzes ausmachten. Neben Ladendiebstahl wurden vorzugsweise als Ursachen ausgemacht:

Siehe auch Inventurdifferenzen aufgrund von Ladendiebstahl Lernfeld 10, Seite296

1 An der Kasse wurden bei nicht zu scannenden Produkten fehlerhafte Artikelnummern eingegeben, sodass das Warenwirtschaftssystem den Warenbestand bei falschen Artikeln abbuchte.

2 Produkte, die beschädigt und unverkäuflich wurden, sind nicht aus dem Warenwirtschaftssystem ausgebucht worden.

3 Kunden gaben Waren zurück, jedoch wurde versäumt, diesen Warenzugang wieder einzubuchen.

4 Die Eingangsrechnung eines Lieferanten wurde nicht im Warenwirtschaftssystem erfasst.

5 Bei der Inventur entstanden Schreib- und Zählfehler.

Machen Sie jeweils einen Vorschlag, wie diese fünf Ursachen von Inventurdifferenzen zukünftig zu vermeiden sind.

4

Unternehmen haben drei Möglichkeiten, eine Inventur durchzuführen:

Stichtagsinventur | verlegte Inventur | permanente Inventur

Stellen Sie fest, welche Inventurart in den nachfolgend beschriebenen Fällen jeweils gewählt wurde.

1 Die Inhaberin eines Textilfachgeschäftes hat als Bilanzstichtag den 31.08. eines jeden Jahres gewählt. An diesem Tag führt sie auch jeweils die Inventur durch, weil in den verkaufsschwächeren Sommermonaten nach dem Sommerschlussverkauf die Warenbestände besonders niedrig sind.

2 In einem großen Baumarkt werden alle Warenbewegungen per Computer erfasst. Der Leiter des Rechnungswesens kann zu jeder Minute den exakten Stand der Warenvorräte nennen. Die Inventur wird abteilungsweise über das Jahr verteilt, damit die Beeinträchtigung des Geschäftsablaufes möglichst gering bleibt. Bilanzstichtag ist jeweils der 31.12. des Jahres.

3 In einer Buchhandlung erfolgt die Inventur am 31.01., obwohl der Bilanzstichtag jeweils auf den 31.12. festgelegt ist. Man wählt dieses Verfahren, weil die Warenbestände im Januar (nach dem Weihnachtsgeschäft) besonders niedrig sind.

5

Das Warenwirtschaftssystem des City-Warenhauses Bauer weist für den Artikel 1533 Astschere folgende Daten aus:

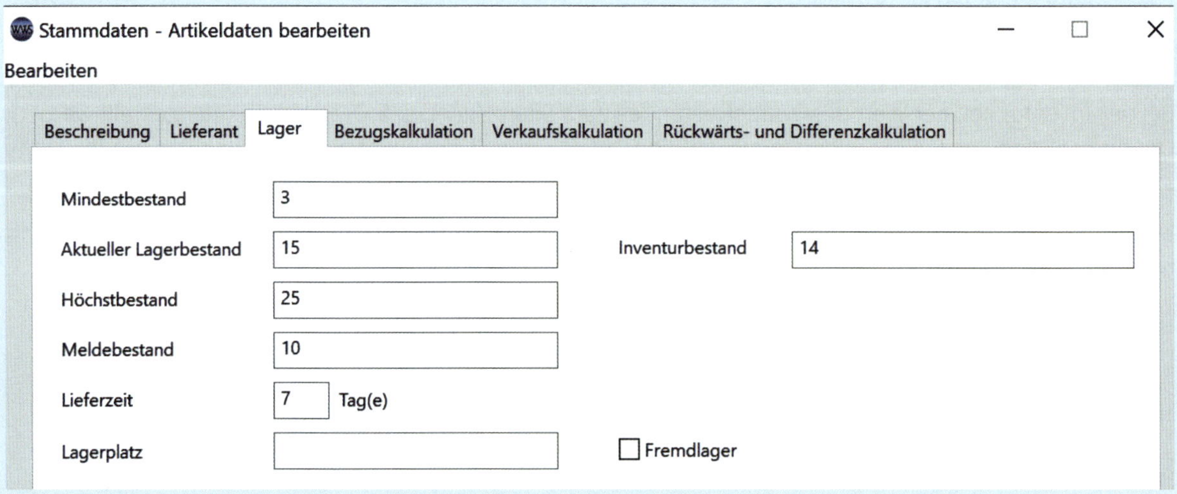

Bei der Stichtagsinventur am 31.12.20(0) wird ein Btestand von 14 Stück ermittelt.

Prüfen Sie, welcher Sachverhalt zutrifft.

1 Der Sollbestand ist um 1 Stück höher als der Istbestand.

2 Die Inventurdifferenz beträgt 14 Stück.

3 Der bei der Inventur ermittelte Wert muss noch um den Mindestbestand korrigiert werden.

4 Der Inventurbestand weicht vom Bestand laut Warenwirtschaftssystem ab, da 1 Astschere an den Hersteller zurückgeschickt wurde.

5 Der Sollbestand ist um 1 Stück niedriger als der Istbestand.

6

Bei einer Inventur wird festgestellt, dass Soll- und Ist-Bestand der Warenvorräte nicht übereinstimmen.

Markieren Sie in der folgenden Liste die Ursachen, die nach Ihrer Meinung für die Inventurdifferenzen verantwortlich sein könnten.

1 Die Ursache kann nur ein Zählfehler sein. Soll- und Ist-Bestand müssen immer übereinstimmen.

2 Kundendiebstahl/Personaldiebstahl

3 falsche Erfassung von Waren beim Wareneingang

4 Auswahlsendungen, die sich bei Kunden befinden, wurden in der Inventur nicht erfasst.

7

Ein Einzelhandelsgeschäft hat die Inventur erst vier Tage vor dem Bilanzstichtag (31.12.10[0]) abgeschlossen.

Ermitteln Sie den Wert der Warenvorräte zum 31.12.20(0). Der Inventurabschlag vom Verkaufspreis beträgt 40 %.

		€
28.12.20(0)	Inventurwert der Warenvorräte (zu Einstandspreisen)	683 450,00
29.12.20(0)	Warenverkäufe (zu Verkaufspreisen)	12 340,00
30.12.20(0)	Wareneingang (zu Einstandspreisen)	71 850,00
30.12.20(0)	Warenverkäufe (zu Verkaufspreisen)	10 280,00
31.12.20(0)	Wareneingang (zu Einstandspreisen)	32 900,00
31.12.20(0)	Warenverkäufe (zu Verkaufspreisen)	6 485,00

8

Aus organisatorischen Gründen führt ein Unternehmer die Inventur erst sieben Tage nach dem 31.12., dem Bilanzstichtag, durch.

Errechnen Sie aus den nachfolgenden Zahlen den Wert der Warenvorräte am 31.12.20(0). Die Verkaufspreise sind um 50 %zu vermindern, um den Einstandspreis zu erhalten.

		€
02.01.20(+1)	Warenverkäufe (zu Verkaufspreisen)	6 200,00
03.01.20(+1)	Warenverkäufe (zu Verkaufspreisen)	5 150,00
04.01.20(+1)	Warenverkäufe (zu Verkaufspreisen)	7 850,00
04.01.20(+1)	Wareneingang (zu Einstandspreisen)	45 640,00
05.01.20(+1)	Warenverkäufe (zu Verkaufspreisen)	6 280,00
06.01.20(+1)	Warenverkäufe (zu Verkaufspreisen)	8 250,00
07.01.20(+1)	Inventurwert der Warenvorräte (zu Einstandspreisen)	372 500,00

9

Nach der Inventur wird der unten stehende Soll-/Ist-Vergleich erstellt.

Ermitteln Sie die Inventurdifferenz der drei Abteilungsbereiche jeweils

a in Euro,

b in Prozent vom Umsatz.

Abteilung	Warenbestand Soll €	Warenbestand Ist €	Umsatz €	Abweichungen in €	Abweichungen in % vom Umsatz
Damenbekleidung	212 540,00	192 540,00	1 728 000,00		
Herrenbekleidung	192 000,00	172 304,00	1 576 000,00		
Kinderbekleidung	75 460,00	54 774,00	408 000,00		
Summe	480 000,00	419 618,00	3 712 000,00		

10 Ein Inventar erstellen

Im Biker-Shop

Der Biker-Shop ist Mieter im City-Warenhaus Bauer. Das Kernsortiment besteht aus Radrennsportartikeln hochwertiger Profi-Marken, ergänzt durch Radsport-Bekleidung.

Daneben führt der Shop aber auch „normale" Fahrräder einschließlich Zubehör.

Für Frau Berger, die im Biker-Shop die Buchhaltungsarbeiten erledigt, ist der Jahreswechsel immer mit sehr viel Arbeit verbunden. Sie muss nicht nur am 31.12.20(0) beim Zählen der Warenvorräte mithelfen, sondern darüber hinaus auch die weiteren Inventurarbeiten durchführen.

Da sich die Arbeiten in jedem Jahr wiederholen, hat sie sich einen kleinen Organisationsplan für die in der ersten Januarwoche eines jeden Jahres zu erledigenden Jahresabschlussarbeiten erstellt.

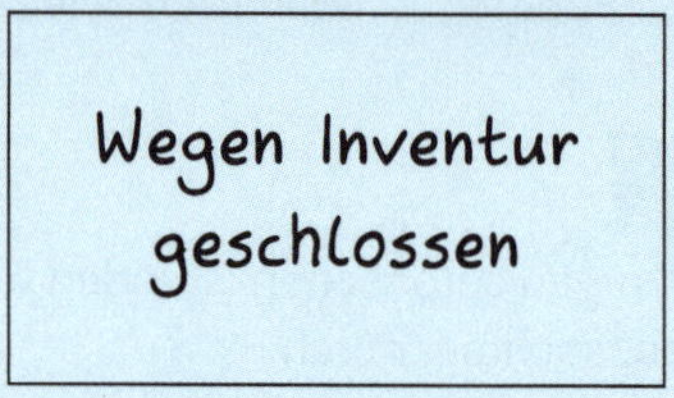

Zelitplan für die Inventur

Nr.	Aufgaben	zu erledigen am	erledigt
1	Warenvorräte ermitteln	31.12.20(0)	✓
2	Kassenbestand am Ende des Geschäftsjahres festhalten	31.12.20(0)	✓
3	Inventursummenblatt aus den Inventurlisten erstellen	02.01.20(+1)	
4	Bestandsverzeichnis über das Anlagevermögen abschließen	03.01.20(+1)	
5	Forderungsbestand zum 31.12. nach Kunden aufgelistet ermitteln (Forderungen-Sammelliste)	03.01.20(+1)	
6	Die Höhe des langfristigen Fremdkapitals (Darlehen) zum 31.12.20(0) feststellen	03.01.20(+1)	
7	Bestand des kurzfristigen Fremdkapitals ermitteln:		
	a) Lieferer (Verbindlichkeiten-Sammelliste)	03.01.20(+1)	
	b) Bank (Kontoüberziehungen)	03.01.20(+1)	
8	Inventar aufstellen	04.01.20(+1)	

ARBEITSAUFTRAG

Erledigen Sie die restlichen Arbeiten aus dem Inventur-Zeitplan von Frau Berger.

VORSCHLÄGE ZUM VORGEHEN

1. (Position 3 des Zeitplanes) Vervollständigen Sie das letzte Blatt (Nr. 14) der Inventurliste zur Warengruppe Bekleidung. Die Verkaufspreise werden mit einem Inventurabschlag von 45 % auf die Einkaufspreise heruntergerechnet.
2. Tragen Sie die Summe aus dem Blatt Nr. 14 in das Inventursummenblatt ein (Nr. 4 Bekleidung).
3. Schließen Sie das Inventursummenblatt für die Warenvorräte ab, indem Sie den Gesamtwert der Warenvorräte („Summe") errechnen.
4. (Position 4 des Zeitplans) Ermitteln Sie den Wert des Anlagevermögens (Betriebs- und Geschäftsausstattung), indem Sie das Bestandsverzeichnis über das Anlagevermögen auf Seite 121 zum 31.12.20(0) abschließen.
5. (Positionen 5–8 des Zeitplans) Erstellen Sie aus den in den Teilarbeitsaufträgen 1. und 2. ermittelten Zahlen und aus den nachfolgend abgebildeten Belegen das Inventar zum 31.12.20(0). Formular: siehe Seite 124

Position 3 des Zeitplanes

Inventurliste								
Warengruppe:		Bekleidung	Tag der Aufnahme:		31. Dez. 20(0)		Blatt-Nr. 14	
Warenaufnahme					Bewertung			
Nr.	Warenbezeichnung	Stück	Verkaufspreis €/ Stück	Alter (Monate)	Zustand der Ware	Gesamtverkaufspreis/€	Inventurabschlag 45 %	Gesamt-EK-Preis (Inventurwert) €
	Übertrag							8551,24
25	Langarmtrikot	12	61,90	0–6		742,80	334,26	408,54
26	Radhose	28	45,90	0–6				
27	Winterträgerhose	19	86,90	0–6				
28	Rennanzug	8	85,90	0–6				
29	Sinchi-Jacke	14	66,90	0–6				
30	Trägerhose	15	63,90	0–6				
31	Rennmütze	16	4,90	0–6				
32	Handschuhe	13	14,90	0–6				
33	Sweatshirt	23	43,90	0–6				
Summe								
angesagt					geschrieben			geprüft

Inventursummenblatt			
Nr.	Warengruppe	Inventurlisten Nr.	Inventurwert €
1	Räder	1–5	64740,00
2	Komponenten	6–8	15315,00
3	Zubehör	9–11	7805,00
4	Bekleidung	12–	
Summe			

Position 4 des Zeitplanes

Bestandsverzeichnis						
Nr.	Bezeichnung des Gegenstandes	Anschaffungswert €	Anschaffungsdatum	Wert zum 01.01.20(0) €	Wertminderung 20(0) €	Inventurwert zum 31.12.20(0) €
1	Büroschrankwand	12000,00	13.02.20(-4)	7200,00	1200,00	6000,00
2	Büroschrank	3000,00	13.02.20(-4)	1800,00	300,00	1500,00
3	Wandregal-System	30000,00	16.04.20(-3)	21000,00	3000,00	
4	Schreibtisch	4000,00	27.04.20(-3)	2800,00	400,00	
5	Faxgerät	2000,00	03.02.20(-2)	1200,00	400,00	
6	Mittenregale	40000,00	10.05.20(-2)	32000,00	4000,00	
7	Lager-Regalsystem	20000,00	25.06.20(-2)	16000,00	2000,00	
8	Server	3600,00	10.04.20(-2)	2400,00	1200,00	
9	4 Personal Computer	9000,00	03.05.20(-1)	6000,00	3000,00	
10	Fotokopierer	4500,00	15.03.20(-1)	3600,00	900,00	
11	Computer-Kassen-System	35000,00	15.03.20(-1)	28000,00	7000,00	
12	Werkstatteinrichtung	20000,00	12.04.20(-1)	18000,00	2000,00	
	Summe:		140000,00	25400,00		

Belege

1. Offene-Posten-Liste Kunden

Position 5 des Zeitplanes

Offene-Posten-Liste Kunden				
Saldovortrag		...	...	**28 547,00**
240064	Winzer, Gabriele	00-378-11	07.12.20(0)	384,00
240067	Benders KG	00-401-11	28.11.20(0)	460,00
240079	Bader, Michael	00-502-12	05.12.20(0)	722,00
240083	Heinrichs, Stefan	00-572-12	01.12.20(0)	355,00
Summe				**30 468,00**

Position 5 des Zeitplanes

2. Offene-Posten-Liste Lieferer (Auszug)

Offene-Posten-Listen Lieferer				
440003	Collago	277703	12.09.20(0)	24 300,00
440018	Nishik	13-00-471	24.11.20(0)	15 600,00
440022	Campagnolo	234-0113	13.10.20(0)	12 750,00
440025	RED BULL	556-787	20.12.20(0)	11 543,00
Summe				**64 193,00**

3. Kassenbericht

Position 2 des Zeitplanes

Der tatsächliche Bargeldbestand stimmt mit dem Ergebnis des Finanzberichtes (siehe rechts) überein.
In der Kasse befinden sich 704,00 €.

Biker-Shop **Oberstraße 17, 40878 Ratingen**	
31.12.20(0) MON	
Finanzbericht	
Gesamtbetrag brutto	1 940,00 €
Gesamtbetrag netto	1 630,25 €
Gesamtbetrag USt	309,75 €
Anzahl Artikel	34
Anzahl Kunden	22
Artikelzahl pro Kunde	1,5
Nettoumsatz pro Kunde	74,10 €
Schlussbestand Kasse (bar)	704,00 €
Nr.	0294
Zeit	16:05

4. Bankauszüge (Darlehens- und Kontokorrentkonto)

Position 6 des Zeitplanes Darlehenskonto

Kontoauszug **Darlehenskonto**	**Commerzbank**				Am Markt 14, 40878 Ratingen	
Konto-Nr.	**Auszug-Nr.**		**Seite**	**Monat**	**Alter Kontostand (€)**	
4865 051 000		1	1	Dez. 20(0)	140 000,00	(–)
Wert	**Buchungstext**				**Umsätze (€)**	
01.12. 31.12.	Darlehenstilgung Saldo				10 000,00 130 000,00	(+) (–)

Kontoauszug **Kontokorrent**	**Commerzbank**				Am Markt 14, 40878 Ratingen	
Konto-Nr.	**Auszug-Nr.**		**Seite**	**Monat**	**Alter Kontostand (€)**	
4865 051 000		1	1	Dez. 20(0)	33 891,00 (+)	
Wert	**Buchungstext**				**Umsätze (€)**	
31.12. 31.12. 31.12.	Überweisung bar Saldo				6 500,00 850,00 39 541,00	(+) (–) (+)

Position 7 des Zeitplans Kontokorrentkonto

Postbank				Kontoauszug Postbank Köln Tunisstraße 15 50667 Köln	Biker-Shop Oberstraße 17 40878 Ratingen	
Kontonummer		**Kontoart**			**Auszug-Nr.**	**Auszug Seite**
774 394 22		KKT			187	1
Beleg	**Buchungstag**	**Wert**	**Text**			**Betrag +/-**
			Saldo alt			16 200,00 (+)
	31.12.20(0)	31.12.20(0)	Saldo neu			16 200,00 (+)

Position 7 des Zeitplanes

Das Formular für das Inventar befindet sich auf Seite 124.

AUFGABEN

1

Das Möbelhaus Engerding hat am 31.12. die Inventurarbeiten abgeschlossen. Das Ergebnis sind die nachfolgend dargestellten Zahlen.

Erstellen Sie aus den Inventurergebnissen ein formgerechtes Inventar.

Inventurwerte (ungeordnet)		€
Verbindlichkeiten laut Einzelinventarliste		2 062 100,00
Bankguthaben bei der Deutschen Bank		62 650,00
Forderungen laut Einzelinventarliste		316 400,00
Kassenbestand		3 650,00
Geschäftsausstattung lt. Einzelinventarliste		495 000,00
Darlehen bei der Deutschen Bank		1 406 720,00
Warenvorräte lt. Einzelinventarliste Nr. 1 bis 28		
* Warengruppe	I Wohnzimmer	403 200,00
* Warengruppe	II Schlafzimmer	376 000,00
* Warengruppe	III Kinderzimmer	205 000,00
* Warengruppe	IV Küchen	198 000,00
* Warengruppe	V Kleinmöbel	164 000,00
* Warengruppe	VI Wohnzubehör	37 800,00
Fuhrpark		47 500,00
Eigenkapital		?
Gebäude		2 240 000,00

2

Ein Inventar ist nach ansteigender Liquidität (Vermögen) bzw. nach zunehmender Fälligkeit (Schulden) zu gliedern.

a Ordnen Sie folgende Inventarpositionen dem Vermögen bzw. den Schulden zu, und gliedern Sie die Positionen nach den Formvorschriften.

b Begründen Sie, warum Forderungen liquider (flüssiger) sind als Warenvorräte.

Inventarpositionen		
Verbindlichkeiten	Forderungen	Grundstücke
Warenvorräte	Fuhrpark	Betriebs- und Geschäftsausstattung
Darlehen	Gebäude	Kasse
Bankguthaben		

Formular zum Arbeitsauftrag

Inventar des zum		
	€	€
A. Vemögen		
I. Anlagevermögen		
1.		
II. Umlaufvermögen		
1. Waren		
Warengruppe 1		
2.		
3.		
4.		
5.		
Summe des Vermögens		
B. Schulden		
Summe der Schulden		
C. Eigenkapital		
Summe des Vermögens		
– Summe der Schulden		
Eigenkapital (Reinvermögen)		
(Ort, Datum)	(Unterschrift des Eigentümers)	

Abschlussaufgabe 2 in Lernfeld 7

Situation 1

Die Marktland GmbH hat ihr Reservelager umgestaltet, um die Abläufe zu verbessern und Kosten einzusparen.

1

Für das Jahr nach der Neugestaltung des Lagers liegen folgende Zahlen vor

Jahr 20(+1)	€
Warenbestand zu Anfang des Jahres	980 000,00
Warenbestand zum Ende des Jahres	1 120 000,00
Wareneinsatz während des Jahres	4 625 000,00

a Listen Sie auf, wodurch bei der Lagerung der Waren Kosten verursacht werden.

b Berechnen Sie den durchschnittlichen Lagerbestand, die Umschlagshäufigkeit und die durchschnittliche Lagerdauer für das Jahr 20(+1). Tragen Sie die Werte in die folgende Tabelle ein.

	20(+1) Jahr nach der Neugestaltung des Lagers
durchschnittlicher Lagerbestand	
Umschlagshäufigkeit	
durchschnittliche Lagerdauer	

c Mit der erzielten Umschlagshäufigkeit ist die Marktland GmbH noch nicht zufrieden. Geben Sie mögliche Maßnahmen an, um die Umschlagshäufigkeit weiter zu verbessern.

d Bestimmen Sie die Veränderung des durchschnittlichen Lagerbestands, wenn es gelingt, die Umschlagshäufigkeit auf 6,0 zu erhöhen. Beschreiben Sie die Auswirkungen, die dies auf die Lagerkosten hätte.

Situation 2

In der Sportabteilung sind Waren nachzubestellen. Eine Nachbestellung wird veranlasst, wenn der Bestand eine untere Grenze erreicht hat. Dazu ist es erforderlich, mithilfe des Warenwirtschaftssystems den aktuellen Warenbestand ständig zu kontrollieren.

Ihnen liegt folgender Auszug aus der Artikeldatei vor:

Nr.	Artikel	aktueller Bestand	Mindestbestand	Höchstbestand	Meldebestand	durchschnittlicher Tagesabsatz	Lieferzeit
		Stück	Stück	Stück	Stück	Stück	Tage
03-789	Hanson Badmintonbälle 6er-Pack	36	8	50		4	5

2

a Ermitteln Sie, für wie viele Tage der aktuelle Bestand an Badmintonbällen noch ausreicht.

b Berechnen Sie den Meldebestand für diesen Artikel und erklären Sie die Bedeutung Ihres Rechenergebnisses für die Marktland GmbH.

c Bestimmen Sie die Bestellmenge, wenn der Warenvorrat am Liefertag durch die Bestellung bis zum Höchstbestand aufgefüllt werden soll.

d Erläutern Sie, warum die Marktland GmbH einen Höchstbestand an Badmintonbällen festlegt.

e Nach intensiven Verhandlungen hat Ihr Lieferant zugesagt, die Badmintonbälle künftig einen Tag schneller zu liefern. Beschreiben Sie den Einfluss, den dies auf den Meldebestand und die Lagerkosten der Marktland GmbH hat.

3

Bei der Nachbestellung von Waren kommen in der Lebensmittelabteilung der Marktland GmbH das Bestellrhythmus-Verfahren und in der Sportabteilung das Bestellpunkt-Verfahren zum Einsatz.

a Beschreiben Sie allgemein den Ablauf beider Bestellverfahren.
b Erläutern Sie, warum die Abteilungen unterschiedliche Bestellverfahren wählen.

Situation 3
In der Marktland GmbH ist die Inventur durchgeführt worden. Nun sind die Zahlen der Inventur auszuwerten. Das Geschäftsjahr des Unternehmens stimmt mit dem Kalenderjahr überein (01.01.bis 31.12.).

4

Der Geschäftsführer des Warenhauses vergleicht in jedem Jahr die Inventurdifferenzen ausgewählter Warengruppen. Die nachfolgende Tabelle hat er aus den Inventurzahlen zusammengestellt.

Warengruppe	Bestand laut Warenwirtschaftssystem (Soll-Bestand)/€	Inventurbestand (Ist-Bestand)/€	Inventurdifferenz in €	Inventurdifferenz in %
Lebensmittel	185 500,00	183 830,00		
Ton-/Bildträger	12 400,00	11 900,00		
Kosmetik	33 700,00	31 800,00		
Kameras	28 500,00	28 400,00		

a Berechnen Sie die Inventurdifferenzen in Euro und in Prozent, indem Sie die Tabelle ergänzen.
b Beurteilen Sie Ihre Ergebnisse aus a), wenn Sie berücksichtigen, dass Inventurdifferenzen im Einzelhandelsdurchschnitt 0,9 % des Warenbestandes (Inventurbestand) betragen.
c Nennen Sie drei Ursachen für Inventurdifferenzen.
d Bei den Kameras waren im vergangenen Jahr besonders hohe Inventurdifferenzen festzustellen. Beschreiben Sie eine Maßnahme, mit der man Inventurdifferenzen bei Kameras verringern kann.

5

Stellen Sie fest, welche der nachfolgenden Vorgänge zu Inventurdifferenzen aus organisatorischen Mängeln führen:

In der Warengruppe Kosmetik wurde ein Wareneingang irrtümlich nicht im Warenwirtschaftssystem (WWS) erfasst.	
Mehrere DVDs von Kunden wurden aus Kulanzgründen zurückgenommen. Die Originalverpackung war unbeschädigt. Die Rücknahme wurde im WWS als Warenzugang gebucht.	
In der Warengruppe Lebensmittel mussten regelmäßige Abschreibungen auf Obst, Gemüse und Molkereiprodukte vorgenommen werden, weil die Mindesthaltbarkeitsdaten abgelaufen oder die Produkte aus optischen Gründen nicht mehr zu verkaufen waren. Die Abschriften wurden im WWS als Zugänge erfasst.	
Kameras, die von Kunden reklamiert wurden, mussten vom Hersteller repariert werden. Dazu wurden die Kameras an das Herstellerwerk geschickt.	
Beim Kassieren wurden zwei Gläser mit Joghurt an der Kasse erfasst und vom Kunden bezahlt. Tatsächlich hat der Kunde aber nur ein Glas erhalten. Der Fehler wurde nicht bemerkt.	
Der durchschnittliche tägliche Abverkauf von Grillwürstchen hat sich erhöht.	

6

In der Marktland GmbH wurde folgende Inventurliste erstellt:

Inventurliste (Auszug)

Abteilung Bild-/Tonträger/Kameras					Stichtag: 15.10.20(0)			
Regal-Nr. 05-09								
		Stück						
Artikel-Nr.	Artikel-bezeichnung	Soll	Ist	Differenz	BVP/ Stück	Inventur-abschlag	Einstands-preis/Stück	Inventurwert gesamt
					in €	45 %	in €	in €
42-7885	DPxs512	5	5	0	59,00			
42-7886	Pocket DV14	4	3	1	69,00			
42-7887	SAM ES512	1	0	1	99,00			

BVP minus Inventurabschlag = Einstandspreis (Bezugspreis)

a Ergänzen Sie die Liste, indem Sie die Bruttoverkaufspreise (BVP) pro Stück mithilfe des Abschlages auf den Einstandspreis (Bezugspreis) zurückrechnen.

b Tragen Sie die Inventurwerte für die Artikel in die Spalte „Inventurwerte gesamt" ein und begründen Sie Ihre Lösung.

7

Im HGB ist geregelt, wann ein Unternehmen eine Inventur durchführen muss.

Kreuzen Sie die richtige Lösung an.

am Ende des Kalenderjahres ☐

am Ende des Geschäftsjahres ☐

8

Das Geschäftsjahr der Marktland GmbH entspricht dem Kalenderjahr.

Stellen Sie fest, um welche Art Inventur es sich handelt, wenn die Inventur im Warenhaus zu den unten genannten Terminen durchgeführt wird.

Inventurverfahren

* Stichtagsinventur
* verlegte Inventur
* permanente Inventur

Durchführung der Inventur

a am 15.10.; die ermittelten Ist-Bestände werden auf den 31.12. hochgerechnet

b am 30. und 31.12.20(0)

c Die Inventur wird in jeder Abteilung an unterschiedlichen Terminen durchgeführt, die über das gesamte Geschäftsjahr verteilt sind. Am 31.12. werden die Inventurwerte aus dem Warenwirtschaftssystem entnommen.

9

Die Marktland GmbH hat sich wegen der Personaleinsatzplanung für das Inventurverfahren „Permanente Inventur" entschieden.

Erläutern Sie die Entscheidung des Warenhauses.

10

Berechnen Sie aus den nachfolgenden Inventurwerten die Höhe des Eigenkapitals.

Inventurwerte	€	Inventurwerte	€
Bankguthaben	46 500,00	Kassenbestand	7 400,00
Warenvorräte laut Inventurlisten	12 300 000,00	Betriebs- und Geschäftsausstattung	350 000,00
Darlehen	8 300 000,00	Forderungen an Kunden	120 400,00
Verbindlichkeiten gegenüber Lieferanten	780 000,00		

LERNFELD 8
Geschäftsprozesse erfassen und kontrollieren

1 Ein Haushaltsbuch anlegen

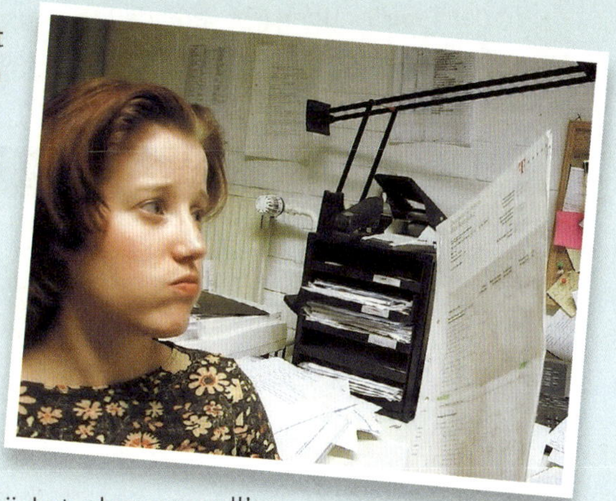

121,76 € im Monat September für das Smartphone – jetzt reicht es, dachte Silke. Das Konto kräftig überzogen, eine nicht enden wollende Geldnot, und der Urlaub im nächsten Jahr – er muss im Dezember gebucht werden – steht vermutlich in den Sternen. Eigentlich glaubte sie – verglichen mit den alten Taschengeldzeiten – im Geld zu schwimmen, nachdem sie ihre Ausbildung zur Kauffrau im Einzelhandel begonnen hatte. Leider sah die Wirklichkeit völlig anders aus.

Von ihrer Bank hatte sie die Broschüre „Mit dem Einkommen gut auskommen" mitgenommen, die gute Tipps zum Umgang mit Geld und die Aufforderung, ein Haushaltsbuch zu führen, enthielt. Altmodisch, meinte Silke zunächst, aber was soll's.

Ihre Freundin Elena ist immer flüssig, weil sie – wie sie sagt – alle Einnahmen und Ausgaben sorgfältig aufzeichnet und dadurch den totalen Überblick behält.

Für drei Monate, von Oktober bis Dezember, will es Silke nun auch versuchen: Alle Einnahmen werden erfasst, die regelmäßig wiederkehrenden festen Ausgaben davon abgezogen, sodass sie berechnen kann, wie viel ihr für das tägliche Leben noch übrig bleibt. Und dann wird jeder ausgegebene Cent aufgeschrieben, nach Ausgabengruppen getrennt, damit sie sieht, wo gespart werden kann.

Silkes **Einnahmen** sind schnell aufgezählt: Jeden Monat erhält sie eine Ausbildungsvergütung von 493,20 €, im November zusätzlich ein Weihnachtsgeld in Höhe von 245,70 € und im Dezember – mit großer Wahrscheinlichkeit – von Oma wieder einen Hunderter.

Auch die **festen Ausgaben** sind gut überschaubar:

* Das Hotel Mama ist zwar sehr komfortabel und preisgünstig, aber nicht kostenlos: 100,00 € erwarten ihre Eltern pro Monat.
* „Kind, du musst an deine Zukunft denken", sagte Oma. Nun zahlt Silke jeden Monat 40,00 € für einen Wertpapiersparvertrag und Oma legt noch einmal den gleichen Betrag dazu – eigentlich nicht schlecht.
* Das Fitness-Studio verlangt als Super-Super-Sparpreis monatlich 50,00 € – für Silke unverzichtbar.
* Wenn der Urlaub im nächsten Jahr starten soll, müssen Rücklagen gebildet werden: 60,00 € pro Monat traut Silke sich zu.

Der Rest der Einnahmen wird bei ALDI, H&M, im CITY-KINO, bei der TELEKOM, in MUSIC-WORLD und an vielen anderen Stellen ausgegeben. Aber jetzt wird Buch geführt: Alle Belege werden gesammelt, beleglose Zahlungen in einem kleinen Heft vermerkt. Regelmäßig wird Silke diese veränderlichen Ausgaben in einer Tabelle, getrennt nach Ausgabengruppen, festhalten. Silke hofft sogar, dass noch etwas übrig bleibt, um die Kontoüberziehung von rund 500,00 € schrittweise abzubauen.

ARBEITSAUFTRAG
Legen Sie ein Haushaltsbuch für Silke an.

VORSCHLÄGE ZUM VORGEHEN
1. Übertragen Sie die Einnahmen und festen Ausgaben von Silke in die nachfolgende Übersicht und ermitteln Sie den Betrag, der für veränderliche Ausgaben übrig bleibt.
2. Bilden Sie für die unten stehende Tabelle „Veränderliche Ausgaben" sinnvolle Ausgabengruppen, in die Silke ihre täglichen Ausgaben eintragen kann. Darauf sollten Sie achten:
   - Unterscheiden Sie bei den Ausgaben in feste und veränderliche Ausgaben.
   - In der Tabelle „Übersicht veränderliche Ausgaben" (siehe unten) sind lediglich die Überschriften für die Ausgabengruppen nach Ihren eigenen Vorstellungen zu bilden (einige sind bereits angegeben).

Einnahmen-Übersicht				
Einnahmen in €				
Einnahmen-Art	**Oktober**	**November**	**Dezember**	**Summe**
Summe				

Ausgaben-Übersicht				
feste Ausgaben in €				
Ausgaben-Art	**Oktober**	**November**	**Dezember**	**Summe**
Summe				

Zwischenergebnis					
	Summe Einnahmen	–	Summe feste Ausgaben	=	verfügbar für veränderliche Ausgaben
Oktober		–		=	
November		–		=	
Dezember		–		=	
Summe		–		=	

Übersicht veränderliche Ausgaben							
Datum		**Ernährung, Getränke**	**Kommunikation (Telefon, Porto)**				
Tag	Mon.	€	€	€	€	€	€
Summe							

Fortsetzung

					Sonstiges	Summe
€	€	€	€	€	€	€
Summe						

AUFGABEN

1

Silke hat ihre Haushaltsbuchführung mit Sorgfalt durchgeführt. Zum Ende des Jahres war eine Auswertung fällig, um die Entwicklung der Zahlen sichtbar zu machen. Mit der nachfolgenden Übersicht soll dies geschehen.

Hinweise
Die veränderlichen Ausgaben entwickelten sich in den drei Monaten wie folgt:

* Oktober: 244,70 €
* November: 312,40 €
* Dezember: 280,10 €

Silke hatte ihr Bankkonto am 01.10. mit 484,50 € überzogen (= Rest aus Vormonat).

3-Monatsübersicht Ein- und Ausgaben	Oktober	November	Dezember	Summen
Einnahmen				
– feste Ausgaben				
– veränderliche Ausgaben				
+/– Rest aus Vormonat				
= Ergebnis (+ oder –)				

a Füllen Sie mithilfe der Ergebnisse des Arbeitsauftrages die Tabelle aus und ermitteln Sie den Endstand ihrer Einnahmen-Ausgaben-Situation als Plus- oder Minus-Ergebnis am Ende des Monats Dezember.

b Prüfen Sie, ob Silke die Rücklage für ihren Urlaub noch erhöhen kann.

2

Im Januar möchte Silke wissen, wie hoch die Ausgaben für Lebensmittel und Getränke im Durchschnitt aller Monate bis zu und nach Beginn ihrer beruflichen Ausbildung im letzten Jahr waren. Aus ihren Aufzeichnungen über die Ausgaben für Lebensmittel und Getränke hat sie folgende Tabelle erstellt:

Lebensmittel und Getränke

Januar	19,78 €	Mai	26,84 €	September	118,76 €
Februar	23,20 €	Juni	28,52 €	Oktober	117,05 €
März	15,34 €	Juli	43,86 €	November	105,18 €
April	22,62 €	August	87,93 €	Dezember	99,24 €

a Berechnen Sie, wie viel Euro Silke im Durchschnitt aller Monate von Januar bis Juli für Lebensmittel und Getränke bezahlt hat.
b Ermitteln Sie die Höhe der durchschnittlichen Ausgaben nach Beginn der beruflichen Ausbildung.
c Berechnen Sie, wie viel Euro Silke im Durchschnitt aller Monate im letzten Jahr für Lebensmittel und Getränke ausgegeben hat.

3

Familie Heine zeichnet die monatlichen Ausgaben auf, unterschieden nach festen und veränderlichen Ausgaben. Die ersten drei Monate des Jahres 20(0) zeigen folgendes Bild:

	Januar	Februar	März
	€	€	€
feste Ausgaben	1.490,00	1.390,00	1.480,00
veränderliche Ausgaben	1.250,00	1.020,00	1.050,00
Gesamtausgaben	2.740,00	2.410,00	2.530,00
feste Ausgaben in Prozent der Gesamtausgaben			

a Berechnen Sie den Anteil der festen Ausgaben an den Gesamtausgaben.
b Begründen Sie, ob die Entwicklung der festen Ausgaben positiv oder negativ einzuschätzen ist.

4

Die Auswertung der Kassenberichte in der Spielwarenabteilung des City-Warenhauses Bauer erbrachte in der letzten Woche folgende Zahlen

Tag	Umsatzerlöse in €	Zahl der Kunden
Montag	6450,00	72
Dienstag	9800,00	104
Mittwoch	11430,00	135
Donnerstag	12310,00	130
Freitag	10780,00	124
Samstag	7590,00	77

a Berechnen Sie den durchschnittlichen Umsatz pro Tag.
b Ermitteln Sie die Anzahl der Kunden, die durchschnittlich pro Tag in der Spielwarenabteilung eingekauft haben.
c Berechnen Sie, für wie viel Euro jeder Kunde im Durchschnitt Ware eingekauft hat:
ca) am Montag,
cb) in der gesamten Woche.

2 Die Einnahmen und Ausgaben eines Unternehmens planen

Ein Mitarbeiter der Hausbank des Biker-Shops, Herr Stade, ist am Telefon

Herr Stade: „Wir haben hier einige Überweisungen von Ihnen erhalten, die von Ihrem Konto ausgeführt werden sollen. Für diese Summe ist auf Ihrem Konto allerdings keine Deckung mehr vorhanden. Auch die Überziehungslinie von 15 000,00 €, die wir Ihnen eingeräumt haben, würde überschritten. Sollen wir die Überweisungen solange zurückstellen?"

Herr Adam: „Nein, die Zahlungen müssen durchgeführt werden. Wie ist das denn bloß möglich! Wochenlang hatte ich hohe Guthaben auf dem Geschäftskonto, nun sieht es so aus, als wäre ich zahlungsunfähig. Ich komme sofort und rede mit dem Leiter der Kreditabteilung."

Nachdem Herr Adam den Hörer aufgelegt hat, ist die Stimmung schlecht. Herr Adam wendet sich an Frau Berger, die im Biker-Shop die Buchhaltungsarbeiten erledigt.

Herr Adam: „Das ist nun schon das dritte Mal in wenigen Monaten, dass mein Ruf als Kaufmann in Gefahr gerät. Ich habe doch gesagt, vor größeren Ausgaben ist zunächst der Kontostand zu überprüfen. Frau Berger, wie konnte das passieren?"

Frau Berger: „In den letzten Tagen waren einige Lieferantenrechnungen fällig. Außerdem war im Juni Termin für Steuervorauszahlungen. Die werden automatisch vom Geschäftskonto abgebucht, sodass wir das gar nicht überschauen können. Wenn dann noch die Gehaltszahlungen dazukommen oder die Einnahmen etwas zurückbleiben ..."

Herr Adam: „Mir scheint, hier im Büro hat niemand einen Überblick über den aktuellen Kontenstand."

Frau Berger: „Das ist doch gar nicht möglich bei den vielen Geldbewegungen, die täglich stattfinden."

Herr Adam: „Aber wir wissen doch aus den Vorjahreszahlen, wie viel wir in jedem Monat durch Verkäufe ungefähr einnehmen. Und viele Ausgaben sind in ihrer Höhe doch auch vorher bekannt, z. B. die Gehälter oder die Miete."

Frau Berger: „Das stimmt allerdings. Man müsste sich rechtzeitig einen Überblick verschaffen."

Herr Adam: „Genau das machen wir jetzt – wir fangen mit der zweiten Jahreshälfte an. Danach kann ich mit meiner Bank darüber verhandeln, bis zu welcher Höhe ich das Konto überziehen darf."

ARBEITSAUFTRAG

Entwickeln Sie für den Biker-Shop einen Finanzplan, der die Monate Juli bis Dezember umfasst. Stellen Sie anschließend fest, bis zu welcher Höhe Herr Adam eine zulässige Überziehung seines Geschäftskontos mit der Bank vereinbaren muss.

VORSCHLÄGE ZUM VORGEHEN

1. Verwenden Sie die nachfolgenden Zahlen über die zu erwartenden Einnahmen und Ausgaben des Geschäfts.
2. Berechnen Sie die verbleibenden Einnahmen für die Monate Juli bis Dezember.
3. Übertragen Sie die Ausgaben in den Finanzplan (Seite 134).
4. Errechnen Sie die Guthabenbeträge und Überziehungen und übertragen Sie sie in die Tabelle „Berechnung des Finanzbedarfs" (Seite 135).
5. Ermitteln Sie den notwendigen Höchstbetrag für eine Kontoüberziehung.

Informationen zum Finanzplan

geschätzte **Jahreseinnahmen** (Umsätze) aufgrund von Warenverkäufen auf der Basis der Vorjahresumsätze			650 000,00 €	
anteilige **Monatseinnahmen** (Monatsumsätze) in %	Juli August September	8,0 % 6,6 % 9,8 %	Oktober November Dezember	8,8 % 9,6 % 14,6 %
verbleibende Einnahmen	35 % der Einnahmen stehen erfahrungsgemäß für laufende Ausgaben zur Verfügung. Die übrigen 65 % werden vorzugsweise für die – sofortige – Begleichung der Liefererrechnungen verwendet.			
Ausgaben für				
• Personal	je Monat 8 000,00 €; im November Sonderzahlung von 60 % der monatlichen Personalzahlungen			
• Miete, Strom etc.	je Monat 3 500,00 €; im August soll die Geschäftsfassade zusätzlich neu gestrichen werden (Kostenvoranschlag 8 500,00 €)			
• Werbung	je Monat 1 000,00 €; im August und im November zusätzlich für eine Werbeaktion 4 000,00 €			
• Steuern	12 000,00 € pro Jahr; Steuerzahlungstermine (je 1/4): Februar, Mai, August, November			
• Versicherungen u. Ä.	2 000,00 € im Juli und im Dezember			
Rückzahlungen für Bankdarlehen	9 000,00 € pro Jahr, Abrechnungstermine (je 1/4): März, Juni, September, Dezember			

Finanzplan (für Juli–Dezember)

Monate		Juli	August	September	Oktober	November	Dezember	Summe
Umsatz	in %	8,0						
	in €	52 000,00						
verbleibende Einnahmen (35 % des Umsatzes) in €		18 200,00						
Ausgaben (in €) für								
• Personal								
• Miete, Strom etc.								
• Werbung								
• Steuern								
• Versicherungen u. Ä.								
Rückzahlungen für Bankdarlehen								
Summe Ausgaben								
Guthaben (+)/ Überziehung (–)								

Ende Juni war das Geschäftskonto mit 14 500,00 € überzogen.

Berechnung des Finanzbedarfs			
Zeit	+/–	**Guthaben (+)/Überziehung (–) in €**	
Kontostand Ende Juni	–	– 14 500,00	
Einnahmen – Ausgaben Juli			
Kontostand Ende Juli			
Einnahmen – Ausgaben August			
Kontostand Ende August			
Einnahmen – Ausgaben September			
Kontostand Ende September			
Einnahmen – Ausgaben Oktober			
Kontostand Ende Oktober			
Einnahmen – Ausgaben November			
Kontostand Ende November			
Einnahmen – Ausgaben Dezember			
Kontostand Ende Dezember			

AUFGABEN

1

Die Inhaberin des Einzelhandelsgeschäftes Wohndesign, Frau Blume, zeichnet die Einnahmen und Ausgaben ihres Geschäftes wöchentlich auf, damit sie stets einen Überblick über ihre Zahlungsfähigkeit hat.

Einnahmen/Ausgaben	Jahr 20(0)	€
18.09.	Eröffnungsbestand der Einnahmen	8 000,00
18.09.	Kunde bezahlt Rechnung	600,00
18.09.	Bareinnahmen aus Warenverkäufen	4 800,00
19.09.	ein Mitarbeiter erhält einen Gehaltsvorschuss	1 000,00
19.09.	Bareinnahmen aus Warenverkäufen	6 500,00
20.09.	Kunden bezahlen Rechnungen	1 200,00
20.09.	Bareinnahmen aus Warenverkäufen	6 450,00
21.09.	Rechnung eines Lieferanten wird beglichen	13 000,00
21.09.	Bareinnahmen aus Warenverkäufen	4 900,00
22.09.	Begleichung einer Liefererrechnung	14 600,00
22.09.	Bareinnahmen aus Warenverkäufen	6 800,00
23.09.	Kunden begleichen Rechnungen	410,00
23.09.	Bareinnahmen aus Warenverkäufen	3 800,00

Halten Sie die Einnahmen und Ausgaben in der nachfolgenden Übersicht fest und berechnen Sie den Schlussbestand.

Einnahmen-/Ausgaben-Übersicht					
Einnahmen			Ausgaben		
Datum	Vorgang	€	Datum	Vorgang	€
18.09.	Eröffnungsbestand				

2

Siehe Aufgabe 1

Frau Blume stellt auch für die Folgewoche 25.–30.09.20(0) einen Finanzplan über die zu erwartenden Einnahmen und Ausgaben auf.

Sie geht dabei von folgenden Annahmen aus:

Datum	Vorgang	€
Zu erwartende (geplante) **Einnahmen:**		
25.09.	Eröffnungsbestand der Einnahmen	14 860,00
25.–30.09.	Bareinnahmen aus Warenverkäufen	35 000,00
25.–30.09.	Rechnungen, die von Kunden beglichen werden	2 000,00
Geplante **Ausgaben:**		
25.09.	Liefererrechnung muss beglichen werden	10 000,00
25.09.	Rückzahlung für Bankdarlehen	3 000,00
26.09.	Steuerzahlung an das Finanzamt	5 000,00
26.09.	Versicherungsbeiträge	2 500,00
26.09.	Rechnung für Werbeanzeige muss beglichen werden	800,00
27.09.	Rechnung des Reinigungsdienstes muss bezahlt werden	2 500,00
27.09.	die Rechnung für die neuen Büromöbel ist zu bezahlen	10 500,00
28.09.	Zahlung der Gehälter und Vergütung für die Auszubildende	11 500,00
28.09.	die Heizölrechnung muss bezahlt werden	2 600,00
29.09.	Ausgaben für die geplante Werbewoche	4 200,00

Erstellen Sie einen Finanzplan für die Woche vom 25.09. bis zum 30.09.20(0) mithilfe der nachfolgenden Übersicht.

Einnahmen-/Ausgaben-Übersicht					
Einnahmen			**Ausgaben**		
Datum	Vorgang	€	Datum	Vorgang	€
25.09.	Eröffnungsbestand				

Schlussbestand?

3

Wertzuflüsse erhöhen das Vermögen eines Einzelhändlers, Wertabflüsse erhöhen seine Schulden. Der Wertstrom wird in Güter- und Geldströme unterteilt.

Kennzeichnen Sie die unten stehenden Vorgänge/Geschäftsfälle als Güter-/Geldströme mit Wertzufluss oder Wertabfluss, indem Sie die Kreiszahlen ① bis ⑤ zuordnen.

1	Güterstrom mit Wertzufluss
2	Güterstrom mit Wertabfluss
3	Geldstrom mit Wertzufluss
4	Geldstrom mit Wertabfluss
5	Weder Geld- noch Güterstrom

Vorgänge/Geschäftsfälle

a) Wir kaufen Waren bei einem Lieferanten ein. ☐ ☐

b) Ein Kunde begleicht eine Rechnung durch Banküberweisung. ☐ ☐

c) Ein Kunde kauft ein Smartphone und bezahlt es bar an der Kasse. ☐ ☐

d) Barverkäufe eines Tages in Höhe von 8 450,00 € werden an der Kasse festgestellt. ☐ ☐

e) Wir begleichen eine Lieferantenrechnung durch Banküberweisung. ☐ ☐

f) Der Lieferant (Fall e) gibt uns nachträglich eine Gutschrift. ☐ ☐

g) Wir verschicken einen Prospekt mit Sonderangeboten an unsere Kunden. ☐ ☐

h) Wir erhalten von einem Lieferanten ein Angebot über Küchenmöbel. ☐ ☐

3 Vermögenskonten führen

Frau Berger erledigt die Buchhaltungsarbeiten für den Biker-Shop. Zu ihren Aufgaben gehört es u. a., die täglichen Kassenberichte auszuwerten und genaue Aufzeichnungen über die Einnahmen und Ausgaben zu machen. Heute liegen ihr die Kassenberichte der 41. Woche vor (11. bis 16.10.20[0]). Den Kassenbericht von Montag hat sie nach Einnahmen und Ausgaben getrennt in das unten stehende Kassenkonto übertragen. Mit den Kassenberichten von Dienstag (Nr. 240 vom 12.10.) und Mittwoch (Nr. 241 vom 13.10.) ist sie genauso umgegangen. Nun fehlen noch die Berichte von Donnerstag bis Samstag (siehe unten).

Kassenbericht	vom 11.10.20(0)	Nr. 239
		€
Kassenschlussbestand		480,00
	€	
Ausgaben		
1. Zahlungen für Wareneinkäufe		
Zwischensumme:		→
2. Geschäftsausgaben		
• Werbeanzeige	60,00	
• Paketzustellgebühren	4,00	
• Bürobedarf	23,00	
Zwischensumme:	87,00	→ 87,00
3. Privatentnahmen		
Zwischensumme:		→
4. sonstige Ausgaben (z. B. Bankeinzahlungen)		
• Bankeinzahlungen	4 930,00	
Zwischensumme:	4 930,00	→ 4 930,00
Summe		5 497,00
abzüglich Anfangsbestand (Wechselgeld)		300,00
= Kasseneingang		5 197,00
abzüglich sonstige Einnahmen		
= Barverkäufe		5 197,00

Kassenberichte vom 14. bis 16.10.20(0) in verkürzter Form

Kassenbericht	Nr. 242 vom 14.10.	Nr. 243 vom 15.10.	Nr. 244 vom 16.10.
Kassenschlussbestand	150,00	100,00	50,00
+ Ausgaben	53,00	38,00	18,00
+ Bankeinzahlungen	4 600,00	7 150,00	8 250,00
– Wechselgeld	125,00	150,00	100,00
= Kasseneingang	4 678,00	7 138,00	8 218,00
– sonstige Einzahlungen	0,00	0,00	0,00
Barverkaufe	4 678,00	7 138,00	8 218,00

Mehrungen **Minderungen**

Soll			Kassenkonto		Haben
Datum	**Text**	**€**	**Datum**	**Text**	**€**
11.10.20(0)	Eröffnungsbestand	300,00	11.10.20(0)	Ausgaben lt. KB	87,00
11.10.20(0)	Barverkäufe	5 197,00	11.10.20(0)	Bankeinzahlung	4 930,00
12.10.20(0)	Barverkäufe	5 760,00	12.10.20(0)	Bankeinzahlung	2 500,00
13.10.20(0)	Barverkäufe	6 884,00	12.10.20(0)	Bankeinzahlung	3 350,00
			13.10.20(0)	Ausgaben lt. KB	150,00
			13.10.20(0)	Bankeinzahlung	6 999,00

Nebenrechnung: Zwischensalden/€

(480,00)

(390,00)

(125,00)

ARBEITSAUFTRAG 1

Ergänzen Sie das Kassenkonto mit den Angaben aus den Kassenberichten vom 14. bis 16.10.20(0) und schließen Sie das Konto ab.

VORSCHLÄGE ZUM VORGEHEN

1. Überlegen Sie, welche Vorgänge zu einer Mehrung des Geldbestandes in der Kasse führen.
2. Prüfen Sie, welche Geschäftsfälle im Laufe des Tages den Bargeldbestand in der Kasse vermindern.
3. Beachten Sie:
   - Der Kassen-Schlussbestand eines Tages ist der Eröffnungsbestand (= Wechselgeld) des nachfolgenden Tages.
   - Der Zwischensaldo (in der Randspalte) soll deutlich machen, welcher Schlussbestand am Ende eines jeden Tages in der Kasse ist.

AUFGABEN

1

Die unten stehende Übersicht gibt die Kassenberichte der 42. Woche (18. bis 23.10.20[0]) in verkürzter Form wieder.

Führen Sie auf Grundlage dieser Zahlen das entsprechende Kassenkonto (Eröffnungsbestand Konto Kasse: 50,00 €).

Das Konto befindet sich auf Seite 140

	Montag 18.10.	Dienstag 19.10.	Mittwoch 20.10.	Donnerstag 21.10.	Freitag 22.10.	Samstag 23.10.
Kassenschlussbestand	75,00	50,00	150,00	100,00	100,00	150,00
Ausgaben	62,00	37,00	0,00	40,00	25,00	58,00
Bankeinzahlungen	4 150,00	4 750,00	5 300,00	5 800,00	8 250,00	9 150,00
Wechselgeld	50,00	75,00	50,00	150,00	100,00	100,00
Barverkäufe	4 237,00	4 762,00	5 400,00	5 790,00	8 275,00	9 258,00

Mehrungen **Minderungen**

Soll		Kasse			Haben
Datum	**Text**	**€**	**Datum**	**Text**	**€**
18.10.20(0)	Eröffnungsbestand	50,00			

2

Die Auszubildende Silke hilft Frau Berger bei der Führung des Kassenkontos. Dazu hält sie alle Mehrungen und Minderungen auf dem Kassenkonto fest und ermittelt den Schlussbestand.

Mehrungen **Minderungen**

Soll		Kasse			Haben
Datum	**Text**	**€**	**Datum**	**Text**	**€**
25.10.	Eröffnungsbestand	150,00	25.10.	Ausgaben lt. Kassenbericht	54,00
25.10.	Barverkäufe	4 650,00	25.10.	Bankeinzahlung	4 366,00
26.10.	Barverkäufe	4 900,00	26.10.	Ausgaben lt. Kassenbericht	48,00
			26.10.	Bankeinzahlung	4 698,00
			26.10.	Schlussbestand	

Nachdem Frau Berger einen Augenblick zugesehen hat, kommt es zu folgendem Gespräch:

Frau Berger: „Warum machen Sie auf dem Zettel so viele Nebenrechnungen?"

Silke: *„Ich addiere zunächst die Mehrungen, dann die Minderungen. Anschließend subtrahiere ich die Summen voneinander. Die Subtraktion mache ich auf einem gesonderten Blatt, um das Original nicht zu verunstalten."*

Frau Berger: „Was Sie da machen, ist schon richtig, aber umständlich. Beherrschen Sie denn nicht das Saldieren?"

Silke: *„Saldieren? Davon habe ich noch nie etwas gehört."*

Frau Berger: „Damit können Sie einen Schlussbestand ohne Nebenrechnungen ermitteln. Das erleichtert Ihnen die Arbeit sehr. Probieren Sie es doch einmal."

Silke: *„Okay, wenn das einfacher geht."*

Siehe auch Rechenverfahren Saldieren im Anhang des Informationshandbuches.

Berechnen Sie den Schlussbestand auf dem Kassenkonto durch Saldieren.

3

Nachfolgend werden zwei Kassenkonten dargestellt, die noch abzuschließen sind.

Berechnen Sie jeweils den Saldo auf den Konten.

Soll		Kasse			Haben
Datum	**Text**	**€**	**Datum**	**Text**	**€**
02.11.	Eröffnungsbestand	200,00	02.11.	Ausgaben lt. Kassenbericht	118,00
02.11.	Barverkäufe	7 884,00	02.11.	Bankeinzahlung	7 455,00
03.11.	Barverkäufe	6 948,00	03.11.	Ausgaben lt. Kassenbericht	87,00
			03.11.	Bankeinzahlung	6 698,00

Soll		Kasse			Haben
Datum	**Text**	**€**	**Datum**	**Text**	**€**
07.11.	Eröffnungsbestand	150,00	07.11.	Ausgaben lt. Kassenbericht	118,00
07.11.	Barverkäufe	7 332,00	07.11.	Bankeinzahlung	7 400,00
08.11.	Barverkäufe	6 947,00	08.11.	Ausgaben lt. Kassenbericht	87,00
09.11.	Barverkäufe	5 799,00	08.11.	Bankeinzahlung	6 800,00
			09.11.	Bankeinzahlung	5 600,00
			09.11.	Ausgaben lt. Kassenbericht	32,00

4

Die untenstehenden Tabellen zeigen Ist-Zahlen und Plan-Zahlen.

Ermitteln Sie die Differenz zwischen tatsächlichen und geplanten Einnahmen und Ausgaben als Saldo.

tatsächliche Einnahmen €	tatsächliche Ausgaben €
5 980,75	1 899,80
32,90	2 150,00
1 347,53	1 400,00
2 500,00	
766,31	

geplante Einnahmen €	geplante Ausgaben €
5 980,75	1 899,80
32,00	2 250,00
1 455,00	1 780,00
2 400,00	
766,31	

Siehe auch Arbeitsauftrag 1 Seite 139

Fortsetzung der Einstiegssituation

Frau Berger hat alle Bareinnahmen und Barausgaben des Biker-Shops aus der 41. Woche auf dem Kassenkonto eingetragen (gebucht).

Mehrungen **Minderungen**

Soll		Kassenkonto			Haben
Datum	**Text**	**€**	**Datum**	**Text**	**€**
11.10.20(0)	Eröffnungsbestand	300,00	11.10.20(0)	Ausgaben lt. KB	87,00
11.10.20(0)	Barverkäufe	5 197,00	11.10.20(0)	**Bank**einzahlung	4 930,00
12.10.20(0)	Barverkäufe	5 760,00	12.10.20(0)	**Bank**einzahlung	2 500,00
13.10.20(0)	Barverkäufe	6 884,00	12.10.20(0)	**Bank**einzahlung	3 350,00
14.10.20(0)	Barverkäufe	4 678,00	13.10.20(0)	Ausgaben lt. KB	150,00
15.10.20(0)	Barverkäufe	7 138,00	13.10.20(0)	**Bank**einzahlung	6 999,00
16.10.20(0)	Barverkäufe	8 218,00	14.10.20(0)	Ausgaben lt. KB	53,00
			14.10.20(0)	**Bank**einzahlung	4 600,00
			15.10.20(0)	Ausgaben lt. KB	38,00
			15.10.20(0)	**Bank**einzahlung	7 150,00
			16.10.20(0)	Ausgaben lt. KB	18,00
			16.10.20(0)	**Bank**einzahlung	8 250,00
			16.10.20(0)	Schlussbestand	50,00
		38 175,00			38 175,00

Alle Geschäftsfälle der 41. Woche, die das Bankkonto betreffen, sind weiter unten aufgeführt.

Damit ist ihre Aufgabe aber noch nicht zu Ende. Die Beträge, die jeden Tag aus der Kasse genommen und bei der Bank eingezahlt werden, müssen außerdem auf dem Bankkonto gebucht werden. Dasselbe gilt für Zahlungen, die vom Bankkonto aus geleistet werden. Dafür hat der Biker-Shop ein Konto mit der Bezeichnung „Bank" eingerichtet.

Mehrungen **Minderungen**

Soll		Bank			Haben
Datum	**Text/Gegenkonto**	**€**	**Datum**	**Text/Gegenkonto**	**€**
11.10.20(0)	Eröffnungsbestand	30 653,00			
	Kassenabschöpfung				

Siehe auch die Kassenberichte der 41. Woche auf Seite 138

Die folgende Aufstellung der Geschäftsfälle enthält die täglichen Einzahlungen und einige Bankauszahlungen.

Geschäftsfälle		€
11.10.20(0)	Eröffnungsbestand des Kontos Bank	30653,00
11.10.20(0)	Kassenabschöpfung (Bankeinzahlung)	4930,00
12.10.20(0).	Kassenabschöpfung (Bankeinzahlung)	2500,00
12.10.20(0)	Kassenabschöpfung (Bankeinzahlung)	3350,00
13.10.20(0)	Kassenabschöpfung (Bankeinzahlung)	6999,00
13.10.20(0)	Bezahlung einer Liefererrechnung (Lieferer Green Bull GmbH)	3897,00
14.10.20(0)	Kassenabschöpfung (Bankeinzahlung)	4600,00
14.10.20(0)	Telefongebühren	368,00
15.10.20(0)	Kassenabschöpfung (Bankeinzahlung)	7150,00
15.10.20(0)	Bezahlung einer Liefererrechnung (Lieferer Garry Fischer)	9216,00
16.10.20(0)	Kassenabschöpfung (Bankeinzahlung)	8250,00

Kassenabschöpfung = Betrag, der im Laufe des Tages aus der Kasse entnommen und zur Bank gebracht wird, um den Betrag auf das Bankkonto des Einzelhändlers einzuzahlen.

ARBEITSAUFTRAG 2

Führen Sie das Konto Bank des Biker-Shops für die Woche vom 11.–16.10.20(0) (41. Woche) und schließen Sie das Konto zum Wochenschluss ab.

VORSCHLÄGE ZUM VORGEHEN

1. Beachten Sie: Auf dem Konto „Bank“ werden nicht nur die Kassenabschöpfungen gebucht, sondern auch Banküberweisungen für Rechnungen, die wir zu bezahlen haben.
2. In der Spalte Text/Gegenkonto können Sie anstelle der Beschreibung der Zahlungsbewegung („Kassenabschöpfung“) auch lediglich das Gegenkonto „Kasse“ eintragen.

AUFGABEN

5

In der Aufgabe 1 auf Seite 139 wurden die Kassenberichte der 42. Woche in das Kassenkonto übertragen. Parallel dazu sind die Geschäftsfälle auch auf dem Bankkonto festzuhalten. Die Bankeinzahlungen (Kassenabschöpfungen) wurden bereits in der Aufgabe 1 auf dem Konto Kasse gebucht. Das Konto Kasse ist zum Vergleich noch einmal abgebildet.

a **Führen Sie das Bankkonto für die Woche vom 18.–23.10.20(0) auf der Grundlage der nachfolgend beschriebenen Geschäftsfälle.**

b **Schließen Sie das Konto Bank ab.**

Geschäftsfälle		€
18.10.20(0)	Eröffnungsbestand	54951,00
18.10.20(0)	Kassenabschöpfung (Bankeinzahlung)	4150,00
19.10.20(0).	Überweisung der Liefererrechnung Nr. 3987	2871,00
19.10.20(0)	Kassenabschöpfung (Bankeinzahlung)	4750,00
20.10.20(0)	Kassenabschöpfung (Bankeinzahlung)	5300,00
20.10.20(0)	Überweisung der Liefererrechnung Nr. 3988	4578,00
21.10.20(0)	Kassenabschöpfung (Bankeinzahlung)	5800,00
22.10.20(0)	Kassenabschöpfung (Bankeinzahlung)	8250,00
22.10.20(0)	der Geschäftsinhaber hebt Geld vom Bankkonto ab	3000,00
22.10.20(0)	Überweisung der Gehälter	19214,00
23.10.20(0)	Kassenabschöpfung (Bankeinzahlung)	9150,00

Das Konto Kasse aus der Aufgabe 1.

Mehrungen **Minderungen**

Soll		Kasse			Haben
Datum	**Text/Gegenkonto**	**€**	**Datum**	**Text/Gegenkonto**	**€**
18.10.20(0)	Eröffnungsbestand	50,00	18.10.20(0)	Ausgaben lt. Kassenbericht	62,00
18.10.20(0)	Barverkäufe	4 237,00	18.10.20(0)	**Bank**	4 150,00
19.10.20(0)	Barverkäufe	4 762,00	19.10.20(0)	Ausgaben lt. Kassenbericht	37,00
20.10.20(0)	Barverkäufe	5 400,00	19.10.20(0)	**Bank**	4 750,00
21.10.20(0)	Barverkäufe	5 790,00	20.10.20(0)	**Bank**	5 300,00
22.10.20(0)	Barverkäufe	8 275,00	21.10.20(0)	Ausgaben lt. Kassenbericht	40,00
23.10.20(0)	Barverkäufe	9 258,00	21.10.20(0)	**Bank**	5 800,00
			22.10.20(0)	Ausgaben lt. Kassenbericht	25,00
			22.10.20(0)	**Bank**	8 250,00
			23.10.20(0)	Ausgaben lt. Kassenbericht	58,00
			23.10.20(0)	**Bank**	9 150,00
			23.10.20(0)	Schlussbestand	150,00
		37 772,00			37 772,00

Mehrungen **Minderungen**

Soll		Bankkonto			Haben
Datum	**Text/Gegenkonto**	**€**	**Datum**	**Text/Gegenkonto**	**€**
	Eröffnungsbestand				
	Kasse				

Situation

Ein Mitglied des Radsportclubs Düsseldorf hatte am 15.11.20(0) 12 Steigungsmesser und einen digitalen Entfernungsmesser (Kartenlesegerät) wie immer gegen Rechnung gekauft und zunächst die Ware zusammen mit einem Lieferschein erhalten.

Biker-Shop

Oberstraße 17
40878 Ratingen
Tel.: 02102 56742-0
Fax: 02102 56733

Radsportclub Düsseldorf
Cranachstraße 45
40235 Düsseldorf

Datum: 15.11.20(0)
Bestellung vom: 15.11.20(0)

Lieferschein-Nr. 598/20(0) **Kunden-Nr.** 43

Menge	Artikel-Nr.	Bezeichnung
12	41-210	Control King Steigungsmesser
1	41-215	Kartenleser MR 250

gepackt am	durch	Unterschrift des Empfängers

Biker-Shop

Tel.: 02102 56742-0
Fax: 02102 56733

Radsportclub Düsseldorf
Cranachstraße 45
40235 Düsseldorf

Datum: 20.11.20(0)
Bestellung vom: 15.11.20(0)

Rechnungs-Nr. 640/20(0) **Kunden-Nr.** 43

Menge	Artikel-Nr.	Bezeichnung	Einzelpreis/€	Gesamtpreis/€
12	41-210	Control King Steigungsmesser	7,00	84,00
1	41-215	Kartenleser MR 250	17,50	17,50
		Bruttobetrag		101,50

Die Preise enthalten 19% Umsatzsteuer. Wir gewähren ein Zahlungsziel von 30 Tagen nach Rechnungsdatum.

Bankverbindung: Commerzbank Düsseldorf, IBAN: DE02300400004865051000, BIC: COBADEFFXXX

Aufgrund des Lieferscheins ist heute die Rechnung erstellt und dem Kunden zugesandt worden. Frau Berger hat die Rechnungsdurchschrift nun auf ihrem Schreibtisch liegen.

Im Biker-Shop wird für jeden Kunden, der gegen Rechnung einkauft, ein Kundenkonto (Personenkonto) angelegt. Für den Radsportclub Düsseldorf existiert dieses Konto:

	A	B	C	D	E	F
1	Kundenkonto					
2	Name	Radsportclub Düsseldorf			Jahr	20(0)
3	Straße	Cranachstraße 45			Kunden-Nr.	43
4	Ort	40235 Düsseldorf		Bank: Stadtsparkasse Düsseldorf		
5	Telefon	0211 478849		IBAN: DE54300501100043766224		
6				BIC: DUSSDEDDXXX		
7						
8	Datum	Text			Soll	Haben
9	01.10.	Saldovortrag			988,00	
10	03.10.	Ausgangsrechnung Nr. 589/20(0)			122,50	
11	04.10.	Banküberweisung (AR 555/20(0))				388,00
12	02.11.	Banküberweisung (AR 572/20(0))				600,00
13	03.11.	Banküberweisung (Ar 589/20(0))				122,50
14	10.11.	Ausgangsrechnung Nr. 636/20(0)			624,00	
15						
16						
17						
18						
19						

	A	B	C	D	E	F
21	Kundenkonto					
22	Name	Radsportclub Düsseldorf			Jahr	20(0)
23	Straße	Cranachstraße 45			Kunden-Nr.	43
24	Ort	40235 Düsseldorf		Bank: Stadtsparkasse Düsseldorf		
25	Telefon	0211 478849		IBAN: DE54300501100043766224		
26				BIC: DUSSDEDDXXX		
27	Datum	Text			Soll	Haben
28	01.12.	Saldovortrag				
29						
30						
31						

ARBEITSAUFTRAG 3
Erfassen Sie den Verkauf gegen Rechnung.

VORSCHLÄGE ZUM VORGEHEN
1. Führen Sie das Kundenkonto des Radsportclubs.
2. Schließen Sie das Konto zum 30.11.20(0) ab (unter der Voraussetzung, dass der Radsportclub im Monat November keine weiteren Käufe gegen Rechnung vorgenommen hat). Ermitteln Sie dazu den Saldo und tragen Sie den errechneten Betrag als Saldovortrag für den Monat Dezember 20(0) in die Datei ein.

AUFGABEN

6

Alle Ausgangsrechnungen und die Zahlungen der Kunden werden im Biker-Shop nicht nur auf den jeweiligen Kundenkonten festgehalten. Gleichzeitig führt der Einzelhändler auch noch ein Konto „Forderungen" (genauer: Forderungen aus Lieferungen und Leistungen), auf dem alle Zielverkäufe und die entsprechenden Kundenzahlungen aufgezeichnet werden.

Zielverkäufe = Verkäufe, bei denen dem Kunden ein Zahlungsziel, z. B. 30 Tage, eingeräumt wird.

Im nachfolgend dargestellten Konto sind noch der Schlussbestand zu berechnen und das Konto abzuschließen.

Mehrungen **Minderungen**

Soll			Forderungen		Haben
Datum	**Text/Gegenkonto**	**€**	**Datum**	**Text/Gegenkonto**	**€**
01.11.20(0)	Eröffnungsbestand	4 680,00	02.11.20(0)	Banküberweisung (AR 572)	600,00
05.11.20(0)	AR Nr. 635	273,50	03.11.20(0)	Banküberweisung (AR 589)	122,50
10.11.20(0)	AR Nr. 636	624,00	09.11.20(0)	Banküberweisung (AR 610)	1 280,00
12.11.20(0)	AR Nr. 637	840,00	14.11.20(0)	Kasse (AR 595)	273,50
13.11.20(0)	AR Nr. 638	310,00	19.11.20(0)	Gutschrift (AR 637)	140,00
14.11.20(0)	AR Nr. 639	964,00	21.11.20(0)	Banküberweisung (AR 637)	700,00
15.11.20(0)	AR Nr. 640	101,50	22.11.20(0)	Banküberweisung (AR 620)	288,50
20.11.20(0)	AR Nr. 641	1 576,30			
21.11.20(0)	AR Nr. 642	544,20			

Außerdem sind noch die Geschäftsfälle des Monats Dezember in einem neu einzurichtenden Konto „Forderungen" zu erfassen.

Geschäftsfälle		€
01.12.20(0)	EB (Schlussbestand vom 30.11.20(0) im obigen Konto)	
03.12.20(0)	Ausgangsrechnung (AR) Nr. 659	455,20
05.12.20(0)	AR Nr. 660	89,70
09.12.20(0)	Banküberweisung (AR 612)	620,00
10.12.20(0)	Teilzahlung (Kasse, AR 566)	300,00
10.12.20(0)	Banküberweisung (AR 638)	310,00
14.12.20(0)	AR Nr. 661	2 640,00
15.12.20(0)	AR Nr. 662	98,50
18.12.20(0)	Banküberweisung (AR 642)	544,20
22.12.20(0)	AR Nr. 663	355,40

Geschäftsfälle		€
23.12.20(0)	Banküberweisung (AR 641)	1 576,30
24.12.20(0)	AR Nr. 664	95,60
27.12.20(0)	AR Nr. 665	590,00
29.12.20(0)	Banküberweisung (AR 625)	310,00
30.12.20(0)	AR Nr. 666	255,90

Mehrungen **Minderungen**

Soll		Forderungen			Haben
Datum	**Text/Gegenkonto**	**€**	**Datum**	**Text/Gegenkonto**	**€**

Führen Sie das Konto „Forderungen".

a Schließen Sie das Konto „Forderungen" für den Monat November 20(0) auf Seite 146 ab.

b Setzen Sie das Konto „Forderungen" für den Monat Dezember 20(0) fort und schließen Sie es ab.

7

Der Fahrradverleih Max Reinhardt GmbH ist für den Biker-Shop ein wichtiger Kunde, weil man mit dem Unternehmen die höchsten Umsätze erzielt, vor allem durch größere Einzelaufträge. Das nebenstehend abgebildete Kundenkonto zeigt die genauen Zahlen.

Werten Sie für den Biker-Shop das Kundenkonto der Max Reinhardt GmbH aus, indem Sie die nachfolgend verlangten Berechnungen vornehmen.

a Der Gesamtumsatz des Biker-Shops betrug im Geschäftsjahr 20(0) 916 400,00 €. Ermitteln , Sie, welchen Anteil in Prozent hieran die Max Reinhardt GmbH hatte.
(Ihr Umsatz in Euro ergibt sich aus dem Kundenkonto; beachten Sie, dass aus dem Konto nur der Umsatz des Jahres 20(0) berücksichtigt wird.)

b Errechnen Sie die Anteile der Warengruppen am Umsatz des Kunden in Prozent und stellen Sie das Ergebnis in einer Übersicht nach unten stehendem Muster dar.

	A	B	C	D	E	F
1	Kundenkonto					
2	Name	Fahrradverleih Max Reinhardt GmbH			Jahr	20(0)
3	Straße	Industriestraße 98			Kunden-Nr.	147
4	Ort	40227 Düsseldorf		Bank: Deutsche Bank Düsseldorf		
5	Telefon	0211 87776		IBAN: DE94300700100043766224		
6				BIC: DEUTDEDDXXX		
7						
8	Datum	Text			Soll	Haben
9	01.01.	Eröffnungsbestand			3700,00	
10	15.01.	Banküberweisung für AR 1488				3700,00
11	12.02.	Ausgangsrechnung Nr. 29			4650,00	
12	10.03.	Ausgangsrechnung Nr. 47			12400,00	
13	13.03.	Banküberweisung (AR Nr. 29)				4650,00
14	20.03.	Banküberweisung (AR Nr. 47)				12400,00
15	30.03.	Ausgangsrechnung Nr. 96			7280,00	
16	02.04.	Ausgangsrechnung Nr. 112			600,00	
17	10.04.	Banküberweisung (AR Nr. 96 und 112)				7880,00
18	10.06.	Ausgangsrechnung Nr. 488			22720,00	
19	09.07.	Banküberweisung (AR Nr. 488)				22720,00
20	30.09.	Ausgangsrechnung Nr. 882			3200,00	
21	01.11.	Banküberweisung AR Nr. 882				3200,00
22	10.12.	Ausgangsrechnung Nr. 1436			8450,00	
23	12.12.	Ausgangsrechnung Nr. 1442			10000,00	
24	31.12.	Schlussbestand				18450,00
25					73000,00	73000,00

Informationen zum Umsatz des Kunden

Der Umsatz des Kunden lässt sich folgenden Warengruppen zuordnen:

Warengruppe	Umsatz der Max Reinhardt GmbH in € nach Warengruppen	Umsatzanteil in Prozent
I Tourenräder	22 450,00	
II Rennsporträder	32 640,00	
III Fahrrad-Zubehör	7 200,00	
IV Sportbekleidung	7 010,00	
Summe		100,00

8

Das Kundenkonto dient dem Nachweis und der Kontrolle der Verkäufe gegen Rechnung an einen bestimmten Kunden.

a Schließen Sie das unten stehende Staffelkonto formgerecht ab.

b Erläutern Sie die Zeilen ① bis ⑦ aus der Sicht des Einzelhändlers Biker-Shop.

Kundenkonto

Name	Radsportclub Düsseldorf	Jahr	20(0)
Straße	Cranachstraße 45	Kunden-Nr.	43
Ort	40235 Düsseldorf	Bank	Stadtsparkasse Düsseldorf
Telefon	0211 478849	IBAN: DE54 3005 0110 0043 7662 24 BIC: DUSSDEDDXXX	

Datum	Text	Soll	Haben
01.10.	Saldovortrag①	1 200,00	
03.10.	Ausgangsrechnung Nr. 589/20(0)②	200,00	
04.10.	Banküberweisung (AR 555/20[0])③		800,00
02.11.	Banküberweisung (AR 572/20[0])④		400,00
03.10.	Banküberweisung (AR 589/20[0])⑤		200,00
10.11.	Ausgangsrechnung Nr. 636/20[0])⑥	700,00	
	⑦		

9

Der Biker-Shop hat dem Kunden Klaus Bettmer die nachfolgend abgebildete Rechnung übersandt.

a **Prüfen Sie die Ausgangsrechnung auf ihre rechnerische Richtigkeit.**

b **Am 30.12.20(0) erhält der Biker-Shop 589,35 € vom Kunden auf das Bankkonto überwiesen. Stellen Sie fest, ob die Rechnung damit ausgeglichen ist.**

Biker-Shop

Oberstraße 17
40878 Ratingen
Tel.: 02102 34288-0
Fax: 02102 34244

Herrn
Klaus Bettmer
Körtingstraße 17
40235 Düsseldorf

Datum:
20.12.20(0)

Rechnungs-Nr. 1266 | Kunden-Nr. 422

Menge	Bezeichnung	Einzelpreis/€	Gesamtpreis/€
5	Reflektorsätze	13,80	69,00
20	Stirnbänder	9,90	199,80
15	Einlegesohlen	19,99	298,50
			567,30
	– 10 % Rabatt		–56,73
	Nettobetrag		510,57
	+ 19 % Umsatzsteuer		97,01
	Bruttobetrag		607,58

Wir gewähren ein Zahlungsziel von 30 Tagen nach Rechnungsdatum und bei Zahlung innerhalb von 10 Tagen 2 % Skonto.
Bankverbindung: Commerzbank Düsseldorf, IBAN: DE02300400004865051000, BIC: COBADEFFXXX

4 Das Vermögen finanzieren

Einen Kredit aufnehmen

Die Geschäfte im Biker-Shop laufen hervorragend. Aufgrund seiner fachlichen Qualifikation und Zuverlässigkeit wird das Unternehmen ständig weiterempfohlen. Die Auftragslage erforderte es sogar, einen weiteren Mitarbeiter in der Werkstatt einzustellen. Mit dessen Hilfe möchte sich Herr Adam nun vor allem in seinem Spezialgebiet, dem Bau von maßgeschneiderten Rennsport-Fahrrädern, stärker engagieren.

Zu diesem Zweck ist es notwendig, die Betriebs- und Geschäftsausstattung um die dazu erforderlichen Werkzeuge zu ergänzen. Außerdem möchte Herr Adam seinen Kunden die gekauften Fahrräder auf Wunsch frei Haus liefern.

Dafür benötigt er einen Lieferwagen. Da auf dem Bankkonto die notwendigen liquiden Mittel für die erforderlichen Anschaffungen nicht vorhanden sind und auch der Finanzplan für die nächsten Wochen nur eine geringe Liquidität erkennen lässt, ruft er bei seiner Bank an und verlangt den für ihn zuständigen Sachbearbeiter, Herrn Voss.

Herr Adam: „Guten Tag, Herr Voss. Ich benötige dringend 30 000,00 € zur Finanzierung eines Werkstattausbaus und eines Lieferwagens. Kann ich den Kauf einfach über mein laufendes Konto abwickeln?"

Herr Voss: „Guten Tag Herr Adam. Nun, das ist zu überlegen. Wie viel Euro wollen Sie denn monatlich zurückzahlen?"

Herr Adam: „Ca. 1 000,00 €."

Herr Voss: „Gut, es handelt sich also um einen längerfristigen Kredit. In diesem Fall ist eine Kontoüberziehung relativ teuer. Ich empfehle Ihnen ein Darlehen, das ist 3 % günstiger."

Herr Adam: „Ja gut. Dann nehme ich das Darlehen. Ich möchte es aber auf meinem laufenden Konto gutgeschrieben haben, damit ich durch Überweisung darüber verfügen kann. Bereiten Sie schon mal die Unterlagen vor, ich komme dann heute Nachmittag zum Unterschreiben vorbei. Ich brauche das Geld schnell, weil ich mit meinen Lieferanten bereits alles geklärt habe."

ARBEITSAUFTRAG 1

Führen Sie die Konten Bank und Darlehen für den Biker-Shop.

VORSCHLÄGE ZUM VORGEHEN

1. Verwenden Sie die vorbereiteten Konten auf der Seite 151.
2. Eröffnen Sie das Konto Bank zum 15.12.20(0) mit dem Eröffnungsbestand der Vorwoche in Höhe von 3 450,00 €.
3. Buchen Sie die unten stehenden Geschäftsfälle auf den Konten Bank und Darlehen.
4. Schließen Sie die Konten zum Wochenende (19.12.20[0]) wieder ab.

Beachten Sie:

- Sie haben es mit einem Vermögens- und mit einem Kapitalkonto zu tun.
- Prüfen Sie, ob auf den Konten Mehrungen oder Minderungen stattfinden.
- Werden zwei Konten genannt, ist auch doppelt zu buchen.

Geschäftsfälle		€
16.12.20(0)	Die Bank gewährt uns ein **Darlehen** (Bankdarlehen)...	30000,00
	... und sie schreibt uns den Darlehensbetrag auf unserem **Bank**konto gut (Darlehensgutschrift).	30000,00
17.12.20(0)	Durch eine Banküberweisung begleichen wir die Rechnung unseres Autohändlers für den Lieferwagen (Eingangsrechnung Nr. 1566).	20000,00
17.12.20(0)	Banküberweisung für Einrichtungsgegenstände an die Firma Werkzeugmaschinen Siebers (Eingangsrechnung Nr. 1833)	9500,00
18.12.20(0)	Die Rechnung eines Lieferers (ER 483) wird durch Banküberweisung beglichen.	1600,00
19.12.20(0)	Banküberweisung vom Kunden (AR 2457/20[0])	350,00

Mehrungen **Minderungen**

Vermögens- und Kapitalkonten bewegen sich gegenläufig.

Soll			Bank		Haben
Datum	**Text/Gegenkonto**	**€**	**Datum**	**Text/Gegenkonto**	**€**

Minderungen **Mehrungen**

Soll			Darlehen		Haben
Datum	**Text/Gegenkonto**	**€**	**Datum**	**Text/Gegenkonto**	**€**

AUFGABEN

1

Vermögens- und Kapitalkonten sind ähnlich aufgebaut, aber spiegelbildlich (gegenläufig).

Ergänzen Sie die nachfolgende Tabelle durch „Soll“ oder „Haben“, je nachdem, auf welcher Kontenseite die betrachtete Position (z. B. der Eröffnungsbestand) steht.

Konten	Eröffnungsbestand	Mehrungen	Minderungen	Schlussbestand
• **Kasse**				
• **Bank**				
• **Forderungen**				
• **Darlehen**				

2

Ein Einzelhändler benötigt von seiner Bank kurz- und langfristige Unterstützung zur Finanzierung seiner Ausgaben.

Stellen Sie fest, ob es sich bei den nachfolgend beschriebenen Konten jeweils um ein laufendes Bankkonto (Kontokorrentkonto) oder um ein Darlehenskonto handelt.

1 Auf dieses Konto werden die Kasseneinnahmen täglich eingezahlt.

2 Auf diesem Konto sind Geldbeträge festgehalten, mit denen Vermögenswerte langfristig finanziert wurden.

3 Von diesem Konto wird die monatliche Miete überwiesen.

4 Auf diesem Konto gehen die Überweisungen der Kunden ein.

5 Auf diesem Konto werden monatlich Tilgungen (Rückzahlungen) auf der Soll-Seite gebucht.

Fortsetzung der Situation: Lieferrechnungen begleichen

Der Biker-Shop wächst. Dadurch steigen auch die Wareneinkäufe. Dies führt oft zu erheblichen Verbindlichkeiten gegenüber den Lieferanten. Zum Glück gewähren die Lieferanten lange Zahlungsziele, sodass ein großer Teil der Verbindlichkeiten durch Warenverkäufe ausgeglichen werden kann. Trotzdem musste die Bank um die Erhöhung des Darlehens gebeten werden.

Die nachfolgenden Geschäftsfälle zeigen die Entwicklung der Zahlungen der Woche vom 02. bis 06.05.20(0).

ARBEITSAUFTRAG 2

Halten Sie die Zahlungsvorgänge vom 02. bis 06.05.20(0) auf Vermögens- und Kapitalkonten fest.

VORSCHLÄGE ZUM VORGEHEN

1. Eröffnen Sie am 02.05.20(0) für den Biker-Shop die folgenden Konten mit den angeführten Eröffnungsbeständen (siehe vorbereitete Konten unten).
2. Buchen Sie auf den Konten die folgenden Geschäftsfälle und schließen Sie die Konten zum 06.05.20(0) ab.

Vermögenskonten	€	Kapitalkonten	€
Kasse	100,00	Darlehen	24 000,00
Bank	1 200,00	Verbindlichkeiten	46 600,00
Forderungen	9 400,00		

Geschäftsfälle		€
02.05.20(0)	Barverkäufe an der Kasse	4 400,00
02.05.20(0)	**Kasse**nabschöpfung (**Bank**einzahlung)	4 200,00
02.05.20(0)	Das **Darlehen** unserer Bank wird durch eine monatliche **Bank**überweisung zurückgezahlt (getilgt).	2 000,00
03.05.20(0)	Barverkäufe an der Kasse	3 750,00
03.05.20(0)	**Kasse**nabschöpfung (**Bank**einzahlung)	3 700,00
03.05.20(0)	Ein Kunde begleicht unsere Ausgangsrechnung Nr. 174 durch **Bank**überweisung. Unsere **Forderungen** verändern sich.	420,00
03.05.20(0)	Wir begleichen eine Liefererrechnung (Nr. 2844) durch **Bank**überweisung. Unsere **Verbindlichkeiten** verringern sich.	12 800,00
04.05.20(0)	Barverkäufe an der Kasse	3 250,00
04.05.20(0)	**Kassen**abschöpfung (**Bank**einzahlung)	3 200,00
04.05.20(0)	Unsere Bank erhöht unser **Darlehen** um 40 000,00 € und schreibt den Betrag unserem **Bank**konto gut.	40 000,00
05.05.20(0)	Die Ausweitung unserer Verkaufsfläche erfordert hohe Wareneinkäufe. Wir begleichen heute die Rechnung eines Lieferanten aus dem Monat April durch eine **Bank**überweisung (Eingangsrechnung Nr. 1434). Die **Verbindlichkeiten** verändem sich.	23 000,00
05.05.20(0)	Barverkäufe an der Kasse	2 300,00
05.05.20(0)	**Kasse**nabschöpfung (**Bank**einzahlung)	2 300,00
05.05.20(0)	Ein Kunde begleicht unsere Ausgangsrechnung Nr. 179 durch **Bank**überweisung. Unsere **Forderungen** verändern sich.	350,00

Mehrungen **Minderungen**

Vermögenskonten
- Kasse
- Bank
- Forderungen

Soll					Haben
Datum	**Text/Gegenkonto**	**€**	**Datum**	**Text/Gegenkonto**	**€**

Soll					Haben
Datum	**Text/Gegenkonto**	**€**	**Datum**	**Text/Gegenkonto**	**€**

Soll					Haben
Datum	Text/Gegenkonto	€	Datum	Text/Gegenkonto	€

Kapitalkonten
– Darlehen
– Verbindlichkeiten

Minderungen **Mehrungen**

Soll					Haben
Datum	Text/Gegenkonto	€	Datum	Text/Gegenkonto	€

Soll					Haben
Datum	Text/Gegenkonto	€	Datum	Text/Gegenkonto	€

AUFGABEN

3

Das Konto „Verbindlichkeiten“ dokumentiert die Zahlungsverpflichtungen eines Einzelhändlers gegenüber seinen Lieferanten.

Erläutern Sie, welche Informationen ein Einzelhändler dem nachfolgenden Konto über die Entwicklung und den Stand seiner Verbindlichkeiten entnehmen kann.

Soll		Verbindlichkeiten			Haben
Datum	**Text/Gegenkonto**	**€**	**Datum**	**Text/Gegenkonto**	**€**
02.09.	Banküberw. ER 2321	7000,00	01.09	Eröffnungsbestand	85000,00
04.09.	Banküberw. ER 1899	22000,00			
04.09.	Banküberw. ER 1434	17000,00			
06.09.	Schlussbestand	39000,00			
		85000,00			85000,00

Fortsetzung der Situation: Mit eigenem Kapital finanzieren

Die gute Geschäftsentwicklung der letzten Jahre macht es nach Ansicht von Herrn Adam erforderlich, das Sortiment durch die Aufnahme bekannter Hersteller von Rennsporträdern auszuweiten und die Geschäftsausstattung grundlegend zu erneuern. Auch den Werkstattbereich möchte er ausbauen. Er rechnet mit Kosten in Höhe von 100000,00 €. Bei Gesprächen mit der Bank lehnte diese jedoch weitere Kredite ab, weil der derzeitige Anteil des Eigenkapitals am Gesamtkapital zu gering sei. Zurzeit hat Herr Adam sein Vermögen folgendermaßen finanziert.

Schlussbestände auf den Konten zum 30.06.20(0):

Vermögen		Kapital		Anteile in Prozent vom Gesamtkapital
Konten	**€**	**Konten**	**€**	
Forderungen	15400,00	Eigenkapital	120000,00	
Bank	47200,00	Darlehen	200000,00	
Kasse	300,00	Verbindlichkeiten	80000,00	
übriges Vermögen	337100,00			
Summe	400000,00	Summe	400000,00	

übriges Vermögen =
- Geschäftsausstattung
- Warenbestand

Herr Adam beschließt daher, Geld aus seinem Privatvermögen durch Einzahlung auf das laufende Bankkonto in das Unternehmen einzubringen, um die gewünschten Investitionen durchführen zu können.

ARBEITSAUFTRAG 3

Stellen Sie dar, wie sich eine Eigenkapitalerhöhung auf die Zusammensetzung des Gesamtkapitals auswirkt.

VORSCHLÄGE ZUM VORGEHEN

1. Eröffnen Sie die Konten Bank und Eigenkapital zum 01.07.20(0) mit den oben angegebenen Eröffnungsbeständen (Schlussbestände vom 30.06.).
2. Buchen Sie die Einzahlung der 100000,00 € aus dem Privatvermögen von Herrn Adam auf das Bankkonto des Biker-Shops als Mehrung des Eigenkapitals.
3. Schließen Sie die Konten ab und vergleichen Sie die Vermögens- und Kapitalveränderungen des Unternehmens.

Daran sollten Sie denken
- Die Erhöhung des Eigenkapitals betrifft zwei Konten.
- Ergänzen Sie die Vermögens- und Kapitalübersicht unten mit den veränderten Schlussbeständen.
- Errechnen Sie die Kapitalveränderungen in Prozent vom Gesamtkapital und vergleichen Sie die Situation vor und nach der Erhöhung des Eigenkapitals.

Mehrungen **Minderungen**

Soll			Bank		Haben
Datum	**Text/Gegenkonto**	**€**	**Datum**	**Text/Gegenkonto**	**€**

Minderungen **Mehrungen**

Soll			Eigenkapital		Haben
Datum	**Text/Gegenkonto**	**€**	**Datum**	**Text/Gegenkonto**	**€**

Vermögen	
Konten	**€**
Forderungen	
Bank	
Kasse	
übriges Vermögen	
Summe	

Kapital		Anteile in Prozent vom Gesamtkapital
Konten	**€**	
Eigenkapital		
Darlehen		
Verbindlichkeiten		
Summe		

AUFGABEN

4

Vermögens- und Kapitalkonten sind spiegelbildlich aufgebaut.

Ergänzen Sie die nachfolgenden Sätze mit den Begriffen „Soll“ oder „Haben“.

1	Zugänge auf dem Konto Eigenkapital werden im		gebucht.
2	Auf dem Darlehenskonto wird eine Tilgung im		gebucht.
3	Der Bestand auf dem Konto Verbindlichkeiten nimmt im		zu.
4	Der Forderungsbestand nimmt im		ab.
5	Der Schlussbestand auf dem Konto Eigenkapital steht im		.
6	Der Schlussbestand auf dem Konto Forderungen steht im		.

5

Die Einzelhandlung Conrad hat zum Jahresende die unten aufgeführten Vermögens- und Kapitalwerte.

a **Ordnen Sie die Positionen nach Vermögen und Schulden, indem Sie sie in die nachfolgende Tabelle übertragen.**
b **Ermitteln Sie jeweils die Summe für das Vermögen und das Kapital.**
c **Erläutern Sie das Ergebnis bei der Summenbildung.**

Vermögen und Kapital	€
Gebäude	180 000,00
Kasse	9 600,00
Fuhrpark	25 000,00
Darlehen	90 000,00
Waren	350 000,00
Geschäftsausstattung	70 000,00
Forderungen	19 700,00
Bank (Guthaben)	53 500,00
Verbindlichkeiten	110 000,00
Eigenkapital	507 800,00

Vermögen		Kapital	

6

In dieser Lernsituation 4 sind wichtige Begriffe zum Thema „Kapital" verwendet worden.

Ordnen Sie die nachfolgenden Begriffe den Aussagen zu.

Begriffe			Aussagen
1	Eigenkapital		Kredit, den eine Bank langfristig zur Verfügung stellt
2	Fremdkapital		vereinbarte Überziehungsmöglichkeit auf dem laufenden Bankkonto
3	Darlehen		Kapital, das von Fremden, z. B. einer Bank, in das Unternehmen eingebracht wird
4	Verbindlichkeiten		Werte im Unternehmen, die von den eingesetzten Mitteln (Eigen- und Fremdkapital) angeschafft worden sind
5	Kontokorrentkredit		Schulden eines Einzelhändlers gegenüber seinen Lieferanten
6	Eigenkapitalquote		Kapital, das der Eigentümer in das Unternehmen einbringt
7	Vermögen		Anteil des Eigenkapitals am Gesamtkapital in Prozent

5 Buchungstechniken anwenden

Das Grundbuch führen

Ann-Katrin soll auch die Verwaltung des City-Warenhauses Bauer kennenlernen. In den ersten Tagen war Ann-Katrin vor allem mit der Ablage von Belegen beschäftigt – ein bisschen langweilig, wie sie fand.

Nun soll sie die Buchführung kennenlernen. Herr Scherer, der Leiter des Rechnungswesens, hat einige Belege vorbereitet, die Ann-Katrin buchen soll.

Ann-Katrin: „Ein Freund, der in der Buchhaltung seines Ausbildungsbetriebes arbeitet, hat mir gesagt, dass jeder Betrag angeblich doppelt gebucht wird."

Herr Scherer: „Ja, das machen wir auch so."

Ann-Katrin: „Das bedeutet also, wenn Sie mich beauftragen, 5 000,00 € Bargeld bei unserer Bank einzuzahlen, dass Sie diese 5 000,00 € zweimal buchen."

Herr Scherer: „Ja, richtig."

Ann-Katrin: „Aber ich habe doch nur 5 000,00 € eingezahlt und nicht 10 000,00 €. Dann stimmt doch die ganze Buchführung nicht."

Herr Scherer: „Doppelt buchen heißt nicht, dass aus einer Bankeinzahlung von 5 000,00 € nunmehr das Doppelte gemacht wird. Nein, mit doppelt buchen meint man, dass ein Betrag sowohl im Soll als auch im Haben gebucht wird."

Ann-Katrin: „Also einmal 5 000,00 € auf der Soll-Seite des Bankkontos und dann gleichzeitig 5 000,00 € auf der Haben-Seite des Bankkontos – das kann doch auch nicht richtig sein!"

Herr Scherer: „Da haben Sie völlig recht, natürlich darf man nicht doppelt auf dem Bankkonto buchen. Die 5 000,00 € wurden doch der Kasse entnommen und sind deshalb auch auf dem Kassenkonto zu buchen."

Ann-Katrin: „Kompliziert ist das alles schon".

Herr Scherer: „Bevor auf den Konten gebucht wird, erfassen wir die Geschäftsfälle zunächst im Grundbuch, und zwar in zeitlich richtiger Reihenfolge. Und es gilt der Grundsatz: erst Soll, dann Haben. Dadurch wird später die Übertragung auf die Konten auch leichter.

Herr Scherer fertigt eine Grundbuchskizze an.

Grundbuch

Jahr 20(0)	Konten		€	
Datum	**Soll**	**Haben**	**Soll**	**Haben**
	Erst Soll		Erst Soll	
		dann Haben		dann Haben

Ann-Katrin: „Wo sind die Buchungsbelege? Ich probier's."

Herr Scherer: „Hiermit geht's los – und die Reihenfolge bei der Buchung nicht vergessen!"

Ann-Katrin: „Natürlich nicht: erst Soll – dann Haben."

ARBEITSAUFTRAG 1

Führen Sie das Grundbuch für die unten abgebildeten vier Geschäftsfälle (Beleg 1 - 4).

VORSCHLÄGE ZUM VORGEHEN

1. Verwenden Sie für die Entwicklung der Buchungssätze das nachfolgende Schema.
2. Übertragen Sie anschließend die Kontierung aus dem Schema in das Grundbuch auf Seite 160.
3. Überprüfen Sie die betragsmäßige Richtigkeit Ihrer Buchungssätze (Soll-Buchungen = Haben-Buchungen).

Schema zur Entwicklung von Buchungssätzen

Geschäftsfall/ Beleg (Nr.)	Buchungsregel: Welche Konten werden durch den Geschäftsfall angesprochen?	Um welche Kontenart handelt es sich? Vermögens-/ Kapitalkonto	Wie verändern sich die Kontobestände/ -werte? Mehrung/ Minderung	Auf welcher Kontoseite wird gebucht? (X)		Kontierung: Konten (Erst Soll)	(dann Haben)	Betrag (Erst Soll)	(dann Haben)
				Soll	Haben	Soll	Haben	Soll	Haben
1	Kasse	Vermögenskonto							

Beleg 1
Quittung: Wir haben Wechselgeld von der **Bank**-abgeholt und in die Geschäfts**kasse** gelegt.

Commerzbank
Am Markt 14, 40478 Ratingen
IBAN: DE81 3004 0000 5243 032000

Barauszahlung	Konto 4 565 051 000
	Betrag €
Biker-Shop Oberstraße 17 40878 Ratingen	**300,00** Datum: 05.09.20(0)

Beleg 2
Kassenabschöpfung (Bankeinzahlung) lt. Kassenbericht

Kassenbericht vom 05.09.20(0)/37. Wo.	Nr. 222
	€
Kassenschlussbestand	450,00
+ Ausgaben	0,00
+ Bankeinzahlungen	5 200,00
– Wechselgeld (Kassenbestand d. Vortages)	400,00
Kasseneingang	5 250,00
– sonstige Einzahlungen	0,00
Barverkäufe des Tages	5 250,00

Beleg 3
Rechnung: Ein Kunde des Biker-Shops zahlt die Ausgangsrechnung Nr. 1266 am 05.09.20(0) bar.

Biker-Shop
Oberstraße 17
40878 Ratingen
Tel.: 02102 34288-0
Fax: 02102 34244

Ralf Gerding
Hansastraße 34
40878 Ratingen

Datum:
01.09.20(0)
Bestellung vom:

Rechnungs-Nr. 1266 **Kunden-Nr.** 345

Menge	Bezeichnung	Einzelpreis/€	Gesamtpreis/€
1	Limar-Helm F 105, Art.-Nr. 741212	69,00	69,00
1	Scheibenbremse, Art.-Nr. 55 21 37	199,80	199,80
15	Bremsbelag-Paare, Art.-Nr. 55 90 63	19,90	298,50
	Bruttobetrag		567,30

Die Preise enthalten 19% Umsatzsteuer, Wir gewähren ein Zahlungsziel von 30 Tv
Bankverbindung: Commerzbank Düsseldorf IBAN: DE81 3004 0000 5243 0320 00

Beleg 4
Wir zahlen das Darlehen der Bank in monatlichen Raten durch Überweisung von unserem Bankkonto zurück. Buchungsdatum 05.09.20(0)

Kontoauszug Darlehenskonto **COMMERZBANK** — Am Markt 14, 40478 Ratingen, IBAN: DE81 3004 0000 5243 0320 00

Konto-Nr.	Auszug-Nr.	Seite	Monat	Alter Kontostand (€)
4865 051 200	3	1	09. 20(0)	180. 000, 00

Biker-Shop, Oberstraße 17, 40878 Ratingen

Wert	Buchungstext	Umsätze (€)
01.09.20(0)	monatliche Rückzahlung Darlehen	2.000,00
Auszugsdatum		Neuer Kontostand (€)
		178. 000, 00

Grundbuch

Jahr 20(0) Datum	Konten		€	
	Soll	Haben	Soll	Haben
				Betragskontrolle

AUFGABEN

1

Die unten abgebildeten Geschäftsfälle vom 04. bis 8.12.20(0) sind noch im Grundbuch zu erfassen.

a Führen Sie das Grundbuch zu den Geschäftsfällen.
b Machen Sie die Betragskontrolle.

Geschäftsfälle		€
04.12.20(0)	Bargeld aus der Kasse wird auf das Bankkonto eingezahlt	4000,00
04.12.20(0)	Auf dem Postbankkonto geht eine Gutschrift unseres Kunden für Ausgangsrechnung Nr. 1572 ein.	760,00
05.12.20(0)	Aufnahme eines Bankdarlehens, Überweisung auf das laufende Bankkonto lt. Bankauszug Nr. 314	25000,00
05.12.20(0)	Bareinzahlung auf das Bankkonto lt. Auszug 314 auf das Postbankkonto lt. Auszug 235	3600,00 1500,00
06.12.20(0)	Banküberweisung zum Ausgleich der Rechnung des Autohauses Schmitz (Eingangsrechnung Nr. 413) über den Kauf eines Lieferwagens	28000,00
06.12.20(0)	Von unserem Bankkonto wird die Liefererrechnung Nr. 1429 durch Banküberweisung beglichen, Bankauszug Nr. 328.	13000,00
08.12.20(0)	Rückzahlung (Tilgung) des Bankdarlehens durch Überweisung von unserem Bankkonto, monatliche Rate	2000,00

Grundbuch				
Jahr 20(0)	Konten		€	
Datum	Soll	Haben	Soll	Haben
Betragskontrolle				

2

Aus einem Grundbuch lassen sich die zugrundeliegenden Geschäftsfälle ableiten.

Beschreiben Sie die Geschäftsfälle, die sich hinter den Buchungen ① bis ⑥ verbergen.

Grundbuch				
Nr.	**Konten**		**€**	
	Soll	**Haben**	**Soll**	**Haben**
①	Bank		5500,00	
		Kasse		5500,00
②	Kasse		200,00	
	Bank		658,00	
		Forderungen		858,00
③	Verbindlichkeiten		6700,00	
		Bank		6700,00
④	Bank		20000,00	
		Darlehen		20000,00
⑤	Darlehen		3000,00	
		Postbank		2500,00
		Bank		500,00
⑥	Verbindlichkeiten		5000,00	
		Bank		5000,00

3

In der Buchführung unterscheidet man zwischen einfachem und zusammengesetztem Buchungssatz.

Entscheiden Sie, ob die folgenden Aussagen richtig oder falsch sind.

1 Wird durch einen Geschäftsfall nur eine Wertbewegung auf der Soll-Seite eines Kontos ausgelöst, so spricht man vom einfachen Buchungssatz.

2 Der einfache Buchungssatz löst jeweils eine Veränderung auf der Soll-Seite und auf der Haben-Seite von zwei Konten aus.

3 Der einfache Buchungssatz liegt dann vor, wenn nur ein Konto verändert wird.

4 Vom zusammengesetzten Buchungssatz spricht man dann, wenn Soll und Haben verändert werden.

5 Ruft ein Geschäftsfall Veränderungen auf mehr als zwei Konten hervor, so liegt ein zusammengesetzter Buchungssatz vor.

6 Beim einfachen Buchungssatz und beim zusammengesetzten Buchungssatz sind die Wertveränderungen auf der Soll-Seite gleich den Wertveränderungen auf der Haben-Seite.

Fortsetzung der Situation

Das Hauptbuch führen und abschließen

Nachdem Ann-Katrin sich an der Führung des Grundbuches beteiligt hat, soll sie nun lernen, wie man ein Hauptbuch führt und abschließt. Dafür hat Herr Scherer für Ann-Katrin die nötigen Daten und Formulare zusammengetragen.

Zunächst hat er noch einmal in Erinnerung gerufen, wie sich die Buchungen in den Vermögens- und Kapitalkonten bewegen und wie das Schlussbestandskonto aufgebaut ist.

Am Ende sollte sie in der Lage sein, die Arbeiten selbstständig zu erledigen.

Hauptbuch

Soll	Vermögenskonten Haben
Eröffnungsbestand	Minderungen
Mehrungen	Schlussbestand

Soll	Kapitalkonten Haben
Minderungen	Eröffnungsbestand
Schlussbestand	Mehrungen

Soll	Schlussbestandskonto Haben
Schlussbestände aller Vermögenskonten	Schlussbestände aller Kapitalkonten
Summe Soll-Seite = Summe Haben-Seite	

ARBEITSAUFTRAG 2

Führen Sie das Hauptbuch für die Woche vom 04. bis 09.11.20(0) zum unten aufgeführten Grundbuch und schließen Sie das Hauptbuch ab.

VORSCHLÄGE ZUM VORGEHEN

1. Eröffnen Sie die unten angegebenen Konten mit den Eröffnungsbeständen.
2. Übertragen Sie die Buchungssätze des Grundbuches auf die Konten.
3. Ermitteln Sie die Schlussbestände auf den Konten und übertragen Sie sie in das Schlussbestandskonto.
4. Schließen Sie das Konto ab, um festzustellen, ob die Summen der beiden Kontenseiten übereinstimmen.

Eröffnungsbestände

Vermögenskonten	€	Kapitalkonten	€
Forderungen	25 000,00	Eigenkapital	220 000,00
Bank	27 200,00	Darlehen	150 000,00
Postbank	22 400,00	Verbindlichkeiten	39 700,00
Kasse	11 000,00		
übriges Vermögen	324 100,00		
Summe Vermögen	409 700,00	Summe Kapital	409 700,00

übriges Vermögen:
- Geschäftseinrichtung
- Waren

Grundbuch				
Jahr 20(0) Datum	Konten		€	
	Soll	Haben	Soll	Haben
04.11.	Bank		9 200,00	
		Kasse		9 200,00
05.11.	Bank		1 250,00	
		Forderungen		1 250,00
06.11.	Verbindlichkeiten		28 300,00	
		Bank		28 300,00
07.11.	Bank		1 100,00	
		Forderungen		1 100,00
08.11.	Kasse		150,00	
		Bank		150,00
08.11.	Bank		60 000,00	
		Darlehen		60 000,00

Grundbuch				
09.11.	Darlehen		2000,00	
		Bank		2000,00
09.11.	Verbindlichkeiten		8400,00	
		Bank		8400,00
		Betragskontrolle	110400,00	110400,00

Hauptbuch

Mehrungen **Minderungen**

Vermögenskonten
- Forderungen
- Bank
- Kasse
- übriges Vermögen

Soll		Forderungen			Haben
Datum	Text/Gegenkonto	€	Datum	Text/Gegenkonto	€

Achtung: Immer das Gegenkonto angeben

Soll		Bank			Haben
Datum	Text/Gegenkonto	€	Datum	Text/Gegenkonto	€

Soll		Kasse			Haben
Datum	Text/Gegenkonto	€	Datum	Text/Gegenkonto	€

Soll		Kasse			Haben
Datum	Text/Gegenkonto	€	Datum	Text/Gegenkonto	€

Soll		übriges Vermögen			Haben
Datum	Text/Gegenkonto	€	Datum	Text/Gegenkonto	€

Minderungen **Mehrungen**

Kapitalkonten
- Eigenkapital
- Darlehen
- Verbindlichkeiten

Soll		Eigenkapital			Haben
Datum	Text/Gegenkonto	€	Datum	Text/Gegenkonto	€

Soll		Darlehen			Haben
Datum	Text/Gegenkonto	€	Datum	Text/Gegenkonto	€

Soll		Verbindlichkeiten			Haben
Datum	Text/Gegenkonto	€	Datum	Text/Gegenkonto	€

Soll		Schlussbestandskonto			Haben
Datum	Text/Gegenkonto	€	Datum	Text/Gegenkonto	€

AUFGABEN

4

Geschäftsfälle verändern letztlich Werte auf dem Schlussbestandskonto.

a Stellen Sie fest, wie die unten stehenden Geschäftsfälle die Positionen im Schlussbestandskonto verändern. Kennzeichnen Sie dazu die Auswirkungen der Geschäftsfälle

aa auf die Soll- und Haben-Seiten der betroffenen Konten sowie

ab auf die Summe des Schlussbestandskontos.

b Bestimmen Sie die Art der Bestandsveränderung auf dem Schlussbestandskonto (SBK) mit den Begriffen:

- Soll-Tausch
- Haben-Tausch
- Soll-Haben-Mehrung
- Soll-Haben-Minderung

Soll	Schlussbestandskonto		Haben
Fuhrpark	17 860,00	Eigenkapital	214 354,00
BGA	219 555,00	Darlehen	265 000,00
Waren	634 578,00	Verbindlichkeiten	357 735,00
Forderungen	3 221,00	Umsatzsteuer	49 750,00
Bank	8 936,00		
Kasse	2 689,00		
	886 839,00		**886 839,00**

Geschäftsfälle	Konto Soll-Seite (Mehrung/ Minderung)	Konto Haben-Seite (Mehrung/ Minderung)	Summe Schlussbestandskonto (Mehrung/ Minderung/ unverändert)	Art der Bestandsveränderung (SBK)
1. Ein Kunde bezahlt unsere Rechnung durch Überweisung auf unser Bankkonto, 1 450,00 €	Bank Mehrung			
2. Der Geschäftsinhaber bringt Eigenkapital in das Unternehmen ein und tilgt damit ein Darlehen.				Haben-Tausch
3. Wir begleichen eine Liefererrechnung durch Banküberweisung (2 300,00 €)			Minderung	
4. Wir nehmen ein weiteres Darlehen auf und lassen uns den Gegenwert auf unserem Bankkonto gutschreiben (60 000,00 €).				

5

Belege werden in Eigen- und Fremdbelege unterschieden. Nachfolgend sind Belege des City-Warenhauses Bauer aufgelistet.

	Quittung über Bargeldabschöpfung
	Kassenbericht der Hauptkasse
	Kopie einer Ausgangsrechnung an einen Kunden
	Kontoauszug der Hausbank
	Eingangsrechnung eines Lieferanten
	Gehaltsliste der Mitarbeiter für den Monat März
	Kopie der Gutschrift an einen Kunden

a Ergänzen Sie die freien Kästchen mit einem „E", wenn es sich um einen Eigenbeleg handelt und mit einem „F", wenn ein Fremdbeleg vorliegt.

b Nennen Sie jeweils zwei Beispiele für Eigen- und Fremdbelege aus Ihrem Ausbildungsbetrieb.

6

Für Belege der Buchführung gilt eine sechs- oder eine zehnjährige Aufbewahrungsfrist.

Entscheiden Sie über die gesetzlichen Aufbewahrungsfristen der Schriftstücke und ergänzen Sie die Tabelle.

Nr.	Beleg	Aufbewahrungsfrist
1	Ausgangsrechnung Nr. 423 an den Kunden Ralf Anders	
2	Bankkontoauszug Nr. 76 der Hausbank	
3	Angebotsschreiben eines Lieferanten	
4	Quittung der Bank über die Bareinzahlung vom 03.10.20(0)	
5	Eingangsrechnung Nr. 98 aus dem Jahre 20(0)	
6	Bestellschreiben eines Kunden	
7	Das Grundbuch des Geschäftsjahres 20(0)	

Abschlussaufgabe 1 in Lernfeld 8

Situation

Der Inhaber des Telefongeschäftes Mobil-Shop GmbH hat für das nächste Geschäftsjahr [20(+1)] einen Finanzplan erstellt.

Finanzplan 20(+1)	
	€
geplante Einnahmen (Umsatz)	**450 000,00**
geplante Ausgaben	
– Wareneinkäufe	255 000,00
– Personal	55 000,00
– Miete, Strom etc.	30 500,00
– Werbung	12 000,00
– Steuem	6 000,00
– Zinsen, Versicherungen u. Ä.	4 000,00
– Rückzahlungen für Bankdarlehen	6 000,00
Summe Ausgaben	**368 500,00**
Guthaben (+)/Überziehung (–)	81 500,00

1

Im Vorjahr [20(0)] erzielte das Geschäft einen Umsatz (geplante Einnahmen) von 410 500,00 €.

a Berechnen Sie die Umsatzsteigerung in Prozent, die der Geschäftsinhaber für das Jahr 20(+1) annimmt.
b Unterscheiden Sie in diesem Zusammenhang Soll- und Ist-Zahlen.
c Berechnen Sie die Höhe der Handlungskosten, die in dem Finanzplan ausgewiesen werden.

2

Der Umsatz des Jahres 20(0) in Höhe von 410 500,00 € wurde durch folgende Kundenzahlungen erzielt:

* Barverkäufe: 266 825,00 €
* Kartenverkäufe: 123 150,00 €
* Verkäufe gegen Rechnung: 20 525,00 €

a Berechnen Sie die Höhe der Zahlungsarten (Bar-, Karten-, Rechnungsverkäufe) in Prozent.
b In welcher Höhe hat die Mobil-Shop GmbH Barzahlungen im Jahre 20(+1) zu erwarten, wenn man annimmt, dass das Zahlungsverhalten der Kunden unverändert bleibt?

3

Am ersten Verkaufstag des neuen Geschäftsjahres 03.01.20(+1) sind dem Kassenbericht folgende Zahlen zu entnehmen:

* Kassenschlussbestand: 500,00 €
* Ausgaben für Porto, Blumen u. Ä.: 60,00 €
* Bankeinzahlungen (Kassenabschöpfung): 1 000,00 €
* Wechselgeld zu Beginn des Tages (Eröffnungsbestand): 300,00 €

a Berechnen Sie aufgrund dieser Zahlen die Barverkäufe des Tages.
b Insgesamt wurden an diesem Tag Umsätze von 1 650,00 € erzielt (einschließlich Karten- und Rechnungsverkäufe). Berechnen Sie den Anteil der Barverkäufe am Tagesumsatz in Prozent.

4

a Ergänzen Sie im nachfolgend abgebildeten Kassenkonto die fehlenden Beträge für den Eröffnungsbestand und die drei Eintragungen am 03.01.20(+1) auf der Grundlage der Aufgabe 3.

b Begründen Sie, auf welcher Kontenseite die Kassenabschöpfung (Bankeinzahlung) auf dem Bankkonto gebucht werden muss.

Soll	Kassenkonto				Haben
Datum	**Text**	**€**	**Datum**	**Text**	**€**
03.01.20(+1)	Eröffnungsbestand		03.01.20(+1)	Ausgaben lt. KB	
03.01.20(+1)	Barverkäufe		03.01.20(+1)	Bankeinzahlung	

5

Sie bedienen einen Kunden in der Mobil-Shop GmbH, der als gewerblicher Kunde eine Quittung über den Kauf von 3 Ladegeräten für Handys benötigt. Sie stellen daraufhin die nachfolgend abgebildete Quittung aus. Der Kunde ist aber nicht sicher, ob es ausreicht, lediglich den Bruttobetrag (einschließlich Umsatzsteuer) auszuweisen.

a Stellen Sie anhand des unten abgebildeten Auszuges aus dem Umsatzsteuerrecht begründet fest, dass die Quittung dem Umsatzsteuerrecht entspricht.

b Berechnen Sie die Umsatzsteuer, die in dem Bruttobetrag von 71,40 € enthalten ist.

c Begründen Sie, ob es sich bei der Umsatzsteuer aus Sicht der HT-Bau GmbH um Umsatzsteuer oder Vorsteuer handelt.

Nr. 1273 **Quittung**

Nettobetrag ______ €

\+ Umsatzsteuer ______ % ______ €

Bruttobetrag 71,40 €

Einundsiebzig 40/100

(Im Gesamtbetrag sind 19 % Umsatzsteuer enthalten.)

von HT-Bau GmbH, Lärchenweg 12, 91058 Erlangen

für 3 Ladegeräte für FX 310

dankend erhalten.

Erlangen den 03.01.20(+1)

Jünger

Buchungsvermerk: Unterschrift des Empfängers

§ 33 UStDV Rechnungen über Kleinbeträge

Eine Rechnung, deren Gesamtbetrag 150 € nicht übersteigt, muss mindestens folgende Angaben enthalten:

1. den vollständigen Namen und die vollständige Anschrift des leistenden Unternehmers,
2. das Ausstellungsdatum,
3. die Menge und die Art der gelieferten Gegenstände oder den Umfang und die Art der sonstigen Leistung und
4. das Entgelt und den darauf entfallenden Steuerbetrag für die Lieferung oder sonstige Leistung in einer Summe sowie den anzuwendenden Steuersatz [...]

Quelle: Umsatzsteuer-Durchführungsverordnung (UStDV)

6

Der Gebäudeservice Behrend kauft regelmäßig in der Mobil-Shop GmbH gegen Rechnung ein. Daher hat man in dem Telefongeschäft ein Kundenkonto angelegt.

	A	B	C	D	E	F
1	Kundenkonto					
2	Name	Gebäudeservice Behrend, Erlangen			Jahr	20(+1)
3	Straße	Bachstraße 43			Kunden-Nr.	43
4	Ort	99094 Erlangen		Bank	**Stadtsparkasse Erlangen**	
5	Telefon	09131 766542		IBAN:	DE91 7635 0000 0023 2659 44	
6				BIC:	BYLADEM1ERH	
7	Datum		Text		Soll	Haben
8	03.01.	Saldovortrag			245,00	
9	15.01.	Ausgangsrechnung Nr. 22/20(+1)			360,00	
10	26.01.	Banküberweisung (AR 342/20(0))				245,00
11	31.01.	Ausgangsrechnung Nr. 47/20(+1)			95,00	
12	31.01.	Banküberweisung (AR 22/20(+1))				360,00
13	31.01.	Saldo				
14						
15						

8-1 Kundenkonto Behrend

a Erläutern Sie die Position „Saldovortrag“ vom 03.01. (Was verbirgt sich hinter dem Betrag von 245,00 €? Woher stammt der Betrag? Warum steht er im Soll des Kundenkontos? usw.).
b Beschreiben Sie die Positionen vom 15.01. bis zum 31.01. in ähnlicher Weise.
c Errechnen Sie den Saldo und schließen Sie das Konto zum 31.01. ab.

7

Am Ende des Jahres 20(+1) stellt der Inhaber des Mobil-Shops zu den Wareneinkäufen Folgendes fest:

Finanzplan 20(+1)		tatsächliche Wareneinkäufe 20(+1)
Wareneinkäufe	255 000,00 €	267 750,00 €

a Berechnen Sie den Unterschied zwischen den Soll- und Ist-Einkäufen in Prozent.
b Nennen Sie zwei Ursachen, die dazu geführt haben könnten, dass die tatsächlichen Einkäufe höher liegen als die geplanten.
c Wareneinkäufe führen zu Buchungen auf dem Konto „Verbindlichkeiten“.
  ba Begründen Sie, ob es sich beim Konto „Verbindlichkeiten“ um ein Vermögens - oder um ein Kapitalkonto handelt.
  bb Stellen Sie fest, auf welcher Kontoseite die Wareneinkäufe auf dem Konto „Verbindlichkeiten“ gebucht werden.
d Unterscheiden Sie die Konten „Forderungen“ und „Verbindlichkeiten“.

8

Nachfolgend sind Buchungssätze im Grundbuch dargestellt worden.

Erläutern Sie die einzelnen Buchungssätze, indem Sie erklären, welcher Sachverhalt (Geschäftsfall) sich hinter der Buchung jeweils verbirgt.

Grundbuch				
Jahr 20(0) Datum	Konten		€	
	Soll	Haben	Soll	Haben
04.11.	Bank		9 200,00	
		Kasse		9 200,00
05.11.	Bank		1 250,00	
		Forderungen		1 250,00
06.11.	Verbindlichkeiten		28 300,00	
		Bank		28 300,00
09.11.	Darlehen		2 000,00	
		Bank		2 000,00

9

Am Ende des Geschäftsjahres 31.12.20(+1) stellt der Inhaber des Mobil-Shops auf den Vermögens- und Kapitalkonten untenstehende Endbestände fest.

a Erstellen Sie aus den Endbeständen ein Schlussbestandskonto (siehe nachfolgende Kontodarstellung).
b Berechnen Sie die Höhe des Eigenkapitals.

Endbestände auf den Vermögens- und Kapitalkonten

Konten	€
Betriebs- und Geschäftsausstattung	84 000,00
Waren	240 100,00
Verbindlichkeiten	32 000,00
Darlehen	178 000,00
Forderungen	22 650,00
Kasse	2 150,00
Eigenkapital	?
Bank (Vermögenskonto)	79 600,00

Soll		Schlussbestandskonto			Haben
Datum	Text/Gegenkonto	€	Datum	Text/Gegenkonto	€

6 Aus dem Inventar die Bilanz entwickeln

Am 31.12.20(0) wurde im Biker-Shop die Inventur durchgeführt. In den ersten Tagen des Jahres 20(+1) wurde auf der Grundlage dieser Inventurzahlen das Inventar erstellt.

Frau Berger hat nun noch die Aufgabe, eine Kurzfassung des Inventars zu verfassen, die nur noch die wichtigsten Positionen enthält, eine Bilanz. Vor allem die Hausbank des Einzelhandelsgeschäftes möchte jedes Jahr eine Bilanz vorgelegt bekommen, damit sie sich von der Zusammensetzung des Vermögens, vor allem aber von der Kapitalseite ein Bild machen kann.

Die Grobgliederung einer Bilanz hat folgendes Aussehen

Aktiva	Bilanz der ... zum 31. Dezember 20(0)		Passiva
I. Anlagevermögen		I. Eigenkapital	
II. Umlaufvermögen		II. Fremdkapital	

Dies ist das Inventar des Biker-Shops

	A	B	C	D	E
1	**Inventar des Biker-Shops zum 31.12.20(0)**				
2					
3	**A.**		**Vermögen**	**€**	**€**
4		**I.**	**Anlagevermögen**		
5			Betriebs- undGeschäftsausstattung lt. Anlagenliste		114 600,00
6					
7		**II.**	**Umlaufvermögen**		
8			1. Warenvorräte lt. Inventurlisten Nr. 1 - 14		
9			Warengruppe 1 Räder	164 740,00	
10			Warengruppe 2 Komponenten	15 315,00	
11			Warengruppe 3 Zubehör	7 805,00	
12			Warengruppe 4 Bekleidung	12 700,00	200 560,00
13					
14			2. Forderungen laut Forderungendatei		30 468,00
15			3. Bankguthaben Commerzbank Düsseldorf		39 541,00
16			4. Bankguthaben Postbank		16 200,00
17			5. Kassenbestand		704,00
18			Summe des Vermögens		402 073,00
19					
20	**B.**		**Schulden**		
21		**I.**	**Langfristige Schulden**		
22			Darlehen Commerzbank Düsseldorf		180 000,00
23					
24		**II.**	**Kurzfristige Schulden**		
25			Verbindlichkeiten		64 193,00
26			Summe der Schulden		244 193,00
27					
28	**C.**		**Ermittlung des Eigenkaptals**		
29			Summe des Vermögens		402 073,00
30			- Summe der Schulden		244 193,00
31			Eigenkapital		157 880,00

Inventar

Bereit 180 %

ARBEITSAUFTRAG

Erstellen Sie eine formgerechte Bilanz für den Biker-Shop.

VORSCHLÄGE ZUM VORGEHEN

1. Prüfen Sie, welche Werte im Inventar für die Bilanz zusammengefasst werden können.
2. Übertragen Sie die Werte aus dem Inventar in das nachfolgende Bilanzformular.
3. Bilanzdatum ist der 31.12.20(0).

Aktiva	Bilanz des Biker-Shops, Oberstraße 17, 40878 Ratingen zum 31. Dezember 20(0)		Passiva
	€		€

Ort, Datum ______________________ Unterschrift ______________________

AUFGABEN

1

Ein Unternehmen hat folgende Bilanzpositionen

Bilanzpositionen	€
Bank (Vermögen)	35 000,00
Darlehen	295 000,00
Eigenkapital	335 000,00
Forderungen	20 000,00
Fuhrpark	75 000,00
Betriebs- und Geschäftsausstattung	300 000,00
Kasse	5 000,00
Verbindlichkeiten	305 000,00
Waren	500 000,00

a Erstellen Sie eine formgerechte Bilanz.
b Ermitteln Sie das Anlage-, Umlauf- und Gesamtvermögen dieser Unternehmung.
c Bestimmen Sie die Höhe des kurzfristigen bzw. langfristigen Fremdkapitals.

2

Die nachfolgenden Bilanzpositionen sind bereits zusammengefasste Werte aus dem Inventar des Bio-Marktes Severin.

Bilanzpositionen	€
Grundstücke und Gebäude	180000,00
Kasse	9600,00
Fuhrpark	25000,00
Darlehen	90000,00
Waren	350000,00
Betriebs- und Geschäftsausstattung	70000,00
Forderungen	19700,00
Bank (Vermögen)	53500,00
Verbindlichkeiten	110000,00
Eigenkapital	?

Erstellen Sie aus den Bilanzpositionen eine ordnungsgemäße Bilanz.

3

Nachfolgend ist die Bilanz von Anne Kersting abgebildet und darunter ein Lückentest.

Ergänzen Sie im Lückentest die fehlenden Begriffe.

Aktiva	Bilanz des Fachgeschäftes Anne Kersting zum 31.12.20(0)				Passiva
		€			€
I.	**Anlagevermögen** BGA	5000,00	I.	**Eigenkapital**	14000,00
II.	**Umlaufvermögen**		II.	**Fremdkapital** **1. langfristige Schulden** Darlehen	9000,00
	1. Waren 2. Bank 3. Kasse	14000,00 8000,00 1000,00		**2. kurzfristige Schulden** Verbindlichkeiten	5000,00
		28000,00			28000,00

Ort, Datum, Unterschrift

1 Anlagevermögen + ______________________ = Gesamtvermögen

2 Eigenkapital + Fremdkapital = ______________________

3 Gesamtkapital – Eigenkapital = ______________________

4 Gesamtkapital – Eigenkapital – langfristiges Fremdkapital = ______________________

5 Gesamtvermögen – Fremdkapital = ______________________

6 Anlagevermögen + Umlaufvermögen = Eigenkapital + kurzfristiges Fremdkapital + ______________________

7 Gesamtvermögen – Eigenkapital = ______________________

4

Der Aktiv- und Passivseite der Bilanz werden je nach Sichtweise unterschiedliche Begriffe zugeordnet.

Ergänzen Sie „A“ für Aktivseite und „P“ für Passivseite der Bilanz.

	A oder P
Mittelherkunftsseite	
Mittelverwendungsseite	
Investitionsseite	
Finanzierungsseite	

5

In dieser Lernsituation 6 sind wichtige Begriffe zum Thema „Bilanz“ verwendet worden.

Ordnen Sie die nachfolgenden Begriffe den Aussagen zu.

Begriffe			Aussagen
1	Bilanz		Ermittlung der Vermögenswerte und Schulden eines Unternehmens
2	Inventur		Anlage- und Umlaufvermögen
3	Inventar		Eigen- und Fremdkapital
4	Aktiva		Kurzfassung des Inventars
5	Passiva		Zusammenstellung der Inventurwerte

7 Die aktuelle Bilanz mit der Vorjahresbilanz vergleichen

Sobald die Bilanz am Ende eines Geschäftsjahres erstellt ist, wertet Herr Adam die Bilanzzahlen aus, um sich ein Bild vom finanziellen Zustand seines Unternehmens zu machen. Die Auswertung geschieht in zweierlei Hinsicht:

* Er prüft die Struktur der Aktiv- und Passivseite der Bilanz, indem er das Verhältnis von Anlage- zu Umlaufvermögen sowie von Fremdkapital zu Eigenkapital betrachtet. Wichtig ist für ihn auch die Frage, wie das Anlage- und das Umlaufvermögen finanziert sind.
* Er vergleicht die aktuelle Bilanz mit der Bilanz des Vorjahres, um Veränderungen im Zeitablauf zu erkennen. In dieser Frage schaut er sich jede einzelne Bilanzposition im Jahresvergleich an.

In diesem Jahr wird er besonders sorgfältig zu Werke gehen, weil er für Anfang Januar ein Gespräch mit seiner Hausbank vereinbart hat. Herr Adam will sein Sortiment noch mehr auf den Rennsport ausrichten und dafür die Geschäftseinrichtung völlig umgestalten. Er schätzt, dass er dafür einen weiteren Bankkredit benötigt. Er weiß, von schönen Worten über die geschäftlichen Aussichten lässt sich die Bank kaum beeindrucken. Sie will gute Geschäftszahlen sehen.

	A	B	C	D	E	F
1	**Aktiva**	**Bilanz des Biker-Shops zum 31.12.20(0)**				**Passiva**
2			**€**			**€**
3	**I.**	**Anlagevermögen**		**I.**	**Eigenkapital**	157.880,00
4		Betriebs- und Geschäftsausstattung	114.600,00			
5						
6	**II.**	**Umlaufvermögen**		**II.**	**Fremdkapital**	
7		1. Waren	200.560,00	1.	Langfristige Schulden	
8		2. Forderungen	30.468,00	1.1	Darlehen	180.000,00
9		3. Bank	39.541,00			
10		4. Postbank	16.200,00	2.	Kurzfristige Schulden	
11		5. Kasse	704,00	2.1.	Verbindlichkeiten	64.193,00
12			402.073,00			402.073,00
13						
14	**Aktiva**	**Bilanz des Biker-Shops zum 31.12.20(-1)**				**Passiva**
15			**€**			**€**
16	**I.**	**Anlagevermögen**		**I.**	**Eigenkapital**	86.850,00
17		Betriebs- und Geschäftsausstattung	185.200,00			
18						
19	**II.**	**Umlaufvermögen**		**II.**	**Fremdkapital**	
20		1. Waren	97.500,00	1.	Langfristige Schulden	
21		2. Forderungen	12.450,00	1.1	Darlehen	190.000,00
22		3. Bank	18.600,00			
23		4. Postbank	7.300,00	2.	Kurzfristige Schulden	
24		5. Kasse	400,00	2.1.	Verbindlichkeiten	44.600,00
25			321.450,00			321.450,00

ARBEITSAUFTRAG

Werten Sie die Bilanzen der Jahre 20(0) und 20(-1) mit Blick auf den Kreditwunsch von Herrn Adam aus.

VORSCHLÄGE ZUM VORGEHEN

1. Erstellen Sie für beide Geschäftsjahre jeweils eine aufbereitete Bilanz und errechnen Sie die Prozentanteile der Positionen auf der Aktiv- und Passivseite.
2. Bestimmen und beurteilen Sie den Eigenfinanzierungsgrad, den Vermögensaufbau und die Anlagendeckung des Geschäfts.
3. Beurteilen Sie, ob sich der Vermögensaufbau, die Anlagendeckung und der Eigenfinanzierungsgrad des Unternehmens im Zeitablauf verbessert oder verschlechtert haben.
4. Beurteilen Sie die Erfolgschancen für eine weitere Kreditgewährung durch die Bank.

Aktiva	aufbereitete Bilanz zum 31. Dezember 20(0)				Passiva
	€	%		€	%
Anlagevermögen			Eigenkapital		
Umlaufvermögen			Fremdkapital		
Bilanzsumme		100	Bilanzsumme		100

Kennzahlen	Formel	Wert
Eigenfinanzierungsgrad =		
Vermögensaufbau		
Anlagevermögen =		
Umlaufvermögen =		
Anlagendeckung =		

Aktiva	aufbereitete Bilanz zum 31. Dezember 20(-1)				Passiva
	€	%		€	%
Anlagevermögen			Eigenkapital		
Umlaufvermögen			Fremdkapital		
Bilanzsumme		100	Bilanzsumme		100

Kennzahlen	Formel	Wert
Eigenfinanzierungsgrad =		
Vermögensaufbau		
Anlagevermögen =		
Umlaufvermögen =		
Anlagendeckung =		

AUFGABEN

1

Ein Einzelhandelsgeschäft hat zum 31.12. 20(0) die nachfolgend abgebildete Bilanz von seinem Steuerberater erhalten.

a Erstellen Sie aus den abgebildeten Zahlen eine aufbereitete Bilanz.
b Erläutern Sie den Vermögensaufbau, die Finanzierungssituation sowie die Anlagendeckung.

Aktiva	Bilanz der ... zum 31. Dezember 20(0)		Passiva
Fuhrpark	60 000,00	Eigenkapital	35 000,00
BGA	250 000,00		
Waren	45 000,00	Darlehen	292 000,00
Forderungen	3 000,00	Verbindlichkeiten	34 000,00
Bank	2 500,00		
Kasse	500,00		
	361 000,00		**361 000,00**

Aktiva	aufbereitete Bilanz zum 31. Dezember 20(0)				Passiva
	€	%		€	%
Anlagevermögen			Eigenkapital		
Umlaufvermögen			Fremdkapital		
Bilanzsumme		100	Bilanzsumme		100

2

Die Bilanz des Einzelhandelsgeschäftes ZEITLOS GmbH weist folgende Bilanzpositionen aus: Anlagevermögen 80 000,00 €, langfristiges Fremdkapital 15 000,00 €, Umlaufvermögen 325 000,00 €, Eigenkapital 100 000,00 €, kurzfristiges Fremdkapital 290 000,00 €

Aktiva	aufbereitete Bilanz zum 31. Dezember 20(0)				Passiva
	€	%		€	%
Anlagevermögen			Eigenkapital		
Umlaufvermögen			Fremdkapital		
			• langfristig		
			• kurzfristig		
Bilanzsumme		100	Bilanzsumme		100

a **Erstellen Sie auf der Grundlage der oben stehenden Zahlen eine aufbereitete Bilanz.**
b **Ermitteln Sie die Prozentsätze der einzelnen Bilanzpositionen.**
c **Erläutern Sie den Vermögensaufbau, die Finanzierungssituation und die Anlagendeckung.**

3

Der Inhaber des Sportfachgeschäftes Beck erhält von seinem Steuerberater am Jahresende die nachfolgende Bilanz.

Beurteilen Sie die Entwicklung des Geschäftes im Jahresvergleich.

Aktiva	Bilanz der Sport-Beck GmbH zum 31. Dezember 20(0)				Passiva
	Geschäftsjahr €	Vorjahr €		Geschäftsjahr €	Vorjahr €
BGA	8 138,00	5 931,00	Eigenkapital	285 384,00	33 640,00
Waren	131 091,00	103 347,00	Darlehen	97 000,00	90 677,00
Forderungen	81 495,00	24 305,00	Verbindlichkeiten	38 600,00	122 026,00
Bank	200 060,00	112 460,00			
Kasse	200,00	300,00			
	420 984,00	246 343,00		420 984,00	246 343,00

4

Die unten stehende Bilanz ist unvollständig, weil die Höhe des Eigenkapitals fehlt.

Ermitteln Sie aus der Bilanz
a die Höhe des Eigenkapitals,
b den Anteil des Umlaufvermögens am Gesamtvermögen in Prozent,
c den Anteil des Eigenkapitals am Gesamtkapital in Prozent.

Aktiva		Bilanz	Passiva
Anlagevermögen		**Eigenkapital**	
Fuhrpark	60 000,00		
Betriebs- u. Geschäftsausstattung	150 000,00		
Umlaufvermögen		**Fremdkapital (Schulden)**	
Waren	45 000,00	Darlehen	191 000,00
Forderungen	3 000,00	Verbindlichkeiten	32 000,00
Bank	2 500,00		
Kasse	500,00		
	261 000,00		261 000,00

5

In dieser Lernsituation 7 sind wichtige Begriffe zum Thema „Bilanzvergleich" verwendet worden.

Ordnen Sie die nachfolgenden Begriffe den Aussagen zu.

Begriffe			Aussagen
1	Gesamtvermögen		Verhältnis von Anlagevermögen zu Umlaufvermögen
2	Veränderungsbilanz		Verhältnis von Anlagevermögen zu Eigenkapitel
3	Vermögensaufbau		Summe aus Anlage- und Umlaufvermögen
4	Eigenkapitalquote		Verdichtung von Bilanzpositionen mit ihren Prozentanteilen an der Bilanzsumme
5	Anlagendeckung		Verhältnis von Eigenkapital zu Gesamtkapital
6	aufbereitete Bilanz		Zeitvergleich von Bilanzen

8 Den Erfolg eines Sonderstandes ermitteln

Herr Adam war skeptisch, aber der Außendienstmitarbeiter des Herstellers sprach mit großer Begeisterung

Außendienstmitarbeiter: „Die Ware läuft fantastisch. Alle bekannten Sponsorennamen sind auf den Trikots vorhanden – originalgetreu.“

Herr Adam: *„Aber wer will denn mit einem Trikot den Eindruck erwecken, er sei z. B. Mitglied im Team Astana? Das ist doch völlig unglaubwürdig und man macht sich lächerlich!“*

Außendienstmitarbeiter: „Die Radsportler sehen das ganz anders. Sie finden es toll, wie ein echter Profi auszusehen. Außerdem sind die Konditionen für Sie sehr interessant. Wir empfehlen einen Verkaufspreis von 66,00 €, der Einkaufspreis beträgt 30,00 €. Nach Abzug der Umsatzsteuer bleibt für Sie doch eine schöne Differenz.“

Herr Adam: *„Die Differenz ist das Rohergebnis. Für mich entscheidend ist das Reinergebnis, mein Gewinn! Wir werden es aber auf jeden Fall versuchen – zunächst jedoch für drei Monate. Dann schaue ich mir genau an, was für mich übrig geblieben ist. Anschließend setzen wir uns noch einmal zusammen.“*

Außendienstmitarbeiter: „Am Montag habe ich den Sonderstand mit Sponsoren-Trikots aufgebaut. Sie werden sehen, es wird ein Erfolg!“

Für die Sponsoren-Trikots wird ein Sonderstand abgeräumt, auf dem bisher Energy-Drinks angeboten wurden. Diese Produkte sollten ohnehin ausgetauscht werden, weil der Abverkauf nachließ (Zahlen über den Erfolg der Energy-Drinks befinden sich unten).

Der Sonderstand mit den Sponsoren-Trikots wurde vom Außendienstmitarbeiter angeliefert, mit Ware bestückt und mit Dekorationsmaterial versehen.

Eine Mitarbeiterin des Biker-Shops erhielt den Auftrag, den Stand mitzubetreuen. In der Erfolgsberechnung werden dafür zwei Stunden pro Verkaufstag angesetzt.

Nach drei Monaten stellte Herr Adam alle Aufwendungen und Erträge zusammen, die mit dem Sonderstand verbunden waren. Dabei hat er die Miete und die „übrigen Aufwendungen“ (z. B. Aufwendungen für Büromaterial, Telekommunikation und Zinsen) nach dem Flächenanteil des Sonderstandes (4 m²) an der Gesamtfläche des Biker-Shops (210 m²) verteilt.

Anschließend ermittelte er in einer Ergebnisrechnung das Roh- und das Reinergebnis.

Nun kann er die Zahlen des Sonderstands vergleichen

* mit den Zahlen des Sonderstands für Energy-Drinks und
* mit den Vorjahres-Zahlen des gesamten Biker-Shops

Zahlen zum Sonderstand Sponsoren-Trikots		
Absatz Sponsoren-Trikots	240	Stück
Bruttoverkaufspreis pro Stück	66,00	€
Bezugspreis (Einkaufspreis) pro Stück	30,00	€
anteilige Miete für den Sonderstand (für 4 m²/3 Monate)	180,00	€
Betreuung des Sonderstandes pro Tag	2	Stunden
Personalaufwendungen pro Stunde	12,50	€
Verkaufstage in drei Monaten	77	Tage

zwei Werbeanzeigen für den Sonderstand	300,00	€
anteilige übrige Aufwendungen (für 4 m²/3 Monate)	360,00	€
Umsatzsteuer	19,00	%
Verkaufsfläche Sonderstand	4	m²
Verkaufsfläche Biker-Shop	210	m²

ARBEITSAUFTRAG

Ermitteln Sie den Erfolg des Sonderstands Sponsoren-Trikots und entscheiden Sie, ob der Sonderstand nach drei Monaten weitergeführt werden soll.

VORSCHLÄGE ZUM VORGEHEN

1. Ermitteln Sie Roh- und Reinergebnis des Sonderstands.
2. Beurteilung des erzielten Umsatzes pro m² Verkaufsfläche und des Gewinns in Prozent der Bruttoumsatzerlöse im Vergleich
   - mit dem Sonderstand über Energy-Drinks und
   - mit den Vorjahreszahlen des gesamten Biker-Shops.
3. Entscheiden Sie über die Weiterführung des Sonderstands.

	A	B	C
1	**Ergebnisrechnung Sonderstand Sponsoren-Trikots**	**€**	
2	Brutto-Umsatzerlöse		
3	Umsatzsteuer 19 %		
4	Netto-Umsatzerlöse		
5	Wareneinsatz		
6	**Rohergebnis**		
7	anteilige Miete (für 4 m²/3 Monate)		
8	anteilige Personalaufwendungen		
9	Werbung für 2 Anzeigen		
10	anteilige übrige Aufwendungen (für 4 m²/3 Monate)		
11	**Reinergebnis (Gewinn)**		
12	**Umsatz pro m² Verkaufsfläche Sonderstand**		
13	Brutto-Umsatzerlöse		€
14	Verkaufsfläche		m²
15	Brutto-Umsatzerlöse pro m²		€
16	**Gewinn in Prozent der Brutto-Umsatzerlöse Sonderstand**		
17	Brutto-Umsatzerlöse		€
18	Gewinn		€
19	Gewinn in Prozent der Brutto-Umsatzerlöse		%

Vergleich der Kennzahlen

Kennzahlen	Sonderstand Sponsoren-Trikots	Sonderstand Energy-Drinks	Biker-Shop Gesamt
Brutto-Umsatzerlöse pro m^2 Verkaufsfläche/€		1 350,00	1 100,00
Gewinn in % der Brutto-Umsatzerlöse		6,55	4,86

AUFGABEN

1

Die Ergebnisrechnung für den Sonderstand (siehe Arbeitsauftrag) ist in Form einer Tabelle durchgeführt worden. Die Rechnung kann auch in Kontenform in einem Ergebniskonto dargestellt werden.

a Stellen Sie das Ergebnis für den Sonderstand Sponsoren-Trikots in einem Ergebniskonto dar (Gegenüberstellung von Erträgen und Aufwendungen).

b Ermitteln Sie den Reingewinn.

	A	B	C	D
1	**Aufwendungen**	**Ergebniskonto**		**Erträge**
2		**€**		**€**
3	Wareneinsatz		Netto-Umsatzerlöse	
4	Miete			
5	Gehälter			
6	Werbung			
7	Übrige Aufwendungen			
8				
9				

2

„Nie wieder!", die Aussage von Frau Yildirim war eindeutig. Der Sonderstand mit Produkten „Rund um den festlichen Tisch" war eine Katastrophe. Er sollte das Weihnachtsgeschäft beleben und für eine attraktive Dekoration in der Textilabteilung sorgen. Der Einkaufsverband hatte den Stand als „Paket" angeboten und ihn auch durch eine eigene Mitarbeiterin dekorieren lassen. Ein Tisch, Stühle, Gläser, Geschirr, Kerzenleuchter und Kissen waren wunderschön und stimmungsvoll angerichtet worden – nur, die Kunden wollten kaum etwas davon wissen.

In den letzten 14 Tagen vor Weihnachten mussten Preissenkungen für mehr Abverkauf sorgen. Am Ende halfen nur noch drastische Preisabschriften, um die Waren loszuwerden – „um sie zu verschenken", wie Frau Yildirim sagte.

Die Erfolgskontrolle unmittelbar nach Weihnachten erbrachte folgende Zahlen (Umsatzsteuer 19 %):

Rund um den festlichen Tisch

	€
Umsatzerlöse brutto	3510,50
Einkaufspreis der verkauften Waren	3600,00

	€
Dekoration durch den Einkaufsverband	210,00
anteilige übrige Aufwendungen (geschätzt)	1400,00

a *Errechnen Sie das Roh- und das Reinergebnis des Sondertisches.*

b *Stellen Sie die Zahlen übersichtlich in Kontenform dar.*

	A	B	C	D
1	**Aufwendungen**		**Ergebniskonto**	**Erträge**
2		**€**		**€**
3				
4				
5				
6				
7				
8				
9				

3

Das Spezialgeschäft für Trauringe „Trau dich" weist am Ende des Jahres 20(0) die unten stehenden Zahlen auf.

a Ergänzen Sie die Ergebnisrechnung.
b Ermitteln Sie die Kennzahlen.

Bruttoumsatzerlöse (einschließlich 19 % USt)	255850,00	€
Wareneinsatz	110000,00	€
Verkaufsfläche	100	m^2
Miete	18000,00	€
Personalaufwendungen	22400,00	€
Werbung	1800,00	€
Büromaterial	2400,00	€
Versicherungsbeiträge	1000,00	€
Sachaufwendungen für Geschäftsräume	3600,00	€
übrige Aufwendungen	5800,00	€

Ergebnisrechnung	€	
Bruttoumsatzerlöse		
– Umsatzsteuer 19 %		
= Nettoumsatzerlöse		
– Wareneinsatz		
= Rohergebnis		
Kennzahlen		
Rohergebnis pro m² Verkaufsfläche		
Reinergebnis pro m² Verkaufsfläche		
Bruttoumsatz pro m² Verkaufsfläche		
Gewinn in Prozent der Bruttoumsatzerlöse		%

4

Die Inhaberin des Fachgeschäftes Heim-Dekor verschafft sich einen Überblick über den Erfolg des Geschäftsjahres 20(0) durch einen Vergleich mit den Vorjahreswerten (Ist-Vorjahr).

Berechnen Sie aus den nachfolgenden Zahlen die Kennzahlen sowie die Abweichung im Vergleich zum Vorjahr in Prozent. Tipp: Erstellen Sie eine Ergebnisrechnung für die beiden Geschäftsjahre.

	Ist-Vorjahr	Ist 20(0)
Bruttoumsatzerlöse (19 % USt)	775 880,00	821 100,00
Verkaufsfläche	220,00	230,00
Mitarbeiterzahl	6,50	7,00
Kundenzahl	11 450,00	11 950,00
eingesetzte Arbeitsstunden	12 350,00	13 100,00
Wareneinsatz	345 000,00	361 000,00
Handlungskosten	270 000,00	285 000,00

Kennzahlen	Ist-Vorjahr	Ist 20(0)	Abweichung in %
Bruttoumsatzerlöse pro m² Verkaufsfläche in €			
Bruttoumsatzerlöse pro Mitarbeiter in €			
Stundenleistung in €			
Durchschnittsbon in €			
Rohergebnis pro m² Verkaufsfläche in €			
Gewinn in Prozent vom Bruttoumsatz			

5

Von Frühjahr bis zum Herbst wird auf dem Parkplatz eines Warenhauses ein Zelt aufgebaut, in dem Gartenartikel angeboten werden. Am Ende der Saison ermittelt der Geschäftsführer den Erfolg des Zeltverkaufs. Er verbindet die Prüfung stets mit der Frage, ob der Zeltverkauf im nächsten Jahr wieder durchgeführt werden soll.

Bruttoumsatzerlöse (einschließlich 19 % USt)	199 920,00 €
Wareneinsatz	95 400,00 €
Verkaufsfläche	60,00 m²
Raumkosten (einschließlich verrechneter Miete)	14 000,00 €
Aufwendungen für eine Mitarbeiterin	16 100,00 €
Werbung	1 800,00 €
anteilige übrige Aufwendungen	14 500,00 €

a Errechnen Sie folgende Kennzahlen und vergleichen Sie sie mit den Kennzahlen des Warenhauses.

	Zelt	Warenhaus
aa Rohergebnis pro m² Verkaufsfläche		410,00 €
ab Reinergebnis pro m² Verkaufsfläche		118,00 €
ac Bruttoumsatz pro m² Verkaufsfläche		3 300,00 €
ad Gewinn in Prozent vom Bruttoumsatz		3,6 %

b Entscheiden Sie über die Fortsetzung des Zeltverkaufs.

6

Ein Verbrauchermarkt weist für das Jahr 20(0) folgende Daten auf:

Geschäftsfläche	4 800 m²
Verkaufsfläche	80 % der Geschäftsfläche
Beschäftigte	280 Personen
davon Verkaufspersonal	60 %
Verkaufstage	290 Tage
Kundenbons	760 450 Kunden
Bruttoumsatzerlöse	124,85 Mio. €

Ermitteln Sie aus den Daten folgende Kennzahlen:

a Bruttoumsatzerlöse pro Beschäftigtem

b Bruttoumsatzerlöse pro Verkaufsmitarbeiter

c Bruttoumsatzerlöse pro m² Geschäftsfläche

d Bruttoumsatzerlöse pro m² Verkaufsfläche

e Bruttoumsatzerlöse pro Kunden

f Bruttoumsatzerlöse pro Verkaufstag

7

Im Biker-Shop wird der tägliche Kassenabschluss mit dem Tagesabschluss des Vorjahres verglichen.

Biker-Shop Oberstraße 17, 40878 Ratingen Tel. 021021 5674202	
31.12.20(-1) DI	
Finanzbericht	
Umsatz brutto	3332,00 €
Umsatz netto	
Umsatzsteuer	
Anzahl Artikel	32
Anzahl Kunden	19
Artikelzahl pro Kunde	
Nettoumsatz pro Kunde	
Schlussbestand Kasse (bar)	680,00 €
Nr.	0293
Zeit	16:15

Biker-Shop Oberstraße 17, 40878 Ratingen Tel. 021021 5674202	
31.12.20(0) MO	
Finanzbericht	
Umsatz brutto	3510,50 €
Umsatz netto	
Umsatzsteuer	
Anzahl Artikel	34
Anzahl Kunden	22
Artikelzahl pro Kunde	
Nettoumsatz pro Kunde	
Schlussbestand Kasse (bar)	704,00 €
Nr.	0294
Zeit	16:05

a Ergänzen Sie die fehlenden Werte in den Kassenabrechnungen (Umsatzsteuersatz 19 %).

b Berechnen Sie die Veränderung der Bruttoumsatzerlöse (Umsatz brutto) in Euro und in Prozent. (Überlegen Sie, welcher Wert in der Prozentrechnung mit 100 % gleichgesetzt werden muss.)

8

Der Biker-Shop erzielte im Jahre 20(0) folgendes Ergebnis:

	€
erzielte Bruttoumsatzerlöse	946 050,00
entstandene Handlungskosten	280 700,00
Gewinn	51 430,00

Berechnen Sie

a den Gewinn in Prozent der Bruttoumsatzerlöse,

b die Handlungskosten in Prozent der Bruttoumsatzerlöse,

c die Nettoumsatzerlöse (19 % Umsatzsteuer).

9

Waren sind mit folgenden Preisen ausgestattet:

Auszeichnungspreis in €	enthaltene Umsatzsteuer
416,50	19 %
9,99	7 %

Berechnen Sie die Umsatzsteuer, die in diesen Beträgen jeweils enthalten ist.

10

Folgende Zahlen aus der Ergebnisrechnung liegen Ihnen vor:

Bruttoumsatzerlöse (einschließlich 19 % USt)	386 750,00 €
Wareneinsatz	184 000 €
Aufwendungen (Handlungskosten)	103 500,00 €

Ermitteln Sie aus den Daten das Roh- und das Reinergebnis.

11

Nebenstehend ist das Schema einer Ergebnisrechnung abgebildet.

Erläutern Sie aus dem Rechenschema folgende Begriffe:

a Wareneinsatz
b Handlungskosten
c Nettoumsatzerlöse
d Rohergebnis
e Reinergebnis

Ergebnisrechnung
Bruttoumsatzerlöse – Umsatzsteuer
= Nettoumsatzerlöse – Wareneinsatz
= Rohergebnis – Handlungskosten
= Reinergebnis

12

In dieser Lernsituation 8 sind wichtige Begriffe zum Thema „Erfolgsermittlung“ verwendet worden.

Ordnen Sie die nachfolgenden Begriffe den Aussagen zu.

Begriffe			Aussagen
1	Aufwendungen		Geschäftsvorgang, der lediglich die Bestandskonten betrifft
2	Erträge		Aufwendungen des Einzelhändlers für die verkauften Produkte
3	Bestandsveränderung		Wertzuflüsse aus der Geschäftstätigkeit eines Einzelhändlers
4	Erfolgsveränderung		Differenz zwischen Aufwendungen und Erträgen
5	Wareneinsatz		Differenz zwischen Nettoumsatzerlösen und Wareneinsatz
6	Handlungskosten		Anteil des Gewinns an den Bruttoumsatzerlösen in Prozent
7	Rohergebnis		Verbrauch von Gütern und Dienstleistungen
8	Reinergebnis		Aufwendungen für die Führung eines Einzelhandelsgeschäfts
9	Umsatzrentabilität		Geschäftsvorgang, der Aufwendungen und Erträge betrifft

9 Den Erfolg buchhalterisch erfassen

Am Ende eines jeden Monats ermittelt Herr Adam den Erfolg des Biker-Shops mithilfe seiner Buchführung. Heute, am 31. Januar 20(0), hat er dazu nur noch einige abschließende buchhalterische Arbeiten zu erledigen.

Alle Geschäftsfälle sind im Grund- und Hauptbuch gebucht und die Bestandskonten sind bereits abgeschlossen. Nun sind noch die Erfolgskonten abzuschließen und die Salden zum Konto „Gewinn und Verlust" zu übertragen. Auf diesem Konto kann er dann aus der Gegenüberstellung von Aufwendungen und Erträgen den Erfolg des Monats Januar berechnen.

Soll	**Gewinn und Verlust** Haben
Aufwendungen für Waren	Umsatzerlöse
...	
Gehälter	
...	
Miete	
...	

Das Ergebnis aus dem GuV-Konto wird er anschließend auf das Konto Eigenkapital übertragen und das Konto ebenfalls abschließen.

Der Geschäftsinhaber hofft natürlich auf ein positives Reinergebnis, einen Gewinn. Der Januar gehört zwar zu den eher ruhigen Geschäftsmonaten – gespannt ist Herr Adam aber trotzdem. Durch einen Vergleich mit den Monatsergebnissen der beiden Vorjahre kann er außerdem erkennen, wie sich der Erfolg seines Geschäfts im Jahresvergleich entwickelt.

ARBEITSAUFTRAG

Ermitteln Sie den Erfolg für den Monat Januar 20(0) buchhalterisch und vergleichen Sie das Ergebnis mit dem Januar der beiden letzten Vorjahre.

VORSCHLÄGE ZUM VORGEHEN

1. Schließen Sie die Erfolgskonten ab und übertragen Sie den Saldo auf das GuV-Konto.
2. Ermitteln Sie den Erfolg des Monats (Gewinn oder Verlust) und wählen Sie das Konto Eigenkapital für die Gegenbuchung.
3. Schließen Sie das Eigenkapitalkonto ab.
4. Beurteilen Sie den Erfolg des Monats im Jahresvergleich.

Minderungen des Eigenkapitals

Minderungen **Mehrungen**

Aufwandskonten

Soll	Aufwendungen für Waren				Haben
Datum	Text/Gegenkonto	€	Datum	Text/Gegenkonto	€
02.01.	Verbindlichkeiten	10000,00			
07.01.	Verbindlichkeiten	28500,00			

Soll	Aufwendungen für Geschäftsräume				Haben
Datum	Text/Gegenkonto	€	Datum	Text/Gegenkonto	€
30.01.	Bank	900,00			

Soll		Gehälter			Haben
Datum	Text/Gegenkonto	€	Datum	Text/Gegenkonto	€
30.01.	Bank	12 800,00			

Soll		Miete			Haben
Datum	Text/Gegenkonto	€	Datum	Text/Gegenkonto	€
02.01.	Bank	3 000,00			

Soll		Büromaterial			Haben
Datum	Text/Gegenkonto	€	Datum	Text/Gegenkonto	€
02.01.	Verbindlichkeiten	450,00			

Soll		Telekommunikation			Haben
Datum	Text/Gegenkonto	€	Datum	Text/Gegenkonto	€
28.01.	Bank	700,00			

Soll		Werbung			Haben
Datum	Text/Gegenkonto	€	Datum	Text/Gegenkonto	€
10.01.	Verbindlichkeiten	1 600,00			

Soll		Zinsen			Haben
Datum	Text/Gegenkonto	€	Datum	Text/Gegenkonto	€
29.01.	Bank	1 500,00			

Soll		übrige Aufwendungen			Haben
Datum	Text/Gegenkonto	€	Datum	Text/Gegenkonto	€
18.01.	Verbindlichkeiten	2 500,00			

Mehrungen des Eigenkapitals

Ertragskonto

Soll		Umsatzerlöse			Haben
Datum	Text/Gegenkonto	€	Datum	Text/Gegenkonto	€
			02.01.	Forderungen	1 500,00
			31.01.	Kasse	64 300,00

Es wird angenommen, dass alle eingekauften Produkte auch verkauft worden sind.

Soll		Gewinn und Verlust			Haben
Datum	Text/Gegenkonto	€	Datum	Text/Gegenkonto	€

Soll		Eigenkapital			Haben
Datum	Text/Gegenkonto	€	Datum	Text/Gegenkonto	€
			01.01.	Eröffnungsbestand	157 880,00

Ergebnisvergleich

Monatsergebnisse	20(-2)	20(-1)	20(0)
Januar	4 800,00	4 600,00	

AUFGABEN

1

Der Erfolg eines Unternehmens kann auch durch einen Eigenkapitalvergleich durchgeführt werden.

a **Beschreiben Sie die Vorgehensweise anhand des oben stehenden Kontos Eigenkapital (nach dem Abschluss des Kontos).**

b **Nehmen Sie an, der Biker-Shop hätte am Ende des Geschäftsjahres 20(0) einen Schlussbestand auf dem Eigenkapitalkonto in Höhe von 213 480,00 €. Der Schlussbestand am Ende des Vorjahres 20(-1) beträgt 157 880,00 €. Berechnen Sie den Erfolg, den das Unternehmen im Jahr 20(0) erzielt hat.**

2

Mia Lenfert hat sich selbstständig gemacht. Sie erstellt aus Familienbildern Kalender und bietet zusätzlich Geschenkartikel an. Der Umsatz war im ersten Geschäftsjahr noch nicht besonders hoch. Trotzdem hofft sie auf ein positives Geschäftsergebnis.

a **Schließen Sie das Konto „Gewinn und Verlust" ab und errechnen Sie das Reinergebnis.**

b **Übertragen Sie das Reinergebnis auf das Konto „Eigenkapital" und schließen Sie das Konto „Eigenkapital" ab.**

c **Beurteilen Sie das Ergebnis des ersten Geschäftsjahres 20(0) von Mia.**

Soll		Gewinn und Verlust			Haben
Datum	**Text/Gegenkonto**	**€**	**Datum**	**Text/Gegenkonto**	**€**
31.12.	Aufwendungen für Waren	38 200,00	31.12.	Umsatzerlöse	58 600,00
31.12.	Aufw. für Gesch.-Räume	500,00			
31.12.	Gehälter	13 000,00			
31.12.	Miete	3 000,00			
31.12.	Büromaterial	750,00			
31.12.	Telekommunikation	700,00			
31.12.	Werbung	2 100,00			
31.12.	Zinsen	1 500,00			
31.12.	übrige Aufwendungen	2 100,00			

Soll		Eigenkapital			Haben
Datum	**Text/Gegenkonto**	**€**	**Datum**	**Text/Gegenkonto**	**€**
			01.03.	Eröffnungsbestand	18 400,00

3

Aus einem GuV-Konto kann man Daten für die Geschäftsführung gewinnen.

a Schließen Sie das nachfolgenden GuV-Konto ab.

b Ermitteln Sie folgende Daten aus dem Konto:

- **ba** den Wareneinsatz
- **bb** die Handlungskosten
- **bc** das Rohergebnis
- **bd** das Reinergebnis

Soll	Gewinn und Verlust				Haben
Datum	**Text/Gegenkonto**	**€**	**Datum**	**Text/Gegenkonto**	**€**
30.04.	Aufwendungen für Waren	46 200,00	30.04.	Umsatzerlöse	76 300,00
30.04.	Aufw. für Gesch.-Räume	1 200,00			
30.04.	Gehälter	13 300,00			
30.04.	Miete	3 000,00			
30.04.	Büromaterial	400,00			
30.04.	Telekommunikation	700,00			
30.04.	Werbung	2 100,00			
30.04.	Zinsen	1 500,00			
30.04.	übrige Aufwendungen	2 300,00			

4

Besonders interessant sind die Zahlen des GuV-Kontos, wenn man sie im Jahresvergleich betrachtet.

Berechnen Sie aus folgenden Zahlen jeweils:
a das Roh- und das Reinergebnis
b die Abweichungen in Euro und in Prozent im Jahresvergleich

Welcher Wert ist mit 100 % gleichzusetzen?

	20(-1) in €	20(0) in €	Abweichungen in €	Abweichungen in %
Wareneinsatz	475 300,00	510 000,00		
Umsatzerlöse	780 300,00	890 000,00		
Handlungskosten	280 600,00	310 500,00		
Rohergebnis				
Reinergebnis				

10 Mitarbeiter über wichtige Kennzahlen informieren

Vierteljährlich informiert Herr Adam seine Mitarbeiter über die Entwicklung der Geschäftslage des Biker-Shops. Er macht anhand der Plan- und Ist-Zahlen auf Probleme aufmerksam, die die Mitarbeiter betreffen und die vor allem von ihnen gelöst werden können.

Nun steht der Bericht für das 3. Quartal des laufenden Geschäftsjahres an. Die Stimmung der letzten beiden Mitarbeiterbesprechungen war schlecht. Die nächste – das konnte Herr Adam aus den Zahlen leicht erkennen – wird es erforderlich machen, auf den Alarmknopf zu drücken. Die notwendigen Zahlen hatte er bereits aus dem Warenwirtschaftssystem zusammengetragen oder den Planungsunterlagen für das laufende Geschäftsjahr entnommen. Nun ist noch die Leistungstabelle um die Monate Juli bis September zu ergänzen und die Kennzahlen sind zu berechnen.

Einladung

zur Mitarbeiterbesprechung

am Montag, dem 2. Oktober, 19:00 Uhr

TOP 1: Geschäftslage im 3. Quartal

TOP 2: Maßnahmen

Daten aus dem Warenwirtschaftssystem

Bericht: Bruttoumsatzerlöse		
Bereich:	Gesamtbetrieb	
Monat:	07	56 868,00
	08	52 041,00
	09	66 815,00

Bericht: Kundenzahl		
Bereich:	Gesamtbetrieb	
Monat:	07	688
	08	634
	09	820

Bericht: Arbeitsstunden		
Bereich:	Gesamtbetrieb	
Monat:	07	960
	08	970
	09	920

weitere Daten:	
Fläche in m²	210
Mitarbeiterzahl	6
Arbeitszeit	40 Stunden pro Woche, 177 Stunden im Monat

Herr Adam will den Mitarbeitern aber nicht nur die Leistungstabelle vorstellen, sondern die Zahlen auch durch Grafiken veranschaulichen. Die Zahlen zu den Plan- und Ist-Umsätzen am Ende des 2. Quartals hat er als Diagramm dargestellt.

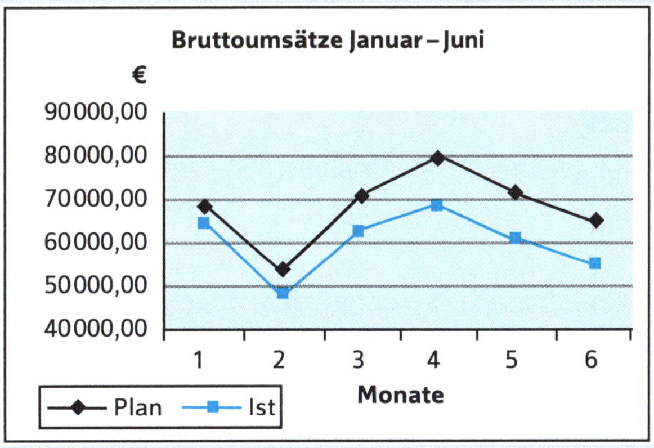

Leistungstabelle

Plan-Umsatz (Jahr):		904 800,00 €	Plan-Kundenzahl:		10 645	Plan-Stundenleistung:		80,00 €
			Plan-ø-Bon:		85,00 €	Plan-Umsatz pro m²/Monat:		359,00 €

	Plan	Ist	Plan	Ist	Ist	Ist	Ist	Ist
Monate	Umsatz (brutto)	Umsatz (brutto)	Kundenzahl	Kundenzahl	ø-Bon	Arbeitsstunden	Std.-Leistung	Umsatz/m²
Januar	68 600,00	65 170,00	807	770	84,64	910	71,62	310,33
Februar	53 900,00	49 049,00	634	580	84,57	905	54,20	233,57
März	71 000,00	63 190,00	835	752	84,03	903	69,98	300,90
April	79 800,00	68 628,00	939	812	84,52	940	73,01	326,80
Mai	71 800,00	61 030,00	845	725	84,18	950	64,24	290,62
Juni	65 600,00	55 760,00	772	667	83,60	955	58,39	265,52
Juli	67 700,00		796					
August	62 700,00		738					
September	80 500,00		947					
Oktober	87 300,00		1 027					
November	95 600,00		1 125					
Dezember	100 300,00		1 180					
Summe	904 800,00		10 645					

ARBEITSAUFTRAG

Stellen Sie die Geschäftslage des Biker-Shops im 3. Quartal dar.

VORSCHLÄGE ZUM VORGEHEN

1. Ergänzen Sie die Leistungstabelle mit den Zahlen der Monate Juli bis September.
2. Entwerfen Sie Grafiken zu den wichtigsten Kennzahlen.
3. Beurteilen Sie die Zahlen und machen Sie Vorschläge, durch welche Maßnahmen die Geschäftslage verbessert werden könnte.

AUFGABEN

1

Am Ende des Geschäftsjahres 20(0) werden im City-Warenhaus Bauer die aktuellen Geschäftszahlen mit denen des Vorjahres verglichen. Ziel ist es, die wichtigsten Kennzahlen der beiden Jahre miteinander zu vergleichen.

a Errechnen Sie im unten stehenden Formular die Kennzahlen

b Begründen Sie, ob sich die Lage des Geschäfts verbessert oder verschlechtert hat.

	A	B	C
1	**Betriebswirtschaftliche Kennzahlen des City-Warenhauses Bauer**		
2	**Eingabe**	**Vorjahr**	**20(0)**
3	Verkaufsfläche in m²	3 500	3 500
4	Umsatzerlöse (brutto) in €	7 490 881,00	7 741 138,00
5	Mitarbeiterzahl	44	45
6	Zahl der Kunden (Kundenbons)	308 844	316 082
7	Wareneinsatz in €	4 113 609,00	4 272 151,00
8	Durchschnittlicher Lagerbestand in €	1 054 772,00	1 154 636,00
9	eingesetzte Arbeitsstunden	88 950	89 100
10	**Ausgabe**		
11	Umsatz pro m² Verkaufsfläche in €		
12	Lagerumschlag		
13	Umsatz pro Kunde (Bon) in €		
14	Umsatz pro Mitarbeiter in €		
15	Stundenleistung in €		
16	Rohergebnis in €		

2

Bei einem Vergleich der Umsätze von zwei Mitarbeiterinnen (Frau Melcher, Personalnummer 2101, und Frau Adolph, Personalnummer 2104) sind nicht nur Unterschiede in der Höhe der Gesamtumsätze festzustellen, sondern auch in der Höhe des Durchschnittsbons (Umsatz pro Kunde).

Statistik Personal	**Warenbereich 2 Abteilung 2.1 Textil**			
	Personalnummer	Monate/Jahr	Umsatz gesamt €	Umsatz pro Kunde €
	2101	01-12/20(0)	189 754,00	49,87
	2104	01-12/20(0)	174 936,00	45,49

a Erläutern sie zwei Ursachen, die Ihrer Meinung nach die Unterschiede erklären.
b Entwickeln Sie zwei Vorschläge für Maßnahmen, mit denen sich die Zahlen von Frau Adolph anheben lassen.

3

In der Abteilung Schreibwaren/Büro hat die Leiterin, Frau Möller, den Bericht „Leistungskennzahlen" für den Monat März 20(0) aus dem Warenwirtschaftssystem ausdrucken lassen.

a Begründen Sie, wie das Warenwirtschaftssystem die Personalleistung von 13716,83 € ermittelt hat.

b Errechnen Sie aus den Leistungskennzahlen die Verkaufsfläche der Abteilung Schreibwaren/Büro.

c Aus dem Finanzbericht konnte Frau Möller zusätzlich die Information entnehmen, dass 591 Kunden im März in der Abteilung eingekauft und dabei 2227 Artikel erworben haben.

ca Berechnen Sie den Durchschnittsbon.
cb Ermitteln Sie, wie viele Artikel jeder Kunde durchschnittlich gekauft hat.

City-Warenhaus Bauer
Oberstraße 17
40878 Ratingen

Leistungskennzahlen

Von: 01.03. .. MIT Bis: 31.03. .. FRE	
1. Umsatz	27433,65 €
2. Personalleistung	
– pro Person	13716,83 €
– Susanne Möller	8478,10 €
– Ayse Özdemir	18955,55 €
3. Flächenleistung	
3. Schreibwaren/Büro	182,89 €/m²

4

In dieser Lernsituation 10 sind wichtige Begriffe zum Thema „Kennzahlen" verwendet worden.

Ordnen Sie die nachfolgenden Begriffe den Aussagen zu.

Begriffe			Aussagen
1	Personalleistung		Gibt an, wie oft der durchschnittliche Lagerbestand verkauft worden ist
2	Stundenleistung		Umsatzerlöse eines Mitarbeiters/einer Mitarbeiterin
3	Durchschnittsbon		Umsatzerlöse pro Quadratmeter Verkaufs- oder Geschäftsfläche
4	Lagerumschlag		Umsatzerlöse pro Arbeitsstunde
5	Flächenleistung		verdichtete und zahlenmäßig erfassbare betriebswirtschaftliche Tatbestände
6	Kennzahlen		gesamte verfügbare Raumfläche (Verkaufs- und Nebenflächen)
7	Geschäftsfläche		Umsatzerlöse pro Kunde

11 Den Erfolg eines Unternehmens im Zeitablauf vergleichen

Die Enttäuschung war groß, als Herr Adam Anfang Januar von seinem Steuerberater die Abschlussunterlagen des zurückliegenden Geschäftsjahres 20(0) erhielt. Für die gewaltige Arbeit, die Nervenanspannung und den ganzen Ärger mit Lieferanten, Mitarbeitern und Behörden 42 600,00 € Jahresgewinn – rund dreieinhalb Tausend Euro im Monat.

Trotz des niedrigen Jahresüberschusses sah Herr Adam für sein Geschäft gute Entwicklungschancen. Er wollte daher nicht lange jammern, sondern den Ursachen für das schlechte Ergebnis auf den Grund gehen. Dazu vergleicht er die Aufwendungen und Erträge des Jahres 20(0) mit den Zahlen des Vorjahres und stellt die Veränderungen der Zahlen in einer Ergebnisrechnung dar.

	A	B	C	D
1	**Aufwendungen**	**Ist-Zahlen Vorjahr**		**Erträge**
2		**€**		**€**
3	Wareneinsatz	452 400,00	Netto-Umsatzerlöse	778 400,00
4	Aufwendungen für Geschäftsräume	11 000,00		
5	Gehälter	138 600,00		
6	Miete	38 500,00		
7	Büromaterial	5 000,00		
8	Telekommunikation	8 300,00		
9	Werbung	19 100,00		
10	Zinsen	17 000,00		
11	übrige Aufwendungen	29 900,00		
12	Reinergebnis (Gewinn)	58 600,00		
13		778 400,00		778 400,00
14				
15	**Aufwendungen**	**Ist-Zahlen 20(0)**		**Erträge**
16		**€**		**€**
17	Wareneinsatz	462 700,00	Netto-Umsatzerlöse	790 000,00
18	Aufwendungen für Geschäftsräume	11 200,00		
19	Gehälter	154 200,00		
20	Miete	38 500,00		
21	Büromaterial	5 500,00		
22	Telekommunikation	8 400,00		
23	Werbung	19 300,00		
24	Zinsen	17 500,00		
25	übrige Aufwendungen	30 100,00		
26	Reinergebnis (Gewinn)	42 600,00		
27		790 000,00		790 000,00

Außerdem ermittelt er verschiedene Kennzahlen, die ihm Aufschluss über die Attraktivität seines Geschäfts in den Augen der Kunden, die Leistungsfähigkeit seiner Mitarbeiter und die Ertragsstärke seines Geschäftes geben.

Herr Adam hat einige Branchendurchschnittszahlen, die er einer Mitteilung seines Einkaufsverbandes entnommen hat, bereits in das Formular eingetragen.

	Vorjahr	20(0)
Verkaufsfläche in m²	210	210
Mitarbeiterzahl	5,5	6
Kundenzahl	10480	10750
eingesetzte Arbeitsstunden	10520	11400

Ergebnisrechnung	Ist Vorjahr	Ist 20(0)	Veränderung in %
Brutto-Umsatzerlöse			
Umsatzsteuer 19 %			
Netto-Umsatzerlöse			
Wareneinsatz			
Rohergebnis			
Aufwendungen für Geschäftsräume			
Gehälter			
Miete			
Büromaterial			
Telekommunikation			
Werbung			
Zinsen			
übrige Aufwendungen			
Reinergebnis (Gewinn)			

Kennzahlen	Ist Vorjahr	Ist 20(0)	Branchendurchschnitt
Brutto-Umsatz pro m² Verkaufsfläche in €			4700,00
Brutto-Umsatz pro Mitarbeiter in €			170100,00
Stundenleistung in €			
Durchschnittsbon in €			
Rohergebnis pro m² Verkaufsfläche in €			
Gewinn in Prozent vom Bruttoumsatz			6,4

ARBEITSAUFTRAG

Vergleichen Sie den Erfolg des Biker-Shops mit den Vorjahreszahlen.

VORSCHLÄGE ZUM VORGEHEN

1. Ergänzen Sie die Ergebnisrechnung.
2. Ermitteln Sie die Kennzahlen.
3. Beurteilen Sie die Ergebnisse Ihrer Berechnungen und stellen Sie fest, worauf der niedrige Gewinn des Geschäfts zurückzuführen ist.

AUFGABEN

1

In der nachstehenden Tabelle sind die Umsatzzahlen eines Filialbetriebes dargestellt.

Berechnen Sie die Differenzen zwischen

a den Ist-Zahlen und den Vorjahreszahlen und
b den Ist-Zahlen und den Plan-Zahlen.

Vorjahr	Plan	Ist	Differenz Vorjahr		Differenz Plan	
€	€	€	€	%	€	%
5 367 966	5 691 092	5 179 418				

2

Eine Lebensmittel-Supermarkt-Kette hat von vier Filialen Auswertungszahlen vorliegen.

a Berechnen Sie zum nebenstehenden Zahlenmaterial die prozentualen Abweichungen.

b Beurteilen Sie die Zahlen und beachten Sie dabei folgende Besonderheiten:
Filiale 1 hat in unmittelbarer Nähe einen Mitbewerber erhalten.
Filiale 2 hat ein neues kundenorientiertes Konzept zur Warenpräsentation entwickelt.
Filiale 4 liegt in einem aufstrebenden Neubaugebiet.

	A	B	C	D
1	Filiale	Umsatz Vorjahr in €	Umsatz 20(0) in €	Abweichung in %
2	1	769585	722755	
3	2	1 345056	1 452118	
4	3	837773	739577	
5	4	438511	480637	
6				
7	Filiale	Kundenzahl Vorjahr	Kundenzahl 20(0)	Abweichung in %
8	1	45429	43335	
9	2	75200	76000	
10	3	62427	56667	
11	4	25278	29344	
12				
13	Filiale	durchschn. Kundeneinkauf in € Vorjahr	durchschn. Kundeneinkauf in € 20(0)	Abweichung in €
14	1	16,94	16,68	
15	2	17,89	19,11	
16	3	13,42	13,05	
17	4	17,35	16,38	

3

Nehmen Sie an, der Biker-Shop arbeitet mit den nebenstehenden Plan-Umsatzerlösen.

a Berechnen Sie die erforderlichen Arbeitsstunden für die Monate.

b Stellen Sie fest, ob das Geschäft die Arbeitsstunden mit dem vorhandenen Personal bestreiten kann, wenn folgende Bedingungen gelten:
Mitarbeiter:
5,5
Wochenstunden:
40,0 Std. pro Mitarbeiter
Monatsstunden:
177,0 Std. pro Mitarbeiter

	A	B	C	D
1	**Personaleinsatzplanung**			
2		Plan	Plan	Plan
3	Monate	Umsatz (brutto)/€	Arbeitsstunden	Std.-Leistung/€
4	Januar	76 568		80,00
5	Februar	60 103		80,00
6	März	79 194		80,00
7	April	89 093		80,00
8	Mai	80 204		80,00
9	Juni	73 234		80,00
10	Juli	75 558		80,00
11	August	70 002		80,00
12	September	89 901		80,00
13	Oktober	97 477		100,00
14	November	106 771		100,00
15	Dezember	112 023		100,00
16	Summe	1 010 128		

4

Ein Einzelhandelsunternehmen weist für die letzten fünf Jahre die nebenstehenden Daten aus.

	A	B	C	D	E	F
1	Jahr	20(-4)	20(-3)	20(-2)	20(-1)	20(0)
2	Personalkosten in €	128 310	144 680	169 710	171 820	226 607
3	Brutto-Umsatzerlöse in €	1 064 000,00	1 085 700,00	1 407 900,00	1 426 000,00	1 681 000,00
4	Zahl der Mitarbeiter	5	5	6	6	8
5	Verkaufsfläche in m²	210	210	230	230	270
6	Flächenleistung in €	5 067	5 170	6 121	6 200	6 226
7	Umsatz pro Mitarbeiter in €	212800	217140	234650	237667	224133
8						
9	**Branchendurchschnittszahlen**					
10	Umsatz pro Mitarbeiter in €	214100	217600	219200	221700	230200
11	Flächenleistung in €	5 810	5 954	6 062	6 100	6 340

Entwerfen Sie anhand der unten stehenden Tabelle jeweils ein Kurvendiagramm, das für die Jahre 20(-4) bis 20(0) folgende Sachverhalte darstellt:

a die Entwicklung der Personalaufwendungen

b die Entwicklung der Personalleistung (Umsatz pro Mitarbeiter)

c die Flächenleistung (Umsatz pro m^2 Verkaufsfläche)

d Ergänzen Sie die Kurvendiagramme zu b und c jeweils mit einem Diagramm über die Branchendurchschnittszahlen.

Tipp: Setzen Sie anstelle der neutralisierten Jahreszahlen konkrete Jahreszahlen ein; 20(0) = aktuelles Jahr

Abschlussaufgabe 2 in Lernfeld 8

Situation

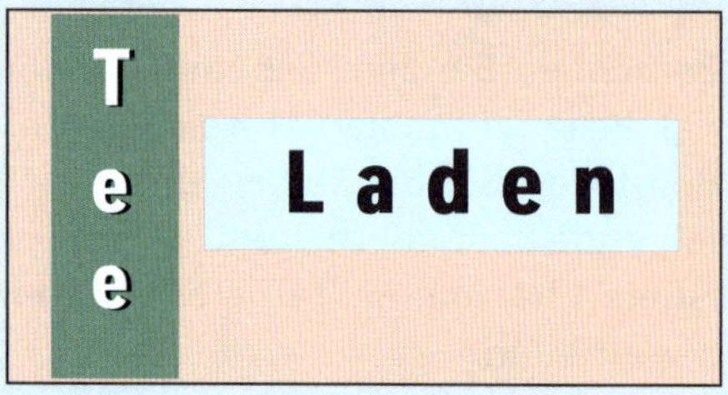

Sybille Blum hat vor zwei Jahren den „Tee-Laden“ eröffnet. Teesorten von Ostfriesentee bis zu japanischen Grüntee-Spezialitäten bestimmen ihr Sortiment. Nun steht sie am Ende ihres 2. Geschäftsjahres und möchte das Ergebnis ihrer Geschäftstätigkeit aus dem abgelaufenen Jahr näher betrachten.

Aus ihrer Buchführung hat sie die nachfolgenden Zahlen zusammengetragen.

Ergebnisse des Jahres 20(0)

Bruttoumsatzerlöse (einschließlich 19 % USt)	261 800,00 €
Wareneinsatz	135 000,00 €
Miete	18 000,00 €
Personalaufwendungen	5 600,00 €
Werbung	2 000,00 €
Büromaterial	1 200,00 €
Versicherungsbeiträge	2 500,00 €
Sachaufwendungen für Geschäftsräume	3 200,00 €
übrigen Aufwendungen	8 900,00 €
Verkaufsfläche	40 m²
Anzahl der Kundenbons	7 500

1

Erstellen Sie aus den Zahlen des Jahres 20(0) eine Ergebnisrechnung.

Ergebnisrechnung	**€**
Umsatzerlöse brutto	
Umsatzsteuer 19 %	
Nettoumsatzerlöse	
Wareneinsatz	
Rohergebnis	
Miete	
Personalaufwendungen	
Werbung	
Büromaterial	
Versicherungsbeiträge	
Sachaufwendungen für Geschäftsräume	
übrige Aufwendungen	
Reinergebnis (Gewinn)	

2

Ermitteln Sie aus den Zahlen des Jahres 20(0) und aus den Ergebnissen der Aufgabe 1 die nachfolgenden Kennzahlen.

Kennzahlen	
Bruttoumsatz pro m^2 Verkaufsfläche in Euro	
Reinergebnis pro m^2 Verkaufsfläche in Euro	
Gewinn in Prozent der Brutioumsatzerlöse	
Umsatz pro Kundenbon (Durchschnittsbon) in Euro	

3

Berechnen Sie die Stundenleistung (Bruttoumsatz pro eingesetzte Arbeitsstunde) mithilfe folgender Zahlen:
Verkaufstage pro Jahr: 290.
Frau Blum arbeitet durchschnittlich 10 Stunden pro Tag.
Eine Teilzeitkraft wird durchschnittlich 3 Stunden pro Tag eingesetzt.

4

Frau Blum möchte auch wissen, wie schnell (oder wie langsam) sich ihr Warenbestand im Verlauf eines Jahres umschlägt. Aus einer Fachzeitschrift hat sie erfahren, dass vergleichbare Geschäfte einen Lagerumschlag (Umschlagshäufigkeit) von 10 haben.

a Berechnen Sie den Lagerumschlag des Teeladens. Hinweis: Der durchschnittliche Lagerbestand betrug im Jahre 20(0) 11 250,00 €.
b Beurteilen Sie das Ergebnis aus a, indem Sie es mit dem Wert aus der Fachzeitschrift vergleichen.
c Errechnen Sie, wie lange die Produkte durchschnittlich in dem Teeladen lagern, bevor sie verkauft werden (durchschnittliche Lagerdauer). Vergleichen Sie Ihr Ergebnis mit der durchschnittlichen Lagerdauer, die sich aus einer Umschlagshäufigkeit von 10 (aus der Fachzeitschrift) ergibt.

5

Nachdem Frau Blum wichtige Kennzahlen ermittelt hat, will sie sie mit den Vorjahreszahlen vergleichen.

Kennzahlen	20(-1)	20(0)
Bruttoumsatz pro m^2 Verkaufsfläche in Euro	7 140,00	
Gewinn in Prozent der Bruttoumsatzerlöse	20,03	
Bruttoumsatz pro Kundenbon in Euro	34,41	
Stundenleistung in Euro	75,50	
Umschlagshäufigkeit	11,48	

a Ergänzen Sie die Tabelle mit den Werten für 20(0), die Sie in den Aufgaben 1 bis 4 ermittelt haben.
b Stellen Sie begründet fest, ob sich die einzelnen Werte verbessert oder verschlechtert haben.
c Geben Sie jeweils eine Maßnahme an, mit der
  ca der Bruttoumsatz pro Kundenbon,
  cb die Stundenleistung und
  cc die Umschlagshäufigkeit verbessert werden kann.

6

Von ihrer Steuerberaterin hat Frau Blum die Bilanzen aus dem Vorjahr 20(-1) und dem laufenden Jahr 20(0) erhalten.

Aktiva	Bilanz der Teeladen GmbH zum 31.12.20(-1)		Passiva
BGA	50 000,00	Eigenkapital	21 900,00
Waren	12 400,00		
Forderungen	3 800,00	Darlehen	40 000,00
Bank	6 400,00	Verbindlichkeiten	11 000,00
Kasse	300,00		
	72 900,00		72 900,00

Aktiva	Bilanz der Teeladen GmbH zum 31.12.20(0)		Passiva
BGA	45 000,00	Eigenkapital	16 850,00
Waren	11 100,00		
Forderungen	4 200,00	Darlehen	38 000,00
Bank	7 100,00	Verbindlichkeiten	13 000,00
Kasse	450,00		
	67 850,00		67 850,00

a Erstellen Sie die aufbereiteten Bilanzen für die Geschäftsjahre 20(-1) und 20(0).

b Stellen Sie begründet fest,

ba ob sich das Verhältnis von Anlagevermögen zu Umlaufvermögen und

bb das Verhältnis von Eigenkapital zu Fremdkapital im Jahresvergleich verbessert oder verschlechtert hat.

Aktiva	aufbereitete Bilanz zum 31. Dezember 20(-1)				Passiva
	€	%		€	%
Anlagevermögen			Eigenkapital		
Umlaufvermögen			Fremdkapital		
Bilanzsumme		100,00	Bilanzsumme		100,00

Aktiva	aufbereitete Bilanz zum 31. Dezember 20(0)				Passiva
	€	%		€	%
Anlagevermögen			Eigenkapital		
Umlaufvermögen			Fremdkapital		
Bilanzsumme		100,00	Bilanzsumme		100,00

7

Die Steuerberaterin stellt auch regelmäßig eine GuV-Rechnung zur Verfügung. Nachfolgend ist das GuV-Konto aus dem Vorjahr [20(-1)] abgebildet.

a Geben Sie die Höhe des Wareneinsatzes an.
b Berechnen Sie das Rohergebnis.
c Ermitteln Sie die Höhe der Handlungskosten.
d Entnehmen Sie dem GuV-Konto das Reinergebnis.

Soll		Gewinn und Verlust 20(-1)			Haben
Datum	**Text/Gegenkonto**	**€**	**Datum**	**Text/Gegenkonto**	**€**
31.12.	Aufwendungen für Waren	124 000,00	31.12.	Umsatzerlöse	205 000,00
31.12.	Miete	18 000,00			
31.12.	Personalaufwendungen	4 800,00			
31.12.	Werbung	4 000,00			
31.12.	Büromaterial	1 400,00			
31.12.	Versicherungsbeiträge	2 500,00			
31.12.	Sachkosten für Gesch.-Räume	3 100,00			
31.12.	übrige Aufwendungen	7 000,00			
31.12.	Gewinn	40 200,00			
		205 000,00			205 000,00

8

Im Jahr 20(+1) erhält Frau Blum von ihrer Steuerberaterin folgende GuV-Rechnung (Darstellung in verdichteter Form):

Soll	Gewinn und Verlust 20(+1)		Haben
Wareneinsatz	128.000,00	Umsatzerlöse	210.000,00
Handlungskosten	44.400,00		
Gewinn	37.600,00		
	210.000,00		210.000,00

a Berechnen Sie aus den Zahlen den Gewinnzuschlag in Prozent.

b Ermitteln Sie den Handlungskostenzuschlag in Prozent.

c Berechnen Sie die Handelsspanne in Prozent (vier Nachkommastellen).

d Berechnen Sie die Umsatzrentabilität in Prozent.

LERNFELD 9

Preispolitische Maßnahmen vorbereiten und durchführen

1 Die Preispolitik des City-Warenhauses festlegen

Herr Bauer hat die Bereichsleiter zu einer Besprechung eingeladen. Es geht um die zahlreichen Preisaktionen der Mitbewerber und um die Frage, wie das City-Warenhaus darauf reagieren soll.

Herr Berns: „Ich meine, es kann so nicht weitergehen: jede Woche seitenweise Anzeigen der Lebensmittel-Discounter in der Tageszeitung. Und was machen wir? Drei Flaschen Rotwein zum Sonderpreis von 2,99 € pro Stück und 1 Kilo Rinderbraten zum Supersparpreis von 5,99 € – damit können wir die Kunden nicht halten."

Herr Blank: *„Bei mir sieht es ähnlich aus. Die Mitbewerber machen den Kunden die tollsten Angebote: Sie verschicken Gutscheine, laden die Kunden zum Punktesammeln ein und geben Kundenkarten aus. Wir haben nichts Vergleichbares."*

Herr Berns: „Oh ja, das hab ich ganz vergessen: Da kauft der Kunde beim Mitbewerber drei Duplo Big Packs und bezahlt nur zwei, oder zum Kasten Fruchtsaft gibt es eine Tüte Chips gratis – das scheint den Kunden zu gefallen!"

Frau Yildirim: *„Ich will nicht so sehr klagen. Im Vergleich mit dem Fachhandel stehen wir ganz gut da, aber natürlich gibt es auch bei Textilien und Schuhen Billiganbieter, die mir das Leben schwermachen. Letztlich müssen wir uns aber über eine solide Produktqualität profilieren und nicht über den Preis. Ein Ärgernis ist natürlich, dass die Konkurrenz immer früher in der Saison mit Sonderangeboten beginnt. Da müssen wir auch etwas machen."*

Frau Bense: „Mir fällt auf, dass in vielen Geschäften grelle Preisschilder den gesamten Verkaufsraum bestimmen. Bei uns sind die Preise alle fein säuberlich und völlig unscheinbar auf einem Preisetikett am Produkt ausgewiesen. Die Preise könnten doch viel mehr ins Auge fallen!"

Herr Bauer: *„Ich höre, dass wir unsere bisherige Preispolitik überdenken müssen. Ich habe vom Büro die Preispolitik unserer drei wichtigsten Mitbewerber zusammenstellen lassen. Die schauen wir uns jetzt etwas genauer an. Anschließend bestimmen wir eine gemeinsame Linie zur Preispolitik unseres Hauses."*

Herr Berns: „Gut, endlich passiert etwas!"

ARBEITSAUFTRAG

Legen Sie die Preispolitik des City-Warenhauses fest.

VORSCHLÄGE ZUM VORGEHEN

1. Beschreiben Sie die Preispolitik ausgewählter Mitbewerber.
2. Bestimmen Sie, wie sich das City-Warenhaus Bauer preispolitisch am Markt darstellen soll.

Preispolitik ausgewählter Mitbewerber

Super-Discount

Es handelt sich hier um ein Geschäft, das vorzugsweise Lebensmittel im Niedrigpreissektor anbietet. In der wöchentlichen Werbung wird auf die Dauerniedrigpreise verwiesen, die in dem Geschäft gelten. Darüber hinaus werden pro Woche einzelne Sonderangebote besonders herausgestellt. Die sparsame Ausstattung des Geschäftes, die Präsentation der Waren weitgehend in Kartons und auf Paletten sollen dem Kunden signalisieren, dass der günstige Preis das Merkmal ist, mit dem sich das Geschäft am Markt profilieren will. Die Produkte sind so knapp kalkuliert, dass für weiteres preisliches Entgegenkommen für einzelne Kunden (z. B. über Kundenkarten) kein Spielraum besteht.

Die Waren sind mit großen, gut sichtbaren Preisschildern ausgezeichnet. Insbesondere die Sonderangebote werden in grellem Rot hervorgehoben. Alle Preise enden mit der Endziffer „9".

SB-Warenhaus Zentral

Das Food- und das Non-Food-Sortiment halten sich beim SB-Warenhaus ungefähr die Waage. Das Geschäft liegt im Gewerbegebiet und ist autokundenorientiert. Das Preisniveau ist dem unteren bis mittleren Bereich zuzuordnen. Das Geschäft unternimmt sehr viel, um den Kunden seine Preiswürdigkeit zu demonstrieren. Einmal in der Woche erscheint ein umfangreicher Prospekt mit Sonderangeboten. An verschiedenen Stellen des Prospekts befinden sich kleine Gutscheine, die der Kunde ausschneiden und an der Kasse abgeben kann. Er erhält dann z. B. beim Kauf von fünf Flaschen Spülmitteln eine weitere gratis dazu. Gerne werden alter (durchgestrichener) und neuer Preis gegenübergestellt. Bei Markenwaren wird auch häufig neben dem eigenen Preis die Preisempfehlung des Herstellers angegeben, was immer zu einem deutlichen Preisunterschied führt. „Kaufe 3, bezahle 2", steht in letzter Zeit mindestens einmal im Prospekt. Außerdem bekommen die Kunden in der Lebensmittelabteilung zu bestimmten Getränkesorten, die sie als ganzen Kasten kaufen, eine Zugabe, z. B. ein Glas oder eine Küchenrolle. Schließlich bietet man den Kunden bestimmte Produkte gebündelt zum Sonderpreis an.

Die Produkte werden gewöhnlich in einer Preisschiene ausgezeichnet. Sonderpreise jeglicher Art werden auch optisch besonders herausgestellt (z. B. durch farbige Preisschilder oder kleine Zeiger, die auf die Preisschiene gesteckt werden). Die Preise enden häufig auf gerundete 10 Cent (z. B. 19,80 €), die meisten Sonderpreise haben am Ende die Ziffer 9 (z. B. 8,99 €).

Elektrofachgeschäft Albers

Das Geschäft bietet Markenprodukte an, die häufig genau den Preisempfehlungen der Hersteller entsprechen. Die Qualität der Waren und die fachmännische Beratung durch qualifizierte Mitarbeiter stehen im Vordergrund. Ganz selten werden in Anzeigen und im Schaufenster Sonderpreise herausgestellt, z. B. indem die Preisempfehlung des Herstellers durchgestrichen und der neue Preis farbig daneben geschrieben wird. Im Übrigen befinden sich die Preise auf kleinen Etiketten an den Produkten.

Den Kunden wird eine Kundenkarte angeboten. Für alle Einkäufe erhält der Kunde am Monatsende einen Bonus von 2 %, den er beim Einkauf mit dem Einkaufsbetrag verrechnen kann. Zu besonderen Anlässen, z. B. Weihnachten/Ostern, werden den Stammkunden Einkaufscoupons über einen Wert von 15,00 € geschickt. Die Preise enden in der Regel auf volle Euro.

Preispolitik der Mitbewerber

Handlungsalternativen in der Preispolitik	Super-Discount	SB-Warenhaus	Elektrofachgeschäft Albers
Preislage (niedrig, mittel, hoch)			

Handlungsalternativen in der Preispolitik	Super-Discount	SB-Warenhaus	Elektrofachgeschäft Albers
Form der **Sonderangebote** (Dauerniedrigpreise, einzelne Sonderangebote, Multibuy, Ankerprodukte, Preisbündelung)			
einheitliche Preise oder Preisdifferenzierung (Kundenkarte, Bonuspunkte, Einkauf-Coupons, Gutscheine)			
Preisoptik (Bedeutung des Preises, runde, gebrochene, glatte Preise, Schwellenpreise, empfohlene, durchgestrichene Preise)			

Preispolitik des City-Warenhauses Bauer

Handlungsalternativen in der Preispolitik	
Preislage (niedrig, mittel, hoch)	
Form der **Sonderangebote** (Dauemiedrigpreise, einzelne Sonderangebote, Multibuy, Ankerprodukte, Preisbündelung)	
einheitliche Preise oder **Preisdifferenzierung** (Kundenkarte, Bonuspunkte, Einkauf-Coupons, Gutscheine)	
Preisoptik (Bedeutung des Preises, runde, gebrochene, glatte Preise, Schwellenpreise, empfohlene, durchgestrichene Preise)	

AUFGABEN

1

Ein Einzelhändler hat verschiedene Möglichkeiten (Alternativen), die Preise für seine Produkte zu gestalten.

Beispiele:
* Coupons/Gutscheine
* Kundenkarten
* Multibuy
* Anker-/Zusatzprodukte
* Bonuspunkte
* Preisoptik: glatte Preise, runde Preise, gebrochene/Schwellenpreise

Halten Sie jeweils unterhalb der Abbildung fest, um welche Art von Preispolitik es sich jeweils handelt.

Beispiele für preispolitische Maßnahmen

Cola | Limonade | Zitronen-limonade

Beim Kauf von 12 Fl. je 1 Liter 1 Packung Butterspekulatius à 200 g **gratis!**

Knorr — Knorr Suppenliebe oder Maggi Guten Appetit
Maggi — 4 Beutel kaufen 3 bezahlen

Modehaus Sprenger
Vorteilskarte
Svenja Rose
00355

HIER GIBT'S PAYBACK PUNKTE!
PAYBACK

Textilhaus Wanders
Einkaufsgutschein
über 10,00 €
gültig vom 03. bis 08.12.

4,80 3,10
7,50 8,40

1,99 18,99
7,99 6,99

10,00 35,00
14,00 137,00

2

Eine Kundin hat wegen des Angebots in dem Textilgeschäft Klaudia drei Artikel gekauft:
* einen Rock zum Preis von 79,00 €
* eine Bluse für 59,00 €
* eine Hose für 129,00 €

a Berechnen Sie den Betrag, den die Kundin zu bezahlen hat.

b Ermitteln Sie die Ersparnis, die die Kundin
ba) in Euro,
bb) in Prozent
durch das Sonderangebot erzielt hat.

Nur gültig bis Mittwoch, 25.06.

Kaufe 3 Teile

- zahle 2 Teile*

oder

Kaufe 5 reduzierte Teile

- zahle 3 reduzierte Teile

Das/die günstigste/n Teil/e ist/sind gratis.

*Einige Teile sind herstellerbedingt ausgeschlossen.

Sandra **Treffpunkt · Mode**

3

Der Biker-Shop bietet hochwertige Fahrräder für den Rennsport an. Außerdem hat er Fahrradzubehör und Fahrradbekleidung im Sortiment. Die Räder werden nach den Wünschen der Kunden aus einzelnen Komponenten zusammengebaut oder auch als fertiges Produkt angeboten. Es gibt zwar einige Fahrradgeschäfte im Umkreis, aber kein Mitbewerber hat den Sortimentsschwerpunkt „Rennsport-Fahrräder“.

Entscheiden Sie begründet, welche Preispolitik der Biker-Shop verwirklichen sollte. Verwenden Sie dazu die nachfolgende Tabelle.

Preispolitik des Biker-Shops

Handlungsalternativen in der Preispolitik	Preispolitik Biker-Shop
Preislage (niedrig, mittel, hoch)	
Form der **Sonderangebote** (Dauerniedrigpreise, einzelne Sonderangebote, Multibuy, Ankerprodukte, Preisbündelung)	
einheitliche Preise oder **Preisdifferenzierung** (Kundenkarte, Bonuspunkte, Einkauf-Coupons, Gutscheine)	
Preisoptik (Bedeutung des Preises, runde, gebrochene, glatte Preise, Schwellenpreise, empfohlene, durchgestrichene Preise)	

4

In der Vergangenheit waren für bestimmte Produkte nur genormte Einheitsgrößen bei der Füllmenge erlaubt. Schokolade konnte nur als 100-, 125-, 250-, 500- oder 1 000-g-Tafel angeboten werden – aber nicht mit 127 Gramm. Die EU hat diese Regelung aufgehoben, sodass Milch, Kakao, Zucker, Schokolade, Waschmittel und viele andere Produkte in beliebigen Packungsgrößen angeboten werden können. Ausgenommen sind nur wenige Produkte wie Wein, Sekt und Spirituosen.

Ein Hersteller von Pflaumenmus hat die Packungsgröße verändert, den Preis für den Einzelhändler aber unverändert gelassen. Auch der Einzelhändler hat daher seine Kalkulation nicht angepasst und das Pflaumenmus weiterhin mit 1,29 € ausgezeichnet.

Hergestellt aus Früchten Säuerungsmittel Citronensäure Nach dem Öffnen kühl aufbewahren **225 g**	Hergestellt aus Früchten Säuerungsmittel Citronensäure Nach dem Öffnen kühl aufbewahren **200 g**
Ursprungsmenge	neue Menge

Berechnen Sie die versteckte Preiserhöhung in Euro, die sich aus der veränderten Packungsgröße ergibt.

5

Es gibt vier Arten von Preisdifferenzierungen:

* räumlich
* zeitlich
* personell
* mengenbezogen

Stellen Sie fest, welche Art der Preisdifferenzierung in den folgenden Fällen vorliegt.

1 Ein SB-Warenhaus wirbt für die Dauer einer Woche mit Sonderangeboten in einer Zeitungsbeilage.

2 Handwerker erhalten in einem Baumarkt einen Sonderrabatt.

3 Im Schlussverkauf werden alle modischen Artikel im Preis reduziert.

4 In einer Zweigstelle, die in der Innenstadt mit zahlreichen Mitbewerbern liegt, werden Produkte niedriger kalkuliert als im Hauptgeschäft, das sich im Randbereich der Innenstadt befindet.

5 Die Mitarbeiter eines Möbelhauses haben die Anweisung erhalten, ab einem Einkaufsbetrag von 1 000,00 € auf Kundenwünsche nach einem Preisnachlass positiv einzugehen.

6 Die Mitarbeiter des Textilhauses Beyer erhalten auf ihre Personaleinkäufe einen Rabatt von 15 %.

6

Bei Kontrollen zur korrekten Preisauszeichnung in Einzelhandelsgeschäften wurden vor allem folgende Verstöße festgestellt:

* Rund 30 % der Preisangaben waren nicht ausreichend lesbar.
* Bei fast 25 % der Preisangaben fehlte der Grundpreis oder er war falsch berechnet worden.
* In mehr als 10 % der Prüfungen konnten die Preise den Waren nicht ordnungsgemäß zugeordnet werden.

Begründen Sie aufgrund Ihrer eigenen Praxiserfahrung, wie es zu diesen Verstößen gegen die Preisangabenverordnung kommen kann.

2 Bezugspreise ermitteln

In der Abteilung Elektronik/Computer des City-Warenhauses Bauer soll das Angebot an Kopfhörern ausgeweitet werden. Der SEN MX Street ist einer der Kopfhörer, mit denen die Auswahl für die Kunden ausgeweitet werden soll. Frau Gerdes, die erste Kraft in der Abteilung, will nun das preisgünstigste Angebot von drei Lieferanten herausfinden, die sie um ein Angebot gebeten hat. Alle Lieferanten sind dem City-Warenhaus als zuverlässig und kulant bekannt, sodass allein der Preis entscheidend sein wird. Die Angebote sind in verkürzter Form dargestellt.

Lieferant	Angebotsbedingungen
Reichardt	SEN MS Street, Stereo-Ohrhörer, ergonomisches Design für optimalen Sitz, Zubehör: Ohrpolster, Verlängerungskabel und Transporttasche, Preis 14,60 €, Mindestabnahmemenge 100 Stück, Versandkosten pro 100 Stück 20,00 € pauschal
E-Partner	SEN MS Street, Stereo-Ohrhörer, einschließlich Ohrpolster, Verlängerungskabel und Transporttasche, Preis 17,10 €, ab 100 Stück Abnahmemenge: 15 % Rabatt, Rechnung zahlbar innerhalb von 30 Tagen ohne Abzug oder binnen 10 Tagen mit 2 % Skonto, Lieferbedingung: frei Haus
Arnold	SEN MS Street, Stereo-Ohrhörer, Ohrpolster, Verlängerungskabel und Transporttasche als Zubehör, Preis 16,80 €, bei Abnahme von 100 Stück Mengenrabatt von 10 %, zahlbar innerhalb von 10 Tagen mit 2 % Skonto oder innerhalb von 30 Tagen netto Kasse, Lieferbedingung: Versandkostenpauschale für 100 Stück: 10,00 €

ARBEITSAUFTRAG
Berechnen Sie aus den Angebotsdaten das preisgünstigste Angebot.

VORSCHLAG ZUM VORGEHEN
Die nebenstehende Tabelle erleichtert Ihnen den Vergleich.

Angebotsvergleich

Eingabeteil

Artikel	**SEN MX Street**		
Lieferer	**Reichard**	**E-Partner**	**Arnold**
Menge/Stück	**100**	**100**	**100**
Listeneinkaufspreis in €			
Rabatt in %			
Skonto in %			
Versandkosten in €/100 Stück			

Ausgabeteil

	€	€	€
Listeneinkaufspreis			

AUFGABEN

1

Die Abteilung Haushaltswaren des City-Warenhauses Bauer hat die zwei Angebote per Post erhalten (gekürzte Darstellung):

Michael Krüger Haushaltswaren-Großhandlung GmbH, München			Schreiber GmbH Porzellan-Großhandel, Dresden
Angebot	11.05.20(0)		Angebot 10.05.20(0)
Sehr geehrte Damen und Herren,			Sehr geehrte Frau Beyer,
aufgrund Ihrer Anfrage unterbreiten wir Ihnen folgendes Angebot:			wir bieten Ihnen aufgrund Ihrer Anfrage an:
Produkt:	Kaffeeservice „Tradition“, 15-teilig		15-teiliges Kaffeeservice „Tradition“ zum Preis von 155,00 €. Bei einer Abnahmemenge von 10 Servicen erhalten Sie 15 % Rabatt.
Preis:	145,00 €, ab 5 Servicen 10 % Rabatt		Wir liefern frei Haus. Lieferzeit sofort
Beförderungs-bedingungen:	pro Service eine Versandkosten-pauschale von 4,00 €		Zahlungsbedingungen: zahlbar innerhalb von 30 Tagen netto Kasse oder innerhalb von 10 Tagen mit 2 % Skonto.
Zahlungs-bedingungen:	zahlbar innerhalb von 30 Tagen ohne Abzug.		
Das Angebot ist freibleibend.			Wir freuen uns über Ihren Auftrag.
Über Ihren Auftrag würden wir uns sehr freuen.			
			Mit freundlichen Grüßen

a **Vergleichen Sie die Angebote und ermitteln Sie das preisgünstigste Angebot bei einer Bestellmenge von 10 Stück.**

b **Stellen Sie fest, wie lange die beiden Angebote gültig sind.**

c **Nennen Sie drei Gründe, warum das Warenhaus einen Lieferanten vorziehen könnte, bei dem der Bezugspreis höher liegt.**

2

Sie erhalten zwei Angebote über Herrensocken.

	Angebot 1	Angebot 2
Artikel	Herrensocken „Sport“	Herrensocken „man“
Listeneinkaufspreis	6,45 €	6,15 €
Rabatt	0,00 %	5,00 %
Skonto	2,00 %	0,00 %
Bezugskosten	0,10 €	0,20 €

Berechnen Sie den Bezugspreis für das günstigere Angebot.

3

Der Baumarkt „Profi-Center“ hat für eine herbstliche Sonderverkaufsaktion u.a. Regenschirme eingekauft. Dem nachfolgenden Rechnungsauszug können Sie die Bezugsbedingungen für Regenschirme entnehmen. Die Bezugskosten betragen laut gesonderter Speditionsrechnung 65,00 € netto. Skonto wird in Anspruch genommen.

Rechnung

Artikel	Artikelnummer	Menge	Einzelpreis	Gesamtpreis
Savana	04-355-08	150	12,00	1 800,00
			5 % Rabatt	90,00
				1 710,00
			19 % Umsatzsteuer	324,90
				2 034,90
zahbar innerhalb von 30 Tagen netto Kasse oder innerhalb von 10 Tagen mit 2 % Skonto				

Berechnen Sie den Bezugspreis für einen Regenschirm.

4

Frau Mohr, die in der Verwaltung des Baumarktes „Profi-Center“ tätig ist, hat die Daten zu den eingekauften Regenschirmen (siehe Aufgabe 3) in das Warenwirtschaftssystem eingegeben. Der vom System ausgewiesene Bezugspreis erscheint ihr aber viel zu hoch. Irgendetwas ist schiefgelaufen.

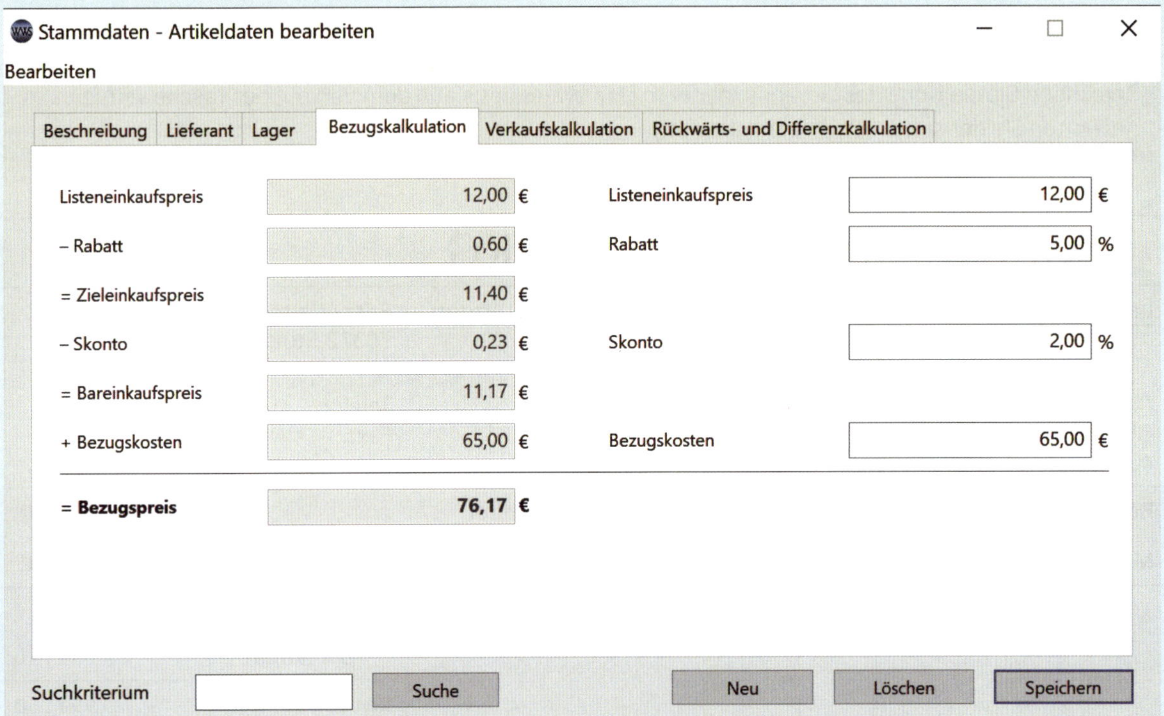

Begründen Sie, welcher Fehler Frau Mohr bei der Dateneingabe unterlaufen ist.

3 Den Bruttoverkaufspreis berechnen

Ein Verkaufsgespräch in der Schuh- und Lederwarenabteilung des City-Warenhauses:

Kundin: „Wie teuer ist die Tasche denn?"

Frau Seifert: *„Diese Tasche aus Vollrindleder kostet 217,00 €. Sie ist farblich genau auf Ihren Wintermantel abgestimmt."*

Kundin: „217,00 €!? Dann wäre die Tasche ja teurer als mein Mantel."

Frau Seifert: *„Ja, Sie haben recht, der Preis ist nicht niedrig. Bedenken Sie aber ..." (Kundin unterbricht die Kundenberaterin.)*

Kundin: „Nicht niedrig? Völlig überteuert sind die Taschen, weil der Handel so viel verdienen will."

Frau Seifert: *„Ich verstehe Ihre Erregung, die Preise für Lederwaren sind in den letzten Jahren wirklich sehr stark angestiegen. Unsere Preise sind allerdings äußerst knapp kalkuliert."*

Kundin: „Knapp kalkuliert? Zufällig weiß ich von meiner Freundin, was der Handel verdient: Er schlägt mindestens 100 % Gewinn auf."

Frau Seifert: ...

ARBEITSAUFTRAG

Kalkulieren Sie den Bruttoverkaufspreis für die Damentasche aus dem Einstiegsbeispiel und antworten Sie anstelle von Frau Seifert auf die Kundenaussage.

VORSCHLÄGE ZUM VORGEHEN

1. Beachten Sie den unten stehenden Beleg und die Informationen.
2. Berechnen Sie die Höhe des Gewinns, der dem City-Warenhaus aus dem Verkauf der Tasche verbleibt.
3. Antworten Sie der Kundin im Eingangsbeispiel.

Lederwarenfabrik Müller KG — **MKG**

Lederwarenfabrik Müller KG, Fritz-Walter-Weg 34, 70372 Stuttgart

Fritz-Walter-Weg 34
70372 Stuttgart

City-Warenhaus Bauer
Oberstraße 17
40878 Ratingen

Telefon: 0711 533876
Fax: 0711 533843

Rechnung-Nr. 4234/0 Kunden-Nr.: 45400 Lieferung unfrei Datum: 14.05.20(0)

Menge	Artikel-Nr.	Artikelbezeichnung	Einzelpreis/€	Gesamtpreis/€
10	1286	Damentaschen farblich sortiert	105,00	1 050,00
			– 5 % Rabatt	52,50
			Nettobetrag	997,50
			19 % USt	189,53
			Bruttobetrag	1 187,03

Zahlungsziel: 30 Tage ab Rechnungsdatum; innerhalb 10 Tagen mit 2% Skonto
Bankverbindung: VR-Bank Stuttgart, IBAN: DE71 6006 0893 3420 3001 00, BIC: GENODES1FIL

Hinweise

* Die Bezugskosten für die 10 Taschen betragen 7,90 € netto (ohne Umsatzsteuer)
* Die Lederwarenabteilung des City-Warenhauses kalkuliert mit folgenden Zuschlägen:
* Handlungskostenzuschlag 71,28 %
* Gewinnzuschlag 8 %
* Umsatzsteuer 19 %

Vorschläge für Formulierungen, um die Meinung der Kundin zu korrigieren:

1 „100 % Gewinnzuschlag? – dass ich nicht lache. Ihre Freundin sollte sich mal genauer erkundigen, was im Einzelhandel verdient wird."

2 „Die Vorstellung von solch hohen Gewinnzuschlägen des Einzelhandels ist in der Öffentlichkeit weit verbreitet. In Wirklichkeit liegt der Gewinnzuschlag im Durchschnitt bei wenigen Prozent des Selbstkostenpreises."

3 „An dieser Tasche verdienen wir jedoch nur ein paar Euro."

4 „Unsere Kunden erwarten ein reichhaltiges Sortiment und fachmännische Beratung. Die Kosten dafür sind sehr hoch. Am Ende beträgt der Gewinnzuschlag nur wenige Prozent."

Kalkulation Damentaschen	€
Listenpreis	
– Rabatt	
= Zieleinkaufspreis	
– Skonto	
= Bareinkaufspreis	
+ Bezugskosten	
= Bezugspreis	
+ Handlungskostenzuschlag	
= Selbstkostenpreis	
+ Gewinnzuschlag	
= Nettoverkaufspreis	
+ Umsatzsteuer	
= Bruttoverkaufspreis	

AUFGABEN

1

Die Handlungskosten eines Einzelhandelsgeschäfts gehen in die Verkaufskalkulation eines Produktes ein.

Stellen Sie fest, welche der nachfolgenden Positionen Handlungskosten darstellen:

1 Ladenmiete

2 Rabatt des Lieferanten

3 Energiekosten

4 Personalkosten

5 Lohnkosten für die Hausgehilfin des Geschäftsinhabers

6 Porto/Telefon

7 Preis für die eingekauften Waren

8 Kosten für die Reinigung der Geschäftsräume

9 Zinsen für die Finanzierung des Warenbestands

10 Kosten für den Privat-Pkw des Inhabers

11 Kosten für die Warenzustellung an Kunden

12 Kosten für Verpackungsmaterial beim Wareneinkauf

13 Bezugskosten beim Wareneinkauf

14 Kosten für Werbemaßnahmen

2

Im City-Warenhaus Bauer ist eine Rechnung über Geldbörsen (siehe nachfolgenden Auszug) eingetroffen.

Rechnung-Nr.4234/0		Kunden-Nr.: 45400	Datum: 23.06.20(0)	
Menge	**Artikel-Nr.**	**Artikelbezeichnung**	**Einzelpreis/€**	**Gesamtpreis/€**
15	1397	Geldbörse, Leder	22,00	330,00
			– 10 % Rabatt	33,00
			Nettobetrag	297,00
			19 % USt	56,43
			Bruttobetrag	353,43
	Zahlungsziel: 30 Tage ab Rechnungsdatum; innerhalb 10 Tagen mit 3 % Skonto			

Für die Beförderung entstanden 5,30 € Frachtkosten (netto, ohne Umsatzsteuer).

Kalkulieren Sie den Bruttoverkaufspreis für eine Geldbörse nach den Rechnungsangaben eines Lieferanten des City-Warenhauses. Verwenden Sie den Handlungskosten- und Gewinnzuschlag der Lederwarenabteilung des City-Warenhauses (wie im Arbeitsauftrag oben).

3

Siehe Seite 211

In der Lernsituation 2 haben Sie einen Angebotsvergleich für Kopfhörer durchgeführt.

Berechnen Sie den Bruttoverkaufspreis für das preisgünstigste Angebot eines Kopfhörers aus dem Arbeitsauftrag. Kalkulieren Sie mit folgenden Daten:

Bezugspreis:	**preisgünstigstes Angebot aus Lernsituation 2**
Handlungskostenzuschlag:	**70 %**
Gewinnzuschlag:	**10 %**
Umsatzsteuer:	**19 %**

4

Ein Einzelhändler möchte die im letzten Jahr entstandenen Handlungskosten grafisch darstellen.

Kostenart	Prozentanteil	Kostenart	Prozentanteil
Personalkosten	50	Kraftfahrzeugkosten	3
Miete	16	Zinsen	5
Sachkosten für Geschäftsräume	5	übrige Kosten	14
Kosten für Werbung	7		

Stellen Sie die Kostenarten als Kreisdiagramm dar. Geben Sie dem Kreisdiagramm auch eine passende Überschrift. Beginnen Sie auf „12 Uhr“.

5

Nachfolgend sind Kalkulationsdaten ungeordnet dargestellt.

Rohgewicht 1 200 kg, Tara 2 %, Listeneinkaufspreis 5,00 € pro kg Reingewicht ausschließlich Verpackung, Gewinnzuschlag 12 %, 3 % Liefererskonto, Frachtanteil 220,00 €, Handlungskostenzuschlag 34 %, Verpackung 36,00 €, 10 % Liefererrabatt, 19 % Umsatzsteuer

Ermitteln Sie aus den ungeordneten Zahlen den Bruttoverkaufspreis pro kg.

6

Die nachfolgende Tabelle gibt die Kalkulationsdaten für drei Produkte wieder.

Produkt	Bezugspreis/€	Handlungskostenzuschlag	Gewinnzuschlag	Umsatzsteuer
Tintenpatrone	14,50	55 %	12 %	19 %
Erdbeeren	1,20	34 %	6 %	7 %
Sessel	198,00	62 %	18 %	19 %

Kalkulieren Sie anhand der Zahlen jeweils den Bruttoverkaufspreis.

7

Mithilfe der folgenden Übersicht, soll die Entwicklung der Prozentzahlen innerhalb einer Verkaufskalkulation deutlich gemacht werden.

Eingabeteil

Bezugspreis in €	25,00
Handlungskostenzuschlag in %	60,00
Gewinnzuschlag in %	10,00
Umsatzsteuer in %	19,00

Ausgabeteil

	€
Bezugspreis	
+	

%		
100,00		

Berechnen Sie aus dem Eingabeteil den Bruttoverkaufspreis und geben Sie die passenden Prozentsätze in den Kästchen an.

8

Folgende Daten liegen für die Kalkulation des Bruttoverkaufspreises für eine Fischsorte vor. Die Daten sind ungeordnet.

Listeneinkaufspreis 23,60 €, Skonto 2 %, Umsatzsteuer 7 %, Handlungskostenzuschlag 53 %, Gewinnzuschlag 4 %, anteilige Bezugskosten einschließlich 19 % Umsatzsteuer 1,74 €, Rabatt 5 %.

Berechnen Sie aus den Daten den Bruttoverkaufspreis.

9

Die Inhaberin des Drogeriefachmarktes Elbers möchte für das kommende Geschäftsjahr 20(+1) eine Betriebskalkulation erstellen. Sie geht dabei von folgenden geplanten Daten aus:

Wareneinsatz	780.000,00 €
Handlungskosten	420.000,00 €
Gewinn	85.000,00 €
Umsatzsteuer	19,00 %

Erstellen Sie aus den Zahlen eine Plan-Betriebskalkulation für das Jahr 20(+1).

10

Am Ende des Jahres 20(+1) kann Frau Elbers (siehe Aufgabe 9) ihrer Buchführung folgendes Gewinn- und Verlustkonto entnehmen:

Soll		Gewinn und Verlust	Haben
Wareneinsatz	810.000,00	Umsatzerlöse	1.350.000,00
Personalaufwendungen	192.000,00		
Miete	77.000,00		
Werbung	10.800,00		
Büromaterial	2.100,00		
Versicherungsbeiträge	9.500,00		
Sachkosten für Geschäftsräume	13.800,00		
übrige Aufwendungen	120.400,00		
Gewinn	114.400,00		
	1.350.000,00		1.350.000,00

Erstellen Sie auf der Grundlage des Gewinn- und Verlustkontos eine Betriebskalkulation mit den Ist-Zahlen des Jahres 20(+1).

11

Im City-Warenhaus Bauer ist der Artikel Füllfederhalter Faktor für die Abteilung Schreibwaren/Büro nachbestellt worden. Der Artikel ist in das Warenwirtschaftssystem einzupflegen. Frau Möller, die Leiterin der Abteilung, überprüft gelegentlich, ob das Warenwirtschaftssystem auch einwandfrei arbeitet.

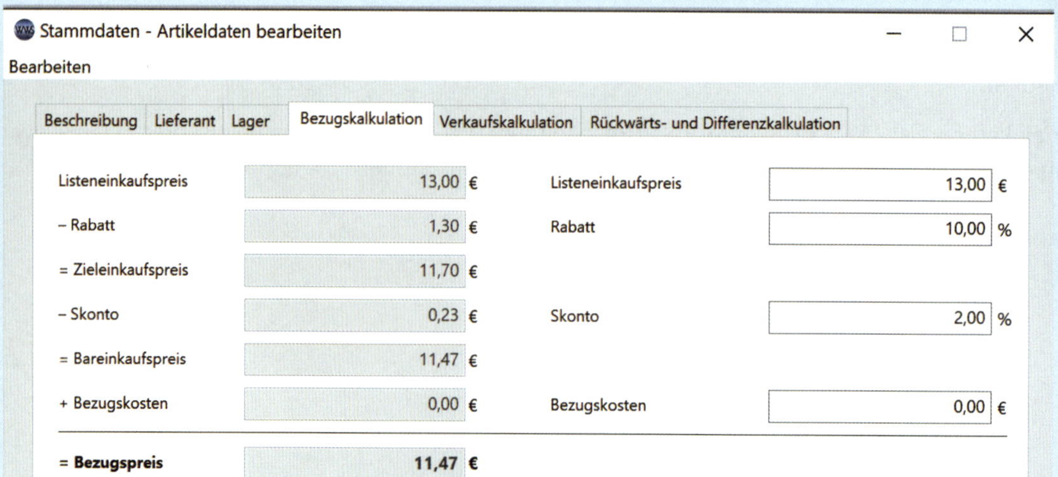

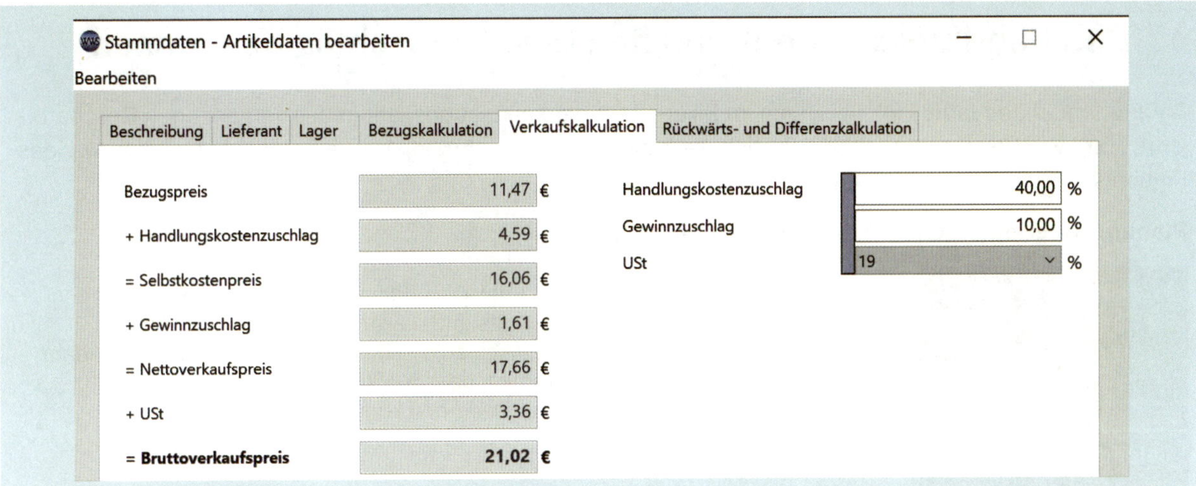

Überprüfen Sie die Bezugs- und Verkaufskalkulation des Artikels Füllfederhalter Faktor. Die jeweils rechts eingegebenen Daten (Listeneinkaufspreis usw.) sind korrekt.

4 Den Handlungskosten- und den Gewinnzuschlag bestimmen

Anfang Januar des Jahres 20(+1) liegen im Biker-Shop die Kalkulationszahlen des vergangenen Geschäftsjahrs 20(0) vor. Herr Adam plant die Betriebskalkulation für das Jahr 20(+1). Die Betriebskalkulation war das Ergebnis folgender Überlegungen:

Planungsüberlegungen für das neue Geschäftsjahr

Wareneinsatz	505 000,00	Eine verbesserte gesamtwirtschaftliche Lage, die unverändert hohe Popularität des Radsports und die stetig stärker werdende Marktposition im Vergleich zu den Mitbewerbern lassen Herrn Adam zu dem Schluss kommen, dass für 505 000,00 € Waren zu Einkaufspreisen verkauft werden können.
+ Handlungskosten		
Sachaufwendungen für Geschäftsräume	12 000,00	Bei den Sachaufwendungen für Geschäftsräume erwartet Herr Adam lediglich einen leichten Anstieg aufgrund von Preiserhöhungen.
Gehälter	156 000,00	Zwar werden die Tarifverhandlungen im Frühjahr zu einer Erhöhung der Gehälter führen, da eine Teilzeitkraft aber den Betrieb zur Jahresmitte verlassen wird und eine Ersatzkraft zunächst nicht vorgesehen ist, rechnet der Betriebsinhaber nur mit einer leichten Steigerung der Gehälter.
Miete	40 000,00	Der Vermieter, das City-Warenhaus Bauer, hat eine Mieterhöhung angekündigt. Angesichts zahlreicher Leerstände rings um den Standort wird es wohl bei einer geringen Anpassung nach oben bleiben.
Büromaterial	7 000,00	Die Einkaufsmengen sollen zukünftig erhöht werden, um bessere Preise zu erzielen. Dies führt in diesem Jahr zu höheren Aufwendungen.
Telekommunikation	9 000,00	leichte Anpassung nach oben
Werbung	22 000,00	im Wesentlichen unverändert
Zinsen	18 000,00	kaum verändert, weil die Fremdkapitalausstattung des Betriebes weitgehend gleich geblieben ist
übrige Aufwendungen	34 000,00	Erhöhung um rund 10 %, um Preissteigerungen zu berücksichtigen
= Selbstkosten	803 000,00	

Betriebskalkulation	Ist 20(0)		Plan 20(+1)	
	€	€	€	€
Wareneinsatz		462 700,00		505 000,00
+ Handlungskosten				
Aufwendungen für Geschäftsräume	11 200,00		12 000,00	
Gehälter	154 200,00		156 000,00	
Miete	38 500,00		40 000,00	
Büromaterial	5 500,00		7 000,00	
Telekommunikation	8 400,00		9 000,00	
Werbung	19 300,00		22 000,00	
Zinsen	17 500,00		18 000,00	
übrige Aufwendungen	30 100,00	284 700,00	34 000,00	298 000,00
= Selbstkosten		747 400,00		803 000,00
+ Gewinn		42 600,00		
= Nettoumsatzerlöse		790 000,00		
+ Umsatzsteuer		150 100,00		
= Bruttoumsatzerlöse		940 100,00		
Handlungskostenzuschlag in Prozent		61,53		
Gewinnzuschlag in Prozent		5,70		

Nachdem die geplanten Handlungskosten bestimmt sind, ist nun noch der Plan-Gewinn für das nächste Geschäftsjahr festzulegen. Herr Adam geht von folgenden Überlegungen aus:

Für seine Tätigkeit im Unternehmen ist eine faire Entlohnung anzusetzen (**Unternehmerlohn**).	60 000,00 € pro Jahr
Das **Eigenkapital**, das Herr Adam in seinen Betrieb investiert hat, hätte bei seiner Hausbank – ohne Risiko – eine regelmäßige **Verzinsung** erbracht.	120 000,00 € Eigenkapital
* Zinssatz für Geldanlagen bei seiner Hausbank	4,5 % pro Jahr
* Wegen des Risikos, sein Kapital durch unternehmerische Fehlentscheidungen zu verlieren, muss sich das Eigenkapital aber höher verzinsen als bei seiner Bank. Herr Adam berücksichtigt daher eine zusätzliche **Risikoprämie**.	2,0 % pro Jahr

Berechnung des Mindestgewinns

	€
Unternehmerlohn	
Eigenkapitalverzinsung	
Risikoprämie	
Mindestgewinn	

Sobald die Betriebskalkulation für das Jahr 20(+1) vervollständigt ist, kann er auch die Kalkulationszuschläge (Handlungskosten- und Gewinnzuschlag) berechnen.

Um festzustellen, ob die Kalkulationszahlen auch zu marktfähigen Preisen führen, hat er drei Produkte von Mitbewerbern ausgewählt, die der Biker-Shop ebenfalls im Sortiment hat. Auf diese Produkte wird er seine Kalkulationszahlen anwenden. Die Ergebnisse dürfen nicht allzu sehr von den Konkurrenzpreisen abweichen, vor allem nicht nach oben.

Mitbewerber-Produkte			Kalkulation Biker-Shop	
Mitbewerber	**Produkt**	**Bruttoverkaufspreis**	**Bezugspreis**	**Kalkulierter Bruttoverkaufspreis**
Berendt		1 999,00	1 005,00	
Sänger		81,90	39,30	
Kaufstadt		14,50	8,10	

ARBEITSAUFTRAG
Vervollständigen Sie die Plan-Kalkulation für das Jahr 20(+1) und überprüfen Sie die Marktfähigkeit der Kalkulationszahlen durch den Vergleich mit Konkurrenzprodukten.

VORSCHLÄGE ZUM VORGEHEN

1. Berechnen Sie den Mindestgewinn und tragen Sie den Betrag in die Betriebskalkulation ein.
2. Vervollständigen Sie die Betriebskalkulation.
3. Berechnen Sie den Handlungskostenzuschlag und den Gewinnzuschlag für das Jahr 20(+1) und tragen Sie die Werte in die freien Felder unterhalb der Betriebskalkulation ein.
4. Kalkulieren Sie mit den errechneten Zuschlagssätzen die Bruttoverkaufspreise für die drei Produkte.
5. Beurteilen Sie, ob die ermittelten Zuschlagssätze zu marktgerechten Bruttoverkaufspreisen führen.

AUFGABEN

1

Dem Fotogeschäft Steinbach liegt die Betriebskalkulation für das abgelaufene Geschäftsjahr 20(0) vor (siehe nebenstehend). Außerdem hat der Inhaber die Plan-Kalkulation für das Jahr 20(+1) erstellt.

Betriebskalkulation	Ist 20(0) €	Plan 20(+1) €
Wareneinsatz	760 000,00	810 000,00
+ Handlungskosten	410 000,00	430 000,00
= Selbstkosten	1 170 000,00	1 240 000,00
+ Gewinn	70 000,00	85 000,00
= Nettoumsatzerlöse	1 240 000,00	1 325 000,00
+ Umsatzsteuer 19 %	235 600,00	251 750,00
= Bruttoumsatzerlöse	1 475 600,00	1 576 750,00

a **Berechnen Sie den Handlungskostenzuschlag und den Gewinnzuschlag für das abgelaufene Jahr 20(0).**

b **Ermitteln Sie in gleicher Weise den Handlungskosten- und Gewinnzuschlag für das Jahr 20(+1).**

c **Beurteilen Sie die Kosten- und Gewinnsituation, wenn der Einzelhändler die Planzahlen im Jahr 20(+1) auch tatsächlich realisieren kann.**

d **Kalkulieren Sie einen Bilderrahmen zum Bezugspreis von 16,50 € mit den Zuschlägen des Jahres 20(0) sowie des Jahres 20(+1) und vergleichen Sie die Ergebnisse.**

2

Frau Wagner ist Inhaberin des Geschäfts Wagner Stadtmarkt. Für das neue Geschäftsjahr plant sie ihren Mindestgewinn mit folgenden Zahlen:

* Entlohnung der Unternehmertätigkeit: monatlich 6 000,00 €
* Verzinsung ihres Eigenkapitals in Höhe von 250 000,00 €: 3 % pro Jahr
* Risikoprämie: 2,5 % pro Jahr

Berechnen Sie die Höhe des Mindestgewinns.

3

Das Einzelhandelsgeschäft Koch GmbH hat am Ende des Geschäftsjahres 20(0) untenstehende Gewinn- und Verlustrechnung.

a **Bestimmen Sie aufgrund der Zahlen der Gewinn- und Verlustrechnung 20(0) den Handlungskostenzuschlag und den Gewinnzuschlag für das Geschäftsjahr 20(0).**

Für das folgende Geschäftsjahr 20(+1) ist noch der geplante Mindestgewinn zu berechnen. Dazu liegen folgende Zahlen vor:

Eigenkapitalbestand	200 000,00 €
Unternehmerlohn	monatlich 6 500,00 €
Eigenkapitalverzinsung	5 % pro Jahr
Risikoprämie	1 % pro Jahr

b **Berechnen Sie den geplanten Mindestgewinn für das Geschäftsjahr 20(+1)**

c **Vergleichen Sie Ihr Ergebnis zu b mit dem erzielten Gewinn des Jahres 20(0). Siehe dazu die Gewinn- und Verlustrechnung unten.**

Soll		Gewinn- und Verlustrechnung	Haben
Wareneinsatz	890000,00	Nettoumsatzerlöse	1600000,00
Aufwendungen für Geschäftsräume	20000,00		
Fahrzeugaufwendungen	22000,00		
Gehälter	360000,00		
Mieten	50000,00		
Werbung	23000,00		
betriebliche Steuern	9000,00		
Zinsaufwendungen	26000,00		
übrige Aufwendungen	130000,00		
Gewinn	70000,00		
	1600000,00		1600000,00

4

Mila Stachowsky hat einen Onlineshop für ungewöhnliche Geschenkideen gegründet. Im ersten Geschäftsjahr rechnet sie mit folgender (verkürzten) Betriebskalkulation:

	€
Wareneinsatz	200.000,00
+ Handlungskosten	50.000,00
= Selbstkosten	250.000,00
+ Gewinn	20.000,00
= Nettoumsatzerlöse	270.000,00

Ermitteln Sie aus der Betriebskalkulation

a **den Handlungskostenzuschlag**

b **den Gewinnzuschlag**

5 Auf die Preisvorgaben des Marktes kalkulatorisch reagieren

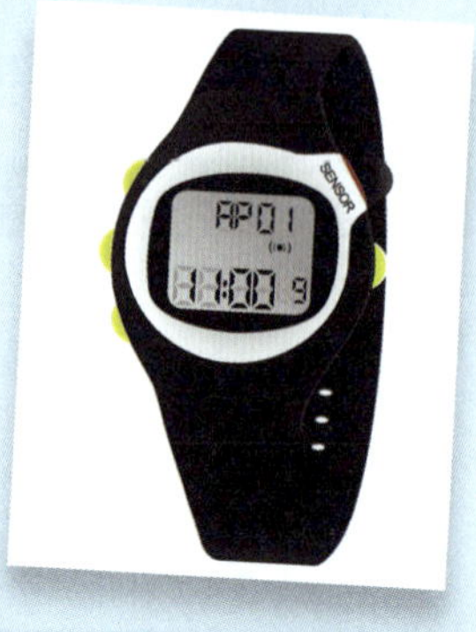

Im Radsport-Center Sänger, dem wichtigsten Mitbewerber des Biker-Shops, läuft nun schon zum zweiten Mal eine große Werbeaktion, bei der unter anderem die aktuellste Sportuhr mit den herausragenden Zeiterfassungsmöglichkeiten zu einem äußerst günstigen Preis von 129,00 € angeboten wird. Da Kunden immer wieder fragen, ob der Biker-Shop diesen Artikel auch führt, soll nun geprüft werden, ob man auf diesen Preis eingehen kann, ohne die eigene Kalkulation zu beeinträchtigen.

Von drei Herstellern wurden Angebote angefordert, die folgendes Ergebnis erbrachten:

	Melcher	Timex	Oakley
Listeneinkaufspreis	73,00 €	74,00 €	69,00 €
Rabatt	10 %	15 %	10 %
Skonto	–	2 %	3 %
Bezugskosten	–	3,00 €	5,00 €

Der Biker-Shop kalkuliert mit einem Handlungskostenzuschlag von 59,01 % und einem Gewinnzuschlag von 8,44 %. Der Umsatzsteuersatz beträgt 19 %.

ARBEITSAUFTRAG

Entscheiden Sie, ob der Biker-Shop die Sportuhr bei einem Marktpreis von 129,00 € in das Sortiment aufnehmen kann, wenn die Kalkulationszuschläge des Biker-Shops (Handlungskosten-und Gewinnzuschlag) auch bei diesem Produkt realisiert werden sollen.

VORSCHLÄGE ZUM VORGEHEN

1. Ermitteln Sie den höchstens aufwendbaren Bezugspreis mithilfe der Rückwärtskalkulation.
2. Überprüfen Sie die drei Angebote daraufhin, ob sie diesen Bezugspreis nicht überschreiten.

	A	B	
1	**Rückwärtskalkulation**		
2	**Eingabeteil**		
3	Bruttoverkaufspreis	129,00	€
4	Umsatzsteuer		%
5	Gewinnzuschlag		%
6	Handlungskostenzuschlag		%
7			
8	**Ausgabeteil**	**€**	
9	Bezugspreis		
10	+ Handlungskostenzuschlag		
11	= Selbstkostenpreis		
12	+ Gewinnzuschlag		
13	= Nettoverkaufspreis		
14	+ Umsatzsteuer		
15	= Bruttoverkaufspreis		

	A	B	C	D	E	F
1	**Kalkulation Bezugspreis**					
2	**Eingabeteil**					
3	**Artikel**	**Sportuhren**				
4	**Lieferer**	**Melcher**		**Timex**		**Oakley**
5	Listeneinkaufspreis in €					
6	Rabatt in %					
7	Skonto in %					
8	Bezugskosten in €					
9						
10	**Ausgabeteil**					
11		**€**		**€**		**€**
12	Listeneinkaufspreis					
13	- Rabatt					
14	= Zieleinkaufspreis					
15	- Skonto					
16	= Bareinkaufspreis					
17	+ Bezugskosten					
18	= Bezugspreis					

AUFGABEN

1

Die beiden Elektronik-Märkte Bentler und E-Discount stehen in starker Konkurrenz zueinander. Sobald E-Discount einen neuen Prospekt herausgibt, überprüft der Bentler Elektronik-Markt bei ausgewählten Produkten, ob er auf den Preis der Konkurrenz eingehen kann. Dazu wird zunächst ermittelt, wie hoch der Bezugspreis für die Produkte höchstens sein darf.

Bentler kalkuliert bei den einzelnen Warengruppen mit unterschiedlichen Gewinn-und Handlungskostenzuschlägen.

Folgende Produkte sollen überprüft werden:

Produkt	Konkurrenzpreis/€	Umsatzsteuer	Gewinnzuschlag	Handlungskostenzuschlag
Waschmaschine	1 399,00	19 %	5 %	38 %
Fernsehgerät	2 999,00	19 %	8 %	44 %
Computermaus	7,49	19 %	6 %	28 %

Errechnen Sie jeweils den Bezugspreis, der angesichts der Konkurrenzpreise höchstens aufgewendet werden kann.

2

Eine Autobedarfszentrale ist mit den unten angegebenen Artikeln unter starken Konkurrenzdruck geraten. Die Einkaufsabteilung sucht nach neuen Bezugsquellen, die günstigere Einkaufsmöglichkeiten bieten.

Artikel	Konkurrenzpreise	Umsatzsteuer	Gewinnzuschlag	HKZ
a) Autoradio	289,00 €	19 %	8 %	35 %
b) Radzierblende	67,90 €	19 %	12 %	35 %
c) Verbandskasten	23,95 €	19 %	14 %	35 %

Berechnen Sie jeweils den maximalen Bezugspreis.

3

Ein Heimwerkermarkt bietet in einer Tageszeitung drei Produkte an:

Angebote aus unserer Heimwerkerabteilung!

Radzierblenden aus ABS-Kunststoff,
verschiedene Ausführungen
13" oder 14",
nur 5,99

Wand- und Deckenfarbe,
waschfest, weiß-matt,
für innen, 10-l-Eimer
für ca. 70 m²,
nur 15,98

Heißwasser-Untertischspeicher,
5 l Inhalt
ohne Armatur,
nur 49,00

Auf diese Angebote will ein Warenhaus mit einem eigenen Angebot antworten.
Die Fachabteilung kalkuliert mit 32 % Handlungskostenzuschlag, 6 % Gewinnzuschlag und 19 % Umsatzsteuer.

Berechnen Sie, zu welchem Bezugspreis die Fachabteilung des Warenhauses die Waren höchstens einkaufen darf, wenn sie
* **die Radzierblenden und die Wandfarbe zum gleichen Preis und**
* **die Heißwasserspeicher um 3,00 € preisgünstiger anbieten will.**

6 Die Kalkulation an die Marktsituation anpassen

Seitdem das Radsport-Center Sänger die Sportuhr im Sonderangebot hat, fragen immer mehr Kunden im Biker-Shop nach genau diesem Produkt. Jetzt ist nach Meinung von Herrn Adam die Zeit zum Handeln gekommen. Die Sportuhr zum Preis von 129,00 € muss ins Sortiment aufgenommen werden, auch wenn es kalkulatorisch nicht den Zielen des Geschäftsinhabers entspricht.

Siehe Lernsituation 5 auf Seite 224

Herr Adam hat nun die Unterlagen des preisgünstigsten Anbieters zur Sportuhr auf seinem Schreibtisch liegen, um sich über eine Differenzkalkulation eine Vorstellung von den kalkulatorischen Auswirkungen zu machen.

Beim Gewinnzuschlag gibt es eine leichte Rundungsdifferenz durch die Verwendung eines Kalkulationsprogramms.

	A	B
1	**Kalkulation Bezugspreis**	
2	**Eingabeteil**	
3	**Artikel**	**Sportuhr**
4	**Lieferer**	**Timex**
5	Listeneinkaufspreis in €	74,00
6	Rabatt in %	15
7	Skonto in %	2
8	Bezugskosten in €	3,00
9		
10	**Ausgabeteil**	
11		**€**
12	Listeneinkaufspreis	74,00
13	- Rabatt	11,10
14	= Zieleinkaufspreis	62,90
15	- Skonto	1,26
16	= Bareinkaufspreis	61,64
17	+ Bezugskosten	3,00
18	= Bezugspreis	64,64

	A	B	
1	**Rückwärtskalkulation**		
2	**Eingabeteil**		
3	Bruttoverkaufspreis	129,00	€
4	Umsatzsteuer	19	%
5	Gewinnzuschlag	8,44	%
6	Handlungskostenzuschlag	59,01	%
7			
8	**Ausgabeteil**	**€**	
9	Bezugspreis	62,87	
10	+ Handlungskostenzuschlag	37,10	
11	= Selbstkostenpreis	99,97	
12	+ Gewinnzuschlag	8,44	
13	= Nettoverkaufspreis	108,40	
14	+ Umsatzsteuer	20,60	
15	= Bruttoverkaufspreis	129,00	

ARBEITSAUFTRAG

Errechnen Sie mithilfe der Differenzkalkulation den verbleibenden Gewinn in Euro und in Prozent, wenn der Biker-Shop die Sportuhr von Timex in sein Sortiment aufnimmt.

VORSCHLÄGE ZUM VORGEHEN

1. Entnehmen Sie den Bezugspreis und den Handlungskostenzuschlag aus der Bezugs- bzw. Rückwärtskalkulation.
2. Berechnen Sie den verbleibenden Gewinn in Euro bei einem Bruttoverkaufspreis von 129,00 € mithilfe der Differenzkalkulation.
3. Ermitteln Sie den erzielten Gewinnzuschlag in Prozent und vergleichen Sie ihn mit dem Plan-Gewinnzuschlag von 8,44 %.

	A	B	
1	**Differenzkalkulation**		
2	**Eingabeteil**		
3	Bezugspreis		€
4	Handlungskostenzuschlag		%
5	Umsatzsteuer		%
6	Bruttoverkaufspreis		€
7			
8	**Ausgabeteil**	**€**	
9	Bezugspreis		
10	+ Handlungskostenzuschlag		
11	= Selbstkostenpreis		
12	**+ Gewinn**		
13	= Nettoverkaufspreis		
14	+ Umsatzsteuer		
15	= Bruttoverkaufspreis		
16			
17	Gewinnzuschlag		%

AUFGABEN

1

Eine Fototasche ist in einem Warenhaus mit 139,95 € ausgezeichnet. Das Geschäft kalkuliert mit 50 % Handlungskostenzuschlag und 19 % Umsatzsteuer. Der Bezugspreis für die Tasche beträgt 63,00 €.

Ermitteln Sie den Gewinn des Warenhauses an diesem Produkt.

2

Ein Sportfachgeschäft bietet einen Rucksack zum Bruttoverkaufspreis von 99,95 € an. Das Geschäft kalkuliert mit einem Handlungskostenzuschlag von 60 % und einem Umsatzsteuersatz von 19 %. Der Bezugspreis für das Produkt beträgt 45,50 €.

a **Berechnen Sie, welchen Gewinn das Geschäft beim Verkauf dieses Produktes erzielt.**

b **Im Rahmen einer Verkaufsaktion wird der Bruttoverkaufspreis um 10 % gekürzt. Ermitteln Sie, welcher Gewinn dem Geschäft in diesem Falle verbleibt.**

3

Eine Käsesorte wird von einem Mitbewerber für 2,98 € angeboten. Ein Lebensmitteleinzelhändler möchte das Produkt zum gleichen Preis anbieten. Er kann den Artikel zu einem Bezugspreis in Höhe von 2,05 € einkaufen.

Berechnen Sie den Gewinn, der verbleibt, wenn das Lebensmittelgeschäft mit einem Handlungskostenzuschlag von 34 % kalkuliert (Umsatzsteuersatz 7 %).

4

Im Hobby-Baumarkt war die Handkreissäge zum Sonderpreis von 89,99 € schon nach drei Tagen ausverkauft. Um die Kunden nicht zu verärgern, möchte der Marktleiter eine Nachbestellung beim Lieferanten veranlassen. Allerdings sind die Bezugsbedingungen wegen der kleineren Menge deutlich schlechter als bei der Erstbestellung. Rabatt und Skonto entfallen, dafür entstehen Bezugskosten in Höhe von 0,80 € pro Kreissäge.

Beurteilen Sie, ob Sie der Marktleiter die Handkreissägen nachbestellen und weiterhin zum Sonderpreis anbieten soll.

alte Kalkulation des Sonderangebotes		**neue Kalkulation**
Eingabe		
Listeneinkaufspreis in €	51,00	
Rabatt in %	10,00	
Skonto in %	2,00	
Bezugskosten in €	0,00	
HKZ in %	54,00	
GZ in %	8,00	
USt in %	19,00	

Ausgabe	€		€
Listeneinkaufspreis	51,00		
– Rabatt	5,10		
= Zieleinkaufspreis	45,90		
– Skonto	0,92		
= Bareinkaufspreis	44,98		
+ Bezugskosten	0,00		
= Bezugspreis	44,98		
+ Handlungskostenzuschlag	24,29		
= Selbstkostenpreis	69,27		
Gewinn	5,54	**Gewinn**	
Nettoverkaufspreis	74,81		
Umsatzsteuer	14,21		
Bruttoverkaufspreis	89,03		
ausgezeichneter Preis	**89,99**		

5

Das Elektrofachgeschäft Gabler zeichnet eine Marken-Waschmaschine mit der unverbindlichen Preisempfehlung des Herstellers in Höhe von 1 350,00 € aus.

Der Hersteller gewährt auf den empfohlenen Preis einen Rabatt von 55 %. Außerdem erhält der Einzelhändler 2 % Skonto bei einem Rechnungsausgleich innerhalb von acht Tagen. Für die Maschine entstehen Bezugskosten in Höhe von 20,00 €.

Das Geschäft kalkuliert mit 65 % Handlungskostenzuschlag und 19 % Umsatzsteuer.

Berechnen Sie den Gewinn, den das Elektrofachgeschäft mit diesem Produkt erzielt.

	A	B
1	Listeneinkaufspreis	
2	- Rabatt	
3	= Zieleinkaufspreis	
4	- Skonto	
5	= Bareinkaufspreis	
6	+ Bezugskosten	
7	= Bezugspreis	
8	+ Handlungskostenzuschlag	
9	= Selbstkostenpreis	
10	**Gewinn**	
11	= Nettoverkaufspreis	
12	+ Umsatzsteuer	
13	= Bruttoverkaufspreis	

6

Der Bruttoverkaufspreis in Höhe von 398,00 € ist für einen Dachgepäckträger als Konkurrenzpreis vorgegeben.

Das Geschäft kalkuliert mit einem Gewinnzuschlag von 6 % und einem Handlungskostenzuschlag von 48 % (USt 19 %).

Errechnen Sie den Bezugspreis, der höchstens aufgewandt werden kann, damit das Produkt marktgerecht angeboten werden kann.

7

Ein Einzelhändler, der bisher mit einem Handlungskostenzuschlag von 52 %, einem Gewinnzuschlag von 7,5 % und 19 % Umsatzsteuer kalkuliert hat, möchte den Gewinnzuschlag um einen Prozentpunkt auf 8,5 % anheben.

Machen Sie sich die Auswirkung dieser Erhöhung des Gewinnzuschlags auf die Bruttoverkaufspreise am Beispiel eines Produkts deutlich, das für 35,50 € bezogen werden kann.

8

Differenzkalkulation im Warenwirtschaftssystem INTWASYS siehe Seite 337

Frau Möller, die Leiterin der Abteilung Schreibwaren/Büro im City-Warenhaus Bauer möchte den Füllfederhalter „Faktor" in einem Werbeprospekt zu einem Sonderpreis anbieten. Der reguläre Bruttoverkaufspreis (Auszeichnungspreis) beträgt 21,45 € (siehe nachfolgende Maske aus dem Warenwirtschaftssystem; die abgebildete Rückwärtskalkulation entspricht von den Beträgen her der Verkaufskalkulation).

Der kalkulierte Bruttoverkaufspreis lautet 21,02 €; er wird anschließend auf die Endziffern „45" aufgerundet.

Der Sonderangebotspreis soll 19,95 € betragen.

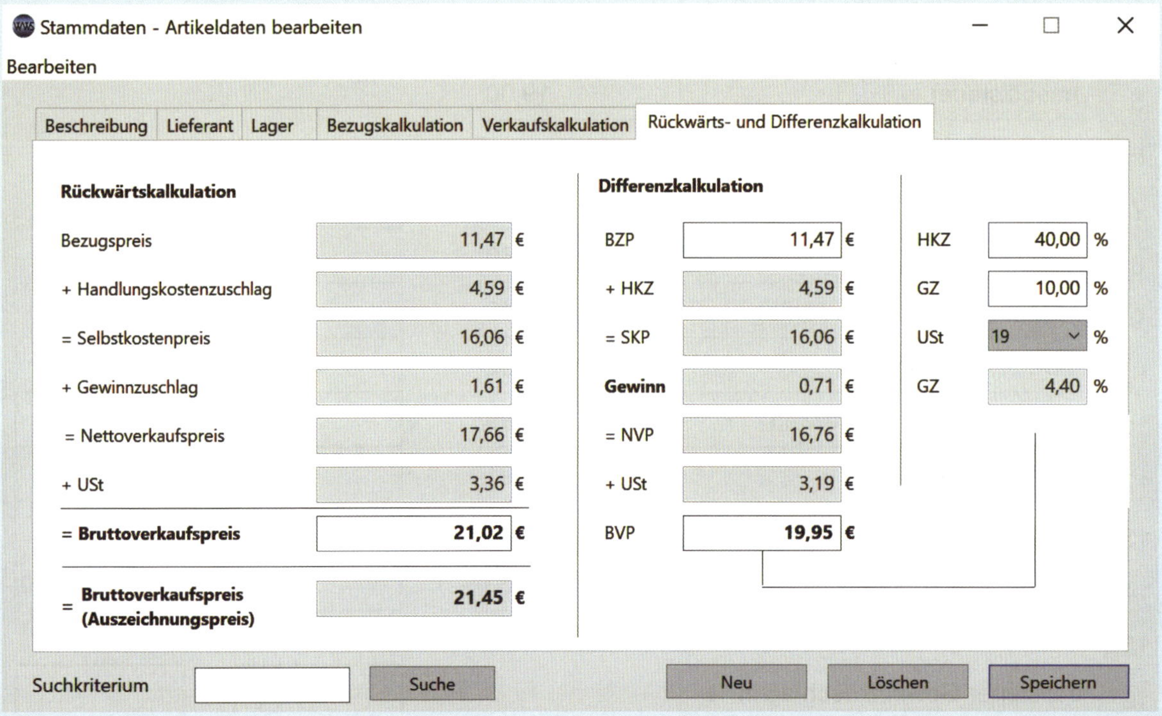

Stammdaten - Artikeldaten bearbeiten

Bearbeiten

Beschreibung | Lieferant | Lager | Bezugskalkulation | Verkaufskalkulation | Rückwärts- und Differenzkalkulation

Rückwärtskalkulation		
Bezugspreis	11,47	€
+ Handlungskostenzuschlag	4,59	€
= Selbstkostenpreis	16,06	€
+ Gewinnzuschlag	1,61	€
= Nettoverkaufspreis	17,66	€
+ USt	3,36	€
= Bruttoverkaufspreis	**21,02**	€
= Bruttoverkaufspreis (Auszeichnungspreis)	**21,45**	€

Differenzkalkulation					
BZP	11,47	€	HKZ	40,00	%
+ HKZ	4,59	€	GZ	10,00	%
= SKP	16,06	€	USt	19	%
Gewinn	0,71	€	GZ	4,40	%
= NVP	16,76	€			
+ USt	3,19	€			
BVP	**19,95**	€			

Suchkriterium | Suche | Neu | Löschen | Speichern

a Geben Sie an, wie man die Differenzkalkulation des Warenwirtschaftssystems im vorliegenden Fall nutzen kann.

b Erläutern Sie, wie das Programm den Gewinn von 0,71 € errechnet hat.

c Begründen Sie, ob der vom Programm errechnete neue Gewinnzuschlag in Prozent (GZ = 4,40 %) korrekt berechnet worden ist.

7 Die kalkulatorischen Auswirkungen von Preisänderungen berechnen

Eine typische Situation im Biker-Shop: Eine Kundin hat sich für eine hochwertige Windstopper-Jacke zum Preis von 199,00 € entschieden, betrachtet das Produkt nun aber sehr kritisch und bemängelt einige Schmutzstreifen. Da der Fehler nicht sehr auffällig ist und die Kundin glaubt, die Streifen selbst beseitigen zu können, einigen sich die Auszubildende Silke und die Kundin schließlich auf einen Preisnachlass von 10,00 €.

An der Kasse liegt nebenstehendes Etikett vor.

Der Bezugspreis für die Jacke beträgt 96,80 €. Der Biker-Shop kalkuliert mit einem Handlungskostenzuschlag von 59,01 % und einem Gewinnzuschlag von 8,44 %. Der Umsatzsteuersatz beträgt 19 %.

Die Kalkulation der Jacke zeigt die Tabelle. Der kalkulierte Bruttoverkaufspreis wurde auf 199,00 € aufgerundet.

	A	B	C	D	E	F
1	**Eingabeteil**					
2	Bezugspreis/€	96,80				
3	Handlungskostenzuschlag in %	59,01				
4	Gewinnzuschlag in %	8,44				
5	Umsatzsteuer in %	19,00				
6						
7	**Ausgabeteil**	**€**		**€**		**€**
8	Bezugspreis	96,80				
9	+ Handlungskostenzuschlag	57,12				
10	= Selbstkostenpreis	153,92				
11	+ Gewinnzuschlag/Gewinn	**12,99**				
12	= Nettoverkaufspreis	166,91				
13	+ Umsatzsteuer	31,71				
14	= Bruttoverkaufspreis	198,63		**199,00**		**189,00**
15						
16	realisierter Gewinnzuschlag in %					

ARBEITSAUFTRAG

Berechnen Sie die Auswirkung der Preisänderung auf den Gewinn des Biker-Shops.

VORSCHLÄGE ZUM VORGEHEN

1. Errechnen Sie den Gewinn, den der Biker-Shop bei dem ursprünglichen Auszeichnungspreis erzielt hätte.
2. Stellen Sie fest, welcher Gewinn dem Unternehmen nach der Preisreduzierung verbleibt.
3. Beurteilen Sie anschließend das Verhalten der Auszubildenden in der Einstiegssituation.

AUFGABEN

1

Betrachten Sie noch einmal die Situation zum Preisnachlass.

a **Berechnen Sie den Bruttoverkaufspreis für die Jacke, der zum völligen Aufzehren des Gewinns führt.**

b **Ermitteln Sie den Bruttoverkaufspreis, der lediglich den Bezugspreis deckt.**

c **Berechnen Sie zu a und b die Prozentsätze, die vom ursprünglichen Bruttoverkaufspreis 199,00 € abgezogen werden müssen, damit sich die Ergebnisse einstellen.**

2

In einem Einzelhandelsgeschäft findet ein Räumungsverkauf wegen Umbaus statt. Die betroffenen Sortimentsteile werden mit einem Rabatt von 30 % angeboten. Die Artikel waren mit 52 % Handlungskostenzuschlag, 11 % Gewinnzuschlag und 19 % Umsatzsteuer kalkuliert und der errechnete Bruttoverkaufspreis auf volle Euro aufgerundet worden.

Machen Sie beispielhaft die kalkulatorischen Auswirkungen deutlich, wenn ein Produkt zum Bezugspreis von 110,00 € mit einem Rabatt von 30 % verkauft wird.

3

Ein Artikel, der bisher zum Preis von 6,40 € bezogen und für 9,80 € verkauft wurde (Handlungskostenzuschlag 35 %, Gewinnzuschlag 6 %, Umsatzsteuer 7 %), ist vom Lieferer im Preis auf 6,60 € angehoben worden. Der Einzelhändler ist der Meinung, dass er das Produkt aus Konkurrenzgründen nur für höchstens 9,95 € anbieten kann.

a **Berechnen Sie den Stückgewinn vor der Erhöhung des Bezugspreises.**

b **Stellen Sie fest, welcher Bruttoverkaufspreis sich nach der Erhöhung des Bezugspreises aufgrund der oben genannten Kalkulationszuschlagssätze ergibt.**

c **Ermitteln Sie den Stückgewinn bei einem Bezugspreis von 6,60 € und einem Bruttoverkaufspreis von 9,95 €.**

	A	B	C	D	E	F
1	**Eingabeteil**	**a**		**b**		**c**
2	Bezugspreis/€					
3	Handlungskostenzuschlag in %					
4	Gewinnzuschlag in %					
5	Umsatzsteuer in %					
6	Bruttoverkaufspreis					
7						
8	**Ausgabeteil**	**€**		**€**		**€**
9	Bezugspreis					
10	+ Handlungskostenzuschlag					
11	= Selbstkostenpreis					
12	+ Gewinn					
13	= Nettoverkaufspreis					
14	+ Umsatzsteuer					
15	= Bruttoverkaufspreis					

4

Ein Einzelhändler kalkuliert mit folgenden Prozentsätzen:

Handlungskostenzuschlag 55 %, Gewinnzuschlag 8 %, Umsatzsteuer 19 %

a Kalkulieren Sie den Bruttoverkaufspreis eines Artikels zum Bezugspreis von 44,00 € und ermitteln Sie den Gewinn, den der Einzelhändler durch den Verkauf des Produkts erzielt.

b Berechnen Sie jeweils den Gewinn oder Verlust, der dem Einzelhändler beim Verkauf des Artikels übrig bleibt, wenn folgende Preisänderungen vorgenommen würden:
- ba Einem Kunden werden 2,65 € nachgelassen, um den Preis zu „runden".
- bb Ein Kunde erhält einen Barzahlungsnachlass von 3 %.
- bc Der Einzelhändler gewährt einen Mengenrabatt von 10 %.
- bd Der Preis wird um 2,34 € angehoben.

Verwenden Sie die nachfolgende Tabelle zur Lösung der Aufgaben.

	A	B	C	D	E	F	G	H	I	J
1	**Eingabeteil**									
2	Bezugspreis/€	44,00								
3	Handlungskostenzuschlag in %	55,00								
4	Gewinnzuschlag in %	8,00								
5	Umsatzsteuer in %	19,00								
6		a		ba		bb		bc		bd
7	**Ausgabeteil**	€		€		€		€		€
8	Bezugspreis									
9	+ Handlungskostenzuschlag									
10	= Selbstkostenpreis									
11	+ Gewinnzuschlag/Gewinn									
12	= Nettoverkaufspreis									
13	+ Umsatzsteuer									
14	= Bruttoverkaufspreis									
15										
16	Preisrundung/Rabatt									
17	Bruttoverkaufspreis									

5

Stark gestiegene Personalkosten wegen ungewöhnlich hoher Tarifabschlüsse, eine überraschende Mieterhöhung für das Geschäftslokal und gestiegene Energiekosten veranlassen einen Einzelhändler zu einer Überprüfung seiner Kalkulation zur Mitte des Geschäftsjahres. Für die zweite Jahreshälfte hatte der Einzelhändler ursprünglich mit nebenstehenden Zahlen gerechnet (volle Euro):

	A	B	C	D	E
1	**Plan-Betriebskalkulation Juli - Dezember 20(0)**				
2			alt		neu
3			€		€
4	Wareneinsatz		650.000,00		
5	+ Handlungskosten		306.000,00		
6	= Selbstkosten		956.000,00		
7	+ Gewinn		78.000,00		
8	= Nettoumsatzerlöse		1.034.000,00		
9	+ Umsatzsteuer		196.460,00		
10	= Bruttoumsatzerlöse		1.230.460,00		
11					
12	Handlungskostenzuschlag in %				
13	Gewinnzuschlag in %				

Er ist der Meinung, dass die Handlungskosten auf 344 500,00 € anzuheben sind. Allerdings glaubt er, dass seine Verkaufspreise aufgrund der Wettbewerbssituation allenfalls um 2 % angehoben werden können.

Umsatzsteuersatz 19 %.

a Berechnen Sie den Handlungskostenzuschlag und den Gewinnzuschlag in der bisherigen Plan-Kalkulation.

b Erstellen Sie eine neue Plan-Kalkulation, in der Sie die Erhöhung der Handlungskosten auf 344 500,00 € sowie eine Anhebung der Bruttoumsatzerlöse um 2 % berücksichtigen. Ermitteln Sie den Plan-Gewinn des Einzelhändlers für die zweite Jahreshälfte.

c Berechnen Sie den Handlungskosten- und den Gewinnzuschlag, mit dem der Einzelhändler im zweiten Halbjahr kalkulieren muss.

6

Die Auszubildende Eva kauft in ihrem Ausbildungsbetrieb einen Pullover, der mit 131,50 € ausgezeichnet ist. Der Betrieb gewährt einen Personalrabatt von 10 %.

Berechnen Sie den Gewinn, der dem Betrieb verbleibt, wenn der Pullover wie nebenstehend kalkuliert worden ist.

Bezugspreis	60,00 €
+ Handlungskostenzuschlag 60 %	36,00 €
Selbstkostenpreis	96,00 €
+ Gewinnzuschlag 15 %	14,40 €
Nettoverkaufspreis	110,40 €
+ Umsatzsteuer 19 %	20,98 €
Bruttoverkaufspreis	131,38 €
Auszeichnungspreis	131,50 €

7

Ein Einzelhändler will einen neuen Artikel einführen. Er plant einen Absatz von 200 Stück in unten stehender Plan-Kalkulation. Ein Mitbewerber bietet diesen Artikel für 149,00 € an. Deshalb setzt der Einzelhändler seinen Auszeichnungspreis auf 147,90 € herab.

	A	B	C	D	E	F	
1	**Eingabeteil**						
2	Bezugspreis/€	75,00					
3	Handlungskostenzuschlag in %	60,00					
4	Gewinnzuschlag in %	12,50					
5	Umsatzsteuer in %	19,00					
6	Bruttoverkaufspreis/€						
7							
8	**Ausgabeteil**	**€**		**€**			
9	Bezugspreis	21,01					
10	+ Handlungskostenzuschlag						
11	= Selbstkostenpreis	~~20,17~~	83,62				
12	+ Gewinn						%
13	= Nettoverkaufspreis						
14	+ Umsatzsteuer	37,62					
15	= Bruttoverkaufspreis	45					%

87,5

a Berechnen Sie den Bruttoverkaufspreis mit den Plan-Kalkulationszahlen des Einzelhändlers.

b Ermitteln Sie nach der Preisherabsetzung:
ba den neuen Nettoverkaufspreis in Euro
bb den Gewinn in Euro
bc den Gewinn in Prozent

c Geben Sie an, um wie viel Prozent der Einzelhändler den ursprünglich geplanten Auszeichnungspreis herabgesetzt hat.

d Ermitteln Sie, um wie viel Prozent der tatsächliche Gewinn je Stück des Artikels gegenüber dem geplanten Stückgewinn gesunken ist.

e Berechnen Sie, um wie viel Prozent der Absatz dieses Artikels gesteigert werden müsste, um den ursprünglich geplanten Gesamtgewinn zu erzielen.

8

Einmal im Monat wirbt das City-Warenhaus mit zeitlich begrenzten Sonderangeboten aus verschiedenen Abteilungen (Angebotszeit gewöhnlich 14 Tage). Herr Bauer will dadurch das Preisimage seines Geschäfts in den Augen der Kunden verbessern. Die Angebotstermine werden ein Jahr lang im Voraus geplant. Entsprechend langfristig ist auch die Warenbeschaffung für die Sonderangebote. Infrage kommen preisgünstige Produkte, die häufig mit aktuellen Ereignissen (z.B. Karneval, Ostern, Urlaub, Winteranfang) verbunden werden. Artikel, die schlecht laufen, werden nur gelegentlich als Sonderangebote eingesetzt.

Sparen Sie mit uns und nutzen Sie unsere tollen Angebote. Große Marken zu kleinen Preisen. Da lohnt es sich zu vergleichen!

City-Warenhaus Bauer

Die Super-Sonderangebots-Auswahl

Vor der Veröffentlichung des Prospektes werden die Abteilungen aufgefordert, Produkte und deren Angebotspreise vorzuschlagen und auch Ideen zur dekorativen Präsentation der Artikel zu entwickeln.

Herr Bauer hat die Produkte für den aktuellen Sonderangebotsprospekt weitgehend fertiggestellt. Lediglich drei Produkte aus der Schuh- und Lederwarenabteilung fehlen noch. Frau Yildirim hat zusammen mit Frau Seifert folgende Artikel ausgewählt:

Tasche

sportliche, edle Handtasche aus geprägtem Leder (Rindleder). Langer, weicher Schulterriemen garantiert angenehmen Tragekomfort als Schultertasche.
Aufteilung: 1 großes Hauptfach, verschließbar mit Reißverschluss; Handytasche, Halterungen für Schreibgeräte; 1 Reißverschlussfach innen, zusätzliche Reißverschlussfächer an der Vorder- und Rückseite.
Maße: 30 × 20 cm

Bezugspreis: 45,25 €

Schmuck-Koffer

aus Leder mit hochwertigem Einsatz aus Feinsynthetik, Farbe: Rot;
Maße ca. 30 × 14 × 13 cm, obere Etage: Einsatz für Ringe mit 2 Fächern und Abdeckkissen; untere Etage: für größere Schmuckstücke
Deckel-Innenseite: speziell für Ohrringe und Broschen

Bezugspreis: 25,30 €

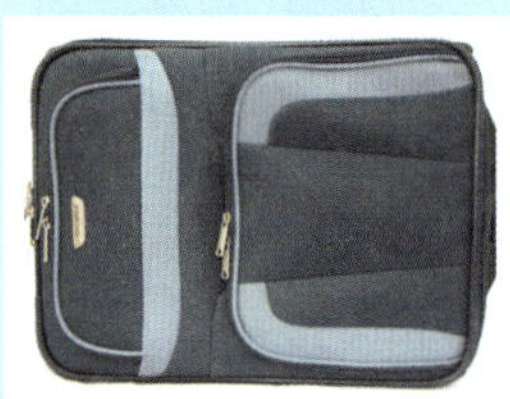

Bord-Trolley

extrem leicht und doch äußerst stabil; aus hochgradig reißfestem Nylon gefertigt, mit 2 Rollen, als Handgepäck im Flugzeug einsetzbar, 52 cm hoch

Bezugspreis: 21,30 €

Die Schuh- und Lederwarenabteilung kalkuliert mit einem Handlungskostenzuschlag von 71,28 % und einem Gewinnzuschlag von 8 %. Der Umsatzsteuersatz beträgt 19 %.

Machen Sie Vorschläge, wie die oben aufgeführten Produkte im Sonderangebots-Prospekt des City-Warenhauses Bauer abgebildet werden sollen.

a Entwickeln Sie Gestaltungsideen für die Platzierung der Artikel im Prospekt.

b Machen Sie Preisvorschläge und kalkulieren Sie für die drei Produkte jeweils den Preis, der
  ba die Selbstkosten,
  bb den Bezugspreis abdeckt.

Am Ende sollte der Sonderangebotspreis als Schwellenpreis (gebrochener Preis mit der Endziffer „9“) festgesetzt werden.
Bedenken Sie: Nicht kostendeckende Preise belasten das Abteilungsergebnis; andererseits locken attraktive Produkte mit niedrigen Preisen Kunden in die Abteilung. Die nachfolgende Tabelle gibt Ihnen eine Hilfe für das erste Produkt (Tasche).

Sonderangebotskalkulation

Beispiel Tasche			
Eingabeteil	**normale Kalkulation**	**Selbstkostenpreis**	**Bezugspreis**
Bezugspreis	45,25	45,25	
HKZ in %	71,28	71,28	
GZ in %	8,00		
USt in %	19,00	19,00	
Ausgabeteil	**€**	**€**	**€**
Bezugspreis	**45,25**	**45,25**	**45,25**
+ Handlungskostenzuschlag	32,25	32,25	
= Selbstkostenpreis	**77,50**	**77,50**	
+ Gewinnzuschlag	6,20		
= Nettoverkaufspreis	83,70		
+ Umsatzsteuer	15,90		
= Bruttoverkaufspreis	**99,61**		
Schwellenpreis	99,95		
Sonderangebotspreis			

9

Der Inhaber des City-Warenhauses wird zum Telefon gerufen.

Herr Bauer: „Wer ist es denn?"

Frau Dehn: „Der Geschäftsführer vom Schuhhaus Götz, Herr Täufer."

Herr Bauer: ‚Auch der noch' – denkt Herr Bauer – ‚gibt bestimmt Ärger.' (nimmt den Hörer) „Guten Tag Herr Täufer, wie geht es Ihnen?"

Herr Täufer: „Schlecht, ausgesprochen schlecht. Allerdings erst seit einer Viertelstunde, seit ich Ihre Annonce in der Zeitung gesehen habe: Markenschuhe von Gallo für 59,90 €. Dabei gab es doch eine stillschweigende Vereinbarung, nicht alle Preise kaputt zu machen. Die Preisempfehlung des Herstellers lautet 99,90 €."

Herr Bauer: „Ich brauche keine Empfehlungen, ich kann selbst kalkulieren."

Herr Täufer: „Wir auch. Es ist aber lebenswichtig, dass der Handel sich an diese Empfehlungen hält, das wissen Sie genau. Ich werde Ihre Preisgestaltung dem Hersteller melden, damit er geeignete Maßnahmen ergreift."

Herr Bauer: „Ich kann Sie nicht daran hindern."

Herr Täufer: „Und ich kann Sie nicht daran hindern, dass Sie sich selbst ruinieren. Guten Tag!"

a **Stellen Sie fest, welchen Gewinn in Prozent das City-Warenhaus mit einem Paar Schuhe erzielt, wenn es das Paar zum empfohlenen Preis des Herstellers verkauft, und vergleichen Sie den errechneten Wert mit dem Gewinnzuschlag, mit dem die Schuh- und Lederwarenabteilung normalerweise kalkuliert.**
Bezugspreis: 32,00 €
empfohlener Bruttoverkaufspreis: 99,90 €
Handlungskostenzuschlag von 71,28 %, Gewinnzuschlag von 8 %, Umsatzsteuersatz 19 %.

b **Berechnen Sie, wie weit das City-Warenhaus den empfohlenen Preis senken könnte, damit mindestens der normale Gewinnzuschlag erzielt wird.**

c **Geben Sie an, in welcher Höhe die Handlungskosten noch gedeckt werden, wenn der Bruttoverkaufspreis 59,90 € beträgt.**

d **Erläutern Sie, wie stark der Handel nach dem Wettbewerbsrecht an Preisempfehlungen des Herstellers gebunden ist.**

Abschlussaufgabe 1 in Lernfeld 9

Situation

Der Lebensmittelmarkt Wagner hat Bio-Fruchtsäfte von der Getränkegroßhandlung Weserland GmbH bezogen und am nächsten Tag die nachfolgend abgebildete Rechnung erhalten.

Weserland GmbH – Getränkegroßhandlung

Lebensmittelmarkt Wagner GmbH
Marie-Curie-Straße 74
26129 Oldenburg

Oldenburger Heerstraße 177
26919 Brake

Telefon: 04401 71120
Fax: 04401 71199

Rechnung-Nr. 277-12 Kunden-Nr.: 1754 Datum: 14.05.20(0)
Wir lieferten Ihnen am 12.05.20(0) frei Haus:

Menge	Artikel-Nr.	Artikelbezeichnung	Einzelpreis/€	Gesamtpreis/€
1 000	17-949	Bio-Fruchtsäfte sortiert, 0,75 Liter	1,45	1 450,00
			– 5 % Rabatt	72,50
			Nettobetrag	1 377,50
			7 % USt	96,43
			Bruttobetrag	1 473,93

Zahlungsziel: 30 Tage ab Rechnungsdatum; innerhalb 10 Tagen mit 2 % Skonto.
Bankverbindung: Volksbank Brake IBAN: DE81280618223710360200, BIC: GENODEF1EDE

1

a Die Rechnung wird am 24.05.20(0) unter Abzug von Skonto beglichen. Berechnen Sie den Überweisungsbetrag in Euro.

b Ermitteln Sie den Bezugspreis für eine Flasche Bio-Fruchtsaft.

c Kalkulieren Sie den Bruttoverkaufspreis, wenn der Lebensmittelmarkt folgende Zuschlagssätze anwendet:
Handlungskostenzuschlag: 55 %
Gewinnzuschlag: 10 %
Umsatzsteuer: 7 %

2

Der Lebensmittelmarkt hat sich in der Frage der Preisoptik dafür entschieden, die kalkulierten Bruttoverkaufspreise als runde oder als gebrochene Preise auf Preisetiketten darzustellen.

a Machen Sie deutlich, welche Auszeichnungspreise für den kalkulierten Bruttoverkaufspreis (siehe Aufgabe 1) möglich sind und entscheiden Sie sich für eine Lösung.

b Die Preisauszeichnungsverordnung verlangt die Angabe eines Grundpreises. Berechnen Sie den Grundpreis für eine Fruchtsaftflasche auf der Grundlage Ihrer Entscheidung zu a. Prüfen Sie auch, ob die Flasche mit Pfand zu belegen ist.

3

In seiner Wochenwerbung bietet ein Mitbewerber einen vergleichbaren Fruchtsaft zu 1,99 € an. Sie möchten Ihre Bio-Fruchtsäfte auch mit diesem Preis auszeichnen.

a Berechnen Sie in einer Rückwärtskalkulation, welcher Bezugspreis erforderlich ist, damit der Bruttoverkaufspreis 1,99 € beträgt, Ihre Kalkulationsdaten (Handlungskostenzuschlag, Gewinnzuschlag, Umsatzsteuer) aber nicht verändert werden.

b Der Lieferant ist zu keinem Entgegenkommen beim Preis bereit. Sie möchten den Bruttoverkaufspreis für den Fruchtsaft aber wenigstens so weit absenken, dass die Selbstkosten noch gedeckt sind. Kalkulieren Sie diesen Bruttoverkaufspreis.

4

Von einem anderen Lieferanten haben Sie ein Vergleichsangebot für Bio-Fruchtsäfte erhalten. Der Bezugspreis für eine 0,75-l-Flasche beträgt 1,10 €.

Ermitteln Sie über eine Differenzkalkulation den verbleibenden Gewinn, wenn Sie von einem Bruttoverkaufspreis von 1,99 € und von den bisherigen Zuschlagssätzen (siehe Aufgabe 1) ausgehen.

5

Restbestände verschiedener Fruchtsäfte sollen in einer Schütte zu einem einheitlichen Preis angeboten werden.

Berechnen Sie den Durchschnittspreis pro Flasche aus folgenden Angaben:
- **8 Flaschen Fruchtsaft Elite zum Stückpreis von 2,15 €,**
- **11 Flaschen Fruchtsaft Erntegold, Stück 2,65 €,**
- **14 Flaschen Fruchtsaft Friesenhof, Stück 1,85 €.**

6

Aus der Ergebnisrechnung des Vorjahres 20(-1) hat der Inhaber des Lebensmittelmarktes die Zuschlagssätze für die Handlungskosten und den Gewinn ermittelt. Am Ende des aktuellen Geschäftsjahres 20(0) vergleicht er nun, welche Zuschläge er tatsächlich verwirklichen konnte.

a **Berechnen Sie anhand der nachfolgenden Ergebnisrechnungen den Handlungskosten- und den Gewinnzuschlag von 20(-1) sowie 20(0) und beurteilen Sie das Ergebnis.**

b **Legen Sie aufgrund der Ergebnisse aus Aufgabe a den Handlungskosten- und den Gewinnzuschlag für das folgende Geschäftsjahr 20(+1) fest.**

Ergebnisrechnung	20(-1)		20(0)	
	€	€	€	€
Wareneinsatz		418 600,00		449 100,00
+ Handlungskosten				
Sachaufwendungen für Geschäftsräume	10 200,00		11 400,00	
Gehälter	120 000,00		132 000,00	
Miete	43 600,00		48 600,00	
Büromaterial	4 900,00		6 650,00	
Telekommunikation	7 400,00		8 550,00	
Werbung	12 400,00		16 400,00	
Zinsen	13 600,00		14 500,00	
übrige Aufwendungen	18 150,00	230 250,00	22 400,00	260 500,00
= Selbstkosten		648 850,00		709 600,00
+ Gewinn		64 900,00		67 800,00
= Nettoumsatzerlöse		713 750,00		777 400,00
+ Umsatzsteuer (7 % Food, 19 % Non-Food)		78 000,00		83 200,00
= Bruttoumsatzerlöse		791 750,00		860 600,00
Handlungskostenzuschlag				
Gewinnzuschlag				

c **Der Geschäftsinhaber ist enttäuscht, weil trotz einer deutlichen Umsatzsteigerung der Gewinn nur in geringem Umfang erhöht werden konnte. Berechnen Sie, welche Handlungskosten sich im Jahresvergleich besonders auffällig erhöht haben. Verwenden Sie die nachfolgende Tabelle.**

Handlungskosten	20(-1)	20(0)	Abweichung in %
Sachaufwendungen für Geschäftsräume	10200,00	11400,00	
Gehälter	120000,00	132000,00	
Miete	43600,00	48600,00	
Büromaterial	4900,00	6650,00	
Telekommunikation	7400,00	8550,00	
Werbung	12400,00	16400,00	
Zinsen	13600,00	14500,00	
übrige Aufwendungen	18150,00	22400,00	

d **Entwickeln Sie zu den zwei Handlungskostenarten mit den höchsten Steigerungen jeweils einen Vorschlag, wie Kosten eingespart werden können.**

7

Siehe Ihre Ergebnisse zu Aufgabe 6 b

Nehmen Sie an, der Lebensmittelmarkt Wagner hätte sich entschieden, folgende Zuschläge für die Kalkulation des kommenden Geschäftsjahres 20(+1) zu verwenden:

- Handlungskostenzuschlag 60 %
- Gewinnzuschlag 10 %

Um die Auswirkungen der Zuschlagssätze auf die Kalkulation eines konkreten Produktes sichtbar zu machen, wendet der Inhaber die Zuschlagssätze auf den Artikel „Markenbutter, 250 g“ an, weil Kunden Butterpreise besonders intensiv vergleichen. Um die Preisveränderung zu erfassen, kalkuliert er das Produkt auch mit den Zuschlagssätzen des Jahres 20(0):

- Handlungskostenzuschlag 58 %
- Gewinnzuschlag 9,55 %

Der Bezugspreis für eine Packung Markenbutter beträgt 1,34 €

	A	B	C
1	**Eingabeteil**	**Zuschläge 20(0)**	**Zuschläge 20(+1)**
2	Bezugspreis/€	1,34	1,34
3	Handlungskostenzuschlag in %	58,00	60,00
4	Gewinnzuschlag in %	9,55	10,00
5	Umsatzsteuer in %	7,00	7,00
6			
7	**Ausgabeteil**	**€**	**€**
8	Bezugspreis		
9	+ Handlungskostenzuschlag		
10	= Selbstkostenpreis		
11	+ Gewinn		
12	= Nettoverkaufspreis		
13	+ Umsatzsteuer		
14	= Bruttoverkaufspreis		

a **Kalkulieren Sie den Preis für 250 g Butter mit den Zuschlagssätzen von 20(0) und 20(+1).**
b **Begründen Sie, ob die Preisveränderung von den Kunden nach Ihrer Meinung wahrgenommen wird.**

Abschlussaufgabe

8 Die Kalkulation vereinfachen

Im Biker-Shop mussten zu Beginn des Geschäftsjahres alle Produkte umgezeichnet werden. Im vergangenen Jahr war es gelungen, die Handlungskosten zu senken. Gleichzeitig rechnet der Geschäftsinhaber mit höheren Umsätzen. In seiner Plan-Kalkulation hatte Herr Adam einen Handlungskostenzuschlag von 55 % ermittelt (bisher 59,01 %).

Herr Adam wollte die möglichen Preisvorteile aber nicht vollständig an seine Kunden weitergeben, sondern seinen Gewinn erhöhen. Während bisher mit einem Gewinnzuschlag von 8,44 % kalkuliert wurde, soll der Gewinnzuschlag im neuen Geschäftsjahr 10 % betragen.

Alle Produkte waren daher neu zu kalkulieren. Die Anweisung lautete, die neuen Zuschlagssätze zunächst auf jedes Produkt anzuwenden, den ermittelten Preis dann aber noch auf die drei Endziffern ..9,90 € zu erhöhen.

Zur Vereinfachung und angesichts der vielen Artikel sollten die Mitarbeiter den Kalkulationszuschlag oder den Kalkulationsfaktor anwenden (Adam: „Ob ihr addiert oder multipliziert, ist mir egal – Hauptsache, die Kalkulation stimmt!").

Plan-Kalkulation 20(+1)			
Betriebskalkulation	**€**	**geplante Zuschlagssätze**	**Stückkalkulation**
Wareneinsatz	720 000,00		Bezugspreis
+ Handlungskosten	396 000,00	HKZ 55 %	+ Handlungskostenzuschlag 55 %
= Selbstkosten	1 116 000,00		= Selbstkostenpreis
+ Gewinn	111 600,00	Gewinnzuschlag 10 %	+ Gewinnzuschlag 10 %
= Nettoumsatzerlöse	1 227 600,00		Nettoverkaufspreis
+ Umsatzsteuer	233 244,00	Umsatzsteuer 19 %	+ Umsatzsteuer 19 %
= Bruttoumsatzerlöse	1 460 844,00		Bruttoverkaufspreis

ARBEITSAUFTRAG
Kalkulieren Sie die Produkte des Biker-Shops mit den neuen Kalkulationszahlen.

VORSCHLÄGE ZUM VORGEHEN
1. Ermitteln Sie auf der Grundlage der oben abgebildeten Plankalkulation 20(+1) den Kalkulationszuschlag und den Kalkulationsfaktor.
2. Wenden Sie die in 1. ermittelten Zahlen auf ausgewählte Produkte an (siehe unten). Runden Sie den mit dem Kalkulationszuschlag oder Kalkulationsfaktor ermittelten Preis auf die Endziffern ..9,90 €.

Produkt	Preisetikett	Produkt	Preisetikett
	Biker-Shop	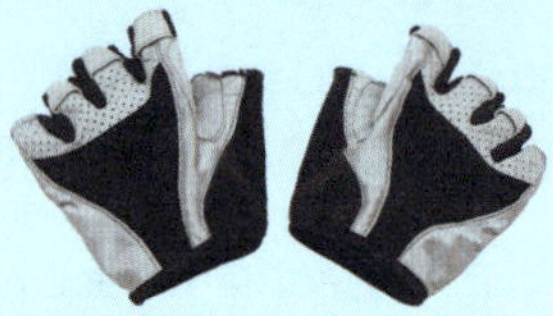	Biker-Shop
Bezugspreis: 33,80 €		Bezugspreis: 13,10 €	
	Biker-Shop		Biker-Shop
Bezugspreis: 23,60 €		Bezugspreis: 45,50 €	

AUFGABEN

1

Ein Geschäft für Autozubehör bietet die unten angegebenen Artikel an. Für die einzelnen Warengruppen existieren unterschiedliche Zuschlagssätze.

Artikel	Bezugspreise in €	Kalkulationszuschlag %
Autoradio	350,00	62
Radzierblende	45,00	55
Abblendspiegel	20,00	110
Verbandskasten	18,00	240

a Errechnen Sie mithilfe des Kalkulationszuschlags jeweils den Verkaufspreis.
b Geben Sie an, zu welchen Kalkulationsfaktoren die oben genannten Kalkulationszuschläge führen.

2

Ein Verbrauchermarkt kauft 300 Weckuhren zum Listeneinkaufspreis von 35,00 pro Stück. Dem Angebot des Lieferers sind folgende Bedingungen zu entnehmen:

Mengenrabatt: 5 %; Skonto: 2 %; Bezugskosten: 0,50 € pro Weckuhr (netto)

Der Verbrauchermarkt kalkuliert mit 25 % Handlungskostenzuschlag und 12 % Gewinnzuschlag (19 % Umsatzsteuer).

a Errechnen Sie den Bezugspreis für die Sendung.

b Errechnen Sie den Bruttoverkaufspreis für die Weckuhr.

c Berechnen Sie den Kalkulationszuschlag und den Kalkulationsfaktor, mit dem das Unternehmen arbeitet.

3

Durch eine Tariferhöhung der Löhne und Gehälter ist ein Einzelhändler gezwungen, seine Kalkulation anzupassen. Der bisherige Handlungskostenzuschlag wird von 45 % auf 50 % erhöht. Der Gewinnzuschlag von 12 % und der Umsatzsteuersatz von 19 % bleiben gleich.

Wählen Sie einen Bezugspreis von 100,00 €.

a Errechnen Sie den bisherigen Kalkulationszuschlag und Kalkulationsfaktor.
b Errechnen Sie den neuen Kalkulationszuschlag und Kalkulationsfaktor.

4

In einem Möbelfachgeschäft wurde, nachdem der Kunde einige Mängel reklamiert hatte, eine Anbauküche für 9 570,00 € statt zum kalkulierten Bruttoverkaufspreis in Höhe von 10 672,00 € verkauft. Der Bezugspreis betrug 6 000,00 €.

Berechnen Sie, mit welchem tatsächlichen Kalkulationszuschlag und mit welchem Kalkulationsfaktor die Anbauküche verkauft wurde.

5

Die Gewinn- und Verlustrechnung eines Einzelhandelsgeschäftes weist folgende Daten aus:

Nettoumsatzerlöse	30 Mio. €
Wareneinsatz	20 Mio. €
Personalaufwendungen	5 Mio. €
sonstige Aufwendungen	4 Mio. €

a Ermitteln Sie in Mio. €
  aa die Handlungskosten
  ab die Selbstkosten
  ac das Rohergebnis
  ad das Reinergebnis
  ae die Bruttoumsatzerlöse (USt-Satz 19 %)

b Ermitteln Sie
  ba den Handlungskostenzuschlag
  bb den Gewinnzuschlag
  bc den Kalkulationszuschlag
  bd den Kalkulationsfaktor

9 Den Kalkulationsabschlag bei Preisverhandlungen nutzen

Die Situation war heftig, der Kunde sehr erbost. Herr Adam musste kommen („Ich verlange den Chef!").

Herr Adam: „Guten Tag, Herr Wolters, es gibt ein Problem. Was kann ich für Sie tun?"

Herr Wolters: *„Ich stehe hier an der Kasse, um diesen Radcomputer zu bezahlen, und stelle fest, dass jeder Kunde Preisnachlässe oder andere Vergünstigungen erhält. Ich habe vor einem Monat mein neues Rennrad für rund 4000,00 € gekauft und vor wenigen Tagen ein Mountainbike für meinen Sohn. In beiden Fällen habe ich nichts bekommen. Gute Kunden werden hier wohl besonders schlecht behandelt."*

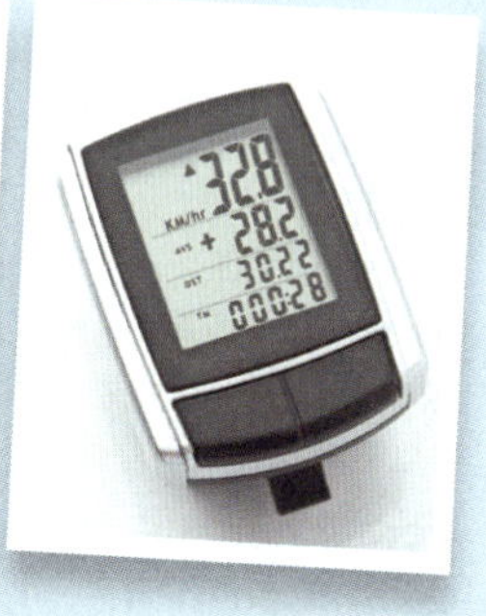

Herr Adam: „Es tut mir leid, das ist übersehen worden. Natürlich erhalten Sie alle Vorteile, die auch die übrigen Kunden bekommen. Also ich mache Ihnen jetzt für Ihren Radcomputer einen ganz besonderen Preis. Einen Moment bitte."
(Herr Adam nimmt seinen Taschenrechner zur Hand und rechnet still vor sich hin: 159,90 € minus 50,71 % = 78,81 € plus 55,00 % = 122,16 € plus 19 % Umsatzsteuer = 145,37 €.)

Herr Adam: *„So, hier der Sonderpreis für Sie: 145,00 €!"*

Herr Wolters: „Was? Das soll ein ganz besonderer Preis sein? Die anderen Kunden werden mit Nachlässen überschüttet!"

Herr Adam: *„Hm – ich rechne noch einmal nach. Einen Augenblick bitte."*
(Wieder nimmt Herr Adam den Taschenrechner: 159,90 € minus 50,71 % = 78,81 € plus 19 % Umsatzsteuer = 93,79 €.)

Herr Adam „Das ist nun aber wirklich ein ganz spezieller Preis: 93,00 €. Sie sparen fast 67,00 €."

Herr Wolters: *„Na also – es geht also doch."*

Herr Adam: „Ich hoffe, dass Sie zufrieden sind."

Herr Wolters: *„Jetzt schon."*

Am Taschenrechner hat Herr Adam mit folgenden Kalkulationszahlen gerechnet

* Kalkulationsabschlag: 50,71 %,
* Handlungskostenzuschlag: 55,00 %,
* Umsatzsteuersatz: 19,00 %.

Die Kalkulation von Herrn Adam im Überblick

Preisuntergrenzen	Radcomputer	1. Preisuntergrenze	2. Preisuntergrenze
Bezugspreis	78,81	78,81	78,81
+ Handlungskostenzuschlag		43,35	
= Selbstkostenpreis		122,15	
+ Gewinnzuschlag			
= Nettoverkaufspreis			
+ Umsatzsteuer		23,21	14,97
= Bruttoverkaufspreis	159,90	145,36	93,78*

* Rundungsdifferenz gegenüber der zweistufigen Berechnung von Herrn Adam

ARBEITSAUFTRAG

Ermitteln Sie für die unten stehenden Produkte die Preisuntergrenzen mithilfe des Kalkulationsabschlages:

VORSCHLÄGE ZUM VORGEHEN

1. Berechnen Sie die erste Preisuntergrenze (Deckung des Selbstkostenpreises).
2. Bestimmen sie die zweite Preisuntergrenze (Deckung des Bezugspreises).

Rennrad

Bruttoverkaufspreis 1 290,00 €

Handschuhe

Bruttoverkaufspreis: 9,95 €

Radsportschuh

Bruttoverkaufspreis: 84,95 €

AUFGABEN

1

In einem Warenhaus wird mit unterschiedlichen Zuschlägen gearbeitet.

Ermitteln Sie jeweils den Kalkulationsabschlag aus folgenden Angaben:

	a	b	c
Handlungskostenzuschlag	65 %	72 %	43 %
Gewinnzuschlag	10 %	15 %	8 %
Umsatzsteuer	19 %	19 %	7 %

2

In der Inventur sind die Waren mit ihren Einkaufs-(Bezugs-)preisen zu bewerten. Die Rückrechnung vom Bruttoverkaufspreis, mit dem die Waren ausgezeichnet sind, auf den Bezugspreis geschieht am einfachsten mit dem Kalkulationsabschlag.

Siehe Inventur Seite 114

Errechnen Sie die Inventurwerte unter Verwendung des Kalkulationsabschlags.

Inventurliste								
Warengruppe:		Bekleidung		Tag der Aufnahme: 31. Dez. 20(0)			Blatt-Nr.	
Warenaufnahme						Bewertung		
Nr.	Warenbezeichnung	Stück	Verkaufspreis €/Stück	Alter (Monate)	Zustand der Ware	Gesamt verkaufspreis/€	Kalkulationsabschlag 45 %	Gesamt-EK-Preis (Inventurwert) €
1–24	Übertrag							8 551,24
25	Langarmtrikot	12	61,90	0 – 6	–			
26	Radhose	28	45,90	0 – 6	–			
27	Winterträgerhose	19	86,90	0 – 6	–			
28	Rennanzug	8	85,90	0 – 6	–			

3

Die Betriebskalkulation eines Warenhauses weist folgende Daten aus:

Nettoumsatzerlöse:	60 Mio. €
Wareneinsatz:	40 Mio. €
Gehälter:	10 Mio. €
sonstige Aufwendungen:	8 Mio. €

a Ermitteln Sie in Mio. €:
- **aa die Handlungskosten**
- **ab die Selbstkosten**
- **ac das Rohergebnis**
- **ad das Reinergebnis**
- **ae den Bruttoumsatz (Umsatzsteuersatz 19 %)**

b Ermitteln Sie in:
- **ba den Handlungskostenzuschlag**
- **bb den Gewinnzuschlag**
- **bc den Kalkulationszuschlag**
- **bd den Kalkulationsfaktor**
- **be den Kalkulationsabschlag**

4

Der Telefonshop Am Markt weist am Ende des Geschäftsjahres folgende Gewinn- und Verlustrechnung aus:

Soll		Gewinn und Verlust			Haben
Datum	Text/Gegenkonto	€	Datum	Text/Gegenkonto	€
31.12.	Wareneinsatz	462 700,00	31.12.	Nettoumsatzerlöse	790 000,00
31.12.	Aufwdg. für Geschäftsräume	11 200,00			
31.12.	Gehälter	154 200,00			
31.12.	Miete	38 500,00			
31.12.	Büromaterial	5 500,00			
31.12.	Telekommunikation	8 400,00			
31.12.	Werbung	19 300,00			
31.12.	Zinsen	17 500,00			
31.12.	übrige Aufwendungen	30 100,00			
31.12.	Gewinn	42 600,00			
		790 000,00			790 000,00

a Erstellen Sie aus den GuV-Zahlen eine Betriebskalkulation. Der Umsatzsteuersatz beträgt 19 %.

b Ermitteln Sie anhand des unten abgebildeten GuV-Kontos die Werte für:
- ba den Handlungskostenzuschlag
- bb den Gewinnzuschlag
- bc den Kalkulationszuschlag
- bd den Kalkulationsfaktor
- be den Kalkulationsabschlag

	A/B	C	D	
1	**Betriebskalkulation 20(0)**			
2		€	€	
3	Wareneinsatz			
4	+ Handlungskosten			
5	Sachaufwendungen für Geschäftsräume			
6	Gehälter			
7	Miete			
8	Büromaterial			
9	Telekommunikation			
10	Werbung			
11	Zinsen			
12	übrige Aufwendungen			
13	= Selbstkosten			
14	+ Gewinn			
15	= Nettoumsatzerlöse			
16	+ Umsatzsteuer			
17	= Bruttoumsatzerlöse			
18				
19	Handlungskostenzuschlag			%
20	Gewinnzuschlag			%
21	Kalkulationszuschlag			%
22	Kalkulationsfaktor			
23	Kalkulationsabschlag			%

10 Die Handelsspanne zum Abteilungsvergleich verwenden

Das ist Chefsache: Einmal in der Woche vergleicht Herr Bauer im City-Warenhaus Bauer die Abteilungen seines Hauses danach, welche Handelsspanne jeweils erzielt worden ist. Die Abteilungen mit den größten Abweichungen zwischen den geplanten und den tatsächlich realisierten Spannen (Ist-Handelsspanne) hat er dabei besonders im Auge.

Hohe Plan-Ist-Unterschiede führen regelmäßig zu Gesprächen mit den Abteilungs- und Bereichsleitern mit dem Ziel, die Ursachen der Abweichungen herauszufinden und Maßnahmen zu treffen, die eine bessere Verwirklichung der Plan-Zahlen sicherstellen.

Abteilungsvergleich

Woche: 26 Zeit: 19:15

Abteilung	Wareneinsatz in €	erzieltes Rohergebnis/€	erzielte Handelsspanne Ist	Plan	Nettoumsatzerlöse/€	Umsatzsteuer in %	Bruttoumsatzerlöse/€
Lebensmittel	28.656,00			28,50	38.702,58	7	41.411,76
Textilien	13.432,50			49,00	23.394,36	19	27.839,28
Uhren/Schmuck	2.686,50			55,60	5.938,80	19	7.067,17
Schuhe/Lederwaren	3.582,00			45,94	6.487,07	19	7.719,61
Drogerie/Parfümerie	6.268,50			52,43	12.869,40	19	15.314,59
Haushaltswaren	7.164,00			43,15	11.828,81	19	14.076,28
Elektronik/Computer	8.059,50			42,10	13.089,19	19	15.576,13
Tapeten/Farben	3.582,00			42,10	5.872,23	19	6.987,95
Möbel	6.268,50			45,00	11.070,97	19	13.174,45
Sport	3.582,00			46,00	5.691,53	19	6.772,92
Spielwaren	1.791,00			45,00	3.213,85	19	3.824,48
Schreibwaren/Büro	4.477,50			48,15	7.936,23	19	9.444,12
	89.550,00				146.094,99		169.208,73

Im Sommer interessiert sich Herr Bauer vor allem für die modisch orientierten Abteilungen. Für die Abteilung 2.1 Textilien hat er aus diesem Grund eine eigene Tabelle mit der Ist-Handelsspanne im Zeitablauf angelegt.

Abteilung 2.1 Textil **Ist-Handelsspanne** Jahr 20(0)

Monat Woche	Januar	Februar	März	April	Mai	Juni 23	 24	 25	 26
in %	41,5	46,8	47,5	48,2	46,8	45,2	44,9	44,0	

ARBEITSAUFTRAG

Ermitteln Sie die Ist-Handelsspannen der Abteilungen des City-Warenhauses und entscheiden Sie, mit welchen Abteilungsleitern Gespräche geführten werden sollen.

VORSCHLÄGE ZUM VORGEHEN

1. Berechnen Sie die Rohergebnisse der einzelnen Abteilungen.
2. Ermitteln Sie jeweils die erzielte Handelsspanne (Ist-Handelsspanne).
3. Ergänzen Sie die Tabelle für die Abteilung 2.1 Textil mit der Ist-Handelsspanne für die 26. Woche.
4. Vergleichen Sie die erzielte Ist-Handelsspanne mit der geplanten Handelsspanne und markieren Sie auffällige Abweichungen.

AUFGABEN

1

Die Tabelle mit dem Abteilungsvergleich (siehe oben) gibt die Rohergebnisse der Abteilungen wieder. Es ist aber für das City-Warenhaus auch von Interesse, welches Rohergebnis (in Euro) und welche Handelsspanne (in Prozent) bei einzelnen Produkten erzielt worden sind.

Berechnen Sie das Rohergebnis (in Euro) und die Handelsspanne (in Prozent) für folgende Produkte:

	Brutto-Verkaufspreis/€	USt	Netto-Verkaufspreis/€	Bezugspreis/€	Rohergebnis/€	Handelsspanne in %
a Herren-Jeans (Sonderangebot)			66,00	41,00		
b Damen-Jacke (leichte Beschädigung)			139,00	89,00		
c Herrenhemd (Prospektware)	39,99	19 %		24,00		
d Milch (Prospektware)	0,89	7 %		0,52		
e Salami	1,49	7 %		0,87		

2

Das Möbelhaus Cramer kalkuliert mit unterschiedlichen Zuschlagssätzen:

* Abteilung Küchenmöbel: 58 % Handlungskostenzuschlag, 20 % Gewinnzuschlag
* Abteilung Mitnahmemöbel: 47 % Handlungskostenzuschlag, 12 % Gewinnzuschlag

Berechnen Sie für beide Abteilungen die Handelsspanne.

3

Bei der Kalkulation einer Warengruppe legt ein Einzelhändler eine Handelsspanne von 37,50 % zugrunde. Er will einen Artikel dieser Warengruppe zum gleichen Preis wie ein Mitbewerber verkaufen, nämlich für 129,90 € einschließlich 19 % Umsatzsteuer.

a Berechnen Sie, wie viel Euro der Bezugspreis für diesen Artikel höchstens betragen darf.

b Ermitteln Sie für den vorliegenden Fall:
ba den Kalkulationszuschlagssatz in Prozent
bb den Kalkulationsfaktor

4

Das Autorzubehörgeschäft Car-Shop hat das geplante Betriebsergebnis (Plan-Kalkulation) für das kommende Geschäftsjahr 20(+1) zusammengestellt (siehe nebenstehend). Die Umsatzsteuer beträgt 19 %.

Betriebsergebnis 20(+1)	
	€
Wareneinsatz	850 000,00
+ Handlungskosten	467 500,00
= Selbstkosten	1 317 500,00
+ Gewinn	158 100,00
= Nettoumsatzerlöse	1 475 600,00
+ Umsatzsteuer	280 364,00
= Bruttoumsatzerlöse	1 755 964,00

Ermitteln Sie anhand der Ergebnisplanung folgende Kalkulationszahlen:

a Handlungskostenzuschlag
b Gewinnzuschlag
c Kalkulationszuschlag
d Kalkulationsfaktor
e Kalkulationsabschlag
f Handelsspanne

5

Das Textilfachgeschäft Siedler hat aus seinem Warenwirtschaftssystem die untenstehende Lieferantenstatistik ausdrucken lassen.

Warengruppe: Hosen			Datum: 05.06.20(0)			Saison: 01.02.–31.07.20(0)	
Lieferanten	Warenbewegungen – in Stück						
				Preisänderungen			
Name	Waren-eingang	Verkauf	Verkaufs-quoten in %	Anzahl	Wert/€	in % vom Umsatz	erzielte Handels-spanne in %
Trend-Moden	1 955	1 059	54,2	32	448,0	0,4	46,6
Olympia	787	541	68,7	28	422,0	0,7	46,4
Bethmeyer	476	400	84,0	6	130,0	0,3	47,5
GDS	730	380	52,1	21	820,0	2,4	45,9
Sternburg	401	280	69,8	7	175,0	0,5	46,5
MODE-Partner	240	160	66,7	12	168,0	0,8	46,6
OBIS	270	94	34,8	36	1 260,0	8,9	41,7
Kallmann	89	80	89,9	0	0,00	0,0	52,1
	4 948	2 994	60,5				

a Geben Sie an, nach welchem Auswahlgesichtspunkt die Lieferanten aufgelistet werden.

b Erläutern Sie, wie man die Verkaufsquote errechnet.

c Nennen Sie zwei Ursachen für Preisänderungen in der Textilbranche.

d Für die nächsten Tage haben sich die Außendienstmitarbeiter der Lieferanten Bethmeyer und OBIS angesagt. Begründen Sie, welche wichtigen Informationen sich aus der Tabelle für die Besprechung mit den Außendienstmitarbeitern entnehmen lassen.

6

Die Absatzstatistik eines Lederwarenfachgeschäftes für Ledergürtel zeigt nachfolgende Werte:

Artikel	Ledergürtel, Artikel-Nr. 2246			
Tag	Woche 1		Woche 2	
	Vergleichszeitraum		Aktionszeitraum	
	Absatz/Stück	Umsatz/€	Absatz/Stück	Umsatz/€
Montag	9	355,50	17	510,00
Dienstag	5	197,50	21	630,00
Mittwoch	11	434,50	27	810,00
Donnerstag	8	316,00	39	1 170,00
Freitag	13	513,50	26	780,00
Samstag	14	553,00	26	780,00
Summe	60	2 370,00	156	4 680,00

Der Bruttoverkaufspreis des Artikels war in der Aktionswoche von 39,50 € auf 30,00 € reduziert.

Werten Sie die Absatzstatistik aus, wie in den Teilaufgaben vorgegeben:

a **Stellen Sie fest, wie viele Ledergürtel durchschnittlich pro Tag**
  aa **im Vergleichszeitraum,**
  ab **im Aktionszeitraum verkauft wurden.**

b **Errechnen Sie den Prozentsatz, um den der durchschnittliche Tagesabsatz im Aktionszeitraum gestiegen ist.**

c **Ermitteln Sie, um wie viel der Gesamtumsatz im Aktionszeitraum gestiegen ist:**
  ca **in Euro**
  cb **in Prozent**

d **Berechnen Sie die Nettoumsätze:**
  da **im Vergleichszeitraum**
  db **im Aktionszeitraum**

e **Ermitteln Sie für die Ledergürtel das Rohergebnis in Euro bei einem Bezugspreis von 23,10 €:**
  ea **für den Vergleichszeitraum**
  eb **für den Aktionszeitraum**

f **Stellen Sie fest, um wie viel Prozent sich das Rohergebnis im Aktionszeitraum gegenüber dem Vergleichszeitraum insgesamt verändert hat.**

7

In einem Baumarkt ist ein Wandregal mit Farbdosen in unterschiedlichen Preislagen zu füllen.

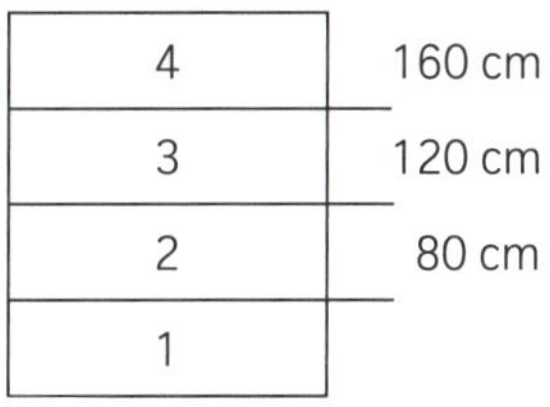

Produkt	Bezugspreis €	Nettoverkaufspreis €	Bruttoverkaufspreis €
A	7,50	12,52	14,90
B	6,10	13,90	13,90
C	5,20	8,36	9,95
D	3,38	7,48	8,90

Verteilen Sie die Produkte A bis D so auf die Regalböden 1 bis 4, dass das Produkt mit dem höchsten Rohergebnis den besten Regalplatz erhält.

8

Mila Stachowsky hat für ihren Onlineshop mit ungewöhnlichen Geschenkideen einen Riesen-Gummibär für die Zimmerdekoration (nicht essbar) eingekauft. Der Bezugspreis beträgt 24,00 €.

Sie kalkuliert mit einem Handlungskostenzuschlag von 25 % und einem Gewinnzuschlag von 8 %; 19 % Umsatzsteuer.

Berechnen Sie:

a **den Bruttoverkaufspreis und erstellen Sie ein Kalkulationsschema.**
b **den Kalkulationszuschlag.**
c **den Kalkulationsfaktor.**
d **den Kalkulationsabschlag.**
e **die Handelsspanne.**
f **das Rohergebnis.**

Abschlussaufgabe 2 in Lernfeld 9

Situation

Karl-Heinz Wagner hat sich selbstständig gemacht und ein eigenes Computerfachgeschäft gegründet. Das Ladenlokal ist angemietet und eingerichtet. In wenigen Tagen soll die Eröffnung des Geschäftes stattfinden.

1

Die Produkte in seinem Sortiment müssen noch mit Preisen ausgezeichnet werden. Seiner Bank hatte Herr Wagner für die Finanzierung seiner Existenzgründung eine Planungsrechnung mit den erwarteten Umsätzen, Kosten und dem Gewinn vorgelegt. Diese Berechnung nimmt er nun als Grundlage, um die Zuschlagssätze für die Kalkulation zu berechnen.

a Ermitteln Sie anhand der nachfolgenden Planungsrechnung
   aa) den Handlungskostenzuschlag und
   ab) den Gewinnzuschlag.

b Berechnen Sie beispielhaft den Bruttoverkaufspreis für ein Netzteil, das einen Bezugspreis von 23,00 € hat. Der kalkulierte Preis wird zum Schluss auf volle 10 Cent aufgerundet.

Planungsrechnung	20(0)	
	€	€
Wareneinsatz		98 500,00
+ Handlungskosten		
Sachaufwendungen für Geschäftsräume	6 500,00	
Gehälter	4 500,00	
Miete	24 000,00	
Büromaterial	2 500,00	
Telekommunikation	1 150,00	
Werbung	2 800,00	
Zinsen	2 200,00	
übrige Aufwendungen	5 600,00	49 250,00
= Selbstkosten		147 750,00
+ Gewinn		29 550,00
= Nettoumsatzerlöse		177 300,00
+ Umsatzsteuer		33 687,00
= Bruttoumsatzerlöse		210 987,00
Handlungskostenzuschlag		
Gewinnzuschlag		

2

Eine Lieferung mit PC-Lautsprecher-Sets ist gestern noch eingetroffen. Anhand der Eingangsrechnung (Auszug siehe unten) und dem Beleg über die Frachtkosten kann der Inhaber des Geschäftes nun den Bezugspreis und anschließend den Bruttoverkaufspreis ermitteln. Beachten Sie die in Aufgabe 1 ermittelten Zuschlagssätze und die Rundungsregel bei der Festlegung des Auszeichnungspreises.

Rechnungsauszug

Rechnung-Nr. 37744 Kunden-Nr.: 1223-09 Wir lieferten ihnen am 02.08.20(0) ab Werk:				Datum:03.08.20(0)
Menge	Artikel-Nr.	Artikelbezechnung	Einzelpreis/€	Gesamtpreis/€
10	44343	PC-Lautsprecher-Set	32,00	320,00
			–10 % Rabatt	32,00
			Nettobetrag	288,00
			19 % USt	54,72
			Bruttobetrag	342,72
Zahlungsziel: 30 Tage ab Rechnungsdatum; innerhalb 10 Tagen mit 2 % Skonto.				

Die Frachtkosten für die gesamte Sendung betragen einschließlich 19 % Umsatzsteuer 47,60 €.

3

Als Sonderangebot zur Eröffnung möchte Karl-Heinz Wagner einen Monitor-Typ (58,5 cm/23 Zoll Breitbild) besonders preisgünstig herausstellen. Der Bezugspreis des Monitors beträgt 84,00 €.
Er überlegt, das Produkt zu einem Preis anzubieten, bei dem er keinen Gewinn macht; eventuell will er sogar auf die Deckung der Handlungskosten verzichten, sodass nur der Einkaufspreis (Bezugspreis) erwirtschaftet wird.

a Berechnen Sie den Bruttoverkaufspreis, bei dem die Selbstkosten noch gedeckt sind.
b Ermitteln Sie den Bruttoverkaufspreis, der lediglich den Bezugspreis deckt. Runden Sie beide Preise zum Schluss zu einem Auszeichnungspreis, der auf 99 Cent endet (gebrochene Preise).

4

Vier Wochen nach der Geschäftseröffnung soll in einer Erinnerungswerbung ein besonders preisgünstiges Notebook herausgestellt werden. Das ursprünglich mit 498,00 € ausgezeichnete Produkt soll nun für 398,00 € angeboten werden.

Berechnen Sie, wie viel Prozent die Preissenkung gegenüber dem ursprünglichen Preis beträgt. Unter dem Preisvergleich soll dieser Prozentsatz mit dem Satz „Sie sparen rund ... %" werbewirksam herausgestellt werden.

5

Bei besonders hochwertigen Artikeln wird den Kunden die Möglichkeit der Ratezahlung eingeräumt.

Berechnen Sie, wie viel ein Kunde in Euro und in Prozent spart, wenn folgende Bedingungen gelten:
- **sofortige Zahlung: Preis 899,00 €, abzüglich 3 % Barzahlungsrabatt,**
- **Ratenzahlung: Anzahlung 100,00 € und 6 Monatsraten zu 135,00 €.**

6

Die vielen Sonderaktionen machten umfangreiche Preisänderungen erforderlich. Da war es immer mühsam, ausgehend vom Bezugspreis den Bruttoverkaufspreis stufenweise durchzukalkulieren. Der Geschäftsinhaber möchte daher mit einem einheitlichen Kalkulationszuschlag oder einem Kalkulationsfaktor rechnen, der die Handlungskosten, den Gewinn und die Umsatzsteuer enthält und bei dem man in einem Rechenschritt den Bruttoverkaufspreis ermitteln kann.

a Berechnen Sie anhand der Planungsrechnung aus Aufgabe 1 den Kalkulationszuschlag.

b Bestimmen Sie auf gleiche Weise den Kalkulationsfaktor (mit vier Nachkommastellen).
c Überprüfen Sie, ob die Anwendung des Kalkulationszuschlages und des Kalkulationsfaktors zum gleichen Ergebnis führt wie die stufenweise Kalkulation mit Handlungskostenzuschlag, Gewinnzuschlag und Umsatzsteuer. Gehen Sie von einem Bezugspreis von 150,00 € aus und errechnen Sie jeweils den Bruttoverkaufspreis.

7

In harten Preisverhandlungen und wenn man einem Kunden in besonderer Weise entgegenkommen muss, ist es wichtig, schnell aus dem Bruttoverkaufspreis den Bezugspreis zu errechnen. In der Rückwärtskalkulation ist das sehr zeitaufwendig. Karl-Heinz Wagner errechnet daher aus seiner Planungsrechnung (siehe Aufgabe 1) den Kalkulationsabschlag.

a Berechnen Sie anhand der Planungsrechnung aus Aufgabe 1 den Kalkulationsabschlag.
b Prüfen Sie durch einen Vergleich mit einer stufenweisen Rückwärtskalkulation, ob die Anwendung des Kalkulationsabschlages zum gleichen Ergebnis führt. Nehmen Sie einen Bruttoverkaufspreis von 75,90 € an und errechnen Sie den Bezugspreis.

8

Am Ende seines ersten Geschäftsjahres ist der Geschäftsinhaber sehr zufrieden. Die Ergebnisrechnung für das Jahr 20(0) sieht deutlich besser aus als die Planungsrechnung, die er zu Beginn des Jahres aufgestellt hat. Nun möchte er wissen, welchen Handlungskostenzuschlag und welchen Gewinnzuschlag er tatsächlich verwirklichen konnte. In einer Fachzeitschrift liest er außerdem, dass vergleichbare Computergeschäfte in diesem Geschäftsjahr eine Handelsspanne von 43 % erzielt haben. Auch Karl-Heinz Wagner möchte gerne wissen, wie erfolgreich er im Vergleich zu anderen Computergeschäften gewirtschaftet hat.

a Berechnen Sie anhand der nachfolgend abgebildeten Ergebnisrechnung die erzielten Zuschläge (Handlungskostenzuschlag, Gewinnzuschlag) und vergleichen Sie die Zahlen mit den geplanten Werten (siehe Ergebnisse der Aufgabe 1).
b Ermitteln Sie die erzielte Handelsspanne und vergleichen Sie sie mit der durchschnittlichen Handelsspanne aller Computergeschäfte.
c Die Zahlen der Ergebnisrechnung 20(0) sind die Grundlage für die Kalkulation im nächsten Geschäftsjahr. Berechnen Sie daher auch den Kalkulationszuschlag und den Kalkulationsfaktor aus der Ergebnisrechnung und entscheiden Sie, mit welchen Zahlen der Geschäftsinhaber im nächsten Jahr kalkulieren soll, indem Sie die errechneten Werte auf- oder abrunden.

Ergebnisrechnung	20(0)	
	€	€
Wareneinsatz		123125,00
+ Handlungskosten		
Sachaufwendungen für Geschäftsräume	7900,00	
Gehälter	5700,00	
Miete	30000,00	
Büromaterial	2900,00	
Telekommunikation	1500,00	
Werbung	4000,00	
Zinsen	2600,00	
übrige Aufwendungen	5500,00	60100,00

Ergebnisrechnung	20(0)	
	€	€
= Selbstkosten		183 225,00
+ Gewinn		47 275,00
= Nettoumsatzerlöse		230 500,00
+ Umsatzsteuer		43 795,00
= Bruttoumsatzerlöse		274 295,00

Handlungskostenzuschlag	
Gewinnzuschlag	
Handelsspanne	
Kalkulationszuschlag	
Kalkulationsfaktor	

9

Mila Stachowsky hatte für ihren Onlineshop einen Riesen-Gummibär für die Zimmerdekoration eingekauft und kalkuliert (siehe Lernsituation 10, Aufgabe 8 auf Seite 249).

Daten: Bezugspreis 24,00 €, Handlungskostenzuschlag von 25 %, Gewinnzuschlag von 8 %, Umsatzsteuer 19 %; Kalkulationsgrößen:

- Bruttoverkaufspreis
- Kalkulationszuschlag
- Kalkulationsfaktor
- Kalkulationsabschlag
- Handelsspanne
- Rohergebnis

Die Eingabe der Daten in das Warenwirtschaftssystem ergab folgende Maske in der Verkaufskalkulation:

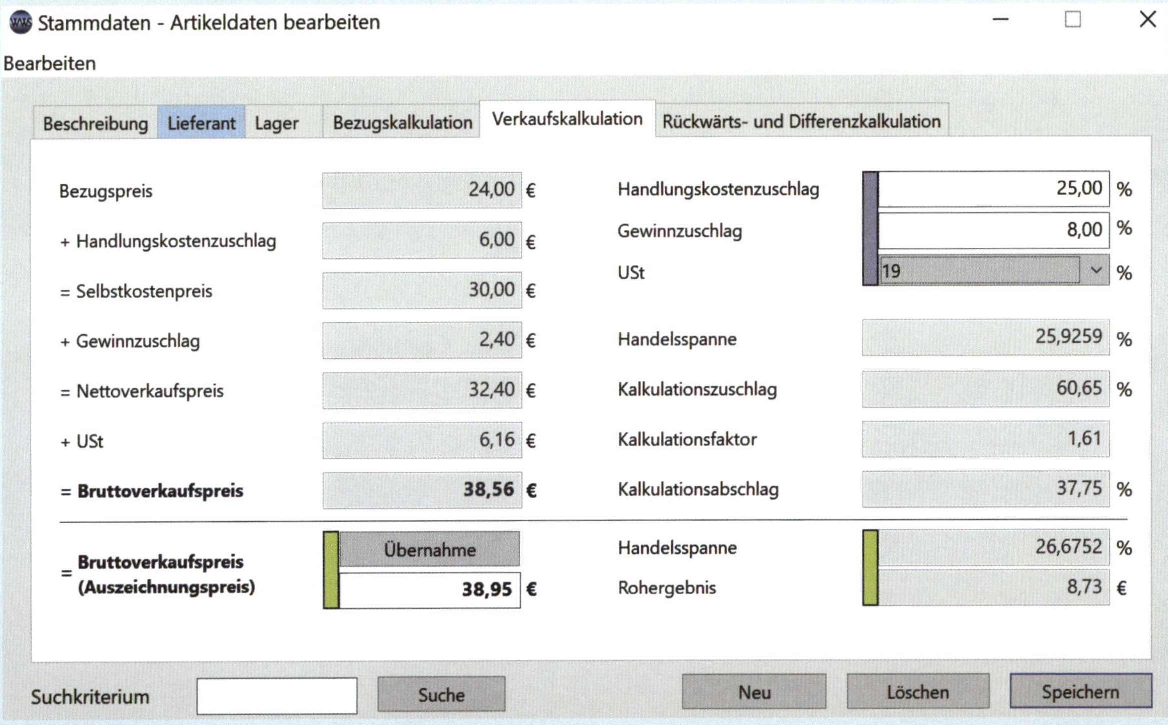

a Überprüfen Sie die Zahlen aus der Maske oberhalb des Querstrichs mit Ihren Lösungen aus Aufgabe 8 (siehe Seite 249).

Frau Stachowsky hatte den kalkulierten Bruttoverkaufspreis von 38,56 € allerdings auf 38,95 € aufgerundet (Auszeichnungspreis). Dadurch ändern sich die Handelsspanne und das Rohergebnis (mit gelben Balken markiert).

b Begründen Sie, ob das Warenwirtschaftssystem die neue Handelsspanne und das Rohergebnis richtig berechnet hat.

LERNFELD 10
Besondere Verkaufssituationen bewältigen

1 Sich in die Gedankenwelt älterer Kunden hineinversetzen

Verkaufsschulung im City-Warenhaus Bauer. Frau Bauer hat das Thema

Senioren als Kundengruppe

auf das Programm für die Auszubildenden gesetzt.

Zunächst hat jeder Teilnehmer einen Fragebogen auszufüllen, mit dem die Grundeinstellung zu älteren Kunden festgestellt werden soll. Außerdem hat Frau Bauer drei Personenbeschreibungen aus einer Fachzeitschrift kopiert, die die typischen Grundeinstellungen von Senioren darstellen. Die Auszubildenden sollen die Texte auswerten, damit sie sich ein Bild von der Gedankenwelt älterer Kunden machen können.

Siehe auch die Kundengruppenbeschreibungen Lernfeld 2

Fragebogen			
Mit dem Älterwerden verbinde ich Begriffe wie (bitte nur 3 Felder ankreuzen):			
	Krankheit		Einsamkeit
	Familie		Armut
	Hobbys		Fröhlichkeit
	Angst		Sicherheit
	Langeweile		Lebensqualität
	Ruhe		Unabhängigkeit
	das Leben genießen		

Kundenbeschreibungen

Vor-Senioren (50–59 Jahre)

„Das sind die besten Jahre“, sagt Siegfried Wegmann. Gesundheitlich fühlt sich der 58-Jährige topfit und jung. „Das liegt an meinem neuen Hobby, dem Radfahren.“ Fast täglich nach der Arbeit schwingt sich der Kriminaloberkommissar auf den Sattel und fährt seine 40 Kilometer. Nach seiner Beförderung zum Abteilungsleiter – auf dem Höhepunkt seiner Karriere – hat sich Wegmann selbst beschenkt: „Früher wären mir 1 800,00 € für ein Fahrrad ja zu teuer gewesen, aber man lebt nur einmal. Und sehr gute Qualität hat schließlich ihren Preis.“ Dabei war der Kauf des Traumrades schon eine Freude. Wegmann ließ sich im Fachgeschäft mehrmals beraten und studierte Kataloge namhafter Hersteller, bevor er sich für sein Modell entschied.

Ehefrau Ulla lebt den „zweiten Frühling“ ihres Mannes mit aus. Seitdem die Kinder aus dem Haus sind und auf eigenen Beinen stehen, arbeitet Ulla Wegmann wieder als Arzthelferin und verdient sich ihr

„Taschengeld". „Ich kleide mich gerne modisch, und auf den Besuch bei der Kosmetikerin möchte ich nicht verzichten", sagt die 53-Jährige. Wenn ihr Mann in zwei Jahren in Pension geht, will aber auch sie Schluss machen. „Finanziell ist das kein Problem, und wir haben dann endlich mehr Zeit für uns und unser Enkelkind." Bei Tochter Sabrina hat sich nämlich Nachwuchs angekündigt. „An Babysachen kann meine Frau bei keinem Stadtbummel mehr vorbeigehen", stöhnt Siegfried Wegmann, lenkt aber mit einem Augenzwinkern ein: „Dass der Opa seinem ersten Enkel den Kinderwagen schenkt, versteht sich doch von selbst."

Jung-Senioren (60–74 Jahre)
„Früher war ich immer auf der Jagd nach Schnäppchen. Ich habe die Angebote studiert, bin von einem Geschäft zum anderen gefahren. Das wäre mir heute alles zu viel", sagt Elke Bertram. „Dabei habe ich als Rentnerin eigentlich viel mehr Zeit, aber man merkt eben doch, dass man älter und ruhiger wird", stellt die 65-Jährige fest. Mit ihrem Mann Horst geht sie gerne in die Stadt: „Aber auch das ist anders geworden. Wir bummeln nicht, um unbedingt etwas zu kaufen, sondern weil es ein nettes Freizeitvergnügen ist. Jetzt ist es einfach schön, mal unter Leute zu kommen, vielleicht sogar mal alten Bekannten über den Weg zu laufen, die man sonst nicht mehr sieht." Wenn doch mal eine Neuanschaffung ansteht, stürzt sich das Paar aber nicht ins Gewühl: „Wir haben unsere festen Anlaufstellen. In diesen Geschäften werden wir persönlich beraten, die Verkäufer kennen uns teilweise sogar schon, und da ist auch Zeit für persönliche Worte. Das schafft Vertrauen. Ich weiß, dass ich da gut aufgehoben bin und die Qualität bekomme, die ich will. Da brauche ich gar nicht eine so große Auswahl." Locker sitzt den Bertrams allerdings das Portemonnaie, wenn es um die Enkel geht: „Die Kinder wachsen doch ständig aus ihren Sachen heraus und brauchen was Neues." Auch für „Extras" sind die Großeltern zu haben: „Wenn ich in der Spielzeugabteilung bin, erinnere ich mich daran, wie unsere Söhne mit großen Augen vor den Regalen standen. Damals hatten wir noch nicht das Geld, aber jetzt mit unserer guten Rente ... Die Kleinen haben wenigstens noch Wünsche, und die erfüllen wir ihnen gerne."

Alt-Senioren (ab 74 Jahre)
„Vor zehn Jahren hätte ich gesagt, mit so einem Ding gehe ich nicht auf die Straße. Jetzt kann ich mir ein Leben ohne meinen Rollator gar nicht mehr vorstellen", gibt Rolf Sonntag zu. „Die Arthrose macht mir das Laufen schwer", erklärt der 81-Jährige: „Erst seit ich den Gehwagen habe, bin ich wieder beweglich und kann auch mal unbesorgt allein auf die Straße gehen. Ein Segen, dass es heutzutage solche Produkte gibt, die alten Menschen das Leben angenehmer und bequemer machen." Vor einem Jahr ist seine Frau gestorben: „Das ist schwer. Da ist die Einsamkeit, aber auch die Umstellung. Meine Maria hat mich immer sehr verwöhnt." Dennoch legt er Wert auf seine Selbstständigkeit: „Meine Kinder und Enkel haben selbst genug um die Ohren, die können nicht immer für den Opa springen." Eine Haushaltshilfe kümmert sich um Wohnung und Wäsche, erledigt auch die täglichen Einkäufe. „Ich komme selbst so gut wie nie in die Stadt. Das ist mir viel zu anstrengend, und die Produktvielfalt verwirrt mich nur", sagt der Senior: „Ich bleibe lieber in meinem Viertel." Früher hat Rolf Sonntag viel Wert auf ein modisches Äußeres gelegt: „Aber mein Schrank ist voll, und für wen soll ich mich noch schick machen? Jetzt gebe ich mein Geld lieber für meine Gesundheit aus. Bei mir an der Ecke ist ein kleines Reformhaus. Das ist nicht gerade billig, aber die Verkäuferin ist sehr nett und weiß schon immer ganz genau, was ich brauche. Der muss ich nicht mehr viel erklären, weil ich ja gar nicht mehr was Neues ausprobieren will. Und sie nimmt sich immer Zeit für ein persönliches Schwätzchen, ich komme ja sonst nicht unter Leute."

ARBEITSAUFTRAG

Erstellen Sie anhand der oben stehenden Beschreibungen drei Steckbriefe, in denen das Kaufverhalten der unterschiedlichen Kundengruppen deutlich wird.

VORSCHLÄGE ZUM VORGEHEN

Ihre Steckbriefe sollten enthalten:

1. eine Beschreibung der Lebenssituation, in der sich die Kundengruppe gerade befindet.
2. eine Beschreibung des Einkaufsverhaltens und der besonderen Ansprüche an die Ware
3. eine Liste von Maßnahmen, mit denen Sie in den Bereichen Verkaufsraumgestaltung, Sortimentsgestaltung, Einkaufsatmosphäre und Serviceangebot auf die Kundengruppe eingehen wollen.

AUFGABEN

1

Ältere Kunden sind heute vielfach gesundheitlich fit und konsumfreudig.

Paul Blum, 83 und kein bisschen müde
„Mit den Leuten meiner Generation kann ich nichts anfangen", sagt Paul Blum. „Die sind mir zu alt", fügt der 83-Jährige hinzu. Statt daheim zu bleiben, zieht es den rüstigen Senior nach draußen: „Meine neue Leidenschaft ist ein Elektroscooter. Ich bin ja schon als Kind gerne Roller gefahren, und als es letztens im Supermarkt dieses Angebot gab, habe ich sofort zugegriffen. Wer will denn immer diesen überteuren Qualitätskram aus dem Fachhandel." Auch beim Einkaufen ist Blum spontan: „Ich mag große Kaufhäuser und diese modernen Einkaufszentren. Da kann ich mir aus all den vielen Produkten aussuchen, was mir gefällt. Und die Verkäufer quatschen mich wenigstens nicht so voll, wie sie es häufig in den kleinen Fachgeschäften tun." Die Familie ist von seiner Eigenwilligkeit nicht so begeistert. „Die hätten wohl lieber einen lahmen Opa auf dem Sofa, der den Enkeln und Urenkeln seine Rente zusteckt", vermutet er. „Aber da können sie lange warten. Ich habe gearbeitet, damit ich es im Alter gut habe. Mein Geld gebe ich einzig und allein für mich aus. Wer sagt denn, dass der Mensch keinen Spaß mehr an was Neuem hat, nur weil er alt ist? Ich kaufe mir gerne schöne Sachen."

a **Beschreiben Sie die Grundhaltung von Paul Blum anhand des Textes.**
b **Beurteilen Sie die Bedeutung solcher Kunden für die heutigen Einzelhandelsbetriebe.**

2

Im Regelfall ist die Kundschaft eines Einzelhandelsbetriebs vom Alter her gemischt.

Betrachten Sie die Kunden, die Ihren Ausbildungsbetrieb betreten. Erstellen Sie eine Übersicht zur Alterseinteilung dieser Kunden nach Ihren eigenen Vorstellungen, z. B.:

Einteilung	Alter von ... bis	Besonderheiten
jugendlich		
jung		
mittleres Alter		
alt		

3

Ältere Kunden erwarten, dass man ihre Besonderheiten in einem Geschäft berücksichtigt.

Entwickeln Sie für Ihren Ausbildungsbetrieb Überlegungen, wie man sich auf ältere Kunden einstellen könnte. Gehen Sie dabei auf folgende Gesichtspunkte ein:
* **Verkaufsraumgestaltung/Warenpräsentation**
* **Produktauswahl (Sortiment)**
* **Einkaufsatmosphäre**
* **Dienstleistungen (Service)**

Muster

Verkaufsraumgestaltung/ Warenpräsentation	• Stufen vermeiden • •
Produktauswahl (Sortiment)	• Markenware verstärkt anbieten • •
Einkaufsatmosphäre	• ruhige Atmosphäre schaffen, die Muße beim Einkaufen signalisiert • •
Dienstleistungen (Service)	• speziell geschultes Personal einsetzen, das vor allem ältere Kunden beraten kann • •

4

Feierabend im Büro, aber nicht an der Tankstelle. Auf dem Heimweg halten etliche Kunden noch mal eben an der „Tanke" und dabei schießen ihnen unterschiedliche Gedanken durch den Kopf.

Herrje, was ist denn hier los? Ich will doch nur meinen Tank vollmachen und den Ölstand kontrollieren lassen. Das kann ja dauern. Ach, da ist eine Zapfsäule frei. Glück gehabt. Aber was kaufen die Leute denn hier alles ein? Verstehe ich nicht, die Tankstelle ist doch kein Supermarkt. Hier ist doch alles viel teurer.

Kurt Klaas

Ob ich noch mal kurz an der Tankstelle halte? Ich könnte eine frische Laugenbrezel vertragen, die sahen heute Morgen schon so gut aus. Oder ich schaue mal, was die sonst noch haben. An der Tanke gibt es ja immer die Neuheiten zuerst. Auf jeden Fall muss ich etwas essen. Sonst verhungere ich bis zum Abend. Und dazu ein alkoholfreies Bier, schön kalt. Ich muss schließlich noch fahren. Dann kann ich gleich das gute Frostschutzmittel für die Scheibenwaschanlage mitnehmen. Vielleicht sollte ich statt des Biers besser einen Kaffee trinken? Ach, mal sehen.

Marc Köhler

Dumm, dass ich heute diesen Außentermin hatte und das Auto nehmen musste. Fahrrad fahren ist ja doch entspannter und viel besser für die Umwelt. In diesem Feierabendgedränge verbraucht der Motor noch mehr Benzin – und der Smog erst. Schlimm. Ich fürchte, ich muss dennoch tanken. Na, dann kann ich wenigstens gleich das neue Öko- Magazin mitnehmen.

Werner Waldner

Puh, war das ein langer Tag im Büro. Und gleich beginnt das Aqua-Training. Ich muss doch noch was zum Abendessen einkaufen. Ah, ich halte schnell da vorne an der Tankstelle und nehme Baguette, Tiefkühllasagne und ein Fläschchen Wein mit. Mineralwasser brauche ich auch noch und ein paar Kekse. Oh, mein Shampoo ist leer, und Waschpulver habe ich auch keins mehr. Ist im Kühlschrank noch was für morgen früh? Ach was, ich halte auf dem Weg zur Arbeit noch mal an der Tankstelle und frühstücke da. Die Croissants aus dem Backshop sind so köstlich. Dazu trinke ich einen Milchkaffee und lese Zeitung.

Kerstin Gensch

a Charakterisieren Sie die vier Kundentypen anhand ihrer Gedanken. Notieren Sie dazu alles, was Sie über das Kaufverhalten und die Einstellung der Personen zu Tankstellen erfahren.

b Ordnen Sie die vier Kunden den im Informationshandbuch im Lernfeld 10 beschriebenen Kundengruppen zu.

c Entwickeln Sie Vorschläge, wie Herr Klaas und Herr Waldner zum vermehrten Konsum im Tankstellen-Shop angeregt werden könnten.

5

In der Lebensmittelabteilung:
Eine jugendliche Kundin bewegt sich suchend durch die Lebensmittlabteilung des City-Warenhauses Bauer. Sie möchte ihren Geburtstag groß feiern und braucht noch die Zutaten für ein Chili con Carne. Nach einiger Zeit spricht sie Sabrina an, die gerade Waren nachräumt.

Kundin: *„Hallo. Könnten Sie mir vielleicht helfen?*

Sabrina: „Hallo. Ja, sehr gerne. Wie kann ich Ihnen helfen?"

Kundin: *„Ich bekomme am Wochenende Gäste und möchte gerne Chili Con Carne kochen."*

Sabrina: „Sehr gerne. Wie ich sehe, haben Sie schon Paprika, Kidneybohnen und Mais gefunden. Dann würde ich gerne mit Ihnen zur Fleischtheke für das Hackfleisch gehen."

Kundin: *„Das können Sie sich sparen. Ich esse kein Fleisch."*

Sabrina: „Mmmhhh ... Was darf es denn dann sein? Chili con Carne ohne Fleisch ist doch kein richtiges Chili!"

Kundin: *„Fleisch essen ist Mord! Und mit Soja-Hackfleisch schmeckt auch mein Chili vorzüglich."*

Sabrina: „Da muss ich allerdings nachfragen, ob wir Soja-Hackfleisch haben. Aber wir können vielleicht schon mal die Sahne und die Gemüsebrühe zum Verfeinern holen."

Kundin: *„Ich esse auch keine Sahne! Bei mir kommt nichts Tierisches auf den Tisch! Und Gemüsebrühe esse ich nur, wenn sie vegan ist."*

Sabrina: „Was essen Sie denn dann überhaupt noch?"

Versetzen Sie sich in die Lage von Sabrina und beraten Sie die Kundin, indem Sie ihr vegane Produkte für ihr Chili-Gericht anbieten. Ein Rezept für (normales) Chili con Carne und Alternativprodukte finden Sie unten.
Zeigen Sie dabei, dass Sie Verständnis für die vegane Ernährung der Kundin haben.

Rezept für Chili con Carne

1 000 g	gemischtes Hackfleisch	500 g	geschälte Tomaten
1 Dose	rote Kidneybohnen	1	kleine Dose Mais
5	Chilischote(n), getrocknete, klein geschnitten	2	Zwiebeln
500 ml	Fleischbrühe (Rind)	5 EL	Öl
6	Knoblauchzehen	1 Prise	Salz
1	Paprikaschote	1 Prise	Pfeffer
1 Prise	Chilipulver	1/8 Liter	Sahne

Alternativprodukte für Veganer
Tofu (Bohnenquark), Sojagranulat, Sojaschnitzel, Sojamehl, Sojasahne, veganes Käseersatzprodukt, Hefeflocken
* zum Backen: Bananen, Tomatenmark, Mehl
* zum Binden: Agar-Agar, Mehl, vegane Margarine; Kokosmilch

6

Viele Kunden leiden unter Lebensmittelunverträglichkeiten. Sie sind z. B. empfindlich gegenüber Laktose oder Gluten. Für diese Kunden gibt es heute aber eine große Auswahl geeigneter Ersatzprodukte.

Gluten, sprich: Gluteen

Führen Sie ein Verkaufsgespräch zu den nachfolgenden Situationen 1 und 2. Sie beraten den Kunden verständnisvoll und bieten den speziellen Essern geeignete Produkte an.

Situation 1:

Bastian Huber (25 Jahre) erfährt nach einem Besuch beim Arzt, dass er empfindlich gegenüber Milchzucker ist. Sein Arzt hat ihm empfohlen, seinen Speiseplan zu ändern und auf Produkte mit Milchzucker komplett zu verzichten. Also geht er nach dem Arztbesuch direkt in den nächsten Supermarkt. Da er sich in diesem Bereich gar nicht auskennt, fragt der Kunde eine Mitarbeiterin um Rat.

Herr Huber: „Guten Tag. Ich brauche ganz dringend Ihre Hilfe. Ich habe heute erfahren, dass ich keinen Milchzucker vertrage, und muss jetzt meinen Ernährungsplan umstellen."

Kundenberaterin: „Guten Tag. Das ist doch gar kein Problem. Wir haben hier eine große Auswahl an laktosefreien Produkten. Sie müssen sich also kaum einschränken."

Herr Huber: „Ach, das ist doch super. Ich brauche etwas für Frühstück, Mittagessen und Abendbrot. Und natürlich darf etwas Süßes auch nicht fehlen."

Situation 2:

Christiane lädt jedes Jahr ihre alte Schulfreundin Susanne zu einer Kaffeerunde ein. Susanne liebt Christianes Apfel-Blechkuchen mit Quark und Sahne. Susanne hat jedoch im letzten Jahr erfahren, dass sie laktoseintolerant und glutenempfindlich ist. Nachdem Christiane das erfahren hat, ist sie etwas ratlos. Wie soll sie denn ihren Apfel-Blechkuchen ohne Mehl, Quark und Schmand (saure Sahne) backen?

Rezept Apfelkuchen:
* Mehl
* Zucker
* Äpfel
* Quark
* Schmand
* Öl

7

Damit man sich rechtzeitig auf Kunden mit speziellen Ernährungsansprüchen einstellen kann, ist es sinnvoll, die Alternativprodukte im eigenen Sortiment zu kennen.

Stellen Sie sich in Ihrem Ausbildungssortiment auf Kunden ein, die
* **sich bewusst ernähren (Vegetarier, Veganer),**
* **Unverträglichkeiten haben (z. B. Laktose- und Glutenempfindlichkeit) oder**
* **Zusatzstoffe bzw. gentechnisch veränderte Lebensmittel ablehnen.**
  Erstellen Sie dazu eine Übersicht nach folgendem Muster.

abgelehntes Produkt	Alternative(n)
Fleisch	Soja-Produkte
usw.	
Produkte aus Leder	
Produkte aus Wolle	
usw.	

8

Aus welchen der folgenden Kundenäußerungen wird der Anspruch „gesunde Ernährung" erkennbar?

a) Ich esse zwar gerne Schokolade, aber es darf nicht viel Zucker darin sein.

b) Bei Gemüse ist mir nichts zu teuer.

c) Ich liebe zwar den Geschmack von Kaffee, aber er ist mir manchmal einfach zu stark.

d) Ich will mit dem Obst auch ein wenig für die kalte Winterzeit vorbeugen.

9

Sabrina ist in der Lebensmittelabteilung des City-Warenhauses mit dem Nachräumen von Waren beschäftigt. Sie sieht einen Kunden mit einem Einkaufswagen, der eine Packung mit Hühnereiern aufmerksam betrachtet. Sabrina wendet sich an den Kunden:

Sabrina: „Das sind Eier aus ökologischer Erzeugung."

Kunde: *„Meine Frau hat mir einen Einkaufszettel gegeben und gesagt, ich soll auf Frische und Herkunft achten."*

Sabrina: „Die Eier sind zweifach markiert, und zwar mit einem Herkunftsnachweis und dem Mindesthaltbarkeitsdatum. Auf der Packung sehen Sie außerdem noch die Gewichtsklasse ‚M' sowie das deutsche und das europäische Bio-Siegel."

Kunde: *„Nicht schlecht. 4 Rindersteaks soll ich auch noch einkaufen. Dann wissen Sie sicherlich, wie die Kuh heißt, von der das Fleisch stammt."*

Sabrina: „So genau nicht, aber unser Metzger verarbeitet nur Rindfleisch mit Herkunftsnachweis nach EU-Verordnung."

Kunde: *„Was ist denn mit diesem Gouda-Käse: Den gibt es überall und wahrscheinlich ist nur das Etikett ‚Gouda' aufgeklebt worden."*

Sabrina: „Das ist ein ‚Gouda Holland g. g. A.', das heißt ‚geschützte geografische Angabe'."

Kunde: *„Und die fünf T-Shirts, die ich kaufen soll, für lächerliche 5,00 € das Stück? Die stammen sicherlich aus Bangladesch und werden von Kindern und schlecht bezahlten Frauen in baufälligen Fabriken hergestellt."*

Sabrina: „Unsere Textilien sind mit dem Naturtextil-Zeichen versehen. Wenn es für Sie wichtig ist, unter welchen Bedingungen die Artikel hergestellt worden sind, empfehle ich Ihnen, auf die vielen Fairtrade-Produkte zu achten, die sich in unserem Sortiment befinden."

Kunde: *„Sie sind ganz schön fit. Ich wünschte mir, dass man mir in anderen Einzelhandelsgeschäften auch solche Auskünfte gibt. Dann würde ich auch häufiger für meine Frau einkaufen. Allerdings – so ganz klar ist mir alles noch nicht, was Sie gesagt haben."*

Ergänzen Sie die Aussagen von Sabrina zu vollständigen Verkaufsargumenten. Verwenden Sie dazu die nachfolgend aufgeführten Zusatzinformationen.
Hinweis: Ein Beispiel befindet sich unterhalb der Tabelle.

Aussagen der Kundenberaterin	Zusatzinformationen für die Verkaufsargumentation
1. „Die Eier sind zweifach markiert, und zwar mit einem Herkunftsnachweis und dem Mindesthaltbarkeitsdatum. Auf der Packung sehen Sie außerdem noch die Gewichtsklasse ‚M' sowie das deutsche und das europäische Bio-Siegel."	0 = Biohaltung nach den Regeln der ökologischen Landwirtschaft (1 = Freilandhaltung, 2 = Bodenhaltung, 3 = Kleingruppenhaltung) DE = Herkunftsland Deutschland 0356261 = Legebetrieb Informationen sind über das Internet abrufbar: www.was-steht-auf-dem-ei.de Betrieb wird von KAT überwacht (KAT = Verein für kontrollierte alternative Tierhaltungsformen e. V.) Gewichtsklasse M: mittelgroßes Ei (53–63 g; weitere Klassen: S = klein, L = groß, XL = sehr groß) Bio-Siegel: Beide Siegel belegen, dass das Produkt nach den Bedingungen der EU-Öko-Verordnung erzeugt worden ist.
2. „... unser Metzger verarbeitet nur Rindfleisch mit Herkunftsnachweis nach EU-Verordnung."	Die Verordnung verlangt, dass unverarbeitetes Rindfleisch so zu kennzeichnen ist, dass die Herkunft sichtbar ist (woher stammt das Rind, wer hat es gemästet und geschlachtet?). Ziel ist die Rückverfolgbarkeit des Fleisches.
3. „Das ist ein ‚Gouda Holland g. g. A.', das heißt ‚geschützte geografische Angabe'."	Das Zeichen und der Zusatz „g. g. A." dokumentieren das Herkunftsgebiet eines Produktes. Allerdings muss nur eine der Produktionsstufen (Erzeugung, Verarbeitung oder Herstellung) im Herkunftsgebiet durchlaufen worden sein. Die Erweiterung „Gouda Holland g. g. A." bedeutet allerdings, dass der Käse tatsächlich aus der Milch holländischer Kühe und nach traditioneller Methode in Holland hergestellt worden ist.
4. „Unsere Textilien sind mit dem Naturtextil-Zeichen versehen."	Das Zeichen wird nur Produkten verliehen, die a) ausschließlich Naturfasern verwenden, b) bei deren Herstellung keine umwelt- und gesundheitsschädigenden Stoffe eingesetzt werden und c) deren Produktion unter menschenwürdigen Arbeitsbedingungen stattfindet (keine Kinderarbeit, existenzsichernde Löhne, maßvolle Arbeitszeiten).
5. „... empfehle ich Ihnen, auf die vielen Fairtrade-Produkte zu achten ..."	Produkte mit diesem Zeichen (Kaffee, Tee, Textilien, Wein, Früchte usw.) wurden unter gerechten und menschenwürdigen Bedingungen hergestellt. Die kleinbäuerlichen Produzenten erhalten für ihre Produkte einen fairen Preis.

Beispiel: Verkaufsargumentation zu 2.

Aussage	Zusatzinformationen	Verkaufsargument
2. „... unser Metzger verarbeitet nur Rindfleisch mit Herkunftsnachweis nach EU-Verordnung."	Die Verordnung verlangt, dass unverarbeitetes Rindfleisch so zu kennzeichnen ist, dass die Herkunft sichtbar ist (woher stammt das Rind, wer hat es gemästet und geschlachtet?). Ziel ist die Rückverfolgbarkeit des Fleisches.	„Deshalb kann man Rindfleisch, das in unserem Hause verarbeitet wird, bis zum Erzeugerbetrieb zurückverfolgen. Selbstverständlich bieten wir nur Fleisch aus erstklassigen Erzeugerbetrieben an. Sie können daher sicher sein, Qualitätsfleisch zu erhalten."

10

In der Elektronikabteilung eines Warenhauses.
Ein junger Kunde betritt die Abteilung und schaut sich suchend um, der Auszubildende Axel spricht ihn an:

Axel: „Guten Tag, wie kann ich Ihnen helfen?"

Kunde: *„Hallo, ich brauche einen neuen Drucker. Ihr Angebot habe ich mir bereits in Ihrem Onlineshop angesehen."*

Axel: ?????

Nachfolgend finden Sie Vorschläge, wie Axel dem Kunden antworten und wie er sich verhalten sollte.

a Wählen Sie einen der Vorschlläge aus, der Ihnen am besten gefällt und begründen Sie Ihre Entscheidung.

Vorschläge

1 Axel stellt dem Kunden drei Drucker zu Auswahl vor und erläutert sie ausführlich.

2 Der Auszubildende versucht zunächst die Auswahl des Kunden einzuschränken: „Welche[r] Drucker hat [haben] Ihnen am besten gefallen?"

3 Axel nennt den Preis des Spitzenmodells und begründet ihn.

4 Axel versucht eine Entscheidung des Kunden herbeizuführen: „Für welchen Drucker haben Sie sich bei Ihrer Recherche im Internet entschieden?"

5 Der Auszubildende klärt, welche Drucker im Geschäft vorrätig sind.

6 Axel klärt zunächst die Ansprüche des Kunden („Wofür wollen Sie den Drucker einsetzen?").

b Entwickeln Sie einen eigenen Vorschlag, wie Sie mit dem Kunden umgehen würden.

11

Für den Umgang mit der Generation Z (geboren etwa zwischen 1997 und 2012) gibt es zahlreiche Empfehlungen für Onlinehändler. Hier eine Auswahl:

1 Die Generation Z ist in mehreren sozialen Netzwerken gleichzeitig vertreten, z. B. Facebook, Instagram, Snapchat und YouTube. Daher muss der Onlineshop auch auf mehreren Plattformen vertreten sein.

2 Nicht nur Produkte anbieten, sondern auf Fragen und Probleme eingehen, die in den sozialen Medien diskutiert werden. Kontakt mit Kunden suchen. Ein lockerer, humorvoller Sprachstil kommt gut an. Kunden mit „Du" ansprechen.

3 Jeder Onlineshop-Betreiber sollte einen Influencer für seine Produkte gewinnen. Der Influencer muss vom Typ her zum Sortiment passen.

4 Preis und Qualität eines Produktes verlieren bei der Kaufentscheidung an Bedeutung. Produkte sollten in einem Umfeld dargeboten werden, das von sozialer Verantwortung geprägt ist (z. B. Gleichheit von Mann und Frau) sowie eine vielfältige Herkunft der Personen zeigt.

Viele Auszubildende gehören aufgrund ihres Alters der Generation Z an.

Begründen Sie, ob die Empfehlungen nach Ihrer Einschätzung zutreffend sind.

12

Die Generation Z ist mit dem Smartphone groß geworden. Sie nutzen es daher auch beim Einkauf im stationären Geschäft. Einzelhändler sollten sich daher auf folgende Situationen einstellen:

1 Kunden aus der Generation Z schauen sich Produkte im stationären Geschäft nur an, kaufen aber dann später online.

2 Sie schauen sich Artikel im Geschäft an, kaufen sie aber noch während sie im Geschäft sind im Onlineshop des Einzelhändlers.

3 Sie sehen sich die Produktauswahl eines Geschäftes an, kaufen dann aber vom Geschäft aus im Onlineshop eines anderen Anbieters.

Vergleichen Sie die drei Situationen mit Ihrem eigenen Einkaufsverhalten.

2 Verwendungsbezogen argumentieren

In der Abteilung Tapeten, Farben des City-Warenhauses

Kunde: „Ich hätte gerne einen Teppichboden für unser Kinderzimmer."

Kundenberater: *„Ja, gerne. Zu welcher Einrichtung soll der Teppichboden passen?"*

Kunde: „Im Zimmer befinden sich Möbel mit gelbem Kunststofffurnier und rote Vorhänge. Die Wände sind weiß."

Kundenberater: *„Darf ich Ihnen einmal unsere reichhaltige Teppichbodenauswahl anhand eines Musterbuches zeigen?"*

Kunde: „Sehr gerne."

Kundenberater (schlägt das Musterbuch im unteren Preisbereich auf): *„Hier sehen Sie zum Beispiel einen Teppichboden, dessen Oberseite aus Chemiefasern besteht. Chemiefasern sind äußerst strapazierfähig. Das macht diesen Teppichboden für ein Kinderzimmer besonders geeignet. Die Teppichunterseite besteht aus geschäumtem Latex. Dadurch wird der Bodenbelag elastisch und erhält die Fähigkeit, den Trittschall zu schlucken. Das geschäumte Material ist daher ein Schutz für Kinder und erhöht zudem den Wohnkomfort, da es Geräuschbelästigungen vermindert."*

Kunde: „Das ist ja recht günstig."

Kundenberater: *„Als Farbe empfehle ich Ihnen dieses Dunkelgrün. Sie schaffen damit kräftige Farbkontraste zu den gelben Möbeln und den roten Vorhängen. Diese Farbzusammenstellung ist ideal für ein Kinderzimmer, weil Kinder leuchtende Farben lieben."*

Kunde: „Ich glaube, das gibt eine recht bunte Mischung."

Kundenberater: *„Ein beigefarbener Teppichboden, wie Sie ihn hier sehen, ist farblich zurückhaltender. Beige würde sich den gelben Möbeln farblich anpassen. Die roten Vorhänge wären dann der Farbtupfer in dem Raum. Wenn Sie die Bettbezüge etwas an den Vorhängen ausrichten, es gibt zum Beispiel lustige rot-weiß karierte Bezüge für Kinderbetten, erhalten Sie mit dem beigen Teppichboden eine geschmackvolle Einrichtung Ihres Kinderzimmers."*

Kunde „Eigentlich gefallen mir beide Farben."

Kundenberater: *„Die Wahl der Farbe hängt auch von der Raumgröße ab. Bei einem kleinen Kinderzimmer empfehle ich Ihnen eher helle Farben, da diese einen Raum größer erscheinen lassen."*

Kunde: „Das Kinderzimmer ist sehr schmal, es misst nur 3,20 Meter."

Kundenberater: *„Dann sollten Sie bei Beige bleiben."*

Kunde: „Ich glaube auch."

Kundenberater: *„Geben Sie mir bitte die genauen Maße des Kinderzimmers, damit ich feststellen kann, wie viel Teppichboden Sie benötigen."*

Kunde: „Ja, das Zimmer ist 3,60 mal 3,20 Meter groß."

Kundenberater: *„Haben Sie auch bedacht, dass eventuell Fensternischen oder Türen den Raum an einigen Stellen ausweiten?"*

Kunde: „Ach, nein. Bei den 3,60 Metern muss noch eine Fensternische berücksichtigt werden. Die Tür schließt mit der Wand ab."

Kundenberater *„Das ist sehr günstig. Die Teppichrollen haben eine Breite von vier Metern. Es bleiben also 40 Zentimeter für die Nische. Das reicht immer. Sie haben daher in der Breite kaum Verschnitt. Bei der Länge sollten Sie etwas über 3,20 Meter hinausgehen, weil die Räume oft nicht ganz rechtwinklig sind. Mit diesen Maßen bekommen Sie einen preisgünstigen Bodenbelag für Ihr Kinderzimmer."*

ARBEITSAUFTRAG
Markieren Sie im oben stehenden Text die Eigenschaften, mit denen der Kundenberater jeweils die Eignung des Teppichbodens für das Kinderzimmer (den Verwendungszweck) deutlich macht.

BEISPIEL AUS DEM TEXT
... Chemiefasern sind **äußerst strapazierfähig.** Das macht diesen Teppichboden **für ein Kinderzimmer** besonders geeignet.

AUFGABEN

1

Nachfolgend wird eine Verwendungssituation für Hüttenschuhe näher beschrieben.

Produkt:	Hüttenschuh
mögliche Verwendungszwecke des Produkts:	für Erwachsene, für Kinder, als Hausschuh
Kundentyp:	Frau, Mitte 30
Verwendungszweck für die Kundin:	Hüttenschuh **für die Tochter**
Ansprüche der Kundin:	bequem, strapazierfähig, rutschsicher, waschbar, warm haltend, anpassungsfähig an den Kinderfuß, praktisch, gut aussehend
geeignete Produkteigenschaften:	* hochwertige, 100 % reine Schurwolle, Sohle mit rutschsicherer Kautschukbeschichtung * passend für alle Fußgrößen von Schuhgröße 17 bis 48 * zahlreiche aktuelle Farbkombinationen, kräftige Farben, wie sie Kinder lieben * vielfältige Muster * die Schuhe sind der Anatomie des Kinderfußes angepasst * angenehm flauschige Oberfläche des Walkstoffes aus reiner Schurwolle * doppelte Sohle mit Luftpolster speichert und reguliert Wärme, hoher Anteil an Handarbeit, garantiert beste Verarbeitung, dicht gearbeitetes Obermaterial besonders verschleißfest

Entwickeln Sie zu folgendem Beispiel zwei weitere Verkaufsargumente, die den verwendungsbezogenen Nutzen der Hüttenschuhe für die Kundin deutlich machen.

Beispiel für ein verwendungsbezogenes Verkaufsargument

Kundenberaterin: *„Die Schuhe besitzen eine doppelte Sohle mit Luftpolsterung."*
„Dadurch ist die Sohle in der Lage, Wärme zu speichern und zu regulieren."
„Der Hüttenschuh ***schützt die Füße Ihrer Tochter*** *also vor Bodenkälte. Sie darf sogar mit den Schuhen ruhig einmal nach draußen laufen."*

2

Häufig nennen Kunden im Rahmen der Anspruchsermittlung den Verwendungszweck des gewünschten Produkts. Das erleichtert es einem Verkaufsmitarbeiter, sich in die Situation des Kunden zu versetzen und geeignete Produkteigenschaften hervorzuheben.

Entwerfen Sie aus der Sicht Ihres Ausbildungssortiments ein verwendungsbezogenes Verkaufsgespräch.

So sollten Sie vorgehen:
1. Wählen Sie ein Produkt aus, das verschiedene Verwendungszwecke hat. Entscheiden Sie sich für einen Verwendungszweck, den ein Kunde nennen könnte.
2. Leiten Sie aus dem Verwendungszweck mögliche Kundenansprüche ab. Versetzen Sie sich dazu in die Verwendungssituation des Kunden.
3. Stellen Sie fest, welche Produkteigenschaften den Artikel für den genannten Verwendungszweck besonders geeignet machen und welchen Nutzen der Kunde aus den jeweiligen Produkteigenschaften zieht.
4. Überzeugen Sie den Kunden davon, dass das Produkt mit seinen Eigenschaften für den vom Kunden genannten Verwendungszweck in besonderer Weise geeignet ist.

3

Die Kundin im nachfolgenden Verkaufsgespräch nennt zwei Verwendungszwecke für das gewünschte Produkt Schuhe:
* passend zum orangefarbenen Baumwollkostüm
* geeignet für ihre Arbeit in einer Boutique

Markieren Sie im Verkaufsgespräch die Textstellen, in denen die Kundenberaterin jeweils auf die Verwendungszwecke verweist.

Kundenberaterin: „Guten Tag?"

Kundin: *„Guten Tag. Ich habe mir gerade dieses orangefarbene Baumwollkostüm gekauft und hätte dazu gerne die passenden Schuhe. Ich brauche sie für meine Arbeit in der Boutique."*

Kundenberaterin: „Da haben Sie sich aber ein schickes Kostüm gekauft. Dazu passend kann ich Ihnen zum Beispiel diese Pumps aus Chevreau-Leder zeigen. Das Material ist sehr weich und passt sich der Fußform hervorragend an, und Sie können den ganzen Tag unbeschwert darin gehen und arbeiten."

Kundin: *„Ja, so etwas brauche ich."*

Kundenberaterin: „Vorteilhaft ist auch, dass der Schuh mit einer Brandsohle ausgestattet ist, die Stabilität verleiht und den Temperaturausgleich fördert. Gerade wenn Sie viel stehen müssen, ist ein geklebter Schuh mit Brandsohle empfehlenswert."

Kundin: *„Oh ja, das ist sehr wichtig, unser Arbeitstag ist sehr lang. Haben Sie diese Schuhe in 38?"*

Kundenberaterin: „Dieser Pumps hat die Größe 38. Die zierlich wirkende, schmale Optik des Schuhs ist genau auf die figurbetonte, feminine Linie Ihres Kostüms abgestimmt. Dieser Eindruck wird verstärkt durch den Bugabsatz, der wegen seiner schlanken Form sehr elegant wirkt, aber mit 45 Millimetern eine bequeme Höhe aufweist. Auch die fein genarbte Oberfläche des Leders passt zu Ihrem fein gestrickten Kostüm, da es den eleganten Eindruck unterstützt."

Kundin: *„Das ist auch wichtig. Denn in einer Boutique muss alles passen und aufeinander abgestimmt sein. Das trifft, glaube ich, auch auf die Farbe zu, oder?"*

Kundenberaterin: „Ja, da haben Sie recht. Mit diesem orangefarbenen Pumps erhalten Sie eine geschmackvoll abgestimmte Ton-in-Ton-Kombination zu Ihrer Garderobe. Der Schuh ist von der Farbe und von der Form her der neuen Frühjahr-Sommer-Mode angepasst. Neben der femininen Linie zum figurbetonten Kostüm können Sie den Schuh aber auch noch interessant variieren, indem Sie ihn mit frechen, bunten Farben kombinieren, zum Beispiel zu Gelb, Blau oder Rot. Ein sportlicheres Aussehen erzielen Sie, wenn Sie den Schuh zum Beispiel mit einer schwarzen Hose und einer orangefarbenen Bluse tragen, möglichst aus einem glänzenden Material. In diesem Sommer bietet Ihnen Orange vielfältige Kombinationsmöglichkeiten."

Kundin: *„Ich probiere diese Schuhe einfach mal an."*

Kundenberaterin: „Ja, gerne."
(nach kurzer Zeit) „Auch am Fuß macht dieser schmal geschnittene Pumps aus Italien eine gute Figur. Italienische Schuhe zeichnen sich vor allem durch ihr ausgefallenes Design aus. Das sehen Sie an den geschwungenen Schaftkanten und an der zierlichen Schleife oberhalb der gelenkfreien Partie. Dezent angebrachte Ausstanzungen bilden einen zusätzlichen Blickfang. So haben Sie nicht nur einen bequemen Pumps, sondern sind auch auf dem neuesten Stand der internationalen Schuhmode."

Kundin: *„Ja, mir gefallen die Schuhe. Wie teuer sind sie?"*

Kundenberaterin: „Diese hochwertigen Markenschuhe kosten 119,50 €. Das kombinationsfreudige Modell werden Sie den ganzen Sommer lang vielseitig verwenden können."

Kundin: *„Sind die Schuhe nicht etwas aufwendig in der Pflege bei so vielen Verzierungen und Löchern?"*

Kundenberaterin: „Im ersten Moment könnte man meinen, dass die Schuhpflege schwierig sei, da haben Sie recht. Aber die passende Schuhcreme dazu, zum Beispiel diese im gleichen Farbton oder diese hier zur farblosen Pflege, können Sie ganz einfach mit dem an der Tube befindlichen Schwämmchen auftragen. Das geht schnell und leicht. Denn nach einem langen Arbeitstag hat man auch nicht mehr große Lust, noch lange Schuhe zu putzen, oder?"

Kundin: *„Genau, denn so viel Zeit hat man nicht bei den langen Arbeitszeiten. Geben Sie mir den passenden Farbton dazu."*

Kundenberaterin: „Sehr gerne. Ich bin sicher, für Ihre Arbeit in der Boutique und zu Ihrem eleganten Kostüm ist das der richtige Schuh. Würden Sie mir dann bitte zur Kasse folgen?"

4

In der Regel hat jedes Produkt eine Grundverwendung und mehrere spezielle Verwendungszwecke.

Beispiel

Produkt	Grundverwendung	spezielle Verwendungszwecke
Isolierkanne	Flüssigkeiten warm oder kühl halten	* für den täglichen Bedarf (Frühstück, Kaffeetafel) * für festliche Zwecke * für Camping, Reise und Wanderungen * für die Arbeit

Erstellen Sie eine Übersicht mit speziellen Verwendungszwecken zu fünf Produkten Ihres Sortiments.

5

Im Baumarkt Gerdes sind die Verkaufsmitarbeiter angewiesen worden, möglichst die Handelsmarken des eigenen Hauses zu verkaufen, weil daran mehr verdient wird als an den bekannten Markenprodukten. Ein Kunde wendet sich an den Kundenberater:

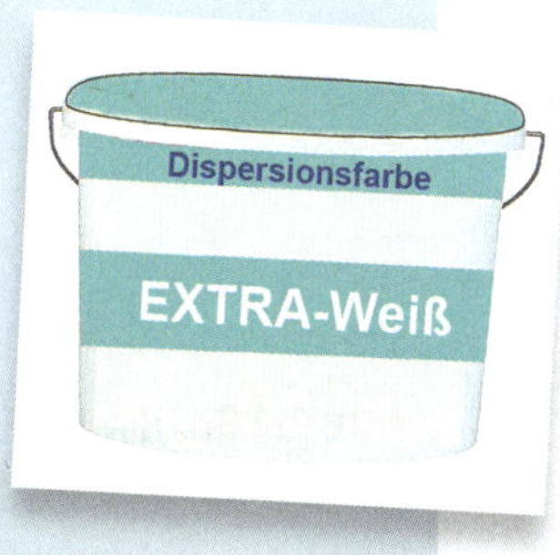

Kunde: „Ich suche einen 10-Liter-Eimer ‚EXTRA-Weiß'. Wo finde ich den?"

Kundenberater: *„Unsere Innenfarben finden Sie hier vorne. Darf ich fragen, wofür Sie die Farbe verwenden wollen?"*

Kunde: „Ja, ich muss meinen Keller streichen – es wird mal wieder Zeit."

Kundenberater: *„Für Kellerräume empfehle ich Ihnen unsere Handelsmarke ‚Naturweiß'. Die Abriebbeständigkeit von EXTRA-Weiß ist zwar etwas höher, für den Zweck reicht Naturweiß aber vollkommen aus. Der Preis ist auch nur halb so hoch wie beim Markenprodukt."*

Kunde: „Dann nehme ich natürlich die billigere Farbe."

Erläutern Sie, auf welche Weise es dem Kundenberater gelingt, den Kunden von der Handelsmarke zu überzeugen.

3 Mehrere Kunden gleichzeitig bedienen

In der Sportabteilung des City-Warenhauses Bauer

Karlo bedient einen Kunden, der eine Wanderjacke sucht.

Karlo: „Diese Allwetterjacke ist wasser- und winddicht und trotzdem atmungsaktiv, daher ist sie ..."

(In diesem Moment ruft ein Kunde:)

Zweiter Kunde: *„Junger Mann, können Sie mir mal helfen?"*

(Karlo wendet sich vom 1. Kunden ab und begibt sich zum 2. Kunden:)

Karlo: „Was kann ich für Sie tun?"

Zweiter Kunde: *„Ich suche ein Paar Wanderschuhe für meinen Urlaub im Hochgebirge. Ich finde hier aber nichts."*

Karlo: „Die hochwertigen Wanderschuhe finden Sie hier vorne.

(Am Regal):
Hier sehen Sie z. B. einen Schuh, der speziell für Wanderungen im Hochgebirge gemacht ist. Das Obermaterial besteht ..."
(Nun ruft der 1. Kunde:)

Erster Kunde: *„Also, ich komme hier nicht weiter, Sie müssen mir mal helfen."*

Karlo: „Ich komme sofort."
(Karlo wendet sich vom 2. Kunden ab und geht zum 1. Kunden:)

Erster Kunde: *„Die Jacke hat doch bestimmt eine Kapuze gegen den Regen."*

Karlo: „Ja, selbstverständlich. Die Kapuze ist hier ..."
(Wieder ruft der 2. Kunde:)

Zweiter Kunde: *„Was ist denn hier los. Soll ich alles allein machen. Dann kann ich ja gleich im Internet bestellen."*

Karlo: „Ich bin sofort bei Ihnen."

(Karlo eilt zum 2. Kunden. Bevor er dort ankommt, ruft der 1. Kunde ärgerlich durch den Verkaufsraum:)

Erster Kunde: *„Mir reicht es jetzt. Entscheiden Sie sich endlich mal, wen Sie hier bedienen. Ich war auf jeden Fall als erster hier."*

Karlo: (Karlo dreht sich um, geht ein paar Schritte zurück und steht nun zwischen zwei wütenden Kunden:)

„Ich – ich weiß nicht – es ist so schwierig mit zwei Kunden."

ARBEITSAUFTRAG

Übertragen Sie die Einstiegssituation auf Ihren Ausbildungsbetrieb und entwerfen Sie eine Verkaufssituation, in der Sie zwei Kunden gleichzeitig bedienen.

VORSCHLÄGE ZUM VORGEHEN

1. Beschreiben Sie die Fehler, die Karlo im Umgang mit den beiden Kunden gemacht hat.
2. Entwerfen Sie eine vergleichbare Beratungssituation für Ihren Ausbildungsbetrieb.
3. Stellen Sie sicher, dass beide Kunden zufriedenstellend beraten werden.
4. Beachten Sie dabei, dass der Erstkunde Vorrang hat.

AUFGABEN

1

In jedem Einzelhandelsunternehmen gibt es Zeiten mit großem Kundenandrang. Anlässe könnten z. B. sein:

* Der erste Tag, an dem Sonderangebote gelten.
* Feiertage (vor Ostern, vor Weihnachten, Valentinstag)
* Saisonbeginn (in modeabhängigen Einzelhandelsbranchen)

Betrachten Sie Ihren Ausbildungsbetrieb. Beschreiben Sie vier Maßnahmen, mit denen Sie sich frühzeitig auf den Verkauf unter Hochdruck einstellen.

2

Nachfolgend werden Auszüge aus Verkaufssituationen beschrieben.

Situation 1: Eine Verkaufsmitarbeiterin hat noch drei Kunden, die sie nun nacheinander bedienen will. Allerdings hat sie den Überblick über die Reihenfolge verloren.

Situation 2: Ein älterer Herr mit Stock wäre als 2. Kunde an der Reihe. Er stützt sich auf einem Verkaufsregal ab und macht einen erschöpften Eindruck. Die erste Kundin hat die Wartezeit genutzt und sich für ein Pulsmeter interessiert. Gewöhnlich erfordert das Produkt eine umfangreiche Beratung. Die Kundenberaterin möchte gerne den älteren Herrn in der Reihenfolge vorziehen.

Finden Sie für beide Situationen eine Lösung. Halten Sie Ihr Ergebnis in wörtlicher Rede fest.

3

In einem Baumarkt

Peter muss seit einiger Zeit in der Abteilung Sanitär aushelfen. Seine Hauptaufgabe besteht darin, die Regale der Warengruppe zu betreuen, er muss Ware nachräumen, auszeichnen, ständig die Bestände überprüfen und allgemein Ordnung halten. Oft muss er auch Kunden beraten.

Erster Kunde: (geht auf Peter zu) „Kann man denn zu diesem Waschtisch eine passende Säule bekommen?"

Peter: *„Ja, einen Moment bitte, ich hole Ihnen die Säule vom Lager."*

Zweiter Kunde: (auf Peters Weg zum Lager) „Wo stehen die Falttüren?"

Peter: *„Dort am Regalende. Ich muss eben zum Lager, ich stehe Ihnen gleich zur Verfügung."*

Zweiter Kunde: (nachdem Peter dem ersten Kunden die Waschtischsäule übergeben hat) „Können Sie mal kurz schauen? Ich brauche diese Falttür für eine Breite von 102 cm."

Peter: *„Dann benötigen Sie noch dieses Ergänzungspaket. Es enthält zwei weitere Lamellen."*

(Während der Kunde das Ergänzungspaket betrachtet, beobachtet Peter einen Kunden, der etwas ratlos die Heizkörperventilschlüssel mustert, und geht auf ihn zu.)

Peter: „Guten Tag – das sind die Schlüssel, um Heizkörper zu entlüften."

Dritter Kunde: *„Ich suche einen Schlüssel, damit ich an meinem alten Heizkörper den Ablaufhahn öffnen kann."*

Peter: „Ja, das sind diese Schlüssel. Die quadratische Bohrung ist genormt, sodass der Schlüssel auf jedes Ventil passt."

Dritter Kunde: *„Dann nehme ich einen."*

Vierter Kunde: (nähert sich mit einer Seifenschale in der Hand) „Wenn diese Seifenschale nicht passt, kann ich die dann umtauschen?"

Peter:	*„Ja, verwahren Sie bitte den Kassenbon; dann können Sie die Seifenschale innerhalb von einer Woche umtauschen."* *(Peter wendet sich nun wieder dem Kunden mit dem Ergänzungspaket zu.)* *„Die Falttür hat eine Durchgangsbreite von 78 cm, jede weitere Lamelle 12 cm. Mit zwei Zusatzlamellen komme Sie genau auf 102 cm."*
Zweiter Kunde:	„Ja, es passt und die Tür gefällt mir. Danke."
Peter:	*„Bitte."*

Übertragen Sie die Situation auf Ihren Ausbildungsbetrieb und entwerfen Sie eine Verkaufssituation, in der Sie vier Kunden gleichzeitig bedienen.
So sollten Sie vorgehen:

1. **Bemühen Sie sich, jeden Kunden wahrzunehmen, z. B. durch Blickkontakt oder ein kurzes Nicken.**
2. **Beschäftigen Sie wartende Kunden.**
3. **Beachten Sie die richtige Reihenfolge der Kunden.**
4. **Bemühen Sie sich, die Kunden zügig, aber ohne Hektik zu bedienen.**
5. **Gehen Sie dabei davon aus, dass Sie nicht nur Kundenfragen beantworten, sondern auch von sich aus Kunden ansprechen, wenn Sie feststellen, dass diese Einkaufsprobleme haben.**

4

Wenn in einem Einzelhandelsgeschäft Hochbetrieb herrscht, bemängeln Kunden vor allem folgende Situationen:

1 Es sind viele Kunden im Verkaufsraum. Einzelne Kunden haben das Gefühl, dass man überhaupt keine Notiz von ihnen nimmt.

2 Niemand wartet gerne. Daher sind Kunden oft ärgerlich, wenn sie untätig herumstehen müssen.

3 Kunden achten genau auf die Reihenfolge, in der andere Kunden den Verkaufsraum betreten. Sie sind dann oft erbost, wenn diese Reihenfolge vom Verkaufspersonal nicht beachtet wird.

4 Jeder sieht, dass viele Kunden zu bedienen sind. Folglich erwarten Kunden, dass das Verkaufspersonal seine Arbeitsgeschwindigkeit entsprechend erhöht.

a **Geben Sie zu den vier Situationen jeweils ein Beispiel aus Ihren eigenen Verkaufserfahrungen.**
b **Erläutern Sie, wie sie sich bemüht haben, die Situationen durch geeignete Verhaltensweisen zu entschärfen.**
c **Sind zwei Kunden gleichzeitig zu bedienen (Doppelbedienung), lautet der Grundsatz: Der Erstkunde hat Vorrang. Erläutern Sie diesen Grundsatz an einem Beispiel aus Ihrer Verkaufspraxis.**

4 Begleiter von Kunden in das Verkaufsgespräch einbeziehen

In der Abteilung Schreibwaren/Büro des City-Warenhauses Bauer. Eine Kundin betritt mit ihrer etwa acht Jahre alten Tochter die Abteilung, begibt sich zu einem Sonderstand mit Kinderbüchern und wendet sich an Ayse, die gerade den Stand aufräumt.

Ayse: „Guten Morgen. Was darf ich Ihnen zeigen?"

(zum Kind) „Hallo!"

Kundin: *„Ich suche für meine wissbegierige Tochter ein Buch. Sie liest so gerne, dass wir die Bücher nicht so schnell heranschaffen können."*

Ayse: „Im Universalverlag sind einige Sachbücher als Serie erschienen unter dem Titel ‚Erkläre mir!'. Darf ich Ihnen die Serie einmal zeigen?"

Kundin: *„Sehr gerne."*

Ayse: (zum Kind) „Wofür interessierst du dich denn am meisten: für Tiere, Blumen oder vielleicht für Dinosaurier?"

Kind: *„Für Blumen."*

Ayse: (zum Kind) „Dann möchtest du wohl später Gärtnerin werden, stimmt's?" (Das Kind lächelt.)

(zum Kind) „Wie findest du denn dieses Buch? Da steht zum Beispiel drin, wie man Blumen pflegt und wie viel Wasser sie brauchen, damit sie ihre Köpfe nicht ganz traurig hängen lassen. Schau – diese Blume kennst du sicher schon."
(zur Mutter) „Die Blumen sind mit großformatigen Farbfotos abgebildet. Außerdem gibt es zu jedem Bild eine ausführliche Erklärung in kindgerechter Sprache. Es ist damit gerade für Leseanfänger geeignet."

Kundin: *„Wie teuer ist das Buch? Es scheint interessant zu sein."*

Ayse: „Dieses umfangreiche Sachbuch für Kinder kostet 22,00 €. Es wurde in einem aufwendigen Mehrfarbendruck hergestellt."

Kundin: *„Das ist viel Geld für ein Buch."*

Ayse: „Ja, der Preis ist nicht niedrig. Allerdings handelt es sich um ein Buch, das besonders einfühlsam auf kindliche Fragen eingeht und sie anschaulich behandelt. Außerdem werden Kinder angeregt, solch ein Buch als Nachschlagewerk zu benutzen und ihre Kenntnisse selbstständig zu erweitern."

Kundin: *„Ja, da haben Sie recht."*

Ayse: (zum Kind) „Wenn du einmal eine Blume entdeckst, die du nicht kennst, brauchst du nur in diesem Buch nachzusehen. Dort steht drin, wie sie heißt, wann sie blüht und vieles andere mehr."

Kind: *„Mama, guck mal, da stehen auch Blumen drin, die bei uns auf der Wiese wachsen."*

Kundin: *„Anne, gefällt dir das Buch?"*
(Das Kind nickt eifrig.)
„Gut, wir nehmen es."

ARBEITSAUFTRAG
Übertragen Sie die Einstiegssituation auf Ihren Ausbildungsbetrieb und entwerfen Sie eine Verkaufssituation, in der Sie den Begleiter eines Kunden in das Verkaufsgespräch einbeziehen.

AUFGABEN

1

Eine Kundin sucht für ihren Mann ein Oberhemd. Sie wird von ihrer Tochter, etwa 17 Jahre alt, ausgefallen gekleidet, begleitet. Die Kundenberaterin legt ein Oberhemd vor.

Kundenberaterin: „Hier sehen Sie ein elegant geschnittenes City-Hemd mit traditionellen Kragenecken und runden Umschlagmanschetten. Das klassische englische Blockstreifen-Muster ist eher zurückhaltend. Das Mischgewebe aus 65 % Polyester und 35 % Baumwolle garantiert Ihnen eine lange Lebensdauer."

Kundin: „Dieses Hemd gefällt mir schon ganz gut."

Tochter: „Das ist doch viel zu altmodisch. Davon hat Papa doch schon ein Dutzend im Schrank liegen."

Kundenberaterin: „Sportlicher wirkt dieses Hemd mit langem, abgesteepptem Button-Down-Kragen in aktuellem Streifen-Muster sowie Brusttasche, Ärmelschlitzbesatz, abgeschrägten Manschetten mit Verstellknopf und Rückenpasse mit seitlich eingelegten Falten. Bei einem Synthetikanteil von 45 % erhalten Sie ein Hemd in haltbarer und pflegeleichter Qualität."

Kundin: (zur Tochter) „Dein Vater trägt bestimmt kein Hemd mit diesem Knöpfchen-Kragen. Die Farbe gefällt mir auch nicht."

Tochter: „Mir gefällt es."

Kundenberaterin: (zeigt ein hellblaues Hemd mit normalem Kragen und aufgesetzten Taschen, Feinpopeline mit Satinstreifen, aus 70 % Baumwolle und 30 % Polyester) „Mit dieser klassischen Kragenform wirkt das Hemd dezenter. Die aufgesetzten Taschen und die Sportmanschetten mit zwei Knöpfen geben dem Oberhemd aber eine sportliche Note."

Kundin: „Das gefällt mir ganz gut. Es passt auch zu seiner Oberbekleidung. Was meinst du?"

Tochter: „Ja, das geht wohl."

Kundin: „Das nehmen wir."

Kundenberaterin: „Sie haben ein modisch-elegantes Hemd erworben, das Ihrem Mann bestimmt gefallen wird."

a Stellen Sie fest, welche Wünsche Kundin und Tochter haben.
b Beschreiben Sie, wie sich die Kundenberaterin auf die Ansprüche einstellt.
c Begründen Sie, ob die beiden Kundinnen von dem erworbenen Hemd voll überzeugt sind.

2

Zwei Jugendliche (ein Mädchen von etwa 16 Jahren und ein Begleiter von ungefähr 18 Jahren) betreten das Geschäft.

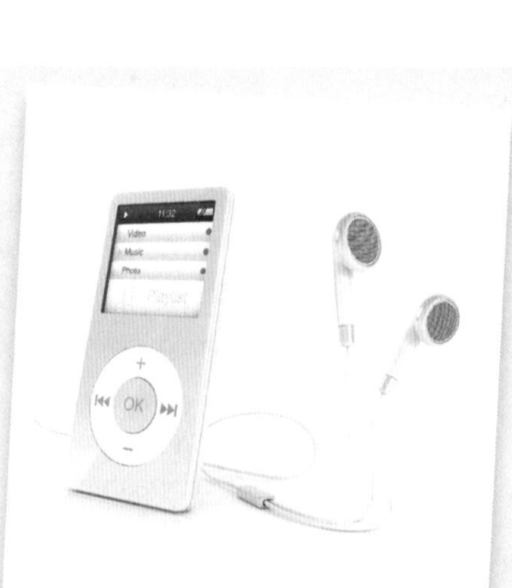

Kundenberater: „Guten Tag, was kann ich für euch tun?"

Kundin: „Hallo, wir suchen einen MP3-Player."

Kundenberater: „Sehr gerne. Hier habe ich z. B. einen Flash-MP3-Player mit leuchtstarkem OLED-Display, das auch bei ungünstigen Lichtverhältnissen für eine gute Lesbarkeit sorgt."

Kundin: „Ja, der sieht gut aus, der gefällt mir."

Begleiter: „Wie hoch ist die Speicherkapazität?"

Kundenberater: „Die Geräte sind mit 4, 8 oder 16 Gigabyte erhältlich – also Platz für Musik ohne Ende."

Kundin:	„Wie läuft das mit der Titelwahl?"
Kundenberater:	*„Der Player erstellt eine übersichtliche Abspielliste mit einfacher Titelnavigation. Durch das solide Aluminium-Magnesium-Gehäuse wird er zudem ein robuster Jogging-Begleiter."*
Kundin:	„Super. Wie lange hält die Batterie?"
Kundenberater:	*„Rund 25 Stunden; Du kannst die Hintergrundbeleuchtung des Displays aber auch ausstellen, dann reicht die Kapazität noch viel länger."*
	(zum Begleiter gewandt) „Der MP3-Spieler ist mit einem integrierten Lithium-Polymer-Akku ausgestattet. Der Datentransfer läuft über eine schnelle USB-2.0-Schnittstelle."
Begleiter:	„Welche Dateiformate werden gelesen?"
Kundenberater:	*„Das Gerät spielt MP3-, WMA- und Vorbis-Dateien ab."*
Kundin:	„Kopfhörer sind doch sicher dabei, oder?"
Kundenberater:	*„Ja, selbstverständlich, sogar zwei Stück, sodass ihr auch gemeinsam Musik hören könnt."*

usw.

a Stellen Sie fest, welche Ansprüche bei der Kundin, welche beim Begleiter deutlich werden.
b Beschreiben Sie, wie sich der Kundenberater auf die unterschiedlichen Ansprüche einstellt.
c Wie behandelt der Kundenberater den Begleiter? Wird er als lästiger Fragesteller oder als technisch interessierter Begleiter angesehen?
d Begründen Sie, wer nach Ihrer Meinung in diesem Verkaufsgespräch am Schluss die Kaufentscheidung treffen wird.

3

Kunden, die zusammen mit Begleitern ein Geschäft aufsuchen, werden gewöhnlich beide in das Verkaufsgespräch einbezogen. Interessiert sich der Begleiter aber nicht für das Produkt, ist er angemessen zu beschäftigen, damit keine Langeweile entsteht.

Folgende Situationen sind in verschiedenen Geschäften festzustellen:

1 In einem Textilfachgeschäft interessiert sich eine Kundin für verschiedene Kleidungsstücke. Sie lässt sich mehrere Modelle zeigen und probiert sie auch in der Umkleidekabine an. Ihr Partner scheint wenig interessiert zu sein und wirkt etwas frustriert. Versuche der Kundenberaterin, den Partner in das Verkaufsgespräch einzubeziehen und ihn zu einer Aussage zu den Kleidungsstücken zu bewegen, scheitern.

2 In einem Elektronikmarkt: Ein Kunde mittleren Alters lässt sich zu einem Multifunktionsdrucker ausgiebig beraten. Seine Partnerin steht abseits und langweilt sich offensichtlich.

3 Eine Mutter mit ihrem Kind lässt sich in einem Möbelmarkt, Abteilung für Küchenzubehör, über hochwertige Töpfe für Induktionsherde beraten. Ihr Sohn quengelt zunehmend und beginnt das Geschäft zu erkunden, was der Kundin gar nicht gefällt. Sie wird immer nervöser.

4 Ein älteres Ehepaar sucht ein Geschenk für seine Enkeltochter. Die Ehefrau ist in einem intensiven Verkaufsgespräch mit der Kundenberaterin verwickelt, der Ehemann wird immer ungeduldiger und ärgerlicher.

Entwickeln Sie für jede der Situationen 1 bis 4 einen Vorschlag, wie die Begleiter von Kunden angemessen beschäftigt werden können.

5 Kunden bei Ladenschluss bedienen

Um 19:00 Uhr ist Ladenschluss im City-Warenhaus Bauer. Um 10 Minuten und 5 Minuten vor 19:00 Uhr gibt es jeweils eine Lautsprecherdurchsage, die die Kunden auf den Ladenschluss hinweist. Trotzdem gibt es immer Situationen, in denen Spätkunden noch bedient werden möchten.

Situation 1:
Den ganzen Tag hat sich René, der Auszubildende in der Abteilung Elektronik/Computer, schon auf den gemeinsamen Kinobesuch mit seinen Freunden gefreut. Endlich ist es kurz vor neunzehn Uhr. Nur die abendliche Kassenabrechnung trennt ihn und seine Kollegen noch vom Ladenschluss. Da eilt eine Kundin auf ihn zu.

René: *„Guten Abend!"*

Kundin: *„Gut, dass ich das noch geschafft habe. Mein Mann hat doch morgen Geburtstag und mir fehlt noch das Geschenk. Er wünscht sich ein Smartphone, eins mit allerneuester Technik."*

Situation 2:
In der Sportabteilung:

Kunde: *„Ich habe mir vor einigen Tagen dieses Fitnessarmband gekauft. Aber das einzige, was funktioniert, scheint der Pulsmesser zu sein. Den Herzfrequenzmesser bekomme ich nicht zum Laufen und auch der Höhenmesser arbeitet irgendwie nicht. Ich möchte das Gerät gerne reklamieren."*

Situation 3:
Der Kunde Seebald kauft seine Lebensmittel regelmäßig in der Lebensmittelabteilung des City-Warenhauses ein. Leider kommt der Kunde immer kurz vor Ladenschluss, manchmal in den letzten Minuten. Er zieht mit dem Einkaufswagen seine Bahnen durch die Gänge und scheint kein Zeitgefühl zu haben. Die Mitarbeiterin an der Kasse schaut ihm dann ungeduldig hinterher. Ihr Ärger wird immer größer.

Situation 4:
In der Abteilung Drogerie/Parfümerie ist es bereits nach 19:00 Uhr, als ein Kunde mit schnellem Schritt auf die Auszubildende Miray zugeht, die bereits ihre Sachen eingepackt hat und die Abteilung verlassen möchte:

Kunde: *„Meine Frau hat mir hier diese Tagescreme aufgeschrieben. Sie braucht sie unbedingt. Ich hab' das total vergessen."*

Situation 5:
Auch an der Fleischtheke ist die Ladenschlusszeit schon überschritten: Die Mitarbeiter haben bereits alle Fleischsorten in den Kühlraum gebracht und sind noch mit den Reinigungsarbeiten beschäftigt.

Kunde: *(etwas abgehetzt) „Ich habe zu wenig Grillwürstchen für meine Gäste eingekauft. Kann ich bei Ihnen noch einmal 15 Stück bekommen?"*

ARBEITSAUFTRAG

Versetzen Sie sich in die Lage der Verkaufsmitarbeiter und entwickeln Sie Lösungsvorschläge für die Situationen 1–5.

VORSCHLÄGE ZUM VORGEHEN

1. Entscheiden Sie, wie Sie jeweils reagieren wollen.
2. Halten Sie Ihre Lösungen in wörtlicher Rede fest.

AUFGABEN

1

Sie sind Auszubildende(r) in einem Supermarkt und wollen gerade das Geschäft schließen, als eine Kundin heranstürzt und erklärt, dass sie noch dringend Mehl für einen Geburtstagskuchen benötige.

Geben Sie an, welche der Reaktionen 1 bis 5 Sie für angemessen halten.

1 „Morgen sind wir ab 08:00 Uhr gerne wieder für Sie da."

2 „Na, da hätten Sie besser planen sollen. Das Beste ist, Sie kommen morgen einfach noch mal wieder."

3 „Warten Sie einen Augenblick. Wenn Ihnen nur das Mehl fehlt, hole ich Ihnen gerne ein Paket."

4 „Wir haben leider schon zwanzig Uhr und danach ist es gesetzlich verboten, noch etwas zu verkaufen."

5 „Mein Chef sagt immer: ‚Wer zu spät kommt, den bestraft das Leben!'"

2

Ein SB-Warenhaus möchte alle Kunden auf den Ladenschluss mit einer Durchsage

* 10 Minuten und
* 5 Minuten vor Ladenschluss sowie
* um 19:00 Uhr bei Ladenschluss

aufmerksam machen.

Entwerfen Sie die Texte für die Durchsage. Der Ton soll freundlich, aber wirkungsvoll sein.

3

Während Ihrer Ausbildungszeit haben Sie sicherlich schon Spätkunden erlebt.

Beschreiben Sie zunächst eine typische Situation aus Ihrem Ausbildungsbetrieb, in der ein Kunde kurz vor Ladenschluss das Geschäft betritt. Entwickeln Sie dann eine geeignete Reaktion.

6 Kunden beim Geschenkkauf beraten

Verkaufsgespräch Nr. 1

In der Abteilung für Telekommunikation und Computer eines Warenhauses

Kundenberater: „Guten Tag, was kann ich für Sie tun?"

Kundin: *„Guten Tag, ich suche ein Geschenk für meinen Mann. Er hat bald seinen 30. Geburtstag."*

Kundenberater: „Haben Sie schon eine bestimmte Vorstellung, was Sie Ihrem Mann schenken könnten?"

Kundin: *???*

Verkaufsgespräch Nr. 2

In der Abteilung für Telekommunikation und Computer eines Warenhauses

Kundenberater: „Guten Tag, was kann ich für Sie tun?"

Kundin: *„Guten Tag, ich suche ein Geschenk für meinen Mann. Er hat bald seinen 30. Geburtstag."*

Kundenberater: „Da kann ich Ihnen z. B. eine Freisprecheinrichtung für den Pkw empfehlen. Sehr beliebt sind im Moment auch elektronische Organizer für die optimale Terminverwaltung oder moderne Digitalkameras. Vielleicht kommt auch ein neuer Drucker, eine leistungsfähigere Festplatte, ein Laptop, eine neue Grafikkarte oder ein neuer Monitor infrage."

Kundin: *???*

Verkaufsgespräch Nr. 3

In der Abteilung Elektronik/Computer des City-Warenhauses Bauer spricht René eine Kundin an, die sich ratlos umschaut.

René: „Guten Tag, was kann ich für Sie tun?"

Kundin: *„Guten Tag, ich suche ein Geschenk für meinen Mann. Er hat bald seinen 30. Geburtstag."*

René: „Setzt sich Ihr Mann gerne mit technischen Dingen aktiv auseinander oder ist er mehr ein Nutzer?"

Kundin: *„Ein bisschen Technik zum Selberbasteln darf's schon sein."*

René: „Männer sind vielfach daran interessiert, die technischen Möglichkeiten der Smartphone-Nutzung auszuweiten."

Kundin: *„Ja, das wäre auch etwas für ihn."*

René: „Dann würde sich Ihr Mann bestimmt über eine Freisprecheinrichtung zum Festeinbau freuen, die er selbst in sein Auto einbauen kann. Hier sehen Sie z. B. ein Gerät von einem Markenhersteller ..."

usw.

ARBEITSAUFTRAG

Übertragen Sie die Einstiegssituation auf Ihren Ausbildungsbetrieb und entwerfen Sie eine Verkaufssituation, in der Sie einen Kunden beim Geschenkverkauf beraten.

VORSCHLÄGE ZUM VORGEHEN

1. Bringen Sie mit einer weiten Eröffnungsfrage das Geschenkanliegen des Kunden in Erfahrung.
2. Erkunden Sie mit einer weiten Eingrenzungsfrage die Interessenlage des Geschenkempfängers.
3. Grenzen Sie mit einer Zweckfrage oder einem Impuls (Denkanstoß) die Zahl der möglichen Geschenke ein.
4. Geben Sie (eine) Produktempfehlung(en).

AUFGABEN

1

Nachfolgend wird eine Anspruchsermittlung bei einem Geschenkverkauf dargestellt. Die Verkaufsmitarbeiterin verwendet dabei folgende Frage-Typen:

1	weite Eröffnungsfrage
2	weite Eingrenzungsfrage
3	Zweckfrage

Das DOMUS bietet Geschenkartikel und Haushaltswaren an. Eine Kundin betritt das Geschäft und wendet sich an eine Verkaufsmitarbeiterin

Mitarbeiterin:	„Guten Tag, womit kann ich Ihnen helfen?“	☐
Kundin:	„Guten Tag, ich suche ein Geschenk für meine Freundin.“	
Mitarbeiterin:	„Sehr gerne. soll es etwas Dekoratives oder eher etwas Praktisches sein?“	☐
Kundin:	„Auf jeden Fall etwas Dekoratives.“	
Mitarbeiterin:	„Ich kann Ihnen etwas für den persönlichen Gebrauch oder für die Verschönerung der Wohnung zeigen.“	☐
Kundin:	„Für die Wohnung. Meine Freundin liebt es, sich mit schicken Sachen zu umgeben. Manchmal ist sie aber auch etwas überdreht – na ja, so ist sie halt.“	
Mitarbeiterin:	„Gut, denken Sie eher an eine Wanddekoration oder an die Raumgestaltung?“	☐
Kundin:	„Irgendetwas Ausgefallenes, was man in die Wohnung stellen kann.“	
Mitarbeiterin:	„Dann schlage ich Ihnen z. B. diese Tütenvase vor. Sie sieht aus wie eine zerknautschte Tüte, ist aber aus edlem Porzellan gefertigt. Sie sieht ganz echt aus, mit Zackenrand, Faltung und Beulen.“	☐
Kundin:	„Ja super! Das schaue ich mir mal näher an.“	

a Ordnen Sie die Ziffern 1 bis 3 den zutreffenden Aussagen der Verkaufsmitarbeiterin zu.

b Prüfen Sie, ob die Anzahl der Fragen der Verkaufsmitarbeiterin zu klein, genau richtig oder zu groß ist.

2

Beim Geschenkverkauf spielen vor allem folgende Kundenansprüche eine Rolle:

1 zweckmäßig/praktisch/pädagogisch anspruchsvoll
2. Geltungsbedürfnis (das Geschenk soll etwas hermachen)
3. preisgünstig oder eine Preisobergrenze darf nicht überschritten werden

Ordnen Sie folgenden Kundenaussagen die Ziffern 1 bis 3 zu und begründen Sie Ihre Entscheidung.

Eine Kundin, ca. 60 Jahre alt, betritt am 23.12. die Textilabteilung eines Warenhauses: *„Ich brauche noch ein Weihnachtsgeschenk für meinen Mann."*	
Ein Kunde, ca. 25 Jahre alt, wendet sich in einem Schmuckgeschäft an eine Verkaufsmitarbeiterin: *„Ich suche ein Geschenk für meine Freundin. Wir kennen uns nun bald seit einem Jahr."*	
Ein Kunde, ca. 30 Jahre, betritt ein Spielwarengeschäft und wendet sich gleich an eine Mitarbeiterin: *„Wir sind zu einem Kindergeburtstag eingeladen. Dafür brauche ich noch ein Geschenk."*	
Eine Kundin hat sich intensiv in einem Spielwarengeschäft umgesehen, verschiedene Produkte in die Hand genommen und die Produktbeschreibungen ausgiebig studiert. Eine Mitarbeiterin wendet sich an die Kundin: *Mitarbeiterin: „Ich sehe, Sie interessieren sich für Holzspielzeuge."* *Kundin: „Ja, unser Sohn mag dieses Holzspielzeug sehr gern. Er kann sich ganz toll damit beschäftigen. Jetzt möchte ich ihm etwas Neues schenken."*	
Ein Kunde, sportlich, ca. 30 Jahre, hat sich in einem Spezialgeschäft für Whiskey verschiedene Sorten zeigen lassen. *Kunde: „Das würde ihm wohl schmecken, kommt aber leider nicht infrage."*	

3

Wenn sich ein Kunde beim Geschenkkauf nicht entscheiden kann, hat der Verkaufsmitarbeiter zwei Möglichkeiten, die Kaufentscheidung zu beschleunigen: Er kann auf die Umtauschmöglichkeit verweisen oder als Alternative (Notlösung) einen Geschenkgutschein anbieten.

a Entscheiden Sie, ob in den Situationen 1 bis 3 eine Beschleunigung/Unterstützung der Kaufentscheidung notwendig erscheint.

b Falls ja: Prüfen Sie von welcher Möglichkeit Sie Gebrauch machen würden (Hinweis auf Umtausch oder Geschenkgutschein als Notlösung).

Situation 1:

Kundin: *„Tja, meine Schwester ist schwierig und schwer zufriedenzustellen. Ob ihr diese Tischdecke wohl gefällt?"*

Situation 2:

Kunde: *„Diese dekorative Kiste mit drei Weinflaschen finde ich gut. Aber ich weiß gar nicht, welchen Geschmack mein Arbeitskollege hat. Ich weiß noch nicht einmal, ob er überhaupt Wein mag. Ich kenne den Kollegen ja kaum."*

Situation 3:

Kundin: *„Es ist so schwer, meinen Eltern etwas zu schenken. Sie haben eigentlich alles, was sie sich wünschen. So eine Fahrradbox wäre allerdings eine gute Idee; sie sind ja ständig mit dem Fahrrad unterwegs. Aber ob die Box auch passt?"*

4

Es ist sinnvoll, sich vorab zu überlegen, welche Geschenkideen zu bestimmten Anlässen passen. Dann ist es im Verkaufsgespräch leichter, gute Vorschläge zu machen.

Erstellen Sie eine Übersicht mit Geschenkideen aus Ihrem Sortiment für bestimmte Anlässe:

Beispiel für ein Haushaltswarengeschäft

Anlass	Geschenkideen
Silvester	* Gläser-Sets * Sektkühler * Fondue-Sets * Stufenteller
usw.	

5

In einem Drogeriefachgeschäft werden Kosmetikartikel, die als Geschenke verkauft werden, aufwendig verpackt. Das Personal bemüht sich, die Verpackung der Jahreszeit oder dem Geschenkanlass anzupassen. Zur Weihnachtszeit wird Geschenkpapier mit Weihnachtsmotiven verwendet, im Frühjahr sind freundliche Frühlingsfarben in hellem Gelb oder Blau angesagt.

Entwickeln Sie drei Vorschläge, wie Geschenke aus dem Sortiment Ihres Ausbildungsbetriebes attraktiv verpackt werden können.

6

In dieser Lernsituation 6 sind drei Fragetypen zum Thema „Geschenkverkauf" verwendet worden.

Ordnen Sie die nachfolgenden Begriffe und Beispiele den Aussagen zu.

	Fragetypen	Beispiele
1	weite Eröffnungsfrage	Wie kann ich Ihnen helfen?
2	weite Eingrenzungsfrage	Was liest Ihre Tochter denn besonders gerne oder womit spielt sie oft?
3	Zweckfrage	Würde sich Ihre Tochter vielleicht für Bücher über Tiere interessieren?

	Aussagen
	Durch diese Frage erfährt man, wofür der Geschenkempfänger das Produkt verwenden könnte.
	Man erfährt den Geschenkanlass und etwas über die zu beschenkende Person.
	Mit dieser Frage wird die Produktauswahl verringert.

7 Eine Botin angemessen bedienen

In einem Computerfachgeschäft

Eine Kundin betritt das Geschäft, holt einen Zettel aus ihrer Tasche und legt ihn auf die Verkaufstheke. Ein Kundenberater tritt hinzu:

Kundenberater: „Guten Tag?!“

Kundin: *„Guten Tag, das hat mir mein Mann aufgeschrieben. Ich soll das holen.“*

Kundenberater: (betrachtet den Zettel, geht zu einer Vitrine, holt zwei Gegenstände heraus und legt sie auf die Theke) „So, das sind die beiden Speicher-Chips. Das macht 196,00 €.“

Kundin: *(gibt dem Verkäufer 196,00 €) „Vielen Dank.“*

Kundenberater: „Vielen Dank.“

Kundin: *„Auf Wiedersehen.“*

Kundenberater „Auf Wiedersehen.“

In der Computerabteilung Elektronik/Computer des City-Warenhauses Bauer

Eine Kundin betritt die Abteilung, holt einen Zettel aus ihrer Tasche und legt ihn auf die Kassentheke. Der Auszubildende René tritt hinzu:

René: „Guten Tag?!“

Kundin: *„Guten Tag, das hat mir mein Mann aufgeschrieben. Ich soll das holen.“*

René: „Ah, Ihr Mann will den Hauptspeicher seines Computers mit Speichermodulen aufrüsten. Der Baustein ist sehr leistungsfähig; er verbessert die Fähigkeiten eines Computers ganz erheblich. Sie werden sehen, wenn Ihr Mann mit Grafikprogrammen arbeitet, bekommt er einen deutlichen Geschwindigkeitszuwachs. Dann macht die Arbeit mit diesen Programmen erst richtig Spaß.“

Kundin: *„Sie reden wie mein Mann.“*

René: „Ja, ich bin auch ein begeisterter Computerfreak. Man kann heute mit den modernen Techniken wirklich tolle Sachen machen. Das haut einen einfach um.“

Kundin: *„Mich haut um, wenn ich sehe, was im Haushalt alles liegen bleibt, nur weil mein Computerfreak nicht von dem Kasten loskommt.“*

René: „Das dürfen Sie nicht so eng sehen. Ein Mann braucht einfach ...“

Kundin: *(unterbricht) „Schon gut, wie teuer ist das Zeug?“*

René: „196,00 €“

Kundin: *(gibt dem Verkäufer 196,00 €)*

René: „Vielen Dank.“

Kundin: *„Auf Wiedersehen.“*

René: „Übrigens, wenn Ihr Mann viel mit Video arbeitet, sollte er vielleicht auch eine bessere Grafikkarte in Erwägung ziehen. Denn nur dann kann der verbesserte Hauptspeicher seine Leistungsfähigkeit voll entfalten.“

Kundin: *(Sie hat sich bereits abgewandt und geht in Richtung Ausgang; René folgt ihr, indem er um die Kasse herumgeht.) „Ich glaube, mein Mann braucht keine neue Grafikkarte, sondern ich brauche einen neuen Mann, der sich gelegentlich daran erinnert, dass er noch eine Familie hat.“*

René: „Vielleicht sollten Sie sich einfach mal für das Hobby Ihres Mannes interessieren. Sie werden sehen, wie viel Spaß man damit haben kann."

Kundin: *„Vielen Dank für Ihren Ratschlag. Aber das ist das Letzte, was ich tun werde. Haben Sie eigentlich eine Freundin, junger Mann?"*

ARBEITSAUFTRAG
Entwerfen Sie eine verkaufsaktive Lösung für einen Besorgungsverkauf.

VORSCHLÄGE ZUM VORGEHEN
1. Übertragen Sie die Situation auf Ihren Ausbildungsbetrieb.
2. Händigen Sie das gewünschte Produkt nicht nur aus, sondern gehen Sie verkaufsaktiv vor, indem Sie Zusatzinformationen geben.
3. Versuchen Sie, das Interesse des Boten/der Botin für das Produkt zu gewinnen.

AUFGABEN

1

Nachfolgend werden drei Situationen beschrieben, in denen Kunden als Boten auftreten.

Situation 1 Der 18-jährige Stefan hat den Auftrag von seinem Vater, zwei Liter Milch in einem Supermarkt einzukaufen, weil dieser die Milch bei seinem letzten Einkauf vergessen hat.

Situation 2 Der 5-jährige Benjamin kommt mit einem Einkaufszettel und mit einer Geldbörse in einen Supermarkt. Er kann die aufgeführten Produkte selbstständig finden. An der Kasse entnimmt die Mitarbeiterin der Geldbörse den Einkaufsbetrag und packt Benjamin die Artikel in eine Tüte.

Situation 3 Die 8-jährige Saskia darf für sich, aber im Auftrag ihrer Mutter, in einem Kiosk eine Tafel Schokolade für 89 Cent kaufen, weil sie gute Schulnoten nach Hause gebracht hat.

Begründen Sie, mit wem das Einzelhandelsgeschäft in den Situationen 1–3 einen Kaufvertrag abschließt.

2

In der Lebensmittelabteilung des City-Warenhauses Bauer kaufen häufig Kunden ein, die mit einem Einkaufszettel ausgestattet sind. Wenn diese Kunden aber Fragen haben, wo sie ein bestimmtes Produkt finden können, nutzt Sabrina regelmäßig die Chance, Ergänzungs- oder Zusatzprodukte anzubieten.

Gerade Männer sind nach ihrer Meinung für solche Empfehlungen sehr aufgeschlossen.

Beispiel

Kunde: „Meine Frau hat mir hier einiges aufgeschrieben, was ich einkaufen soll. Wo finde ich denn die Spaghetti?"

Sabrina: *„Würden Sie mir bitte folgen, ich zeige Ihnen unsere reichhaltige Auswahl italienischer Nudeln dort drüben."*
(am Regal) „Hier finden Sie Spaghetti in verschiedenen Preislagen. Dazu bieten wir fertig geriebenen Parmesankäse in der bequemen Streudose sowie pikante Soßen auf Tomaten-, Basilikum- oder Olivenbasis an."

Kunde: „Wunderbar – das sieht gut aus."

usw.

Übertragen Sie das Beispiel auf Ihre Branche und bieten Sie einem Kunden, der als Bote mit einer festen Einkaufsvorstellung in Ihr Geschäft kommt, Ergänzungs- und/oder Zusatzprodukte an.

3

In einem Textilfachgeschäft:

Ein Mann betritt das Geschäft und wendet sich sofort an eine Verkaufsmitarbeiterin:

Kunde: „Entschuldigen Sie, meine Frau muss plötzlich ins Krankenhaus. Sie hat mich gebeten, für sie einen Schlafanzug zu besorgen: aus Baumwolle, schlicht und in Größe 40."

Lösung 1

Kundenberaterin: „Gerne, wenn Sie mir bitte folgen würden?"
(an der Warenauslage:) Hier sehen Sie einen Baumwoll-Schlafanzug in Größe 40. Das leichte Streifenmuster ist sehr zurückhaltend. Der weite Schnitt ist sehr bequem und damit für den Krankenhausaufenthalt Ihrer Frau gut geeignet."

Lösung 2

Kundenberaterin: „Gerne, wenn Sie mir bitte folgen würden?"
(an der Warenauslage:) Hier sehen Sie einen Baumwoll-Schlafanzug in Größe 40. Das leichte Streifenmuster ist sehr zurückhaltend. Der weite Schnitt ist sehr bequem und damit für den Krankenhausaufenthalt Ihrer Frau gut geeignet. Diese beiden anderen Modelle unterscheiden sich nur im Muster, haben aber die gleichen positiven Eigenschaften."

Kunde: „Ja, was soll ich jetzt nehmen. Ich weiß ja nicht, was meine Frau haben möchte."

Kundenberaterin: „Ich kann Ihnen alle drei Modelle zur Auswahl mitgeben, dann kann sich Ihre Frau entscheiden."

Begründen Sie, welche Lösung Sie für angemessen halten.

4

Siehe auch Lernfeld 3.

Eine Kundin ist vielleicht 15 Jahre alt und legt in einem Supermarkt eine Flasche Ramazotti (Kräuterlikör) und eine Flasche Wein auf das Kassenband.

Verkäuferin: „Tut mir leid, aber das darf ich dir leider nicht verkaufen."

Kundin: „Das ist ja nicht für mich, sondern es sind Geschenke für meine Eltern, die morgen ihren Hochzeitstag feiern. Ich mag gar keinen Alkohol."

a Begründen Sie, warum sich die Verkäuferin weigert, der Kundin die Produkte zu verkaufen.
b Entscheiden Sie begründet, ob die Kundin nicht als Botin ihrer Eltern anzusehen ist.

Abschlussaufgabe 1 in Lernfeld 10

Situation

Petra Wegener hat es gewagt, drei Jahre nach Abschluss ihrer Ausbildung zur Kauffrau im Einzelhandel ein eigenes Geschäft zu gründen – einen Senioren-Shop. Da sie ihre Ausbildung in einem Sanitätshaus gemacht hat, fühlt sie sich fit, den Ansprüchen von Kunden im Alter von 50 Jahren und mehr gerecht zu werden.

Petras
SENIOREN-SHOP

1

Erläutern Sie zwei Gründe, warum ältere Kunden für den deutschen Einzelhandel immer bedeutsamer werden. Die Grafik gibt Ihnen Hilfe für eine Begründung.

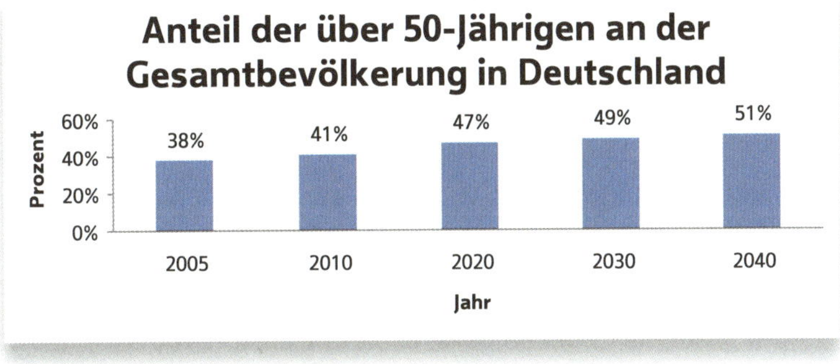

Quelle: Statistisches Bundesamt

2

Ältere Kunden bewerten Produkte und Dienstleistungen vor allem danach, ob sie nutzerfreundlich sind, das heißt, ob sie einfach und sicher zu handhaben sind.

Begründen Sie, warum für ältere Kunden diese Ansprüche besonders wichtig sind.

3

Beschreiben Sie je eine der nachfolgend genannten Maßnahmen, mit denen sich ein Geschäft auf ältere Kunden einstellen kann.

Maßnahmen

a zur Verkaufsraumgestaltung/Warenpräsentation,
b zur Produktauswahl (zum Sortiment),
c zur Einkaufsatmosphäre,
d zum Dienstleistungsangebot

4

Petra Wegener hat eine Aushilfskraft auf Teilzeitbasis eingestellt, weil sie keine hohen Personalkosten verkraften kann. Diese Mitarbeiterin ist 58 Jahre alt. Die täglichen Kassenabrechnungen zeigen, dass sie erstaunlich hohe Umsätze erzielt.

Erklären Sie, warum diese Mitarbeiterin im Verkauf aufgrund ihres Alters so erfolgreich ist.

5

Ein Kunde von etwa 70 Jahren betritt den Senioren-Shop. Die Inhaberin geht sofort auf ihn zu.

Petra: „Guten Tag, wie kann ich Ihnen behilflich sein?"

Kunde: *„Guten Tag. Meine Sehfähigkeit hat stark nachgelassen. Da sind die Tasten an meinem Telefon einfach zu klein. Von einem Bekannten habe ich gehört, dass Sie Telefone mit besonders großen Tasten haben."*

Petra:	„Das ist richtig. Nehmen Sie bitte hier vorne Platz, ich hole Ihnen sofort eines unserer Komfort-Telefone.“ (nach kurzer Zeit) „Hier sehen Sie ein Großtastentelefon …“

Setzen Sie das Verkaufsgespräch fort, indem Sie den Kunden von der Vorteilhaftigkeit des Gerätes überzeugen. Verwenden Sie bei Ihrer Verkaufsargumentation die nebenstehenden Informationen.

Großtastentelefon mit Sprachausgabe
Produkteigenschaften:
* extra große Eingabetastatur
* großes Display zeigt gewählte Nummern und eingehende Anrufe
* im Adressbuch hinterlegte Namen werden angesagt
* einstellbare Lautstärke
* 39 Telefonbucheinträge, 9 Direktwahltasten
* Anrufbeantworter

6

Ein Ehepaar von ca. 65 Jahren hat gerade im Senioren-Shop einen Medikamenten-Dosierer erworben. Nun wendet sich die Ehefrau noch einmal an Petra

Ehefrau:	„Ach ja, wir möchten mit unseren Enkelkindern gerne diese alten Brettspiele spielen, z. B. Mühle. Haben Sie so etwas im Angebot?“
Ehemann:	*„Muss das denn jetzt noch sein. Wir haben doch gerade etwas gekauft!“*
Ehefrau:	„Gerade du weißt doch nie, was du mit Nino und Clara machen sollst. Etwas Zeit wirst du wohl noch übrig haben.“
Petra:	*(wendet sich an die Ehefrau) „Ich kann Ihnen z. B. dieses Magnet-Großbrettspiel Mühle anbieten. Es hat die Maße 50 x 50 cm …“*
Ehemann:	(unterbricht) „Nun nimmt das Ding schon und bezahl!“
Ehefrau:	*„Ich möchte mir das Spiel aber erst genau erklären lassen. Es ist schrecklich, mit dir einzukaufen!“*
Petra:	(zur Ehefrau) „Auf der robusten Holzplatte ist eine Spielfläche aus Metall aufgebracht worden, und die Spielsteine haben kleine Magnete. Wenn Sie mit Ihren Enkeln spielen, kann es ruhig mal einen kräftigen Stoß geben – der Spielstand bleibt unverändert. Für Kinder ist auch die Größe der Spielstein wichtig, weil …“
Ehemann:	*(unterbricht) „Also ich gehe jetzt!“*
Ehefrau:	„Könntest du nicht einfach mal den Mund halten und ein wenig Interesse für deine Enkelkinder zeigen!?“

usw.

a Beschreiben Sie die Rolle, die der Ehemann in diesem Gespräch einnimmt.
b Begründen Sie, wie Petra dem Verkaufsgespräch einen positiveren Verlauf hätte geben können.

7

Petra spricht eine Kundin von etwa 60 Jahren an, die gerade den Senioren-Shop betreten hat.

Petra:	„Guten Tag, was kann ich für Sie tun?“
Kundin:	*„Guten Tag, meine Freundin hat bald ihren sechzigsten Geburtstag. Da möchte ich ihr gerne etwas schenken.“*

a Übertragen Sie die Situation auf Ihren Ausbildungsbetrieb und setzen Sie das Gespräch fort. So sollten Sie vorgehen:
   * Bringen Sie nach einer weiten Eröffnungsfrage (siehe oben) und mit einer Eingrenzungsfrage etwas über Wünsche, Neigungen und Hobbys der Geschenkempfängerin in Erfahrung.
   * Grenzen Sie mit einer weiten Zweckfrage die Zahl der möglichen Geschenke ein.
   * Vertiefen Sie die Anspruchsermittlung durch Produktvorführungen und geben Sie eine Produktempfehlung.

b Einzelhandelsgeschäfte bieten ihren Kunden vielfach an, Geschenke zu verpacken. Nennen Sie drei Gründe, die die Geschäfte zu diesem Service veranlassen.

c Nennen Sie drei weitere Serviceangebote des Einzelhandels, die von Senioren besonders gerne angenommen werden.

8

Obwohl ältere Kunden, die aus dem Arbeitsleben ausgeschieden sind, eigentlich viel Zeit haben müssten, stellt Petra immer wieder fest, dass diese Kunden häufig das Geschäft kurz vor Ladenschluss betreten. Heute ist wieder solch eine Situation festzustellen. Es ist 18:55 Uhr (5 Minuten vor Ladenschluss).

Kunde: „Ich benötige dringend Ersatzbatterien für meine Fernbedienung. Und ich habe gehört, Sie haben Zusatzklingeln für das Telefon. Sie sollen blinken und gut hörbare Signale aussenden. Davon hätte ich auch gerne ein Exemplar. Es muss aber technisch einfach zu handhaben sein."

Versetzen Sie sich in die Lage von Petra und antworten Sie dem Kunden. Beachten Sie, dass die Zusatzklingel eine umfangreiche Beratung erfordert.

9

Kundin: „Ich werde in der nächsten Woche am Knie operiert. Das Laufen wird mir dann schwerfallen. Kann ich eigentlich meine kleine Nichte hierher zum Einkaufen schicken? Sie ist aber erst 6 Jahre alt."

a Stellen Sie fest, inwieweit die Nichte geschäftsfähig ist.

b Erläutern Sie die Kaufvertragssituation, wenn die Nichte das Geschäft betritt und einen Einkaufszettel ihrer Tante abgibt.

c Halten Sie in wörtlicher Rede fest, wie Sie der Kundin antworten.

8 Eine Kundenreklamation kundenorientiert abwickeln

In der Textilabteilung des City-Warenhauses

Eine Kundin betritt das Geschäft und begibt sich zu Frau Melcher, die gerade einem anderen Kunden einige Pullover zeigt.

Kundin: „Haben Sie mal eben Zeit für mich?"

Frau Melcher: (blickt zu ihrem Kunden) „Eh – ja, was kann ich für Sie tun?"

Kunde: „Bedienen Sie die Dame ruhig. Ich schaue mich hier noch ein wenig um."

Kundin: (während sie aus einer Tasche ein Hemd auspackt) „Ich habe vor kurzem dieses Hemd bei Ihnen gekauft. Nach der 5. Wäsche ist es bereits total zerschlissen. Hier – sehen Sie einmal die Kragenspitzen und die Ärmel."

Frau Melcher: (betrachtet das Hemd, schaut es prüfend an, wendet es hin und her) „Kann es sein, dass Sie das Hemd vielleicht zu heiß gewaschen haben?"

Kundin: „So etwas passiert mir nie. Ich bin da sehr sorgfältig."

Frau Melcher: (schaut wieder mit misstrauischer Miene auf das Hemd und betrachtet die beanstandeten Stellen sehr genau) „Haben Sie eventuell ein zu scharfes Waschmittel verwendet?"

Kundin: „Ich mache das nicht zum ersten Mal. Ich weiß, welches Waschmittel geeignet ist."

Frau Melcher: „Solche Schäden entstehen oft, wenn die Schleuderzahl zu hoch gewählt wird."

Kundin: „In der Pflegeanleitung steht, dass man das Hemd schleudern darf. Also muss es das auch aushalten."

Frau Melcher: „Haben Sie das Hemd vielleicht in den Trockner gegeben? Das ruiniert jedes Hemd nach kurzer Zeit."

Kundin: „Meine Hemden werden alle auf der Leine getrocknet."

Frau Melcher: „Hm – Haben Sie das Hemd wirklich bei uns gekauft? Zeigen Sie mir doch mal Ihren Kassenbon."

Kundin: (holt den Kassenbon aus der Tasche) „Hier, bitte schön."

Frau Melcher: (prüft den Bon eingehend.) „Also, wir können da nichts machen, aber ich werde das Hemd zum Hersteller schicken. Mal sehen, ob der Ihnen entgegenkommen kann. Wir benachrichtigen Sie, sobald wir mehr wissen. Es kann aber rund vier Wochen dauern."

Kundin: „Vier Wochen!?"

Frau Melcher: „Tja, bei solchen Verschleißschäden ist kein Hersteller großzügig."

ARBEITSAUFTRAG
Entwerfen Sie eine kundenorientierte Reklamationsbehandlung.

VORSCHLÄGE ZUM VORGEHEN
1. Entwickeln Sie eine Reklamationssituation aus der Sicht Ihres Ausbildungsbetriebs.
2. Setzen Sie die Kundenzufriedenheit an die erste Stelle.
3. Geben Sie dem Kunden Gelegenheit, seine Reklamation in Ruhe vorzutragen.
4. Äußern Sie Verständnis für die Situation des Kunden.
5. Machen Sie dem Kunden einen Lösungsvorschlag.
6. Prüfen Sie erst jetzt die Berechtigung der Reklamation.

AUFGABEN

1

Ein Kunde kommt schnellen Schrittes in ein Fachgeschäft für Kfz-Zubehör, geht auf den ersten Kundenberater zu und ruft laut:

Kunde: „Was ist das für ein altes Gerät, das Sie meiner Frau verkauft haben? Mit der können Sie das vielleicht machen, aber mit mir nicht. Schauen Sie sich mal das Autoradio in meinem Auto an. Schund ist der einzige Ausdruck, der ..."

Kundenberater: *(hatte den Kunden von oben bis unten gemustert, stemmt nun die Arme in die Hüften und sagt mit scharfer Stimme) „Moment mal, mein Herr. Ich soll Ihrer Frau ein Autoradio verkauft haben?"*

Kunde: „Ja, vorgestern war meine Frau hier im Geschäft ..."

Kundenberater: *„Da befinden Sie sich schon im Irrtum. Bis gestern war ich nämlich auf einem Seminar für Verkaufspsychologie."*

Kunde: „Was interessiert mich Ihre Verkaufspsychologie. Ich will ein neues Gerät, und zwar sofort. Aber mit Ihnen kann man ja gar nicht reden. Holen Sie mir Ihren Geschäftsführer."

Kundenberater: *„Das ist leider nicht möglich. Unser Geschäftsführer besucht einen Kunden, einen guten Kunden. Also wird es einige Zeit dauern. Vielleicht nutzen Sie die Zeit für eine kleine Spazierfahrt, um sich etwas abzukühlen."*

Kunde: (zornbebend) „Ich lasse mich doch nicht beleidigen! Mein Anwalt wird sich in Kürze bei Ihnen melden. Dann werden wir ja sehen, wer hier Recht bekommt."

(verlässt mit hochrotem Kopf das Geschäft, der Verkäufer lächelt ihm spöttisch hinterher)

Ein geschickter Kundenberater hätte das Reklamationsgespräch sicherlich in entspannterer Atmosphäre geführt. Beschreiben Sie Möglichkeiten, die Diskussion zu entschärfen.

2

Reklamationsgespräche werden von Verkaufsmitarbeitern gewöhnlich als schwierig eingeschätzt. Nachfolgend werden drei Ausschnitte aus einem Reklamationsgespräch näher betrachtet.

Beginn des Gesprächs

a Begründen Sie, welche der beiden Vorgehensweisen nach Ihrer Meinung erfolgversprechender ist.

1 Einen reklamierenden Kunden sollte man möglichst früh unterbrechen, damit man seine Einwände sofort widerlegen kann. Andernfalls steigert sich der Kunde nur in seiner Erregung.

2 Einem reklamierenden Kunden sollte man aufmerksam zuhören, ohne ihn zu unterbrechen, da der Kunde so „Dampf ablassen" kann.

Keine Anerkennung der Reklamation möglich

b Begründen Sie, welche Aussage(n) bei einer Ablehnung der Reklamation sinnvoll ist (sind).

1 Sie weisen das Ansinnen des Kunden mit Bestimmtheit zurück, sonst hält er das für Schwäche und beharrt auf seiner Meinung.

2 Sie begründen höflich, warum Sie die Reklamation nicht akzeptieren können.

3 Sie prüfen, ob eine Lösung auf dem Kulanzweg erreicht werden kann.

Abschluss des Reklamationsgesprächs

c Begründen Sie, welche Aussagen Sie jeweils für angemessen halten.

Nach einer **Anerkennung**

1 „Heute konnten wir Ihnen noch einmal entgegenkommen."

2 „Fehler sind nie ganz auszuschließen. Ich hoffe, Ihre Meinung über unser Haus bleibt aber trotzdem positiv."

Nach einer **Ablehnung**

3 „Da haben Sie leider Pech gehabt."

4 „Ich konnte Ihnen leider nicht entgegenkommen. Trotzdem hoffe ich, Sie weiterhin als unseren Kunden betrachten zu dürfen."

3

In der Textilabteilung des City-Warenhauses:

Eine Dame mittleren Alters betritt die Abteilung für Damenoberbekleidung des City-Warenhauses und spricht dort die Kundenberaterin, Frau Melcher, an.

Kundin: „Entschuldigung, ich möchte etwas umtauschen. Können Sie mir da weiterhelfen?"

Frau Melcher: *„Vielleicht! Worum geht es denn?"*

Kundin: „Gestern habe ich hier bei Ihnen zu meinem Hosenanzug diese rote Bluse gekauft. Doch zu Hause habe ich entdeckt, dass die Bluse an einem Ärmel weiße Stellen hat. Da ist wohl der Stoff nicht richtig eingefärbt worden. So kann ich die Bluse auf keinen Fall tragen."

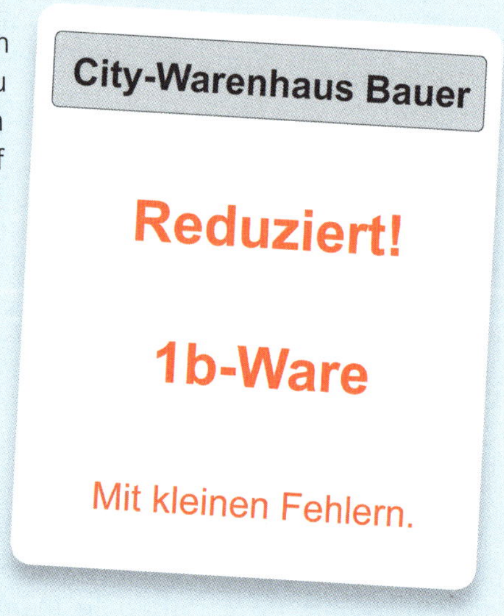

Frau Melcher: *„Ach, wenn Sie den Blazer nicht ausziehen, sieht man die weißen Stellen bestimmt gar nicht."*

Kundin: „Na hören Sie mal, Sie müssen mir mein Geld zurückgeben. Die Ware ist schließlich nicht in Ordnung."

Frau Melcher: *„Stimmt, deshalb haben wir das auch drangeschrieben. Sehen Sie, dort am Ständer hängt ein Schild: Reduziert ! 1b-Ware."*

Kundin: „Und was heißt das jetzt? Ich war gestern in Eile und habe das Schild nicht gesehen."

Frau Melcher: *„Na, das ist dann Ihr Problem!"*

Erläutern Sie, wie Sie das oben beschriebene Kundenproblem kundenorientiert lösen können.

Das sollten Sie beachten:
* **Informieren Sie sich über die Rechtslage.**
* **Stellen Sie die Kundenzufriedenheit in den Mittelpunkt, indem Sie Verständnis für die Situation der Kundin zeigen und einen kundenorientierten Lösungsvorschlag anbieten.**

4

Im SB-Warenhaus Heuer werden Kundenbeschwerden immer sehr kundenfreundlich, das heißt großzügig behandelt. Zu Beginn des Gesprächs ist aber zu klären, ob das Gespräch auf eine berechtigte Reklamation hinausläuft oder ob es sich um Umtausch aus Kulanz handelt.

Situationen

1 Ein Kunde erklärt, dass der von ihm gekaufte Fernseher für seine Schrankwand zu groß sei.

2 Wenige Tage nach dem Kauf löste sich der Absatz eines Schuhs.

3 Eine Kundin hat einen Kinderpullover in der falschen Größe gekauft.

4 Das von einem Kunden erworbene Hemd passt farblich nicht zu seinem Anzug.

5 Da sie dasselbe Buch zweimal geschenkt bekommen hat, möchte die Kundin ein Exemplar zurückgeben.

6 Eine Kundin hatte bei der Anprobe eines Pullovers einen Webfehler entdeckt. In Absprache mit der Abteilungsleitung wurde ihr ein Preisnachlass von 20,00 € angeboten und die Kundin entschloss sich zum Kauf. Doch am nächsten Tag fordert sie die Rücknahme des Pullovers, weil ihr der Fehler doch zu auffällig sei.

Entscheiden Sie, ob es sich in den obenstehenden Situationen um einen Umtausch oder um eine Reklamation handelt.

5

Kundenbeschwerden verlangen von Verkaufsmitarbeitern manchmal schwierige Entscheidungen. Nachfolgend sind vier Situationen beschrieben.

Geben Sie begründete Empfehlungen, wie sich die Verkaufsmitarbeiter in den Situationen verhalten sollen.

In einem Supermarkt

Nina ist Auszubildende in einem Supermarkt und zurzeit hinter der Käsetheke eingesetzt. Eine Kundin tritt heran.

Kundin: *„Guten Tag, mein Mann hat bei Ihnen heute Morgen Käse gekauft. Butterkäse. Fünf Scheiben Butterkäse. Dabei hat der mindestens 55 % Fett i. Tr. und wir müssen doch auf unser Cholesterin achten. Männer! Kann ich den Käse gegen fettarmen Käse umtauschen?"*

Nina: ???

In einem Schuhfachgeschäft

Philipp, Auszubildender in einem Schuhfachgeschäft, erinnert sich noch genau an diesen Kunden. Eine halbe Stunde lang hatte dieser in der vergangenen Woche überlegt, ob er die Sportschuhe in Größe 44 oder lieber eine Nummer größer nehmen sollte. Schließlich hatte er sich für die Schuhe in Größe 44 entschieden.
Mit diesen Schuhen inklusive Karton und Kassenzettel steht der Kunde nun wieder vor Philipp.

Kunde: *„Also, die Schuhe müssen Sie wieder zurücknehmen. Darin gehe ich keinen Schritt mehr; überall habe ich Blasen."*

Philipp: „Sie haben die Schuhe also schon getragen?"

Kunde: *„Natürlich, sonst wüsste ich ja nicht, dass die Dinger nicht passen. Meine beiden Füße sind total verpflastert, dabei soll Sport doch die Gesundheit fördern. Also nehmen Sie die Schuhe jetzt zurück?"*

Philipp: ???

In einer Parfümerie

Es ist der erste Werktag nach Weihnachten, und wie jedes Jahr bitten zahlreiche Kunden um einen Umtausch. Aus diesem Grund wird auch gerade Frau Kramer, eine langjährige Kundenberaterin, von einer Kundin angesprochen.

Kundin: *„Guten Morgen, ich möchte etwas umtauschen."*

Frau Kramer: „Guten Morgen, was möchten Sie denn umtauschen?"

Kundin: *„Ich habe von meinem Mann zu Weihnachten dieses Parfüm bekommen, aber das ist gar nicht meine Richtung."*

Frau Kramer: „Das ist kein Problem, wir finden bestimmt einen angenehmen Duft für Sie. Geben Sie mir doch schon mal den Kassenbon."

Kundin: *„Nun, den hat mein Mann bereits weggeworfen. Doch er hat das Parfüm mit Sicherheit hier gekauft. Schließlich kaufen wir immer hier!"*

Frau Kramer: ???

In einem Baumarkt

Stefan ist Auszubildender in einem Baumarkt und zurzeit im Servicebereich für Holzzuschnitte tätig. Nach den Maßangaben der Kunden schneidet er Regalböden, Arbeitsplatten für Küchen u. Ä. zu. Ein Schild weist die Kunden darauf hin, dass solche Holzzuschnitte grundsätzlich vom Umtausch ausgeschlossen sind.

Dennoch äußert ein Kunde einen Umtauschwunsch.

Kunde: *„Entschuldigung, junger Mann. Ich habe bei Ihnen gestern diese Arbeitsplatte anfertigen lassen. Doch die Platte ist zehn Zentimeter zu kurz.*

Stefan: „Das ist wirklich ärgerlich. Haben Sie noch den Auftragszettel?"

Kunde: *(holt einen Zettel hervor) „Sehen Sie, hier steht es: 2,65 m x 0,50 m."*

Stefan: „Augenblick bitte! (misst die Arbeitsplatte nach) Die Platte hat genau die Maße."

Kunde: *„Oh je, da habe ich mich wohl um zehn Zentimeter vertan. Mit dieser Platte kann ich aber nichts anfangen. ... Tauschen Sie mir die Platte wohl gegen eine andere um?"*

Stefan: ???

6

Ein Kunde hat gestern die auf dem nebenstehenden Kassenbon (Auszug) abgebildeten Produkte gekauft. Er möchte die Ordner zurückgeben, weil bei allen 10 Exemplaren die Hebelmechanik nicht funktioniert. Die Tintenpatronen will er ebenfalls zurückgeben, weil er noch einen ausreichenden Vorrat an Tintenpatronen hat, was er aber leider übersehen hatte. Die 112,35 € will er erstattet haben.

Förde-Warenhaus
Südergraben 76
24937 Flensburg

10	Kunststoff-Ordner	34,50 €	1
3	Tintenpatrone Farb-Set	77,85 €	1
	Summe	112,35 €	
	girocard	112,35 €	
	MwSt 1 19 %	17,94 €	

a Prüfen Sie, ob das Warenhaus rechtlich verpflichtet ist, die Waren wieder zurückzunehmen.

b Beschreiben Sie, wie eine kundenfreundliche Lösung des Problems aussehen könnte.

c Manche Einzelhandelsgeschäfte haben auf ihren Kassenbons z. B. folgenden Vermerk ausgedruckt:

„Umtausch einwandfreier Ware innerhalb von 7 Tagen."
Erläutern Sie zwei Gründe, die das Einzelhandelsgeschäft zu diesem Entgegenkommen veranlasst.

7

Der Umtausch von Waren wird im Einzelhandel sehr unterschiedlich gehandhabt. Die Meinung, wie großzügig man gegenüber Kunden sein soll, ist nicht einheitlich.

Nehmen Sie zu folgenden Aussagen aus Sicht des Einzelhändlers begründet Stellung.

1 „Wer umtauscht, verliert Umsatz."

2 „Jeder Kunde hat ein Recht auf Umtausch."

3 „Wer großzügig umtauscht, wird ausgenutzt."

8

Siehe Seite 282

Im Einstieg zu dieser Lernsituation ist ein Reklamationsgespräch in der Textilabteilung des City-Warenhauses abgebildet worden. Frau Melcher und die Kundin befinden sich in einem Konflikt über die richtige Pflege eines Hemdes. Frau Melcher hat durch ihre Äußerungen den Konflikt verschärft, indem sie Gesprächsstörer verwendet.

Ergänzen Sie in der nachfolgenden Tabelle die Art des Gesprächsstörers.

Aussagen von Frau Melcher	Gesprächsstörer
„Kann es sein, dass Sie das Hemd vielleicht zu heiß gewaschen haben?"	Beschuldigung/Vorwurf
„Solche Schäden entstehen oft, wenn die Schleuderzahl zu hoch gewählt wird."	
„Haben Sie das Hemd vielleicht in den Trockner gegeben? Das ruiniert jedes Hemd nach kurzer Zeit."	
„Hm – Haben Sie das Hemd wirklich bei uns gekauft?"	
„Zeigen Sie mir doch mal Ihren Kassenbon."	
„Also, wir können da nichts machen ..."	
„Tja, bei solchen Verschleißschäden ist kein Hersteller großzügig."	

9

Auf Kundeneinwände gehen Verkaufsmitarbeiter häufig mit der Ja-aber-Methode ein.

Siehe Informationshandbuch Lernfeld 2

Beispiel:

Kundin: „Sind die polierten Messingflächen der Stiluhr nicht sehr empfindlich?"

Kundenberaterin: „Sie haben recht, die polierten Flächen sind ein wenig empfindlicher als mattierte. Aber eine hochglanzpolierte Stiluhr wirkt um vieles eleganter, gerade wenn sie auf Ihrem Kaminsims gut zur Geltung kommen soll."

a Begründen Sie, dass die Ja-aber-Methode auch als Gesprächsförderer bezeichnet werden kann.
b Geben Sie die Art des Gesprächsförderers an.

10

Wenn Kunden ihre Wünsche an ein Produkt sehr umfangreich beschreiben, ist es sinnvoll, den Anspruchskern noch einmal zusammenzufassen. Diese Methode der Anspruchsermittlung wird umschreibendes Zuhören genannt und kann auch als Gesprächsförderer bezeichnet werden.

Siehe Informationshandbuch, Lernfeld 2

Beispiel

Ein Kunde wünscht eine Duschgarnitur und beschreibt seine Ansprüche sehr detailliert. Auch Urlaubserlebnisse fließen in seine Ausführungen ein. Der Verkaufsmitarbeiter hört geduldig zu, hält Blickkontakt, lächelt und nickt gelegentlich.

Zum Schluss fasst der Verkaufsmitarbeiter das Wichtigste noch einmal zusammen:

Herr Thomas: „Ich habe verstanden, dass Sie eine farbige Duschgarnitur mit Einhandmischer suchen. Der Wasserstrahl sollte verändert werden können. Außerdem wünschen Sie einen zwei Meter langen Duschschlauch. Und Sie möchten die Duschgarnitur selbst einbauen."

Kunde: „Genau richtig"!

a Begründen Sie, dass die Anspruchsermittlung durch umschreibendes Zuhören als Gesprächsförderer dient.
b Geben Sie die Art des Gesprächsförderers an.

11

Im Verkaufsgespräch sollen Gesprächsstörer möglichst vermieden werden. In der nachfolgenden Tabelle werden Beispiele für Gesprächsstörer aus dem Informationshandbuch vorgestellt.

Formulieren Sie die Beispiele so um, dass sie die Kommunikation nicht mehr stören, sondern fördern oder zumindest neutral sind.

Gesprächsstörer	Beispiele	positive Formulierung
Negativformulierung	„Dafür ist leider meine Kollegin zuständig."	
Herunterspielen	„Warum regen Sie sich denn so auf?"	
Beschuldigung/Vorwurf	„Haben Sie den Pullover vielleicht zu heiß gewaschen?"	
Belehren	„Beim Kauf habe ich Ihnen die Handhabung der Kamera genau erklärt."	
Befehlen	„Warten Sie einen Moment."	
Warnen/Drohen	„Sie können sich natürlich an die Verbraucherzentrale wenden. Ich würde mir das aber gut überlegen."	

9 Mit Rabattjägern sachgerecht und flexibel umgehen

Herr Bauer: (erbost) „Jetzt ist Schluss! Es muss etwas geschehen. Jeder Kunde will um den Preis feilschen. Und unsere Mitarbeiter sind viel zu nachgiebig."

Frau Bauer: „Ich glaube, unsere Mitarbeiter geben in den Preisverhandlungen deshalb so schnell nach, weil sie gar nicht wissen, wie man sich gegenüber den Rabattjägern verhalten soll."

Herr Bauer: „Dann wird es Zeit, alle Mitarbeiter zu schulen – wohlgemerkt: alle!"

Daraufhin hat Frau Bauer typische Situationen mit Kundenaussagen zu Preisverhandlungen entwickelt, die sie für die Schulung der Mitarbeiter einsetzen will.

Situation 1: Der Kunde will pokern

Kunde: „Bei XYZ bekomme ich 20 % Rabatt."

Mögliche Antworten auf die Kundenaussage

* „Das ist auch für uns von Interesse. Ich rufe dort gleich einmal an und erkundige mich."
* „20 % auf den gleichen Preis wie hier?"
* „Wie war das Produkt denn ausgestattet?"
* „Von wann ist der Preis?"
* „Wir kalkulieren fair. Aber einen solchen Preis können wir nicht bieten."
* „Ich kann Ihnen entgegenkommen und 29,50 € Nachlass gewähren" (auf einen Preis von 449,50 €).
* „20 % Rabatt sind in unserem Haus nicht üblich."

Situation 2: Der Kunde wünscht Vorzugsbehandlung

Kundin: „Ihr Chef hat mir gesagt, ich bekomme hier mindestens 10 % Rabatt."

Mögliche Antworten auf die Kundenaussage: siehe Informationshandbuch

Situation 3: Kunde gibt sich als Experte aus

Kunde: „Der Handel schlägt mindestens 100 % Gewinn auf."

Mögliche Antworten auf die Kundenaussage: siehe Informationshandbuch

Situation 4: Zum Schluss wird gefeilscht

Kunde: „Okay, das Sofa gefällt mir. Nun müssen Sie mir nur noch im Preis entgegenkommen."

Mögliche Antworten auf die Kundenaussage: siehe Informationshandbuch

ARBEITSAUFTRAG

Übertragen Sie die Situationen 1 bis 4 auf die Bedingungen Ihres Ausbildungsbetriebes und reagieren Sie angemessen auf die Kundenaussagen.

VORSCHLÄGE ZUM VORGEHEN

1. Betrachten Sie die Kundenaussage zunächst als Einwand gegen den Preis. Versuchen Sie es mit einer Preiseinwandbehandlung, um den Kunden vom Produktwert zu überzeugen.
2. Lässt der Kunde sich nicht umstimmen, beginnt die Preisverhandlung.
3. Versuchen Sie zunächst, den Ursprungspreis zu halten, indem Sie Serviceangebote machen und kleine Geschenke als Zugaben geben.
4. Der Preisnachlass ist die letzte Maßnahme innerhalb des Preisgesprächs.

AUFGABEN

1

Zweiter Teil der Schulung: „Mit Rabattjägern sachgerecht und flexibel umgehen."

Frau Bauer hat vier weitere typische Situationen für den Umgang mit Rabattjägern zusammengestellt.

Situation 5: Kunde verlangt Mengenrabatt

Kunde: „Wie viel Rabatt bekomme ich, wenn ich beide Teile nehme?"

Mögliche Antworten auf die Kundenaussage: siehe Informationshandbuch

Situation 6: Preisbewusste Nörgler

Kundin: *„Schauen Sie mal. Da sind ja Flecken auf der Jacke. Die hat wohl schon jemand getragen."*

Mögliche Antworten auf die Kundenaussage: siehe Informationshandbuch

Situation 7: Geben (Freunde, Bekannte) und Nehmen

Kunde: *„Mein gesamter Fußballverein kauft hier bei Ihnen ein, seit ich dieses Geschäft empfohlen habe."*

Mögliche Antworten auf die Kundenaussage: siehe Informationshandbuch

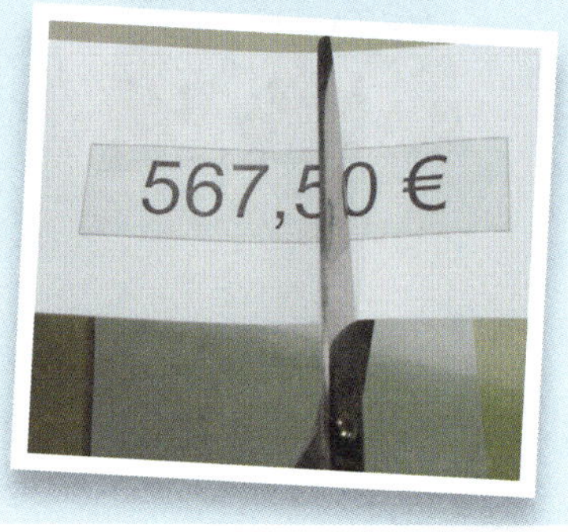

Situation 8: Kunde nennt Preisgrenze

Kunde: *„567,50 €? Mehr als 550,00 € zahle ich nicht!"*

Mögliche Antworten auf die Kundenaussage: siehe Informationshandbuch

Übertragen Sie die Situationen 5 bis 8 auf die Bedingungen Ihres Ausbildungsbetriebes und reagieren Sie angemessen auf die Kundenaussagen. Gehen Sie so vor wie im Arbeitsauftrag oben.

2

Im Informationshandbuch sind Grundsätze zum Umgang mit Rabattjägern vorgestellt worden. Dabei lautete das Ergebnis 1:

Für den durchschnittlichen Kunden steht der Endpreis immer noch auf dem Preisetikett.

a Vergleichen Sie diese Aussage mit Ihren eigenen Verkaufserfahrungen in Ihrem Ausbildungsbetrieb.

Eine Regel für Preisverhandlungen lautet, kleine Geschenke anstelle von Preisnachlässen zu gewähren.

b Geben Sie drei Beispiele für kleine Geschenke, die man in Ihrem Ausbildungsbetrieb anstelle von Preisnachlässen geben könnte.

10 Einen uneinsichtigen Ladendieb ansprechen

Sabrina ist gerade auf dem Weg zum Lager, wo sie das Verpackungsmaterial aus den Regalen entsorgen muss. Auf dem Weg dorthin sieht sie plötzlich, wie ein etwa 30-jähriger Mann einen Artikel ziemlich auffällig in seine Jackentasche steckt.

„Also, das gibt's doch gar nicht ... So ein dreister Kerl. Der macht sich ja noch nicht einmal die Mühe, heimlich zu klauen ..." Sabrina ist empört über den Ladendieb. Bislang hatte sie schon zweimal mit Ladendieben zu tun. Aber beiden war es sehr peinlich, erwischt worden zu sein. Dieser hier wirkt allerdings anders. „Das wird nicht einfach", denkt Sabrina, „aber das ist mir egal. So geht das nicht ..."

Der Mann, den Sabrina vorhin beobachtet hat, steht nun mit seinem Einkaufswagen in der Schlange der zweiten Kasse. Sabrina hat sich etwas hinter der Kasse postiert und wartet nun auf ihn. Von dem gestohlenen Artikel findet sich in seinem Einkaufswagen allerdings keine Spur. Als er an der Reihe ist, legt er seine Ware auf das Laufband, die Kassiererin blickt in den Spiegel und in den Einkaufswagen. Ordnungsgemäß fragt sie den Mann, ob er auch alles auf das Laufband gelegt habe, und zieht die Artikel über den Scanner. Nachdem sie kassiert hat, schiebt der Mann den Einkaufswagen durch und will die Sachen in eine Tüte packen, als er von Sabrina angesprochen wird.

Sabrina: „Entschuldigen Sie bitte. Ich habe eine Frage. Würden Sie bitte einmal mit mir ins Büro kommen?"

Ladendieb: *(patzig): „Ich glaube nicht, dass ich das muss. Wenn Sie eine Frage haben, ist das Ihre Sache ..."*

Der Mann lächelt Sabrina an und lenkt seinen Einkaufswagen an ihr vorbei. Sabrina stellt sich ihm jedoch entschlossen in den Weg.

Sabrina: „Ich habe aber gesehen, dass Sie etwas in Ihre Jacke gesteckt haben! An der Kasse haben Sie das nicht bezahlt!"

Ladendieb: *„Ach, das ist ja interessant ... Wie wollen Sie mir denn das beweisen? Das können Sie mir überhaupt nicht beweisen, und jetzt lassen Sie mich bitte durch ..."*

Sabrina stutzt. Darauf war sie nicht vorbereitet. Grinsend geht er mit seinem Einkaufswagen vorbei, packt seine Sachen schnell in eine Einkaufstüte und verschwindet, während Sabrina mit offenem Mund dasteht und nicht weiß, wie sie sich verhalten soll.

ARBEITSAUFTRAG

Übertragen Sie die Situation auf Ihren Ausbildungsbetrieb und erproben Sie die Ansprache eines uneinsichtigen und provokanten Ladendiebs.

VORSCHLÄGE ZUM VORGEHEN

1. Beachten Sie den richtigen Zeitpunkt der Ansprache.
2. Berücksichtigen Sie die Regeln zur ersten Kontaktaufnahme mit einem Ladendieb und die Verhaltensregeln für den Umgang mit uneinsichtigen Ladendieben.
3. Beachten Sie auch die folgenden Hinweise:
   - Der Ladendieb hat nicht zum ersten Mal in einem Geschäft gestohlen.
   - Er weiß, dass das Verkaufspersonal häufig verblüfft ist, wenn er sich nicht einschüchtern lässt.
   - Der Ladendieb weiß, dass körperliche Kontrollen nur durch die Polizei durchgeführt werden dürfen.

AUFGABEN

1

In der Praxis kann man beim Umgang mit Ladendieben in ungewöhnliche Situationen kommen.

Entwickeln Sie für folgende Situationen eine begründete Lösung:

1 Sie wollen eine Ladendiebin ansprechen, brauchen aber Hilfe, weil Sie noch unerfahren sind. Wen können Sie um Hilfe bitten, wenn die Filialleiterin nicht in der Nähe ist?

2 Nachdem Sie einen Ladendieb angesprochen haben, bitten Sie ihn ins Büro. Überlegen Sie, wer auf dem Weg ins Büro vorgeht, der Ladendieb oder Sie.

3 Sie, ein männlicher Mitarbeiter, haben eine junge Frau beim Ladendiebstahl beobachtet und angesprochen. Nun bitten Sie die Ladendiebin ins Büro. Wie sollten Sie sich in dieser Situation verhalten?

4 Sie haben einen mutmaßlichen Ladendieb angesprochen und ihn im Büro gebeten, die Tasche zu öffnen. Als der mutmaßliche Ladendieb die Tasche vollständig ausgepackt hat, stellt sich heraus, dass Sie ihn zu Unrecht verdächtigt haben. Sie haben sich geirrt. Wie können Sie sich in dieser Situation verhalten?

5 Sie haben es satt: Drei Ladendiebe an einem Tag und nun beobachten Sie schon den vierten. Sie sprechen ihn an, doch der Ladendieb ergreift die Flucht. Sie laufen ihm auf offener Straße hinterher, stellen ihn und entreißen ihm die Tasche. Sie haben diesen Kerl schon mehrfach in Verdacht gehabt. Als Sie ihm die Tasche entreißen wollen, kommt es zu einem Handgemenge zwischen Ihnen und dem Ladendieb.

6 Sie haben einen sehr kräftigen Mann als Ladendieb beobachtet und angesprochen. Da die Filialleitung nicht in der Nähe ist, bitten Sie einige Kunden, zu helfen. Die Kunden verschwinden jedoch durch den Ausgang, als der Ladendieb wütend auf Sie zugeht.

7 Bei Überprüfung einer jugendlichen Ladendiebin stellt sich heraus, dass das Mädchen erst zwölf Jahre alt ist. Sie sind unsicher, wie Sie sich verhalten sollen.

2

Herr Bauer, Geschäftsführer des City-Warenhauses Bauer, erhält von einer Kundin den folgenden Brief:

Hannelore Schmitt, Hans-Böckler-Str. 44, 40470 Düsseldorf, Tel.: 0211 79854

City-Warenhaus Bauer
Geschäftsleitung
Oberstr. 17
40878 Ratingen

09.11. 20(0)

Einsatz Ihrer Mitarbeiter als Hausdetektive

Sehr geehrte Damen und Herren,

am 08.11.20(0) wurde ich beim Verlassen Ihres Hauses von einem Ihrer Mitarbeiter festgehalten, da das Sicherheitssystem am Ausgang Ihres Warenhauses Alarm auslöste.

Da in Ihrem Warenhaus sicher sehr viel gestohlen wird, habe ich zunächst einmal vollstes Verständnis dafür, dass Kunden beim Auslösen des Alarms überprüft werden. Allerdings war ich entsetzt über die Art und Weise dieser Überprüfung.

Unter den Augen etlicher Schaulustiger sollte ich seiner Aufforderung nachkommen, ihm meine Tasche auszuhändigen. Da ich mir nichts hatte zuschulden kommen lassen und außerdem gar nicht wusste, mit wem ich es hier zu tun hatte, habe ich mich zunächst geweigert, ihm meine Tasche zu übergeben. Daraufhin riss er mir die Tasche einfach aus der Hand. Als er sich dann nach ausgiebigem Durchwühlen meiner Tasche davon überzeugt hatte, dass ich nichts gestohlen hatte, hat er es dann nicht einmal für nötig befunden, sich bei mir für seine falsche Anschuldigung zu entschuldigen.

Ich möchte betonen, dass mir eine derartige Behandlung noch nie widerfahren ist und ich es als langjährige Kundin Ihres Hauses sehr bedaure, so bloßgestellt worden zu sein. Da mir dieser peinliche Vorfall nicht mehr aus dem Kopf geht, bitte ich Sie um eine Stellungnahme, wie Sie in Zukunft eine korrekte Behandlung Ihrer Kunden durch Ihre Mitarbeiter gewährleisten und solche Fehlalarme vermeiden möchten. Bis dahin werde ich Ihr Geschäft nicht mehr betreten.

Mit freundlichen Grüßen

H. Schmitt

a **Beurteilen Sie das Verhalten des Angestellten gegenüber der Kundin.**

b **Erläutern Sie zwei innerbetriebliche Maßnahmen, die Herr Bauer aufgrund dieser Beschwerde durchführen sollte.**

c **Schreiben Sie den Antwortbrief des Geschäftsführers des City-Warenhauses Bauer an die Kundin.**

3

Frau Dünsing aus der Spielwarenabteilung erzählt ihrer Kollegin Frau Gerdes, dass heute in ihrer Abteilung eine junge Frau dabei erwischt wurde, wie sie ein Kartenspiel in ihre Tasche steckte.

Frau Dünsing: „Das hätte ich nie gedacht, dass diese junge Frau stiehlt. Sie sah so nett aus!"

Frau Gerdes: „Ich habe da schon ein geschultes Auge und sehe jedem Kunden an, ob er stiehlt oder nicht!"

Nehmen Sie Stellung zu den Aussagen von Frau Dünsing und Frau Gerdes.

4

Die Auswertung der Inventurzahlen aus dem zurückliegenden Geschäftsjahr hat ergeben, dass die Inventurdifferenzen in der Abteilung Drogerie/Parfümerie mit 1,8 % des Bruttojahresumsatzes besonders hoch waren. Die Differenzen sind nach Meinung der Verwaltungsleiterin Frau Dehn durch Ladendiebstähle in der Abteilung entstanden. Frau Dehn und die Abteilungsleiterin Drogerie/Parfümerie, Frau Esser, schauen sich die Verteilung der Warenträger und der Warengruppen gemeinsam an und sind beide der Meinung, dass Verbesserungen in der Verkaufsraumgestaltung und Warenpräsentation notwendig sind, um Ladendiebstählen vorzubeugen.

Grundriss Abteilung Drogerie/Parfüm

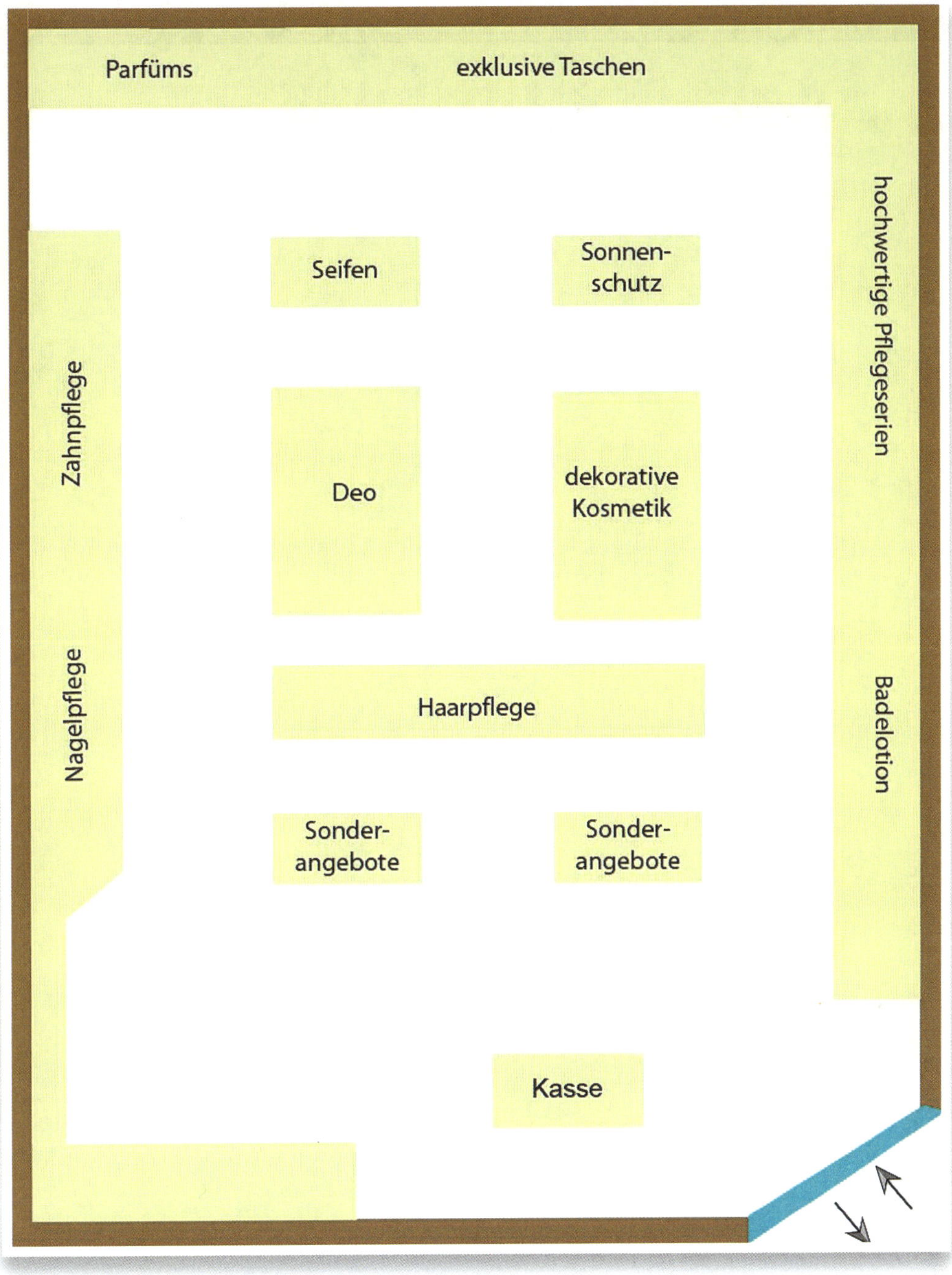

Entwickeln Sie geeignete Maßnahmen zur Vermeidung von Ladendiebstählen in der Abteilung Drogerie/Parfümerie.

a Schlagen Sie konkrete Maßnahmen hinsichtlich der Verkaufsraumgestaltung und Warenpräsentation in der Abteilung vor.

- **aa** Markieren Sie dazu zunächst im derzeit bestehenden Grundriss der Abteilung die diebstahlgefährdeten Zonen.
- **ab** Zeigen Sie Möglichkeiten auf, wie diese Bereiche durch Veränderungen der Verkaufsraumgestaltung und Warenpräsentation besser gesichert werden können. Platzieren Sie dazu auch, falls es Ihnen notwendig erscheint, die Ware neu und beschriften Sie alle Regale mit den Produktbezeichnungen. Übertragen Sie Ihre Vorschläge in den leeren Grundriss der Abteilung auf der Seite 296.

b Geben Sie an, welche technischen Möglichkeiten der Warensicherung als zusätzliche Vorbeugung gegen Ladendiebstahl in der Abteilung eingesetzt werden sollten.

c Sammeln Sie Maßnahmen im Bereich des Verkaufspersonals, die zur Vorbeugung von Ladendiebstählen beitragen können.

Verbesserungsvorschläge im Bereich Verkaufsraumgestaltung/Warenpräsentation

11 Einen Finanzierungskauf abwickeln

Die Abteilung Elektronik/Computer des City-Warenhauses Bauer bietet am 10. Juli 20(0) im Rahmen einer Sonderverkaufsaktion einen Farb-Digitalkopierer als Multifunktionsgerät zum Preis von 679,00 € an. Ein Kunde interessiert sich ganz offensichtlich für den Artikel und spricht einen Kundenberater an, der sich gerade in der Nähe aufhält.

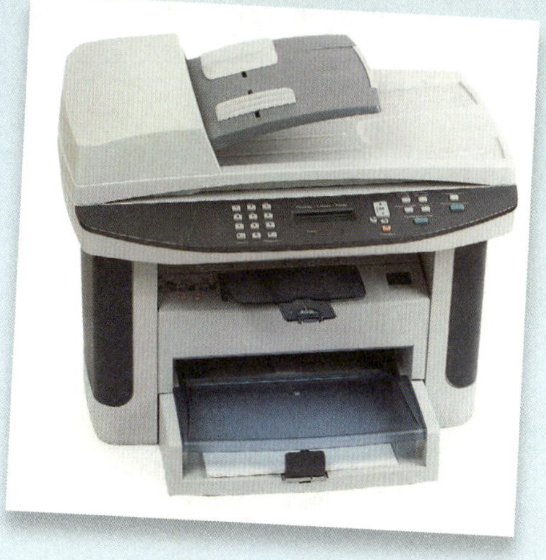

Kunde: „Haben Sie diesen Farb-Digitalkopierer noch länger im Angebot?"

Kundenberater: „Leider nein, das Angebot gilt nur für diese Woche, wegen des günstigen Preises."

Kunde: „Ich hätte den Drucker ja schon sehr gerne. Aber 679,00 €? Ziemlich viel, finde ich. Kann man denn gar nichts am Preis machen?"

Kundenberater: „Unsere Sonderangebote sind äußerst knapp kalkuliert. Weitere Nachlässe sind nicht möglich."

Kunde: „Schade – dann eben nicht."

Kundenberater: „Ich kann Ihnen aber noch unser Ratenzahlungsangebot vorstellen. Sie zahlen monatlich jeweils zum Monatsanfang einen geringen Teilbetrag, und schon sind Sie dabei."

> kopieren, drucken, faxen, scannen
>
> 679,00 €
>
> **oder in 24 bequemen Raten zu 31,35 €**

Kunde: „Das hört sich gut an. 31,35 € sind ja auch nicht viel. Und das geht so einfach?"

Kundenberater: „Selbstverständlich. Wenn Sie es wünschen, kann ich Ihnen gerne die Details erklären. Bitte nehmen Sie doch einmal dort Platz."

Am Ende des Gespräches entschließt sich der Kunde zum Ratenkauf. Der Kundenberater erstellt daraufhin den schriftlichen Finanzierungs-Kaufvertrag.

ARBEITSAUFTRAG

Vervollständigen Sie die erforderlichen Angaben in dem Vertrag über einen Finanzierungskauf, indem Sie die farbig unterlegten Felder ausfüllen.
Beachten Sie: Die Zinsen pro Monat betragen 0,45 %.

Siehe Vertragsformular Seite 298

VORSCHLÄGE ZUM VORGEHEN

1. Tragen Sie den Barzahlungspreis in das Vertragsformular ein.
2. Berechnen Sie den Teilzahlungspreis, wenn der Kunde in 24 Monatsraten bezahlt.
3. Ermitteln Sie den effektiven Jahreszins vereinfacht durch einen Dreisatz.
4. Berücksichtigen Sie das Vertragsdatum vom 18.07.20(0). Die 1. Rate wird am 01.08.20(0) fällig, die Folgeraten jeweils zum Monatsanfang.
5. Übertragen Sie die errechneten Werte und fehlenden Daten in das Vertragsformular.

AUFGABEN

1

Der Farb-Digitalkopierer ist mit 679,00 € ausgezeichnet worden, alternativ kann der Kunde 24 Monatsraten zu je 31,35 € bezahlen.

Machen Sie deutlich, wie die Monatsrate von 31,35 € berechnet worden ist.

Vertrag über einen Finanzierungskauf

Über den Finanzierungskauf des nachfolgend aufgeführten Kaufgegenstands werden zwischen Verkäufer und Käufer folgende Vereinbarungen getroffen:

Verkäufer	**Käufer**
City-Warenhaus Bauer Oberstraße 17 40878 Ratingen	Klaus Schneider Blücherstraße 90 40878 Ratingen
Kaufgegenstand Printmax PC890 All-in-one-Farb-Drucker mit integrierter Fax-, Kopier- und Scan-Funktion	**Barzahlungspreis**
Teilzahlungspreis / **effektiver Jahreszins**	**Betrag, Zahl und Fälligkeit der Raten**

Erklärung über Eigentumsvorbehalt

Zwischen dem Verkäufer und dem Käufer wird vereinbart, dass die Ware bis zur vollständigen Bezahlung des Kaufgegenstands im Eigentum des Verkäufers verbleibt. Mit vollständiger Bezahlung der Restschuld ist das City-Warenhaus Bauer verpflichtet, das Eigentum an dem Kaufgegenstand auf den Käufer zu übertragen.

Widerrufsbelehrung (gekürzt)

Ich bin darüber informiert worden, dass ich diesen Vertrag innerhalb von zwei Wochen ohne Begründung widerrufen kann. Die Frist beginnt mit dem Vertragsabschluss. Der Widerruf muss schriftlich an das City-Warenhaus Bauer, Oberstraße 17, 40878 Ratingen, erfolgen (E-Mail-Adresse: City-Warenhaus@t-online.de).
Zur Wahrung der Widerrufsfrist reicht es aus, dass Sie die Mitteilung über die Ausübung des Widerrufsrechts vor Ablauf der Widerrufsfrist absenden.

Ratingen, ____ Ort, Datum

Unterschrift des Verkäufers — Unterschrift des Käufers

2

Der Elektromarkt Raben will in seinem Wochenprospekt folgendes Angebot für eine Ratenzahlung machen:
Candy-Waschvollautomat CBL 160

* Barzahlungspreis: 449,00 €
* Zinsen pro Monat: 0,3 %
* Bearbeitungsgebühr: 22,00 €
* Laufzeit: 24 Monate

Berechnen Sie

a den Teilzahlungspreis,
b die Monatsraten und
c den effektiven Jahreszins mithilfe der Dreisatzrechnung.
d Beurteilen Sie die Höhe des Teilzahlungspreises im Vergleich zum Barzahlungspreis.

3

Das City-Warenhaus Bauer stellt fest, dass der Kunde Klaus Schneider aus der Einstiegssituation, mit dem ein Kaufvertrag als Finanzierungskauf über 24 Monate abgeschlossen wurde, bereits nach 3 Monaten in Zahlungsschwierigkeiten gerät. Trotz mehrfacher Mahnung kommt der säumige Kunde seinen Pflichten nicht nach.

Schlagen Sie vor, wie sich das City-Warenhaus in einem solchen Fall verhalten sollte. Betrachten Sie dazu den oben stehenden Vertrag über einen Finanzierungskauf.

4

Nehmen Sie an, Sie stehen vor der Entscheidung, ob Sie für Ihren privaten Gebrauch einen Kaufvertrag mit Ratenzahlung unterschreiben sollen.

Beschreiben Sie zwei Risiken, die für Sie als Kunde bei Ratenkäufen auftreten können.

5

Ein Kunde interessiert sich im Elektronikgeschäft MEGA-Markt für ein Fernsehgerät zum Preis von 2.399,00 €. Der Preis erscheint ihm sehr hoch, aber der Verkäufer kann ihm eine Ratenzahlung für 24 Monate anbieten. Der Kunde ist einverstanden. Der Verkäufer bittet den Kunden, am nächsten Tag wiederzukommen und den Teilzahlungsvertrag zu unterschreiben.

Zwei Tage später steht das Fernsehgerät im Wohnzimmer des Kunden.

Mittlerweile sind dem Kunden aber Bedenken gekommen wegen der Finanzierungsdauer von zwei Jahren. Er überlegt, den Kaufvertrag zu widerrufen und fragt sich, wie lange er Zeit hat bis zur endgültigen Entscheidung und ob er eine Begründung angeben muss.

Das sind die Daten:

- Vereinbarung mit dem Verkäufer über den Teilzahlungskauf: 09.07.20(0)
- Unterschrift unter dem Teilzahlungsvertrag:10.07.20(0)
- Lieferdatum: 13.07.20(0)
- Fälligkeit der ersten Rate: 01.08.20(0)

a **Berechnen Sie den genauen Zeitpunkt, bis zu dem der Käufer den Widerruf zum Ausdruck bringen muss.**
b **Geben Sie an, ob für den Widerruf eine Begründung erforderlich ist.**
c **Stellen Sie fest, ob der Kunde den Widerruf per E-Mail an den MEGA-Markt verschicken kann.**

12 Sich dem Leistungsvergleich mit Internetanbietern stellen

In der Abteilung Elektronik/Computer des City-Warenhauses Bauer

Der Auszubildende René wendet sich an die erste Kraft, Frau Gerdes.

René: „Immer mehr Kunden sagen mir am Ende des Verkaufsgesprächs, dass sie den Artikel im Internet preisgünstiger kaufen können. Ich strenge mich bei der Beratung an, nehme mir Zeit und gehe auf die speziellen Ansprüche des Kunden ein – und dann verschwindet er mit dem Hinweis auf „Amazon" oder ‚guenstiger.de'. Das ist schon sehr frustrierend."

Frau Gerdes: *„Du bestellst doch sicher auch im Internet – oder?"*

René: „Ja, natürlich. Gerade Computerteile sind dort besonders günstig zu bekommen. Ich sehe aber auch die Nachteile, z. B. die fehlende Beratung oder die Unsicherheit bei der Bezahlung, wenn ich im Voraus zahlen muss und nicht sicher bin, ob die Ware auch geliefert wird."

Frau Gerdes: *„Ich glaube, die Kunden sind sich der vielen Nachteile beim Internetkauf gar nicht bewusst. Wir sollten sie ihnen immer wieder vor Augen führen."*

René: „Also, da fällt mir sofort eine Menge ein."

Frau Gerdes: *„Wunderbar! Und dann musst du dem Kunden die Vorteile des stationären Einzelhandels verdeutlichen."*

René: „Auch da sehe ich viele Vorzüge, z. B. dass der Kunde bei uns die Ware sehen, in die Hand nehmen und ausprobieren kann."

Frau Gerdes: *„Sehr schön! Und den nächsten Kunden, der mit dem Internet argumentiert, den lässt du nicht mehr einfach ziehen."*

René: „Genau so mache ich es."

ARBEITSAUFTRAG

Stellen Sie sich auf Kunden ein, die das Internet zum Preisvergleich nutzen.

VORSCHLÄGE ZUM VORGEHEN

1. Tragen Sie Vorteile des stationären Einzelhandels zusammen.
2. Entwickeln Sie eine Verkaufssituation, in der Sie einem Kunden die Vorteile des stationären Handels deutlich machen.

AUFGABEN

1

Stationärer und Onlinehandel weisen Vorteile und Nachteile auf.

Prüfen Sie, ob die nachfolgenden Aussagen

1 dem stationären Handel oder

2 dem Onlinehandel zuzuweisen sind.

a) persönliche Beratung durch Verkaufsmitarbeiter und direkter Umgang mit der Ware ☐
b) mögliche Abweichungen zwischen bestellter und erhaltener Ware ☐
c) zusätzlich Zustellkosten zum Produktpreis ☐
d) einfaches Bezahlen und sofortige Nutzung des Produkts ☐
e) aufwendige Durchführung von Reklamationen ☐
f) Einkaufen rund um die Uhr ☐
g) zusätzliche Serviceleistungen (z. B. Werkstatt, Änderungsdienst, Finanzhilfen) ☐
h) Betrugsgefahr ☐
i) bequeme Zustellung der Ware ☐
j) umfangreiche Vergleichsmöglichkeiten ☐
k) Einkaufen als Erlebnis ☐

2

Einkaufserlebnisse und besonders sinnliche Einkaufserlebnisse sind die Stärken des stationären Einzelhandels.

a Geben Sie jeweils ein Beispiel, wie in Ihrem Ausbildungsbetrieb

aa der Einkauf zu einem Erlebnis gemacht werden kann,
ab die Sinne der Kunden angesprochen werden können.

Eine Kundenbefragung zu den Vorteilen des Einkaufs im Geschäft eines Einzelhändlers erbrachte folgendes Ergebnis:

Die Kunden schätzen am Geschäft vor Ort vor allem:
* die Vertrauenswürdigkeit der Verkaufsmitarbeiter
* die Freundlichkeit und den persönlichen Einsatz des Personals
* die Wertschätzung, die den Kunden entgegengebracht wird
* die Serviceleistungen des Geschäfts
* die individuelle Beratung

b Geben Sie drei Beispiele aus Ihrem Ausbildungsbetrieb, wie Sie sich auf diese Erwartungen der Kunden einstellen könnten.

3

„Ausprobieren" war das Motto des XXL-Baumarkts. Aus diesem Grunde wurden drei Produktneuheiten über die Verkaufsfläche verteilt für das Ausprobieren durch Kunden vorbereitet.

1. Dübel aus nachwachsenden Naturstoffen: Die Kunden sollten sich aktiv von der Leistungsfähigkeit der neuen Dübel überzeugen.
2. Außenleuchten mit unsichtbaren Bewegungsmeldern
3. LED-Lampen im Haus, die sich mit dem Smartphone steuern lassen.

a Begründen Sie, warum man Kunden im stationären Einzelhandel über sinnliche Einkaufserfahrungen (hier das aktive Ausprobieren) besonders gut ansprechen kann.

b Geben Sie ein Beispiel, wie man in Ihrem Ausbildungsbetrieb eine ähnliche Aktion durchführen könnte.

4

Falls Sie schon Erfahrungen mit Kunden gemacht haben, die sich in Ihrem Geschäft beraten lassen, sich dann aber mit Hinweis auf ein günstigeres Angebot im Internet verabschieden:

a Beschreiben Sie die Situation, in der Sie sich befunden haben.
b Erläutern Sie, wie Sie reagiert haben.
c Begründen Sie, ob Sie sich wieder so verhalten würden oder ob Sie Ihre Verhaltensweisen zukünftig ändern würden.

5

In einem Elektrofachgeschäft

Ein Kunde betritt das Geschäft. Die Verkaufsmitarbeiterin geht auf den Kunden zu.

Kundenberaterin: „Guten Tag, wie kann ich Ihnen helfen?“

Kunde: *„Guten Tag. Ich benötige einen neuen Kühlschrank. Im Internet habe ich bereits ein interessantes Angebot gesehen. Hier, ich habe mir das Angebot ausgedruckt.“*

Kundenberaterin: ???

a **Halten Sie den Antwortsatz des Kundenberaters schriftlich fest.**

b **Beschreiben Sie die mögliche Fortsetzung des Verkaufsgesprächs.**

c **Begründen Sie, ob das Kundenverhalten online informieren und offline kaufen nach Ihrer Meinung vorteilhaft oder nachteilig für den stationären Einzelhandel ist.**

6

Thomas Klein möchte bei einem Internet-Anbieter einen Marken-Gefrierschrank (Großgerät) zum Super-Sparpreis von 389,00 € bestellen. Allerdings entstehen ihm noch weitere Kosten für die Lieferung bis in seine Wohnung im zweiten Stock. Der nebenstehend abgedruckte Auszug aus den Allgemeinen Geschäftsbedingungen des Anbieters gibt über die zusätzlich entstehenden Kosten Auskunft.

Berechnen Sie den Endpreis, den Thomas zu zahlen hat, wenn der alte Kühlschrank noch mitgenommen und entsorgt werden soll und er den Rechnungsbetrag im Voraus bezahlen möchte.

Lieferung und Transport

Die bestellten Waren werden im Rahmen der Lieferbarkeit des Artikels durch den Hersteller schnellstmöglich geliefert. Für die Lieferung innerhalb Deutschlands berechnen wir pauschal 6,95 € pro Bestellung. Bei Zahlung per Nachnahme wird zusätzlich eine Gebühr in Höhe von 3,50 € berechnet. Bei Lieferung von Elektrogroßgeräten wird zusätzlich ein Zuschlag von 13,00 € pro Gerät erhoben. Sämtliche Ware wird für den Kunden an die von diesem angegebene Anschrift versandt und bis zur ersten ebenerdigen Tür (in der Regel also bis zur Haustür) angeliefert. Eine weitergehende Anlieferung, etwa bis in die Wohnung des Kunden, kostet zusätzlich 25,00 €. Die Mitnahme des Altgeräts und dessen umweltfreundliche Entsorgung (zertifiziert) kosten zusätzlich 51,00 €.

7

Über 400 inhabergeführte (kleine) Einzelhändler einer Großstadt stellen ihre Sortimente gemeinsam auf der Onlineplattform „Findmich“ aus. Kunden, die ein bestimmtes Produkt suchen, können ihren Wunsch in eine Suchmaske eingeben. Als Ergebnis werden die Läden aus der Stadt aufgelistet, in denen man das Produkt kaufen kann.

Sabine Post, Inhaberin einer Geschenk-Boutique, erhält von „Findmich“ das Angebot, ihr Sortiment ebenfalls auf der Onlineplattform anzubieten. Es entstehen monatliche Kosten von 9,90 €.

a **Versetzen Sie sich in die Situation von Sabine Post und entscheiden Sie begründet, ob sie das Angebot annehmen soll.**

b **Begründen Sie, ob die Onlineplattform „Findmich“ eine geeignete Maßnahme ist, den stationären Einzelhandel der Stadt zu stärken.**

13 Unterschiedliche Verkaufskanäle nutzen

Biker-Shop

Offline und online

Der Biker-Shop, Mieter im City-Warenhaus Bauer, verfügt neben seinem stationären Geschäft auch über einen Onlineshop. Unter anderem wird im Onlineshop die Funktion Click & Collect angeboten.

Heute kommt ein Kunde ins Geschäft und wendet sich gleich an die Auszubildende Ann-Kathrin:

Ann-Kathrin: „Guten Morgen, was kann ich für Sie tun?"

Kunde: *„Hallo, ich habe in Ihrem Onlineshop einen Stromspeicher bestellt und möchte ihn gerne hier abholen. Die Auftragsbestätigung habe ich mitgebracht." (Der Kunde übergibt Ann-Kathrin die Auftragsbestätigung.)*

Ann-Kathrin: „Sehr gerne, würden Sie mir bitte zu unserem Servicecenter folgen? (Beide begeben sich zum Servicecenter.) Dieses Netz- und Ladegerät von BITEC mit der Artikelnummer 5633406 haben wir für Sie zurückgelegt."

Kunde: *„Genau, das ist es."*

Ann-Kathrin: „Jetzt können Sie Ihr Smartphone während einer Radtour unbegrenzt nutzen."

Kunde: *„Ja, das war bisher immer ein Problem, weil das Navigationsgerät sehr viel Strom verbraucht."*

Ann-Kathrin: „Jetzt sind Sie unabhängig, weil der Speicher vom Nabendynamo versorgt wird. Die beiden Anschlusskabel befinden sich in der Packung. Mit dem beigefügten USB-Kabel schließen Sie ihr Mobiltelefon an."

Kunde: *„Gut. Ich denke, den Anschluss an den Nabendynamo kriege ich hin."*

Ann-Kathrin: „Sollten Sie Schwierigkeiten haben, stehen Ihnen unsere Werkstattmitarbeiter jederzeit zur Verfügung."

Kunde: *„Das ist gut zu wissen."*

Ann-Kathrin: „Wenn Sie es ganz bequem haben wollen, können Sie Ihr Smartphone auch in eine solche Halterung einstecken, dann haben Sie die Navigation stets vor Augen."

Kunde: *„Das ist eine gute Idee. Wie teuer ist die?"*

Ann-Kathrin: „Dieser Universal-Cockpit-Adapter vom gleichen Markenhersteller kostet 14,90 €. Er ist auf unterschiedliche Mobiltelefone einstellbar und der Neigungswinkel kann individuell angepasst werden."

Kunde: *„Das klingt sehr gut, packen Sie ihn mir dazu."*

Ann-Katrin: (Die Auszubildende nimmt ihren Tablet-Computer zur Hand und gibt die Auftragsnummer aus der Auftragsbestätigung ein:) „Ich sehe, dass Sie den Stromspeicher bereits über unseren Onlineshop bezahlt haben. Sie hätten auch hier ganz bequem und sicher bezahlen können."

Kunde: *„Das habe ich in Ihrem Onlineshop gar nicht gesehen. Beim nächsten Mal mache ich das auf jeden Fall. Gut, dann haben wir alles."*

Ann-Kathrin: „Gerne, würden Sie mir bitte zur Kasse folgen?"

usw.

ARBEITSAUFTRAG

Übertragen Sie das Verkaufsgespräch auf Ihren Ausbildungsbetrieb und entwickeln Sie eine Click & Collect-Situation.

VORSCHLÄGE ZUM VORGEHEN

1. Berücksichtigen Sie, dass der Kunde das Produkt aus dem Onlineshop bereits kennt.
2. Erläutern Sie ihm noch einmal die wesentlichsten Produktvorteile.
3. Schlagen Sie dem Kunden einen Ergänzungsartikel vor.
4. Binden Sie den Onlinekunden durch Serviceleistungen an das stationäre Geschäft.

AUFGABEN

1

Eine Kundin sitzt vor ihrem Computer und hat in einem Onlineshop einen Pullover bestellt.

Kundin: *„Ich könnte mir den Pullover nach Hause schicken lassen, ich wähle aber lieber ‚Abholen in der Filiale'. Die Filiale ist ganz in der Nähe."*

a **Erläutern Sie drei Gründe, die die Kundin veranlassen könnten, den Pullover selbst in der Filiale abzuholen.**

b **Geben Sie zwei Gründe an, warum auch die Geschäftsführerin in der Filiale mit dieser Entscheidung zufrieden wäre.**

2

Dieselbe Kundin wie in Aufgabe 1:

Kundin: *Ich könnte jetzt den Button „kostenpflichtig bestellen" drücken. Ich wähle aber lieber meine Wunschfiliale aus und drücke den Button „Reservierung".*

a **Erläutern Sie zwei Gründe für die Entscheidung der Kundin.**

b **Beschreiben Sie den wesentlichen Unterschied zwischen der Entscheidung der Kundin in Aufgabe 1 und Aufgabe 2.**

3

Der Geschäftsführer einer großen Elektronikkette:

Geschäftsführer: *„Ich biete in unserem Onlineshop an, dass Reklamationen sowie der Umtausch einer Ware auch in den Filialen abgewickelt werden können."*

a **Geben Sie zwei Gründe an, warum das Unternehmen den Kunden dieses Angebot macht.**

b **Erläutern Sie auch zwei Vorteile, die den Kunden durch das Angebot entstehen.**

4

Der Inhaber eines Möbelmarktes mit zahlreichen Filialen in einer Mitarbeiterbesprechung:

Inhaber *„Jeder Verkaufsmitarbeiter erhält ab Juni einen Tablet-Computer. Damit haben Sie Zugriff auf den Warenbestand und die Kundenbestelldaten hier im Hause. Das gleiche gilt für unseren Onlineshop. Mit dem Tablet haben Sie folgende Möglichkeiten:*

a) „Sie können den Kunden nicht nur unser vorhandenes Sortiment vorstellen, sondern auch auf Bild- und Videomaterial zugreifen, das die Möbel im Verwendungszusammenhang zeigt, technische Besonderheiten hervorhebt oder die Möbel in verschiedenen Farbvariationen darstellt." ☐

b) „Produkte, die wir hier nicht vorrätig haben, können Sie für den Kunden in unserem Onlineshop bestellen." ☐

c) „Sie können auch feststellen, ob ein Produkt in einer anderen Filiale verfügbar ist und es dem Kunden dann bestellen." ☐

d) „Bei Kunden, die Sie beraten, können Sie die Bestellhistorie (die bisher offline und online gekauften Produkte) abrufen." ☐

Markieren Sie die Möglichkeiten, die man auch in Ihrem Ausbildungsbetrieb umsetzen könnte, wenn ein Onlineshop vorhanden wäre und man Ihnen einen Tablet-Computer mit den beschriebenen Leistungen zur Verfügung stellte. Begründen Sie Ihre Auswahl.

5

Das Textilhaus Krüger ermöglicht es seinen Kunden, mit einem persönlichen Stilberater einen Beratungstermin zu vereinbaren. Vor der eigentlichen Terminvereinbarung wird vom Kunden verlangt, dass er bestimmte Angaben über sich macht, damit die Kundenberater das Gespräch vorbereiten können. Einige Angaben sind freiwillig.

Abgefragte Daten:

Auswahl Damen/Herren		Weitere Details: z. B. komplettes Outfit, Freizeit, Business, festliche Anlässe		persönliche Daten (Anschrift)	
Stilauswahl anhand von Bildern (sportlich, elegant usw.)		Benutzer-Konto einrichten		persönliches Foto hochladen (freiwillig)	
Schuhtypen anhand von Bildern		Größen (Körpergröße, Gewicht, Kragenweite, Jeansweite usw.		persönlichen Berater auswählen (fünf zur Auswahl)	
Was würden Sie niemals tragen (Bilderauswahl)		was oft nicht passt: z. B. Ärmel zu kurz, Hosen zu lang		Zahlungsart (Rechnung, Kreditkarte, Lastschrift usw.)	
Lieblingsmarken? (Auswahl)		„So viel gebe ich für Bekleidung aus.", z. B. Hosen von 70,00 € bis 300,00 €		Wunschtermin nennen, Telefonnummer für telefonische Vereinbarung	

Nehmen Sie an, Sie seien eine interessierte Kundin bzw. ein interessierter Kunde. Schreiben Sie die Ziffern 1 bis 3 zu den Daten:

1 Diese Angaben würde ich auf jeden Fall machen.

2 Diese Daten würde ich nur mit Bedenken weitergeben.

3 Diese Angaben würde ich auf keinen Fall machen.

6

Im Elektromarkt Berendsen interessiert sich ein jugendlicher Kunde für ein Notebook. Es ist ein sehr preisgünstiges Modell für 399,00 €.

Situation 1

Nach eingehender Beratung und nachdem die Verkaufsmitarbeiterin den Preis genannt hat, tippt der Kunde auf seinem Smartphone und sagt: „Das Gerät gibt es im Internet aber auch schon für 379,00 €. Hier, schauen Sie mal."

Auf dem Preisvergleichsportal wird das gleiche Gerät tatsächlich für 379,00 € angeboten. Das Angebot enthält auch Hinweise zu den Versandkosten:

Standardzustellung:	5,99 €
Zustellung per DHL:	7,99 €
Expresszustellung:	18,99 €

Situation 2 (Fortsetzung)
„Eine Kundenbewertung fällt teilweise schlecht aus. Das können Sie sich auch einmal anschauen."

Kundenbewertung von Stefan K.:

Pro:
* schickes Design
* leicht & flach
* gute Leistung
* schnell & günstig

Kontra:
* kein wechselbarer Akku
* wenige Anschlüsse

Fazit:
Für diesen günstigen Preis ein schönes und schnelles Notebook.

a Antworten Sie dem Kunden in Situation 1 und in Situation 2 jeweils in wörtlicher Rede. Verwenden Sie die Technik der Einwandbehandlung.

b Einwände von Kunden gehören zum Tagesgeschäft eines Verkaufsmitarbeiters. Beurteilen Sie, ob Kundeneinwände, die sofort mit einem Smartphone belegt werden können, schwieriger zu handhaben sind.

7

Wenn Linus zu seinem Baumarkt geht, aktiviert er zunächst die App des Baumarkts auf seinem Smartphone. Sobald er das Geschäft betritt, kommt schon das erste Signal: Ein Super-Super-Angebot steht nun auf seinem Smartphone, abgeschickt von einem Beacon im Eingangsbereich.

So geht es weiter: In jeder Abteilung werden ihm weitere Angebote unterbreitet: Holzabteilung, Sanitär, Werkzeuge, Farben, Elektro.

Um ein besonders günstiges Angebot in Augenschein zu nehmen (einen Grillautomaten), muss er bis in die letzte Ecke der Freiland-Gartenabteilung gehen.

a Versetzen Sie sich in die Situation von Linus und begründen Sie, wie Sie mit den Beacon-Signalen umgehen würden.

Am Computer kann der Weg von Linus durch den Baumarkt nachvollzogen werden, wenn er die App aktiviert hat. Die Beacons im Baumarkt schicken nicht nur Signale an Smartphones und Tablets, sondern erlauben auch eine Standortbestimmung des Gerätenutzers.

b Begründen Sie, welche Vorteile sich aus dieser Funktion der Beacons für ein Einzelhandelsgeschäft ergeben.

8

In einer Fachzeitschrift ist folgende Aussage zu finden:

„Cross-Channel kann in einem Einzelhandelsunternehmen nur erfolgreich sein, wenn es von motivierten und engagierten Mitarbeitern im Verkauf umgesetzt wird."

a Erläutern Sie den Begriff „Cross-Channel".

b Begründen Sie, welche Voraussetzungen nach Ihrer Meinung gegeben sein müssen, damit Mitarbeiter in einem Einzelhandelsgeschäft (z. B. in Ihrem Ausbildungsbetrieb) die geforderte Motivation und das Engagement auch zeigen.

9

Frau Zorlu, langjährige Mitarbeiterin im Möbelmarkt Levers, und Ecrin, Auszubildende im 2. Ausbildungsjahr, unterhalten sich:

Frau Zorlu: „Wenn ich mir anschaue, wie viele unserer Kunden in unserem Onlineshop einkaufen, dann wird mit Angst und Bange um meinen Arbeitsplatz."

Ecrin: *„Ich mache mir da keine Sorgen. Schließlich kommen doch viele unserer Onlinekäufer trotzdem zu uns ins Geschäft. Niemals werden Kunden auf die tolle Einkaufsatmosphäre verzichten, die wir ihnen hier bieten. Und auch nicht auf unsere kompetente Beratung."*

Beurteilen Sie die beiden Aussagen unter dem Gesichtspunkt, ob das Internet die Arbeitsplätze im Einzelhandel bedroht.

10

Der Elektronik-Fachmarkt E-MAX ist deutschlandweit mit zahlreichen Filialen am Markt vertreten. Außerdem betreibt das Unternehmen einen Onlineshop. Nun plant die Geschäftsführung, alle Verkaufsmitarbeiter mit Tablet-PCs auszustatten. Die Geräte sollen den Verkaufsmitarbeitern folgende Leistungen zur Verfügung stellen:

- Verfügbarkeit von Produkten in allen Filialen und im Shop feststellen
- Kundenbestellungen aufnehmen und nachverfolgen
- Preis- und Rabattprüfungen vornehmen
- Regalwiederauffüllungen veranlassen
- Click & Collect- sowie Click & Reserve-Verkäufe abwickeln
- auf Produktinformationen zum Gesamtsortiment zugreifen
- Verkäufe aus dem Onlineshop veranlassen

Ziel ist es, jedem Kunden allseits informierte, kompetente und handlungsfähige Ansprechpartner gegenüberzustellen.

In Schulungsvideos wurden die Mitarbeiterinnen und Mitarbeiter auf das neue Projekt vorbereitet. Da der Erfolg wesentlich von der Akzeptanz und der aktiven Unterstützung der Mitarbeiter abhängt, soll zunächst noch ein Fragebogen durch jeden Mitarbeiter ausgefüllt werden.

Fragebogen

Aussagen	Dieser Aussage stimme ich zu			
	voll	weitgehend	eher nicht	gar nicht
1. Jungen Kunden gefällt das, weil es zeitgemäß ist.				
2. Ältere Kunden werden eine Beratung mit Tablet-PC nicht wollen.				
3. Kunden informieren sich häufig vorher in unserem Onlineshop. Mit dem Tablet können wir gemeinsam online nachschauen und kommen besser ins Gespräch.				
4. Kunden informieren sich in unserem Shop und kommen dann zu uns, um mit Verkäufern zu sprechen, nicht mit einem Tablet.				
5. Ich befürchte, dass die Technik häufig ausfällt.				
6. Mir fehlen die Kenntnisse über den Umgang mit einen Tablet-PC.				
7. Über digitale Technologien können wir den Kunden weitere Dienstleistungen und Produktinformationen liefern.				
8. Durch das Tablet steht für den Kunden mehr Auswahl zur Verfügung.				
9. Für die Kunden entsteht ein besseres Einkaufserlebnis.				
10. Unser Unternehmen erhält ein modernes Image.				
11. Ein Tablet unterstützt mich in der Kundenberatung und entlastet mich.				
12. Ich erwarte mehr Arbeit und viele schwierige Problemsituationen.				

a **Füllen Sie den Fragebogen aus, indem Sie die Aussagen bewerten (X).**

b **Betrachten Sie Ihre Bewertung als Ganzes: Sind Sie ein Unterstützer des Projekts oder lehnen Sie es eher ab?**

11

Der Elektronikmarkt MEGA-Store will eine Filiale einrichten, die ohne Kasse auskommt. Das Unternehmen möchte sich damit an Kunden wenden, die für technische Neuerungen aufgeschlossen sind und viele Lebensbereiche mit ihrem Smartphone steuern, dabei aber auch Produkte beim Einkauf gerne persönlich erleben wollen (Generation Z). Das Sortiment besteht aus aktuell begehrten Trend- und Impulsartikeln wie Bluetooth-Speaker, Kopfhörer und Zubehör aus den Bereichen Unterhaltungselektronik, Computer und Haushalt. Die technische Ausstattung der Filiale soll den Kunden bequemes und zeitsparendes Einkaufen ermöglichen.

So sieht der Ablauf des Einkaufsprozesses in der kassenlosen Filiale aus:

- Beim ersten Einkauf muss sich der Kunde über den freien WLAN-Zugang der Filiale die MEGA-Store-App auf sein Smartphone laden.
- Er registriert sich mit seinen persönlichen Daten (Name, E-Mail-Adresse, Passwort).
- Nun kann der Kunde Waren aus der Filiale auswählen.
- Hat er ein Produkt gefunden, scannt er das RFID-Etikett des Artikels mit seinem Smartphone ein.
- Zahlungen sind über das Smartphone mit Kreditkarte oder PayPal möglich.
- Nach dem Bezahlvorgang wird die durch das RFID-Etikett erzeugte Diebstahlsicherung deaktiviert.
- Der Kunde kann das Geschäft ohne lästige Wartezeiten an der Kasse verlassen (Self-Checkout).
- Sollte ein Produkt vergriffen sein, kann der Kunde es in der Filiale über den Onlineshop des MEGA-Stores kaufen und sich nach Hause schicken lassen.

In der Filiale steht Beratungspersonal zur Verfügung. Es soll sich stärker als bisher üblich auf die Beratung der Kunden konzentrieren. Auch eine Sicherheitskraft ist ständig anwesend.

Generation Z siehe Seite 263

RFID siehe Seite 72

a Erläutern Sie - neben den im Einstiegstext beschriebenen Gewohnheiten - zwei weitere Merkmale von Kunden aus der Generation Z.

b Beschreiben Sie, was das Einscannen des RFID-Etiketts durch den Kunden bewirkt.

c Begründen Sie, ob in der Filiale ausreichender Schutz vor Diebstählen besteht.

d Die Filiale bietet an, im Onlineshop des Geschäftes einzukaufen, wenn ein Produkt nicht vorrätig ist. Man spricht dann auch von einem „verlängerten Regal". Erläutern Sie, warum diese Bezeichnung korrekt ist.

e Erläutern Sie, wie man mit Kunden in der Filiale umgehen könnte, die kein Smartphone (dabei) haben.

f Begründen Sie, ob Sie selbst in dieser Filiale einkaufen würden.

12

Ein Kunde betritt den Elektronik-Fachmarkt E-Max und geht zielgerichtet auf die Auszubildende Vera zu, die gerade Waren nachräumt.

Kunde: *„Guten Morgen, ich habe mir in Ihrem Onlineshop diesen Bürokopierer angesehen." Der Kunde holt eine Fotokopie aus seiner Tasche und zeigt sie Vera.*

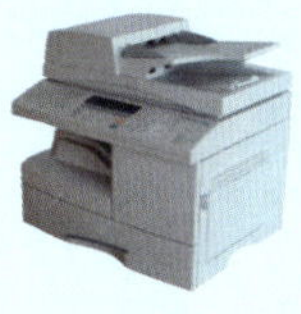

Bürokopierer
Multifunktion
Artikelnummer: 44050102

Beidseitige Druck-, Kopier-, Scan- und Fax-Funktion
Schnelle 1. Kopie: 10/12 Sekunden in Schwarz-Weiß/Farbe
Bis zu 1 200 dpi Druckauflösung
Bis zu 25 Seiten A4 pro Minute in Farbe und Schwarz-Weiß
Mit Originaleinzug für 40 Seiten
Klimaneutraler Toner

619,45 €
Einschließlich USt.

Mit dem Multifunktionssystem können Sie drucken, kopieren, scannen und faxen mit einer Druckauflösung von 1200 dpi. Im Modus leiser Druck ist das Gerät besonders geräuscharm. Es druckt und kopiert bis zu 26 Seiten pro Minute einwandfrei und

Lieferzeit: 3 Tage

1 = 691,45 €

In den Warenkorb

Vera: „Guten Morgen, einen Augenblick bitte (Vera holt ihren Tablet-Computer aus einer Seitentasche, ruft im Onlineshop den Kopierer auf und zeigt dem Kunden das Display). Das ist unser Bürokopierer zum Drucken, Kopieren, Scannen und Faxen."

Kunde: *„Ja, richtig, den habe ich mir genau angesehen. Ich habe aber noch eine Frage. Ich muss regelmäßig Dokumente einscannen und ich lese, dass das Gerät einen Einzelblatteinzug für 40 Seiten hat. Bei meinem alten Gerät hat das aber nie richtig funktioniert."*

Vera: „Die 40 Seiten sind ein Maximalwert. Wir empfehlen, höchstens 20 Seiten einzulegen. Aktuelle Texterkennungssoftware ist gewöhnlich in der Lage, ein Dokument päckchenweise hintereinander einzuscannen, sodass Sie am Ende das gesamte Dokument bearbeiten können."

Kunde: *„Das klingt gut."*

Vera: „Wir können uns das gerne am Originalprodukt anschauen."

Kunde: *„Gute Idee."*

Vera und der Kunde begeben sich zu den Bürokopierern. Dort erläutert sie den Einzelblatteinzug genauer und beantwortet weitere Fragen des Kunden.

Kunde: *„Das Gerät gefällt mir. Kann ich es direkt mitnehmen? Ich bin mit meinem Kombi da."*

Vera: „Ich schaue eben nach (Vera gibt einige Daten in ihr Tablet ein.) Ja, es sind noch drei Geräte im Lager. Unser Lagermitarbeiter kann Ihnen ein original verpacktes Gerät zu Ihrem Auto bringen. "

Kunde: *„Sehr schön."*

Vera: „Ich begleite Sie dann zur Kasse und veranlasse die Auslieferung."

usw.

a Vergleichen Sie die obenstehende Verkaufssituation mit der Einstiegssituation auf Seite 307. Erläutern Sie, wodurch sich die Situationen unterscheiden.

b Vera hat den Bürokopierer zunächst im Onlineshop aufgerufen. Sie hätte den Kunden auch gleich zum Originalprodukt führen können. Beurteilen Sie diese beiden Vorgehensweisen.

c Vera hätte das Verkaufsgespräch allein mithilfe des Tablet-Computers führen können. Begründen Sie, ob das ein erfolgversprechendes Verhalten gewesen wäre.

13

Verkaufsschulung im City-Warenhaus Bauer

Frau Bauer: „So, nun haben wir alle Themen der Verkaufsschulung durchgearbeitet. Jetzt ist die Prüfungsvorbereitung an der Reihe."

Sabrina: *„Darauf warte ich schon lange. Ich habe nämlich fast alles vergessen."*

Timm: „Vor allem die Warenkunde muss wiederholt werden. Für mich ist sie in der Abschlussprüfung ganz wichtig, ich habe den Schwerpunkt ‚Beratung und Verkauf' gewählt."

Frau Bauer: *„Genau darum werden wir uns nun kümmern. Ich habe für Sie einen Warenbeschreibungsbogen mitgebracht, mit dessen Hilfe Sie Ihr Warenwissen auffrischen können."*

(Frau Bauer zeigt das Muster des Warenbeschreibungsbogens)

Produkt	Produktmerkmale	Produkteigenschaften
Blazer	**Material:** 64 % Polyester, 33 % Viskose, 3 % Elastan	* pflegeleicht * knitterarm * leicht
	Herstellung:	* erstklassige Verarbeitung
	Optik: **Farbe:** business-grau	* Farbe wirkt sehr edel; durch Kombination mit bunten Farben lassen sich Farbakzente setzen
	Form:	* schmal, tailliert, leichte Schulterbetonung * schmale eingesetzte Ärmel, Reverskragen * 2-Knopf-Verschluss * 2 Taschen * klassische Blazer-Form * feminine Silhouette aufgrund der Taillierung
	Oberfläche:	* dezentes Fischgrätenmuster
	Bedienung:	* bei 40° im Normalwaschgang waschen, aber separat * bügeln bei mittlerer Einstellung * feucht aufhängen, um das Bügeln zu erleichtern * chemische Reinigung möglich
	Maße/Größe: Größe 36	* optimale Kombilänge von ca. 68 cm
		* Armaußenlänge ca. 62 cm
		* jugendliche Größe, zierlich, feminin
	Zeichen: Markenzeichen SARA	* garantiert beste Qualität und urbane Modelinie
	Herkunft:	* Hersteller „SARA", deutscher Hersteller, verarbeitet vorzugsweise hochwertige Materialien für Frauen mit modernem, städtischem Lebensgefühl

„In der Mitte finden Sie die bekannten Produktmerkmale, zu denen Sie die Produkteigenschaften zusammenstellen sollen. Es gibt auch noch Basis-Informationen wie den Preis, die grundlegend für das Verkaufsgespräch sind, aber es gibt noch mehr!"

Siehe vollständigen Warenbeschreibungsbogen auf der nächsten Seite

Simone: „Man könnte zunächst einmal überlegen, zu welcher Warengruppe es gehört."

Frau Bauer: *„Richtig. Sie ergänzen den Bogen daher zunächst in der linken Spalte mit diesen grundlegenden Informationen.*

Am Ende des Bogens gibt es noch Zeilen für ‚Zusätzliche verkaufswirksame Informationen'. Dazu fällt Ihnen doch bestimmt sofort ein, worauf wir hier immer Wert legen."

Andrea: „Sie meinen bestimmt Ergänzungsangebote, damit der Umsatz stimmt."

Frau Bauer: *„Genau! Und wenn das betrachtete Produkt ausnahmsweise nicht vorrätig sein sollte, dann wissen wir natürlich …"*

Timm: „… was wir dem Kunden als Ersatz anbieten können, aber ‚Ersatz' klingt negativ, so dürfen wir das nicht nennen. Ich weiß den Fachbegriff nicht mehr."

Frau Bauer: *„Nachschauen und wiederholen! Wenn die linke Spalte des Bogens ergänzt wurde, können Sie den Warenbeschreibungsbogen ausfüllen. Anschließend verwenden wir ihn als Grundlage eines Verkaufsgesprächs. Und das machen wir einige Male, bis es sitzt!"*

Simone: „Bis zur Prüfung?"

Frau Bauer: *„Natürlich. Also, an die Arbeit!"*

Erstellen Sie einen Warenbeschreibungsbogen als Grundlage für ein Verkaufsgespräch.

a **Bestimmen Sie ein beratungsintensives Produkt aus Ihrem Sortiment und füllen Sie das unten stehende Formular aus.**

b **Entwickeln Sie eine Verkaufssituation (Kunde, Ansprüche, Verwendungszweck) und beraten Sie den Kunden mithilfe der Informationen aus dem Warenbeschreibungsbogen.**

Warenbeschreibungsbogen (Muster)

Produkt	
Basisinformationen	
Preis	
Produktmerkmale	Produkteigenschaften
Material	
Herstellung	
Optik Farbe	
Form	
Oberftsche	
Bedienung	
Zeichen	
Maße/Größen	
Herkunft	
zusätzliche verkaufsbedeutsame Informationen	
Ergänzungsangebote	

14

Fortsetzung der Verkaufsschulung kurz vor der Abschlussprüfung Verkäuferin/Verkäufer.

Frau Bauer: „Wir nutzen nun den Warenbeschreibungsbogen, um eine Prüfungssituation nachzustellen. Sabrina und Timm bilden mit mir zusammen den Prüfungsausschuss und Andrea ist der Prüfling."

Timm: *„Ich werde dich mit Fragen quälen!"*

Frau Bauer: „Das machen wir besser so, wie ich das als Mitglied eines Prüfungsausschusses für Schuhe und Lederwaren jedes Jahr erlebe: fair, freundlich und sogar ein bisschen fröhlich.

So könnte eine Aufgabenstellung in der Abschlussprüfung Verkäuferin/Verkäufer aussehen."

Situation:
Eine Kundin sucht Schuhe für einen Sommerurlaub, in dem sie sehr viel spazieren gehen und Fahrrad fahren möchte.

a) Wählen Sie ein Paar Schuhe aus, die Sie der Kundin für den Verwendungszweck anbieten können. Machen Sie der Kundin durch Ihre Argumentation deutlich, dass die Schuhe für den Urlaub in besonderer Weise geeignet sind.
b) Die Kundin behauptet, sie bekomme im Schuhfachgeschäft XYZ immer einen Rabatt von 10 %. Entwickeln Sie Vorschläge, wie Sie auf diese Forderung reagieren könnten.
c) Die Kundin kann sich nicht entscheiden und ist unsicher. Es wird aber deutlich, dass die Kundin gerne mit einem neuen Paar Schuhe nach Hause gehen möchte.
   ca) Geben Sie an, woran Sie erkennen, dass die Kundin bereit ist, einen Kauf zu tätigen.
   cb) Beraten Sie die Kundin so, dass sie sich entscheidet und ein Paar Schuhe kauft.
d) Stellen Sie für die Kundin geeignete Ergänzungsartikel zusammen. Machen Sie auch deutlich, zu welchem Zeitpunkt Sie diese Artikel unterbreiten.
e) Während Sie die Kundin noch abschließend beraten, kommt eine zweite Kundin hinzu und spricht Sie an, ob Sie Ihr behilflich sein können. Wie reagieren Sie?

Simulieren Sie eine mündliche Prüfung.

- a **Verwenden Sie die oben stehende prüfungsnahe Aufgabenstellung als Grundlage und stellen Sie den Text so um, dass er auf Ihr Ausbildungssortiment zutrifft.**
- b **Wählen Sie ein geeignetes Produkt für eine Aufgabenstellung aus.**
- c **Erstellen Sie zur Vorbereitung der Prüfungssimulation einen Warenbeschreibungsbogen.**
- d **Führen Sie die Simulation durch.**

Ablauf:
Der „Prüfling“ erhält die Aufgabenstellung ausgehändigt. Er hat 15 Minuten Zeit, sich mit dieser Aufgabe zu beschäftigen und die Lösungen zu überlegen (er darf sich auch Notizen machen).
Anschließend erhält er Gelegenheit, die Fragen zusammenhängend zu beantworten. Erst danach wird die Prüfung mit Fragen zur Ausgangssituation und zu den Antworten des „Prüflings“ fortgesetzt.

15

Simulieren Sie weitere mündliche Prüfungen.

Beispiele für prüfungsnahe Aufgabenstellungen
Situation 1:
Sie arbeiten in einem Textilfachgeschäft. Eine Kundin von ungefähr 18 Jahren steht ratlos an einem Ständer mit eleganten Blusen.

- a Sie sprechen die Kundin an. Machen Sie deutlich, wie Sie die Kundin durch eine offene Frage veranlassen, ihre Einkaufswünsche zu nennen.
- b Die Kundin wünscht eine elegante Bluse für eine Schulabschlussfeier. Wählen Sie für die Kundin ein geeignetes Produkt aus. Erläutern Sie der Kundin die Vorteile des Produktes.
- c Die Kundin fragt nach dem Preis (99,90 €). Formulieren Sie eine verkaufsaktive Preisnennung.
- d Die Kundin findet den Preis zu hoch. Formulieren Sie eine Antwort in wörtlicher Rede.
- e Schlagen Sie der Kundin zwei Produkte vor, die ihr als Ergänzungsangebote gefallen könnten. Formulieren Sie die Vorschläge in wörtlicher Rede.

Situation 2:
Eine Kundin möchte eine Grillparty veranstalten. Konkrete Vorstellungen hat sie noch nicht.

- a Machen Sie deutlich, wie Sie die Ansprüche der Kundin ermitteln.
- b Wählen Sie beispielhaft drei Artikel aus und erläutern Sie der Kundin die Vorzüge der Produkte sowie die besondere Eignung für eine Grillparty.
- c Erläutern Sie, wie Sie die Kundin auf die vielen Dinge aufmerksam machen, die man für eine erfolgreiche Grillparty benötigt. Nutzen Sie die Chance zum Mehrverkauf.
- d Die Kundin bezweifelt, ob die von Ihnen vorgeschlagene Menge bei einem Produkt ausreicht. Reagieren Sie auf diesen Kundeneinwand angemessen.

Abschlussaufgabe 2 in Lernfeld 10

Situation
Sie sind als Auszubildende/Auszubildender in der Elektroabteilung des Warenhauses Merkur tätig.

1

Im Verlauf eines Verkaufsgespräches über einen Toaster macht die Kundin folgende Einwände:
1. „Das Gerät ist aber etwas umständlich zu bedienen."
2. „59,90 €! Der Toaster ist aber sehr teuer!"
3. „Ich bin von Ihrem Kollegen in der Lederwarenabteilung vorhin sehr unfreundlich behandelt worden."

a Stellen Sie fest, wogegen sich die Einwände der Kundin richten.
b Antworten Sie auf den Einwand der Kundin „Der Toaster ist aber sehr teuer" in verkaufsaktiver Weise. Folgende Produktinformationen stehen Ihnen zur Verfügung:
entfernbarer Krümelbehälter, automatische Abstellung, Aufwärm- und Auftaufunktionstasten, automatisches Herausspringen, Anzeigelicht, bietet für zwei Toastscheiben Platz, Bewertung durch die Stiftung Warentest mit der Note 2,1

2

Auf dem Preisschild eines hochwertigen Fernsehgerätes befinden sich nebenstehende Informationen

LCD-Fernseher 37LF65
1 399,00 €
Zahlung
Barzahlung: 3 % Rabatt
Ratenzahlung:
– 199,00 € Anzahlung
– 12 Monatsraten zu je 105,00 €

a Vergleichen Sie die Kosten für den Kunden bei Barzahlung und bei Ratenzahlung.
b Nennen Sie
ba einen Vorteil für den Einzelhändler, wenn er Ratenzahlung gewährt,
bb ein Risiko, das der Einzelhändler damit eingeht,
bc einen Vorteil für den Kunden, der die Ratenzahlung in Anspruch nimmt.

3

In einem Verkaufsgespräch über den LCD-Fernseher 37LF65 (siehe Aufgabe 2):

Kunde: *„Sie haben den Fernseher ja in Ihrem Prospekt vorgestellt. Daraufhin habe ich einmal im Internet nachgesehen. Das Gerät bekommt man bei verschiedenen Anbietern für 1 299,00 €. Eigentlich wäre ich doch dumm, würde ich den Fernseher hier in diesem Warenhaus kaufen."*

Erläutern Sie
a drei Nachteile/Risiken, die sich für den Kunden einstellen können, wenn er den Fernseher im Internet bestellt,
b drei Vorteile, die das Warenhaus im Vergleich zum Internetkauf für den Kunden bietet.

4

Kunde: *„Gut, es ist vernünftig, das Fernsehgerät beim örtlichen Einzelhändler zu kaufen. Aber Sie verlangen 1 399,00 € minus 3 % Rabatt, über das Internet bekomme ich das Gerät für 1 299,00 €. Sie müssen mir im Preis weiter entgegenkommen. Schließlich weiß ich, dass der Handel mindestens 100 % auf den Einkaufspreis aufschlägt. Sie haben also noch Preisspielraum."*

Antworten Sie dem Kunden in wörtlicher Rede freundlich, aber selbstbewusst. Versuchen Sie möglichst, den Auszeichnungspreis (abzüglich Rabatt) zu halten.

5

Die Kundin, die gestern den Toaster und einen Eierkocher gekauft hat, kommt heute zu Ihnen und möchte beide Geräte zurückgeben. Nach ihrer Aussage rastet der Toaster nicht ein, sodass das Toastbrot immer wieder herausspringt. Ein kurzer Funktionstest zeigt, dass das Gerät tatsächlich defekt ist. Der Eierkocher gefällt ihr nicht mehr, weil sie in einem anderen Geschäft ein formschöneres Modell entdeckt hat. Sie verlangt die Rückzahlung des gesamten Kaufbetrages in Höhe von 89,00 €.

a Die Kundin äußert sich mit deutlicher Lautstärke, sodass andere Kunden bereits herüberschauen. Erläutern Sie drei Verhaltensweisen, mit denen Sie die Situation entschärfen können, damit sich die Kundin beruhigt und Aufsehen im Geschäft vermieden wird.
b Stellen Sie die Rechtslage in Bezug auf den Toaster und den Eierkocher dar, indem Sie begründet darlegen, ob Sie auf die Forderungen der Kundin eingehen müssen.
c Bei einer berechtigten Kundenreklamation hat der Kunde zunächst das Recht auf Nacherfüllung. Erläutern Sie dieses Recht näher, indem Sie auf die beiden Möglichkeiten eingehen, die sich dem Kunden aus diesem Recht ergeben.
d Unterscheiden Sie Umtausch und Reklamation (Gewährleistung).
e Begründen Sie, wie Sie auf die Wünsche der Kundin eingehen wollen, wenn im Warenhaus Merkur der Grundsatz gilt, dass Kundenbeschwerden großzügig behandelt werden sollen. Äußern Sie sich auch zum Wunsch der Kundin nach Auszahlung des Kaufbetrages.

6

Wenn Einzelhandelsgeschäfte sich bei Reklamationen und Umtauschwünschen von Kunden großzügig verhalten, versprechen sie sich davon langfristige Vorteile.

Erläutern Sie zwei Vorteile, die dem Einzelhändler entstehen, wenn er sich bei Reklamationen und Umtauschwünschen gegenüber Kunden entgegenkommend zeigt.

7

Erläutern Sie, wie Sie durch Ihre Verhaltensweisen im Verkaufsgespräch spätere Reklamationen und Umtauschwünsche von Kunden verringern können.

8

Sie beobachten, wie ein Jugendlicher eine DVD in seine Manteltasche gesteckt hat. Sie beobachten ihn weiter, nähern sich ihm unauffällig und stellen fest, dass er die DVD an der Abteilungskasse nicht bezahlt.

a Beschreiben Sie, wie Sie den Ladendieb ansprechen, nachdem er die Abteilungskasse verlassen hat.
b Nennen Sie je eine Maßnahme zur Vermeidung von Ladendiebstählen
  ba bei der Verkaufsraumgestaltung,
  bb in der Warenpräsentation,
  bc durch das Verhalten von Kundenberatern.

9

Das Warenhaus Merkur verfügt auch über einen Onlineshop. Er wird von den Kunden immer stärker für Einkäufe verwendet. Dabei nutzen die Kunden auch die Möglichkeit von Click & Collect.

Mario, Auszubildender im 2. Ausbildungsjahr, hat in einer Verkaufsschulung untenstehende Notizen zum Umgang mit Kunden bei Click & Collect gemacht.

a Entwerfen Sie mit Hilfe der Notizen einen zusammenhängenden Text über den Umgang mit Kunden, die online bestellte Ware im Geschäft abholen.
b Erläutern Sie den wesentlichen Unterschied von Click & Collect zu Click & Reserve.

Click & Collect
* persönliche Beratung
* offene Fragen
* Einkaufserlebnis (Verwendungszusammenhang, wesentliche Vorteile)
* Ergänzungsangebot
* weitere Onlinekäufe

Warenwirtschaftssystem 2: Beschaffung

1 Lieferer- und Artikelstammdaten beim Wareneingang erfassen

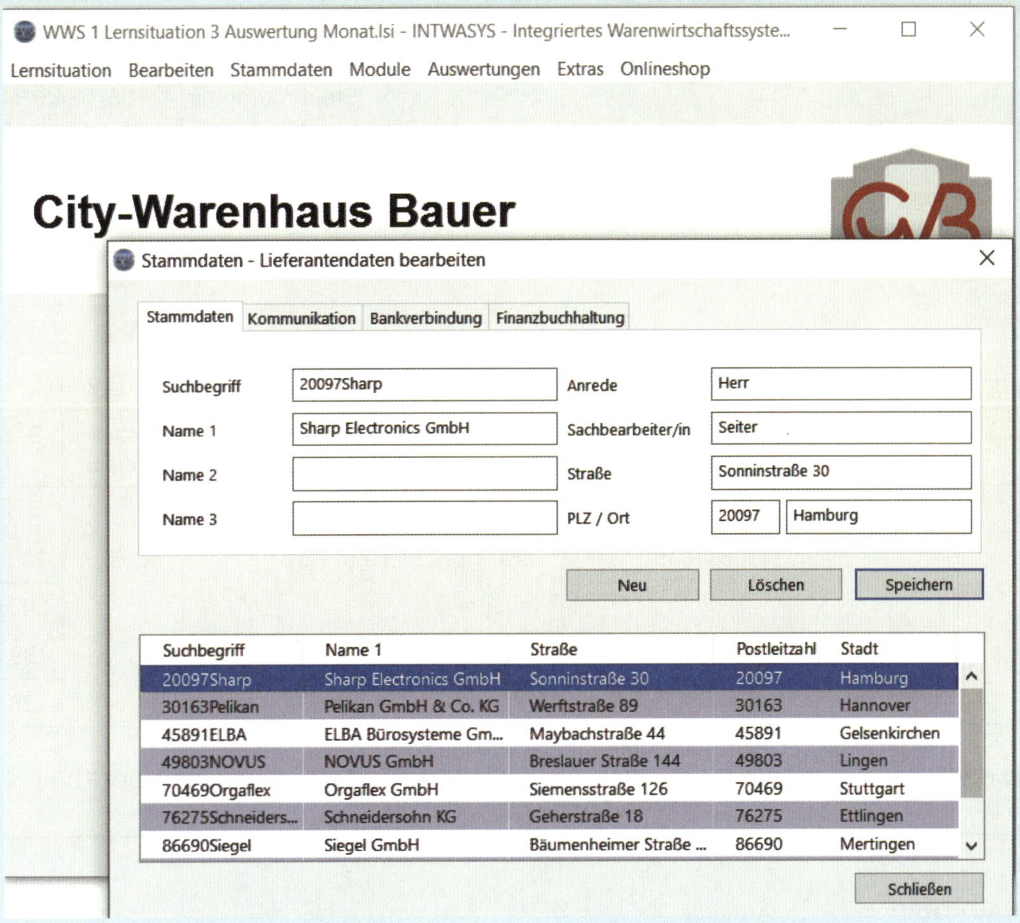

Im City-Warenhaus Bauer werden alle Verkäufe an den Kassen artikelgenau erfasst. Da auch die Wareneingänge für jedes Produkt festgehalten werden, gibt das Warenwirtschaftssystem jederzeit Auskunft, z. B. über die Verkäufe des Tages oder über den aktuellen Warenbestand.

Heute trifft in der Warenannahme eine Sendung mit Speicherkarten für die Abteilung Schreibwaren/Büro ein. Nach der äußerlichen und inhaltlichen Prüfung der Ware wird die beigefügte Rechnung zur Verwaltung weitergereicht. Beim Vergleich der Rechnung mit der Bestellung werden keine Abweichungen festgestellt. Somit können die Produkte in das Warenwirtschaftssystem des City-Warenhauses Bauer übernommen werden.

Rechnung siehe nächste Seite.

Da die Waren von einem neuen Lieferanten bezogen worden sind, müssen zunächst die Stammdaten des Lieferers und des Artikels erfasst werden. Gleichzeitig ist der Artikel in die Sortimentsstruktur einzubinden und anschließend ist der Warenzugang im System aufzunehmen. Das Programm liefert für diese Arbeiten vorgefertigte Masken, in die die richtigen Angaben einzutragen sind.

Eingangsrechnung

Sundisk

SUNDISK GmbH

Bochumer Straße 145
04357 Leipzig

Telefon 0341 45788
Fax 0341 45770
E-Mail: info@sundisk.de
Internet: www.sundisk.de

SUNDISK GmbH, Bochumer Straße 145, 04357 Leipzig

City-Warenhaus Bauer
Oberstraße 17
40878 Ratingen

Steuernummer 766/0843/3441
USt-ID DE 543 721 965

Datum

Rechnung Nr. 00-75-455 03.04.20(0)

Position	Zahl	Bestellnummer EAN/GTIN	Bezeichnung	Einzelpreis €	Gesamt €
01	20	1487-09			
		4953438339845	Flash-Speicherkarte 1 GB	10,00	200,00
			Nettopreis		200,00
			+ 19 % Umsatzsteuer		38,00
			Bruttopreis		238,00

Lieferung frei Haus, Rechnung zahlbar innerhalb von 30 Tagen netto Kasse.
Bankverbindung: Volksbank Leipzig, IBAN: DE05 8609 5604 0024 4568 02, BIC: GENODEF1LVB
Konto: 244 568 02, BLZ 860 956 04

ARBEITSAUFTRAG

Tragen Sie die Lieferer- und Artikelstammdaten in die Eingabemasken des Warenwirtschaftssystems INTWASYS ein und erfassen Sie den Wareneingang der 20 Flash-Speicherkarten.
Berücksichtigen Sie neben den nachfolgenden Vorschlägen zum Vorgehen auch die darunter stehenden Zusatzinformationen zu den einzelnen Arbeitsschritten.

VORSCHLÄGE ZUM VORGEHEN

1. Starten Sie INTWASYS und öffnen Sie die Datei **WWS 2 Lernsituation 1 Wareneingang.lsi**
2. Gehen Sie zum Menüpunkt „STAMMDATEN" und klicken Sie auf „LIEFERANTEN".
3. Legen Sie die Stammdaten des Lieferanten Sundisk an (Button „Neu").
4. Ordnen Sie die Flash-Speicherkarten in das vorhandene Sortiment ein, indem Sie unter „SORTIMENTS-STRUKTUR" (Stammdaten) die ersten 6 Ziffern der Artikelnummer festlegen.
5. Erfassen Sie die Stammdaten des Artikels (Menü: STAMMDATEN – ARTIKELDATEN BEARBEITEN).
6. Buchen Sie den Warenzugang (Menü: MODULE – LAGERBEWEGUNGEN).

Die nachfolgenden Zusatzinformationen stellen die zu erledigenden Arbeitsschritte 2 bis 6 noch einmal detailliert dar.

Zusatzinformationen und Arbeitsschritte im Detail

Stammdaten Lieferanten	
Suchbegriff:	Postleitzahl + Firma (ohne Leerzeichen)
Steuernummer:	Nummer, unter der das Unternehmen beim Finanzamt geführt wird
Liefererkonto:	Kontonummer des Lieferanten in der Buchführung des City-Warenhauses: 4410
Sortimentsstruktur	
Festlegung der ersten 6 Ziffern der Artikelnummer	Da es sich um einen neuen Artikel handelt, sind zunächst im Menü „Sortimentsstruktur" die ersten vier Ziffern auszuwählen: - Bereich (**44**, Schreibwaren/ Büro) = Ziffer eins und zwei (siehe rechts) - Warengruppe (**06**, EDV-Zubehör) = Ziffer drei und vier (siehe Abbildung rechts) 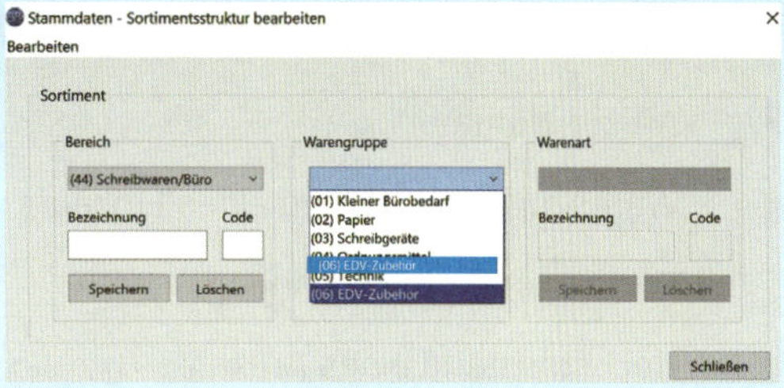 Nun ist die Warenart zu bestimmen. Es handelt sich um die neue Warenart „Speichermedien". Da die letzte Warenart die Nr. 02 hatte (Druckertinten), folgt nun: - Warenart **03** (Speichermedien) = Ziffern fünf und sechs Arbeitsschritte: Unter „Bezeichnung" Speichermedien eintragen, Code 03, Eingaben speichern (Button „Speichern"). Damit ist die neue Warenart „Speichermedien" im Warenwirtschaftssystem hinterlegt. Die ersten sechs Ziffern der Warenart lauten: **440603** In den Artikelstammdaten werden nun die fehlenden Ziffern für den Artikel festgelegt.
Stammdaten Artikel	
Warenbereich, Warengruppe, Warenart auswählen	Es ist ein neuer Artikel anzulegen (Button „Neu"). Nun können der Warenbereich (44), die Warengruppe (06) und die Warenart (03) in den Auswahlmenüs (in der Maske oben rechts) ausgewählt werden. Unter „Art.-Nr." (in der Maske oben links) erscheinen die ersten sechs Ziffern.
Artikelnummer:	Die sechs Ziffern sind grau unterlegt, d. h., sie können an dieser Stelle nicht verändert werden (nur unter „Sortimentsstruktur"). Es fehlen die letzten beiden Ziffern für die achtstellige Artikelnummer. Da die Flash-Speicherkarte 1 GB der erste Artikel in der Warenart ist, erhält er die Nummern „01". Die Ziffern können im Feld Art.-Nr. als siebte und achte Ziffer ergänzt werden.
Bezeichnung 1 und 2:	Kennzeichnen des Produkts; Bezeichnung 1 steht beim Verkauf auf dem Kassenbon
Einheit:	Stück/Liter/Meter
Mindestbestand:	4
Höchstbestand:	20
Meldebestand:	11
Lieferzeit:	7 Tage
Lagerplatz:	Keine Angabe
Kalkulation	Bezugskalkulation: Der Netto-Bezugspreis kann der Rechnung entnommen werden. Das Warenwirtschaftssystem errechnet den Bezugspreis automatisch. Verkaufskalkulation: Handlungskostenzuschlag und Gewinnzuschlag werden vom System vorgegeben. Der Umsatzsteuersatz (19 %) ist zu ergänzen. Der Bruttoverkaufspreis wird automatisch errechnet. Der Preis ist auf 18,45 € anzupassen (alle Artikelpreise enden auf 45 oder 95 Cent).
Speichern	Der Stammdatensatz für den Artikel 44060301 kann nun gespeichert werden.
Lagerbewegung	
Zugang:	Daten siehe Rechnung
	Die Artikelnummer wurde bereits festgelegt
Dateneingabe:	Im Programm genügt es, die Artikel- oder EAN-GTIN-Nummer einzugeben (oder auszuwählen [?]). Das Programm ergänzt dann die grau unterlegten Felder automatisch.

AUFGABEN

1

Die Daten in einem Warenwirtschaftssystem werden nach Stamm- und Bewegungsdaten unterschieden.

Stellen Sie fest, ob es sich bei folgenden Daten um Stamm- oder Bewegungsdaten handelt:

1 Barverkäufe eines Tages
2 Lieferanten-Adresse
3 Artikel-Nummer
4 Warenzugang aufgrund eines Einkaufs
5 Warengruppenbezeichnung
6 Höchstbestand eines Artikels

2

Die Artikelnummer in einem Warenwirtschaftssystem gibt die Sortimentsstruktur wieder.

a **Begründen Sie, warum in der nachfolgenden Maske die ersten 6 Ziffern der Artikelnummer (Art.-Nr.) grau unterlegt sind.**
b **Nennen Sie die Ebene im Sortiment, der die letzten beiden Ziffern (01, weißer Hintergrund) zuzuordnen sind.**
c **Erläutern Sie den Aufbau der Artikelnummer durch jeweils vier Zahlenpaare.**

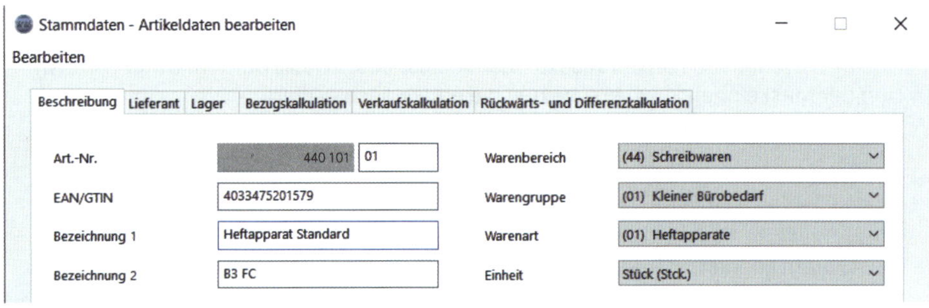

3

Bei der Neuanlage eines Artikels kann für den Lieferanten ein Kürzel aus einem Drop-down-Menü ausgewählt werden.

a **Nennen Sie die beiden Bestandteile, aus denen sich die Kennzeichnung des Lieferanten (04357Sundisk, Feld „Lieferant“) zusammensetzt.**
b **Geben Sie an, an welcher Stelle im Warenwirtschaftssystem die Kürzel für die Lieferanten festgelegt werden.**

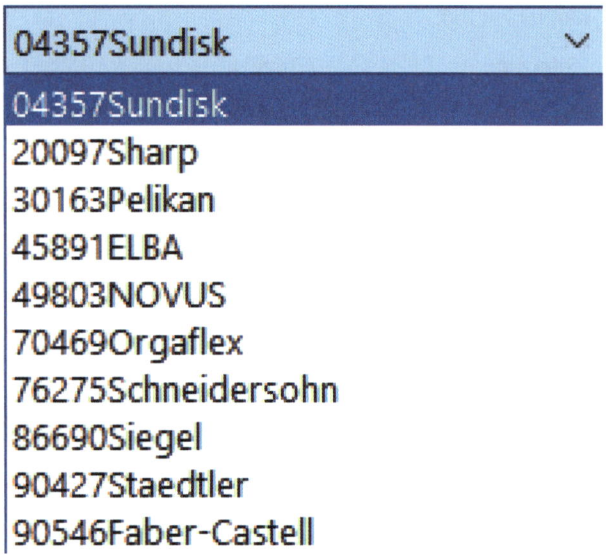

4

Aus der Rechnung eines Lieferanten können die Daten für die Anlage der Artikel- und Lieferanten-Stammdaten gewonnen werden.

Nennen Sie aus oben stehender Rechnung von SUNDISK (Seite 320):

a drei Daten, die Sie für die Artikel-Stammdaten verwenden.

b drei Daten, die Sie für die Lieferanten-Stammdaten nutzen.

Nehmen Sie an, der Lieferant hätte dem City-Warenhaus Bauer für den Transport der 20 Speicherkarten 5,00 € Beförderungskosten (Bezugskosten) in Rechnung gestellt.

c Ermitteln Sie den Betrag, der in der Artikeldatei als „Bezugskosten" eingetragen werden müsste.

5

Die nebenstehende Maske zeigt u.a. die Felder für den Handlungskostenzuschlag und den Gewinnzuschlag in der Verkaufskalkulation.

Nehmen Sie an, das City-Warenhaus Bauer möchte aufgrund gestiegener Kosten zukünftig alle neuen Artikel in der Abteilung Schreibwaren/Büro mit 45 % Handlungskostenzuschlag kalkulieren.

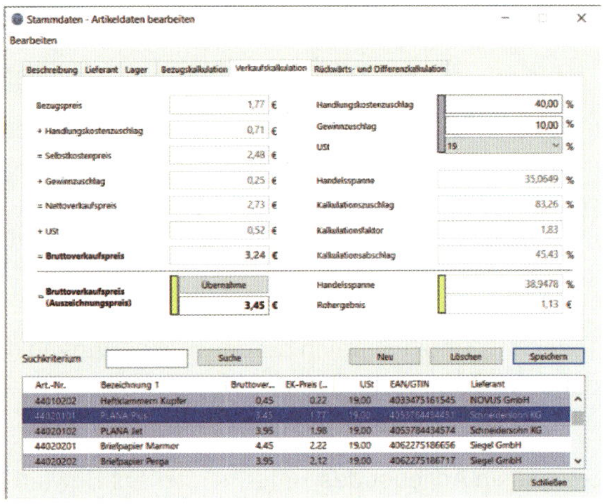

a Finden Sie heraus, wie der allgemeine (für alle Artikel geltende) Handlungskostenzuschlag im Warenwirtschaftssystem geändert werden kann.
Tipp: Menü EXTRAS – OPTIONEN

b Ändern Sie den Handlungskostenzuschlag auf 45 % (speichern!) und überprüfen Sie bei den Artikelstammdaten die Auswirkung dieser Änderung.
Legen Sie dazu vorübergehend einen neuen Artikel an (Button „Neu") und gehen Sie in die Verkaufskalkulation.

Da die gerade ins Sortiment aufgenommenen Flash-Speicherkarten besonders gut laufen, möchte der Geschäftsinhaber den Gewinnzuschlag für diesen Artikel auf 20 % erhöhen.

c Erläutern Sie, wie man dieses Ziel erreichen kann. Geben Sie auch an, welcher Bruttoverkaufspreis dann vom Programm errechnet wird.

6

Im Warenwirtschaftssystem werden auch die Unternehmensstammdaten (des City-Warenhauses Bauer) eingegeben.

a Beschreiben Sie eine Situation, in der das Programm auf diese Daten zugreift.

b Machen Sie eine weitere Situation aus Ihrem Ausbildungsbetrieb deutlich, in der ein Warenwirtschaftssystem Unternehmensstammdaten nutzt.

7

Bei der Inventur im City-Warenhaus werden folgende Zahlen für Fax-Toner-Kartuschen festgestellt:

Warenbestand laut Inventur	Nr.	Warenbezeichnung	Stück
	44060102	Fax-Toner	29
Warenbestand laut Warenwirtschaftssystem (Auszug)	**Aktueller Lagerbestand**	30	

a Begründen Sie, worauf die Abweichung zwischen Inventurbestand und Bestand des Warenwirtschaftssystems zurückzuführen sein könnte.

b Bestimmen Sie, welche Zahl für die weiteren Entscheidungen des Unternehmens maßgebend ist.

2 Waren bei einem neuen Lieferanten bestellen

Umsatz-Ranking
Top 10

Pos.	Art. Nr.	Art. Name 1	Umsatz (€)
1	44060101	Kopierer-Toner	8366,90
2	44050201	Laser-Faxgerät	6559,65
3	44060102	Fax-Toner	2631,90
4	44060202	Tintenpatrone Farb-Set	2387,40
5	44060201	Tintenpatrone schwarz	2019,40
6	44050202	Tintenstrahl-Faxgerät	1423,60
7	44030102	Füllfederhalter Faktor	686,40
8	44030101	Füllfederhalter Junior	591,30
9	44010102	Heftapparat Automatik	430,65
10	44040101	ELBA-Ordner	368,55
Gesamt			25465,75

Toner und Tinten nehmen bei den Auswertungen der Umsätze immer die obersten Plätze ein. Frau Möller will daher ihr Sortiment in dieser Warengruppe (EDV-Zubehör) ausweiten.

Sie hat ein Angebot des Tintenherstellers Hewlett-Packard eingeholt und folgende Angebotsdaten erhalten:

Produkt (Bezeichnung 1)	Tintenpatrone HP
Produkt (Bezeichnung 2)	HP45
Lieferant	Hewlett-Packard
Bestellnummer Lieferer	45516-9
Listeneinkaufspreis	14,10 €
Rabatt	0 %
Skonto	2 %
Lieferbedingungen	frei Haus
Lieferzeit	10 Tage
Zahlungsfrist	30 Tage

Eine Verkaufskalkulation führt nach Einschätzung von Frau Möller zu einem marktgerechten Preis. Da es sich um ein bekanntes Markenprodukt handelt, wird sie den kalkulierten Bruttoverkaufspreis sogar etwas stärker als bei den übrigen Produkten auf 25,95 € aufrunden.

Frau Möller will den Artikel in das Sortiment der Abteilung Schreibwaren/Büro aufnehmen und zunächst einmal 30 Stück bestellen.

Aus den Angebotsunterlagen kann sie folgende Daten des Lieferanten Hewlett-Packard entnehmen:

Suchbegriff:	71034HP	Webseite:	www.hp.com
Name 1:	Hewlett-Packard GmbH	Bankverbindung:	Commerzbank Böblingen
Sachbearbeiter(in):	Frau Giese	Kontonummer/BLZ:	23344564/60380002
Adresse:	Herrenberger Straße 140, 71034 Böblingen	IBAN:	DE59603800020023344564
		BIC:	DRESDEFF601
Telefon:	07031 13512	Steuernummer:	80859440641
Fax:	07031 1352444	USt-IdNr.:	DE812046572
E-Mail:	info@hp.com	Liefererkonto:	24

Artikelstammdaten der Tintenpatrone HP

Artikelnummer:	Bisher sind zwei Tinten im Sortiment: Tintenpatrone schwarz (44060201), Tintenpatrone Farbset (44060202). Die Tintenpatrone HP wird daher die Endziffern 03 erhalten (44060203).
EAN (GTIN):	4028413455169
Bezeichnung 1 usw.:	siehe Angebotsdaten
Mindestbestand:	3
Höchstbestand:	36
Meldebestand:	13

ARBEITSAUFTRAG

Bestellen Sie 30 Exemplare der Tintenpatrone HP.

VORSCHLÄGE ZUM VORGEHEN

1. Starten Sie dazu das Programm INTWASYS und öffnen Sie die Datei **WWS 2 Lernsituation 2 Bestellung Arbeitsauftrag.lsi**.
2. Legen Sie zunächst die Lieferantenstammdaten im Menü STAMMDATEN - LIEFERANTEN an.
3. Erstellen Sie einen neuen Artikel-Stammdatensatz im Menü STAMMDATEN - ARTIKEL (Button „Neu").
4. Wählen Sie Warenbereich, Warengruppe und Warenart aus, um die ersten sechs Ziffern der Artikelnummer zu erhalten. Ergänzen Sie die beiden Endziffern der Artikelnummer (03).
5. Vervollständigen Sie den Artikel-Stammdatensatz bis zur Kalkulation des Bruttoverkaufspreises (runden auf 25,95 €).
6. Erledigen Sie die Bestellung über das Menü MODULE – EINKAUF – NEUE BESTELLUNG.
7. Überprüfen Sie anhand der Liste der offenen Bestellungen (MODULE – EINKAUF – OFFENE BESTELLUNGEN), ob die Bestellung korrekt ins Warenwirtschaftssystem aufgenommen wurde.

AUFGABEN

1

Zehn Tage nach der Bestellung sind die 30 Tintenpatronen von HP eingetroffen.

HP

Hewlett-Packard GmbH
Herrenberger Str. 140
71034 Böblingen
Tel.: +49 (0)7031 14-0
Fax: +49 (0)7031 14-2999

City-Warenhaus Bauer
Frau Möller
Oberstraße 17
40878 Ratingen

Datum: XX.YY.20(0)
Bestellung vom: XX.YY.20(0)
USt-IdNr.: DE812085372

Rechnungs-Nr. 8-443-255 | **Kunden-Nr. 408-334**

Lieferung: frei Haus

Menge	Bestell-Nr.	Bezeichnung	Einzelpreis/€	Gesamtpreis/€
30	45516-9	Tintenpatrone HP 45	14,10	423,00
		Nettoverkaufspreis		423,00
		+ 19 % Umsatzsteuer		80,37
		Bruttoverkaufspreis		503,37

Zahlbar innerhalb von 30 Tagen netto oder innerhalb von 10 Tagen mit 2 % Skonto.

Bankverbindung: Commerzbank Böblingen, IBAN: DE59603800020023344564, BIC: DRESDEFF601

a Setzen Sie Ihre Arbeit mit der lsi-Datei aus dem Arbeitsauftrag fort oder laden Sie die Datei **WWS 2 Lernsituation 2 Bestellung Aufgabe 1.lsi.**

b Halten Sie den Wareneingang im Warenwirtschaftssystem fest (MODULE – EINKAUF – OFFENE BESTELLUNGEN Button „Wareneingang“).

c Überprüfen Sie den Lagerbestand in den Artikelstammdaten.

d Verkaufen Sie über die Kasse (bar) 2 Stück Tintenpatrone HP (Zugangscode an der Kasse: AÖzdemir).

e Überprüfen Sie den Lagerbestand in den Artikelstammdaten erneut.

2

Der Absatz der HP-Tinten läuft gut. Aufgrund der steigenden Einkaufsmengen ist der Lieferant bereit, uns bei einer Einkaufsmenge von mindestens 40 Stück einen Mengenrabatt von 5 % einzuräumen.

a Öffnen Sie die Datei **WWS 2 Lernsituation 2 Bestellung Aufgabe 2.lsi.**

b Berechnen Sie den Bezugspreis des Artikels im Warenwirtschaftssystem neu und ermitteln Sie den Gewinn pro Stück, wenn der Bruttoverkaufspreis weiterhin 25,95 € betragen soll (geänderten Bezugspreis speichern!).

c Stellen Sie mithilfe des Warenwirtschaftssystems fest, wie hoch der aktuelle Bestand an HP-Tinten ist.

d Setzen Sie den Höchstbestand für diesen Artikel auf 53 fest.

e Bestellen Sie 40 HP-Tinten bei dem Lieferanten (MODULE – EINKAUF – NEUE BESTELLUNG). Geben Sie in dem Bestellformular als freien Text ein: „Bitte beachten Sie unsere Rabattvereinbarung über 5 %.“

f Halten Sie den Eingang dieser bestellten Tinten aufgrund der nachfolgenden Rechnung im Warenwirtschaftssystem fest (MODULE – EINKAUF – OFFENE BESTELLUNGEN – Schalter „Wareneingang“) und überprüfen Sie, ob das System den Zugang korrekt ausweist.

HP	Hewlett-Packard GmbH Herrenberger Str. 140 71034 Böblingen Tel.: +49 (0)7031 14-0 Fax: +49 (0)7031 14-2999
City-Warenhaus Bauer Frau Möller Oberstraße 17 40878 Ratingen	Datum: XX.YY.20(0) Bestellung vom: XX.YY.20(0) USt-IdNr.: DE812085372
Rechnungs-Nr. 8-445-627	**Kunden-Nr. 408-334**
Lieferung: frei Haus	

Menge	Bestell-Nr.	Bezeichnung	Einzelpreis/€	Gesamtpreis/€
40	45516-9	Tintenpatrone HP 45	14,10	564,00
		– 5 % Rabatt		28,20
		Nettoverkaufspreis		535,80
		+ 19 % Umsatzsteuer		101,80
		Bruttoverkaufspreis		637,60

Zahlbar innerhalb von 30 Tagen netto oder innerhalb von 10 Tagen mit 2 % Skonto.

Bankverbindung: Commerzbank Böblingen, IBAN: DE59603800020023344564, BIC: DRESDEFF601

3

Frau Möller möchte in ihrer Abteilung (Bereich 44 Schreibwaren) eine neue Warengruppe „Computer" einrichten, die aus den Warenarten „PC" und „Laptop" besteht. Da es sich um eine Erweiterung der bestehenden Sortimentsstruktur handelt, müssen die Warengruppe und die Warenarten zunächst in das Sortiment eingefügt werden, bevor Warenzugänge im Warenwirtschaftssystem erfasst werden können.

a Öffnen Sie die Datei **WWS 2 Lernsituation 2 Bestellung Aufgabe 3.lsi.**

b Fügen Sie die Warengruppe „Computer" in die bestehende Sortimentsstruktur ein.

c Legen Sie für die Warengruppe „Computer" die Warenarten „PC" und „Laptop" an.

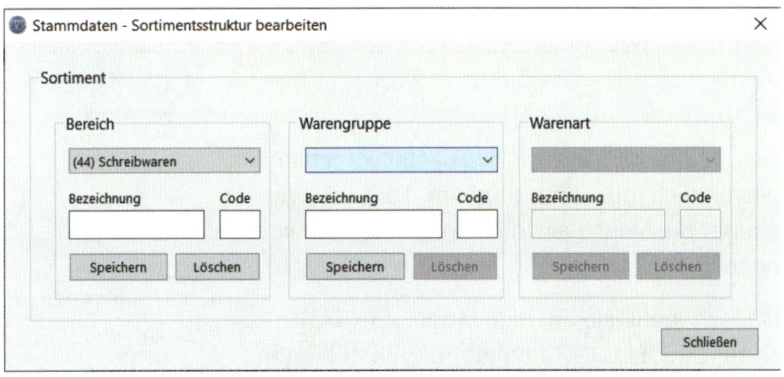

d Nennen Sie jeweils die Artikelnummer, die folgende Produkte erhalten, sobald sie im City-Warenhaus eingetroffen sind und im Warenwirtschaftssystem erfasst werden sollen:
- da PC Business
- db Laptop S&P
- dc Laptop Amila

3 Bestellmengen in der Abteilung Schreibwaren/Büro festlegen

Anfang Juli in der Abteilung Schreibwaren/Büro:
Regelmäßig überprüft Frau Möller, welche Artikel nachzubestellen sind. Das Warenwirtschaftssystem leistet dabei eine große Hilfe, weil es automatisch Bestellvorschläge macht. Frau Möller muss lediglich darauf achten, ob die Vorschläge aus dem System auch sinnvoll sind. Das WWS kann z.B. besondere Ereignisse nicht berücksichtigen. Ein solches steht nämlich gerade an: Mitte Juli setzt die Werbung für den Schuljahresbeginn ein.
Das WWS hingegen stellt lediglich mathematische Zusammenhänge her:
Mindestbestand: Warenbestand, der nicht unterschritten werden darf; er wird aus den Artikel-Stammdaten übernommen.
Meldebestand: Mindestbestand + (durchschnittlicher Tagesverkauf x Lieferzeit); der Meldebestand ist ebenfalls bei den Artikel-Stammdaten hinterlegt.
Höchstbestand: Warenbestand, der nicht überschritten werden soll; auch er wird aus den Artikel-Stammdaten übernommen.
Bestellmenge: Höchstbestand abzüglich aktueller Bestand; mit einer Bestellung wird der Warenbestand bis zum Höchstbestand aufgefüllt.
Vorher ist jedoch in der Liste der offenen Bestellungen (MODULE – EINKAUF – OFFENE BESTELLUNGEN) zu prüfen, ob noch bestellte Ware aussteht. Zu besonderen Anlässen darf der Höchstbestand bis zu 30% überschritten und eine höhere Bestellmenge veranlasst werden. Diese 30% will Frau Möller hier ausnutzen.
Die Bestellvorschlagsliste des Warenwirtschaftssystems hat folgendes Aussehen

Bestellvorschlag

Pos.	Art.Nr.	Bezeichnung 1 Bezeichnung 2 Vk-Preis	Lieferant Best.-Nummer	M-Bestand Bestand H-Bestand	Meldebestand Vorschlag	Abweichung
1	44060101	Kopierer-Toner AL 110 D 134,95	Sharp Electronics GmbH AL110	10 19 30	20,00 11	

Frau Möller druckt sich die Bestellvorschläge gewöhnlich aus und trägt im Feld „Abweichung" die Menge ein, die sie dann tatsächlich bestellt.

Danach geht sie in das Modul EINKAUF – NEUE BESTELLUNG und gibt die Bestelldaten ein. Gleichzeitig werden die Bestellungen als „Offene Bestellungen" im Programm festgehalten und so lange verwaltet, bis die bestellte Ware als Wareneingang gebucht wird (Schalter „Wareneingang" in der Liste der offenen

Bestellungen, siehe unten).

Die Maske „Offene Bestellungen“ ist wie unten dargestellt aufgebaut.

Frau Möller: „Ayse, auf geht's! Die Bestellungen müssen raus“

Ayse: „Fein, darf ich das machen?“

Frau Möller: „Gerne, aber denken Sie an den Schuljahresbeginn! Schulartikel werden dann besonders stark nachgefragt. Ansonsten gibt es keine weiteren Besonderheiten im Nachfrageverhalten der Kunden.“

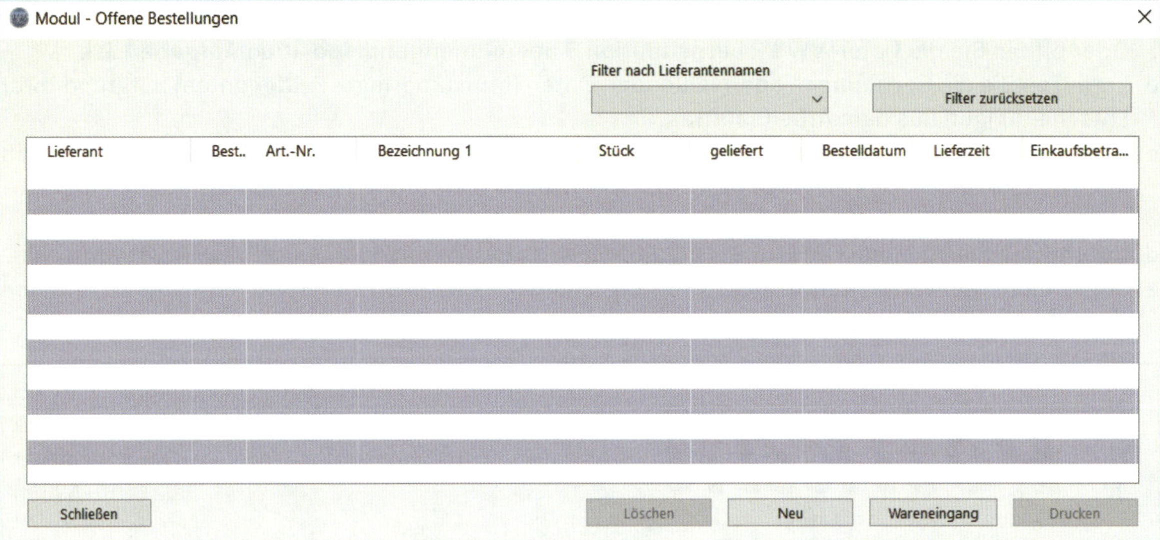

ARBEITSAUFTRAG

Veranlassen Sie die wöchentlichen Bestellungen über das Warenwirtschaftssystem.

VORSCHLÄGE ZUM VORGEHEN

1. Starten Sie das Programm INTWASYS und öffnen Sie die Datei **WWS 2 Lernsituation 3 Bestellmengendisposition Arbeitsauftrag.lsi.**
2. Ändern Sie das Programmdatum auf den 10.07.2020, (Menü EXTRAS – PROGRAMMZEIT).
3. Öffnen Sie im Menü AUSWERTUNGEN das Untermenü BESTELLVORSCHLÄGE.
4. Treffen Sie Ihre Entscheidung(en) (Übernahme der Bestellvorschläge des Systems oder Änderung). Prüfen Sie auch, ob zu den betrachteten Artikeln noch offene Bestellungen vorliegen (MODULE – EINKAUF – OFFENE BESTELLUNGEN). Halten Sie Ihre Entscheidungen schriftlich fest (Artikelnummer, Artikelbezeichnung, Menge)
5. Wechseln Sie in das Menü MODULE – EINKAUF – NEUE BESTELLUNG und erzeugen Sie das/die Bestellschreiben an den/die Lieferanten.
6. Überprüfen Sie Ihre Bestellung(en) im Untermenü OFFENE BESTELLUNGEN.

AUFGABEN

1

Am 10.07.2020 hat Frau Möller das Bestellschreiben über die Füllfederhalter Junior an den Lieferanten abgeschickt. Am 13.07.2020 trifft die bestellte Ware ein, der die nachfolgend abgebildete Rechnung beigefügt wurde. Die Wareneingangsprüfung hat ergeben, dass die Bestellung korrekt ausgeführt wurde.

a Starten Sie das Programm INTWASYS und öffnen Sie die Datei **WWS 2 Lernsituation 3 Bestellmengendisposition Arbeitsauftrag.lsi** mit den Ergebnissen des Arbeitsauftrags oben. Oder öffnen Sie die Datei **WWS 2 Lernsituation 3 Bestellmengendisposition Aufgabe 1.lsi.**
b Ergänzen Sie die Rechnung mit den fehlenden Daten (grün unterlegte Felder unten) aufgrund Ihrer Entscheidungen aus dem Arbeitsauftrag.
c Buchen Sie den Warenzugang im Warenwirtschaftssystem. Ändern Sie dazu das Programmdatum auf den 13.07.2020. Das Menü OFFENE BESTELLUNGEN bietet Ihnen über den Schalter „Wareneingang" die Möglichkeit, die gelieferten Artikel im System zu erfassen.
d Überprüfen Sie im Menü OFFENE BESTELLUNGEN, ob der Warenzugang berücksichtigt worden ist.
e Begründen Sie, warum der Rechnungsbetrag und der Bestellwert aufgrund der Liste der offenen Bestellungen vom Betrag her nicht übereinstimmen.

Pelikan

Pelikan Vertriebsgesellschaft mbH & Co. KG
Werftstrasse 9
30163 Hannover
Tel.: 0511-69690

City-Warenhaus Bauer Frau Möller Oberstraße 17 40878 Ratingen	Datum: 13.07.2020 Bestellung vom: 10.07.2020 USt-IdNr.: DE115692598
Rechnungs-Nr. 07-286-345	**Kunden-Nr. 40-377**

Lieferung: frei Haus

Menge	Bestell-Nr.	Bezeichnung	Einzelpreis/€	Gesamtpreis/€
	FH-722	Füllfederhalter Junior PJ 22	6,77	
		– 10 % Rabatt		
		Nettoverkaufspreis		
		+ 19 % Umsatzsteuer		
		Bruttoverkaufspreis		

Zahlbar innerhalb von 30 Tagen netto oder innerhalb von 10 Tagen mit 2 % Skonto.

Bankverbindung: Postbank Hannover, IBAN: DE14250100300012232224, BIC: PBNKDEFF250

2

Tipp: Gehen Sie über die Liste der offenen Bestellungen und wählen Sie den Schalter „Wareneingang".

Am 11.07.2020 waren die Kopierer-Toner aus der Bestellung vom 06.07. eingetroffen (offene Bestellung aus der Einstiegssituation). Der Zugang wird aber erst heute, am 13.07.2020 im Warenwirtschaftssystem erfasst.

a Buchen Sie den Wareneingang. Verwenden Sie die lsi-Datei mit den Ergebnissen aus Aufgabe 1. Oder: Öffnen Sie die Datei **WWS 2 Lernsituation 3 Bestellmengendisposition Aufgabe 2.lsi.**

Auch die restlichen Bestellungen sind mittlerweile wie folgt eingetroffen:

* Kopierer-Toner, Bestellung vom 10.07.2020, 5 Stück
* Fax-Toner, Bestellung vom 10.07.2020, aber nur 4 Stück statt der bestellten 8 Stück

b Buchen Sie diese Warenzugänge.

3

Am 15.07.2020 erhält Ayse von Frau Möller den Auftrag, erneut die Bestellvorschläge des Warenwirtschaftssystems abzurufen.

a Starten Sie das Programm INTWASYS und öffnen Sie die Datei **WWS 2 Lernsituation 3 Bestellmengendisposition Aufgabe 3.lsi.**
b Ändern Sie das Programmdatum auf den 15.07.2020 (Menü EXTRAS – PROGRAMMZEIT).
c Öffnen Sie im Menü AUSWERTUNGEN das Untermenü BESTELLVORSCHLÄGE.
d Treffen Sie Ihre Entscheidung(en). Beachten Sie dabei, dass für die nächsten Tage mit einem normalen Abverkauf dieser Produkte zu rechnen ist.
e Erzeugen Sie das/die Bestellschreiben an den/die Lieferanten.
f Überprüfen Sie Ihre Bestellung(en) in der Liste der offenen Bestellungen.
g Wechseln Sie das Programmdatum auf den 20.07.2020.
h Halten Sie im Warenwirtschaftssystem folgende Wareneingänge fest:
   * Tischkopierer Standard, Artikelnummer 44050101, 6 Stück
   * Tintenpatrone schwarz, Artikelnummer 44060201, 34 Stück
   * Fax-Toner, Artikelnummer 44060102, 5 Stück
   * Fax-Toner, Artikelnummer 44060102, 4 Stück (ausstehende Bestellung vom 10.07.2020)
i Bereinigen Sie die Liste der offenen Bestellungen, indem Sie alle erledigten Aufträge löschen.

Tipp: Offene Bestellungen prüfen!

4

Von unserem Lieferanten Orgaflex GmbH erhalten wir heute folgendes Schreiben (Ausschnitt):

Orgaflex GmbH

Sehr geehrte Damen und Herren,

aufgrund gestiegener Lohn- und Rohstoffkosten müssen wir leider die Konditionen für einige unserer Produkte anpassen. Ab sofort gelten folgende Bezugsbedingungen:

	Ordner-Register A–Z	Ordner-Register Recycling
Listeneinkaufspreis	1,36 €	0,55 €
Rabatt	–	–
Skonto	–	–
Lieferbedingung	unfrei	unfrei

Wir gewähren Ihnen ein Zahlungsziel von 30 Tagen.

Mit freundlichen Grüßen

Frau Möller hat ausgerechnet, dass die Lieferbedingung „unfrei" zu Bezugskosten von 0,02 € für jeden Ordner führt.

a Starten Sie das Programm INTWASYS und öffnen Sie die Datei **WWS 2 Lernsituation 3 Bestellmengendisposition Aufgabe 4.lsi.**
b Ändern Sie die Artikelstammdaten für die Ordner-Register A–Z und Recycling. Ermitteln Sie anschließend die neuen Bezugspreise für beide Produkte (STAMMDATEN – ARTIKEL – BEZUGSKALKULATION).
c Kalkulieren Sie die neuen Bruttoverkaufspreise auf der Grundlage der veränderten Bezugsbedingungen. Runden Sie die ermittelten Bruttoverkaufspreise auf xx,45 € oder xx,95 €

5

Mit unserem Lieferanten Schneidersohn haben wir neue Einkaufsbedingungen für das Kopierpapier Plana Jet ausgehandelt.

Lieferant:	Schneidersohn	
Artikel:	Plana Jet	
	alt	neu
Listeneinkaufspreis in €	2,03	1,99
Rabatt	5%	10%
Skonto	0%	2%
Bezugskosten in €	0,05/Stück	frei Haus

a Geben Sie die veränderten Bezugsbedingungen in das Warenwirtschaftssystem ein und ermitteln Sie den neuen Bezugs- bzw. Bruttoverkaufspreis.

b Ermitteln Sie den Stückgewinn, der sich aus den veränderten Bezugsbedingungen ergibt, wenn der ursprüngliche, auf xx,95 € gerundete Bruttoverkaufspreis beibehalten werden soll. Nutzen Sie dazu die Funktion „Differenzkalkulation“ bei den Artikelstammdaten.

4 Einen Verkauf gegen Rechnung über das Warenwirtschaftssystem abwickeln

Das nebenstehende Schreiben der Stadt Ratingen hat Frau Möller in der Abteilung Schreibwaren/Büro des City-Warenhauses erhalten mit der Bitte, der Stadt ein Angebot über die fünf Bürokopierer zu unterbreiten.

Frau Möller: *„Eine gute Gelegenheit, meiner Auszubildenden Ayse die Auftragsabwicklung mithilfe des Warenwirtschaftssystems deutlich zu machen."*

Ayse: „Wie viel dürfen wir vom regulären Verkaufspreis nachlassen?"

Frau Möller: *„Bei dieser Menge dürfen wir 5 % Rabatt gewähren."*

Ayse: „Und Skonto?"

Frau Möller: *„Bei dem Rabatt bleibt schon nicht mehr viel Gewinn übrig. Skonto können wir nicht noch zusätzlich einräumen. Die Stadtverwaltung ist aber ein guter Kunde. Deshalb werden wir ihr noch eine Frei-Haus-Lieferung anbieten."*

Ayse: „Was ist zu tun?"

Frau Möller: *„Das Warenwirtschaftssystem unterstützt uns bei der Auftragsbearbeitung. Du weißt ja sicherlich, in welchen Schritten Aufträge abgewickelt werden."*

Ayse: „Natürlich! Wenn der Stadt unser Angebot zusagt, erhalten wir eine Bestellung, die wir dann bestätigen. Es folgen Lieferschein und Rechnung, fertig."

Stadt Ratingen
Der Bürgermeister
Postfach 10 17 40
40837 Ratingen

Datum:
13.03.2020

City-Warenhaus Bauer
Oberstraße 17
40878 Ratingen

Anfrage

Sehr geehrte Damen und Herren,

ich bitte um ein Angebot über

5 Bürokopierer, Sharp, Multifunktion.

Aufgrund der Bestellmenge erwarte ich von Ihnen einen Sonderpreis.

Mit freundlichen Grüßen

Der Bürgermeister

i. A. Bongert

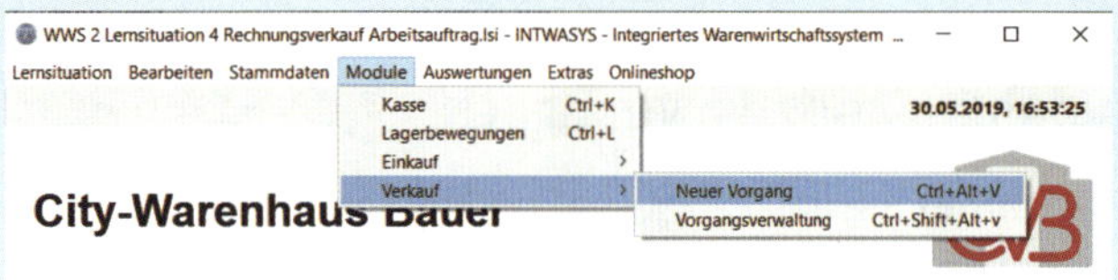

Kalkulation Bürokopierer	€
Bezugspreis + Handlungskostenzuschlag	377,28 150,91
= Selbstkostenpreis + Gewinnzuschlag	528,19 52,82
= Nettoverkaufspreis + Umsatzsteuer	581,01 110,39
= Bruttoverkaufspreis ausgezeichneter BVP	691,40 **691,45**
– 5 % Rabatt **= Angebotspreis**	34,57 **656,88**

Angebot
Auftragsbestätigung
Kommissionierungsbeleg
Lieferschein
Rechnung
Mahnung
Storno
Retoure
Gutschrift
Bestellung
Onlinebestellung – Versandmitteilung

Frau Möller: *„Manchmal beginnt die Auftragsverwaltung mit einer Bestellung des Kunden."*

Ayse: „Dann folgt unsere Auftragsbestätigung usw."

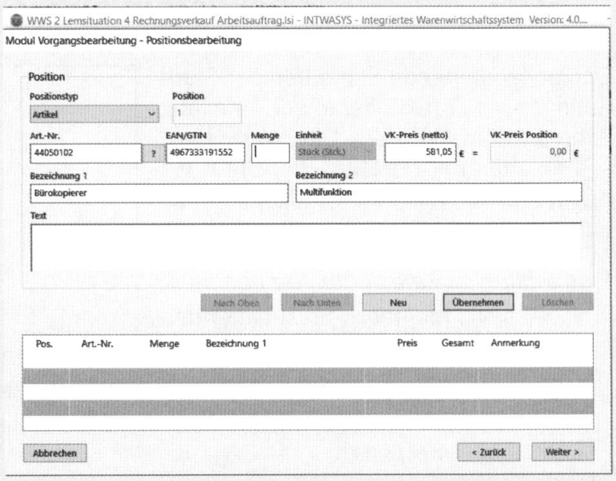

Frau Möller: *„Gut! Nun zum Warenwirtschaftssystem. Über den Menüpunkt MODULE – WARENVERKAUF – NEUER VORGANG kommen wir in die Auftragsbearbeitung. Dort kann man die Art des Vorgangs auswählen. Wir müssen ein Angebot erstellen."*

Siehe Abbildung auf Seite 36

Ayse: „Schon angeklickt."

Frau Möller: *„Sehr schön. Nun ist der Kunde auszuwählen und der gewünschte Artikel über die Suchfunktion [?] zu bestimmen" (Siehe Maske rechts).*

Frau Möller: *„Mit dem Button ‚Übernehmen' wird der gewählte Artikel in die unten stehende Liste übernommen. Mit dem Button ‚Weiter' kommt man zu weiteren Details des Angebotes. Speichern, Ausdrucken – fertig ist das Angebot."*

Ayse: „Mit ‚Löschen' kann ich den Artikel vermutlich wieder entfernen, und mit ‚Neu' lassen sich weitere Artikel hinzufügen.

Frau Möller: *„Genau. Bei mehreren Angebotspositionen kannst du über ‚Nach oben' und ‚Nach unten' die Reihenfolge der Artikel verändern. Hast du einen Fehler gemacht, gehst du einfach mit ‚Zurück' zur vorhergehenden Maske."*

Ayse: „Ich glaube, das kann ich jetzt allein zu Ende bringen."

ARBEITSAUFTRAG 1

Erstellen Sie das Angebot für die Stadtverwaltung Ratingen mit dem Warenwirtschaftssystem INTWASYS.

VORSCHLÄGE ZUM VORGEHEN

1. Starten Sie das Programm und öffnen Sie die Datei **WWS 2 Lernsituation 4 Rechnungsverkauf Arbeitsauftrag.lsi**.
2. Setzen Sie das Programmdatum auf den 13.03.2020.
3. Gehen Sie in das Menü **Module** und starten Sie das Untermenü VERKAUF – NEUER VORGANG. Wählen Sie unter „Vorgangsart" das Angebot und unter „Kunden" die Stadtverwaltung Ratingen.
4. Beachten Sie bei der Eingabe der Angebotsdaten:
   - Lieferung sofort und frei Haus
   - Rabatt 5 %
   - Zahlungsbedingung: zahlbar sofort und ohne Abzug
5. Speichern Sie Ihre Eingaben.

Fortsetzung der Einstiegssituation

Die Stadtverwaltung Ratingen hat die den Bedingungen des Angebotes bestellt.
Frau Möller beauftragt daraufhin Ayse, der Stadt eine Auftragsbestätigung zu schicken.
Über das Modul **Vorgangsverwaltung** kann Ayse den bisherigen Vorgang (das Angebot) aufrufen und über den Button „Fortführen" den nächsten Schritt der Auftragsbearbeitung einleiten.
Noch am gleichen Tag veranlasst sie die Zustellung der Bürokopierer mit dem Zustellfahrzeug des City-Warenhauses. Als Begleitpapier für die Lieferung erstellt sie einen Lieferschein. Auch dieser Schritt wird über „Vorgangsverwaltung", „Auftragsbestätigung" anklicken und „Fortführen" vom Warenwirtschaftssystem unterstützt.

Auszug aus dem Bestellschreiben der Stadt

19.03.2020

Bestellung

Sehr geehrte Frau Möller,

hiermit bestelle ich zu den Bedingungen Ihres Angebotes und zur sofortigen Lieferung:

5 Bürokopierer, Sharp, Multifunktion,
Stückpreis 656,88 €

Mit freundlichen Grüßen

Der Bürgermeister

i. A. Bongert

ARBEITSAUFTRAG 2

Schreiben Sie die Auftragsbestätigung und den Lieferschein für die Stadt Ratingen mit dem Warenwirtschaftssystem INTWASYS.

VORSCHLÄGE ZUM VORGEHEN

1. Starten Sie das Programm und öffnen Sie die LSI-Datei aus dem ersten Arbeitsauftrag.
2. Ändern Sie das Programmdatum auf den 19.03.2020.
3. Gehen Sie in das Menü MODULE und starten Sie das Untermenü VORGANGSVERWALTUNG.
4. Markieren Sie das Angebot an die Stadt Ratingen.
5. Über „Fortführen" gelangen Sie in die nächste Maske. Dort wählen Sie die Vorgangsart „Auftragsbestätigung" und geben als Datum den 19.03.2020 ein. Über „Weiter" kommen Sie bis zum Abschluss des Vorgangs.
6. Für die Erstellung des Lieferscheins gehen Sie wieder an den Anfang der Vorgangsverwaltung und verfahren ähnlich wie bei der Auftragsbestätigung.

Fortsetzung der Einstiegssituation

Herr Boland, der Hausmeister und Lagermitarbeiter, der auch Waren an Kunden ausliefert, hat am gleichen Tag von der Stadtverwaltung den unterschriebenen Lieferschein mitgebracht. Frau Möller bittet Ayse deshalb, sofort die Rechnung über das Warenwirtschaftssystem auszustellen und der Stadtverwaltung zuzuschicken.

ARBEITSAUFTRAG 3

Stellen Sie mithilfe des Warenwirtschaftssystems die Rechnung für die Stadt Ratingen auf der Grundlage des Lieferscheins aus.

AUFGABEN

1

Die Stadtverwaltung Ratingen bestellt am 04.05.2020 zwei weitere Bürokopierer zu den gleichen Bedingungen wie in der Einstiegssituation oben.

Erstellen Sie mithilfe des Warenwirtschaftssystems die Auftragsbestätigung, den Lieferschein und die Rechnung zum 04.05.2020.

Vorgehensweise:

* Starten Sie das Programm (falls noch nicht geschehen) und öffnen Sie die LSI-Datei aus dem ersten Arbeitsauftrag. (Falls Ihnen diese Datei nicht zur Verfügung steht, öffnen Sie die Datei **WWS 2 Lernsituation 4 Rechnungsverkauf Aufgabe 1.lsi**)

* Ändern Sie das Programmdatum auf den 04.05.2020.
* Gehen Sie in das Menü MODULE und aktivieren Sie das Untermenü VERKAUF – NEUER VORGANG.
* Wählen Sie als Vorgangsart „Auftragsbestätigung“.
* Fortsetzung: Lieferschein, Rechnung

2

Das City-Warenhaus erhält am 25.05.2020 folgende E-Mail:

Von:	ev-kindergarten@gmx.de
An:	city-warenhaus@t-online.de
Betreff:	Bestellung

Sehr geehrte Damen und Herren,

wir bestellen zur sofortigen Lieferung :

20 Stück Plana Plus, Artikel-Nr.: 44020101, Preis pro Stück 3,45 €
30 Stück Bleistift Grip 2001, Artikel-Nr.: 44030201, Preis pro Stück 0,45 €
10 Stück Kunststoffordner, Artikel-Nr.: 44040102, Preis pro Stück 3,45 €
3 Stück Fax-Toner, Artikel-Nr.: 44060102, Preis pro Stück 42,45 €
10 Stück Tintenpatrone schwarz, Artikel-Nr.: 44060201, Preis pro Stück 25,95 €.

Lieferung und Rechnung bitte an folgende Anschrift:

Evangelischer Kindergarten
Talstr. 11
40878 Ratingen

Mit freundlichen Grüßen

Marianne Baumgarten
- Leiterin-

a Öffnen Sie die LSI-Datei, die Sie am Ende der Aufgabe 1 gespeichert haben. (Falls Ihnen diese Datei nicht zur Verfügung steht, öffnen Sie die Datei **WWS 2 Lernsituation 4 Rechnungsverkauf Aufgabe 2.lsi**)
b Ändern Sie das Programmdatum auf den 25.05.2020.
c Legen Sie die Stammdaten für diesen neuen Kunden an.
d Schreiben Sie den Lieferschein und die Rechnung für diesen Auftrag. Berücksichtigen Sie, dass Schulen und Kindergärten einen Rabatt von 5 % erhalten.
Lieferbedingung: frei Haus
Zahlungsbedingung: sofort und ohne Abzug

3

Die Bauschlosserei Mensing, Ratingen, hat vom City-Warenhaus am 29.05.2020 ein Angebot über Büroartikel erhalten. Dieses Angebot ist im Warenwirtschaftssystem erfasst worden. Angesichts der Auftragsgröße verlangt der Kunde nun telefonisch zusätzlich 2 % Skonto bei Zahlung innerhalb von 10 Tagen. Wir gehen auf die Forderung des Kunden ein, um ihn nicht zu verlieren, und sagen die sofortige Lieferung unter den vereinbarten Bedingungen zu.

a Öffnen Sie die LSI-Datei **WWS 2 Lernsituation 4 Rechnungsverkauf Aufgabe 3.lsi.**
b Ändern Sie das Programmdatum auf den 04.06.2020.
c Ändern Sie das im System hinterlegte Angebot ab, indem Sie auf den Wunsch des Kunden nach 2 % Skonto eingehen (MODULE – VERKAUF – VORGANGSVERWALTUNG).
d Schreiben Sie den Lieferschein und die Rechnung für diesen Auftrag.

5 Das Warenwirtschaftssystem für die Kalkulation nutzen

„Gut, dass ich ein Warenwirtschaftssystem habe" – sagte sich Frau Möller immer wieder. Für viele Entscheidungen, die ihr im Laufe eines Tages abverlangt wurden, konnte sie sich sehr schnell und einfach die nötige Zahlenbasis schaffen.
In folgenden Problemsituationen hat sie heute z. B. auf das Warenwirtschaftssystem zugegriffen:

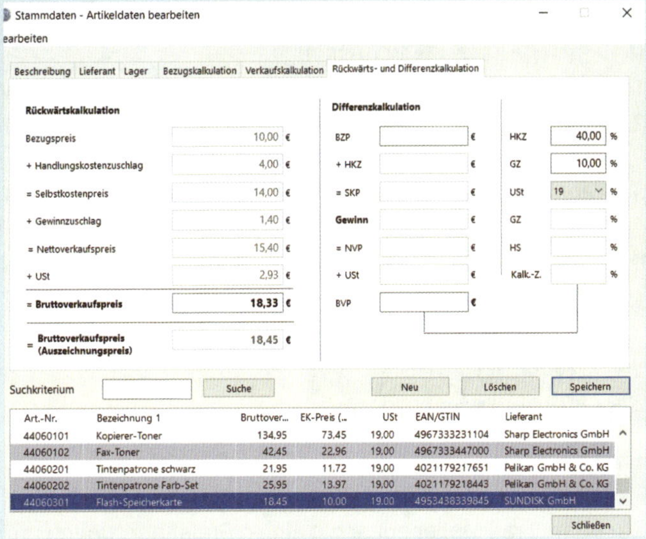

Situation 1:
Die Flash-Speicherkarten (Artikelnummer 44060301) sind zurzeit mit einem Bruttoverkaufspreis von 18,45 € ausgezeichnet.
Ein Mitbewerber hat den gleichen Artikel im heutigen Prospekt mit 14,99 € angeboten. Frau Möller möchte nun wissen:

1. Wie viel Gewinn verbleibt, wenn sie diesen Artikel ebenfalls für 14,99 € anbietet?
2. Für welchen Bezugspreis müsste sie die Flash-Speicherkarten einkaufen, damit sie ihre bisherige Kalkulation (40 % HKZ, 10 % Gewinn, 19 % Umsatzsteuer) realisieren kann?
3. Bei welchem Bezugspreis (und einem Bruttoverkaufspreis von 14,99 €) würde sie zumindest die Handlungskosten (40 % HKZ) noch decken?

Stammdaten – Artikel bearbeiten – Differenzkalkulation

Situation 2:
Auch Kopierer- und Fax-Toner unterliegen einem starken Wettbewerb. Frau Möller möchte daher die Preise dieser Artikel senken, und zwar:

* Kopierer-Toner von bisher 134,95 € auf 129,95 €
* Fax-Toner von bisher 42,45 € auf 39,95 €

Allerdings darf Frau Möller die Preise nur so weit verringern, dass mindestens 5 % Gewinn (vom Selbstkostenpreis) erreicht werden. Auch hier wird sie daher zunächst mithilfe des Warenwirtschaftssystems prüfen, ob der Mindestgewinn erzielt wird, wenn sie die beiden Preissenkungen durchführt.

Situation 3:
Frau Möller liegt das Angebot eines Lieferanten über USB-Speichersticks vor. Bevor sie sich ausführlich mit dem Angebot auseinandersetzt, um die Produkte eventuell ins Sortiment aufzunehmen, prüft sie zunächst rechnerisch über eine Differenzkalkulation, ob die Preise „stimmen".
Bezugspreise: Marken-Speicherstick 12,50 €, Sonderangebotsware 5,75 €.
Frau Möller vermutet, dass der Marken-Speicherstick mit Blick auf die Mitbewerber zum Preis vom 23,95 € verkauft werden kann, die Sonderangebotsware darf höchstens mit 9,99 € im Prospekt erscheinen. Prüfen Sie, ob bei diesen Preisen noch der Mindestgewinn von 5 % (auf den Selbstkostenpreis) erzielt wird.

Beide Produkte sind nicht im Warenwirtschaftssystem vorhanden. Die Differenzkalkulation beeinflusst die hinterlegten Preise nicht.

Situation 4:
Die Auszubildende Ayse hat einem Kunden einen Bürokopierer zum Preis von 691,45 € verkauft. Der Kunde verlangt einen Barzahlungsrabatt von 3 % (20,74 €). Es handelt sich um einen Stammkunden, der gerade in letzter Zeit häufig und viel eingekauft hat. Trotzdem muss Ayse ihre Abteilungsleiterin fragen, ob sie den Rabatt gewähren darf.
Frau Möller will den Rabatt gewähren, prüft aber, ob die Vorgabe über den Mindestgewinn (5 % Gewinnzuschlag auf den Selbstkostenpreis) eingehalten wird.

Situation 5
Der Füllfederhalter „Junior" aus der Abteilung Schreibwaren/Büro soll in den Wochenprospekt des City-Warenhauses aufgenommen werden. Den Angebotspreis legt die Abteilungsleiterin fest. Ihr stehen verschiedene Möglichkeiten offen, einen optisch attraktiven Preis (Schwellenpreis) zu ermitteln. Der Bezugspreis sollte allerdings mindestens gedeckt werden.

Tipp: Die „Verkaufskalkulation" des Programms nutzen, aber die Werte nicht abspeichern!

1. Möglichkeit: Sie verzichtet auf einen Gewinn (oder einen Teil davon).
2. Möglichkeit: Sie verzichtet auf den Gewinn und (ungefähr) auf die Hälfte des Handlungskostenzuschlages.
3. Möglichkeit: Der Preis soll mindestens den Bezugspreis decken. Am Ende sollte der Preis auf „..99 €" enden.

ARBEITSAUFTRAG

Ermitteln Sie mithilfe des Warenwirtschaftssystems INTWASYS die gesuchten Informationen zu den Situationen 1 bis 5 und treffen Sie – falls verlangt – die entsprechenden Entscheidungen.

VORSCHLÄGE ZUM VORGEHEN

1. Starten Sie INTWASYS und öffnen Sie die Lernsituation **WWS 2 Lernsituation 5 Kalkulation.lsi.**
2. Öffnen Sie das Menü STAMMDATEN – ARTIKEL und unter „Bearbeiten“ den Reiter RÜCKWÄRTS- UND DIFFERENZKALKULATION.
3. Wählen Sie jeweils den Artikel aus, der in den Situationen 1 – 5 beschrieben wird.
4. Erledigen Sie die Aufgabenstellungen zu den Situationen 1 – 5.

Hinweis: Eingaben in der Rückwärts- und Differenzkalkulation haben keinen Einfluss auf den in der Verkaufskalkulation errechneten Bruttoverkaufspreis. Es handelt sich um reine Rechenoperationen.

AUFGABEN

1

Nachdem Frau Möller zunächst einige Preisänderungen nur durchkalkuliert hat, sind nun Entscheidungen zu treffen und die Preise im Warenwirtschaftssystem anzupassen.

Dieser Artikel ist bereits im Warenwirtschaftssystem vorhanden! Die Artikelstammdaten sind nur zu ändern.

Flash-Speicherkarte (Artikelnummer 44060301)

Frau Möller will diesen Artikel zum Preis von 14,99 € anbieten. Da dieser Preis aber zu einem Verlust führt, hat sie sich mit dem Lieferanten in Verbindung gesetzt. Der Lieferer ist bereit, die Bezugsbedingungen zu verbessern, und zwar wie folgt:

* Listeneinkaufspreis: 9,00 €
* Rabatt: 5 %
* Skonto: 2 %
* Lieferbedingung: frei Haus

Frau Möller wird den Artikel neu kalkulieren und den Bruttoverkaufspreis auf 14,99 € festsetzen, auch wenn sie mit jedem verkauften Produkt ihr Abteilungsergebnis verschlechtert. In einer Woche – wenn der Prospekt des Mitbewerbers ausgelaufen ist – wird sie den Preis wieder anheben. Zunächst werden die neuen Bezugsbedingungen und der Angebotspreis aber im Warenwirtschaftssystem als Änderung erfasst und gespeichert.

2

Handelsspanne und Rohergebnis werden erst dann korrekt berechnet, wenn man ein Eingabefeld (z. B. zum Bruttoverkaufspreis) verlassen hat.

Der Artikel Kopierer-Toner (Artikelnummer 44060101) wird für eine Woche auf einen Bruttoverkaufspreis von 129,95 € gesenkt.

a **Verkaufen Sie ein Exemplar dieses Artikels zu seinem bisherigen Preis von 134,95 € und stellen Sie fest, ob auf dem Kassenbon der richtige Preis ausgewiesen wird.**
b **Ermitteln Sie über STAMMDATEN – ARTIKEL BEARBEITEN die Höhe der Handelsspanne und das Rohergebnis beim alten Preis von 134,95 €.**
c **Vermindern Sie den Preis auf 129,95 € (STAMMDATEN – ARTIKEL BEARBEITEN).**
d **Verkaufen Sie erneut ein Exemplar und überprüfen Sie den Preis auf dem Kassenbon.**
e **Ermitteln Sie die Handelsspanne und das Rohergebnis beim verminderten Preis von 129,95 €.**

3

Die Prospektwerbung des Mitbewerbers (siehe Aufgabe 1) ist abgelaufen. Frau Möller wird daher den Preis für die Flash-Speicherkarte (Artikelnummer 44060301) wieder auf den alten Preis von 18,45 € anheben.

a **Ändern Sie den Bruttoverkaufspreis im Warenwirtschaftssystem auf 18,45 € (die neuen Angebotsbedingungen des Lieferanten bleiben bestehen).**
b **Halten Sie schriftlich fest, welche Handelsspanne und welches Rohergebnis mit dem neuen Preis erzielt werden.**

4

Kopierer-Toner wird aktuell im City-Warenhaus Bauer mit 134,95 € verkauft. Regelmäßige Vergleiche mit ausgesuchten Mitbewerbern zeigen folgende Preise:
- große Online-Händler im Internet: zwischen 138,90 € und 145,99 €
- der wichtigste stationäre Mitbewerber in der Nähe: 139,99 €

Die Leiterin der Abteilung Schreibwaren/Büro ist der Meinung, dass man den eigenen Preis nach oben anpassen kann, indem sie z. B. den Gewinnzuschlag von 10 % auf 15 % erhöht.

a **Prüfen Sie die kalkulatorische Auswirkung einer Erhöhung des Gewinnzuschlages und entscheiden Sie, zu welchem Preis Kopierer-Toner zukünftig angeboten werden soll. Verwenden Sie die Verkaufskalkulation des Kopierer-Toners im Warenwirtschaftssystem.**
b **Speichern Sie den neu festgesetzten Preis.**

5

Die Handlungskosten im City-Warenhaus Bauer sind gestiegen. Auch die Abteilung Schreibwaren/Büro soll daher mit einem höheren Handlungskostensatz kalkulieren, nämlich mit 45 % anstelle von 40 %. Die Abteilungsleiterin möchte nun anhand von zwei Produkten die kalkulatorischen Auswirkungen dieser Maßnahme überprüfen.

a **Ermitteln Sie mithilfe der Verkaufskalkulation die neuen Preise nachfolgender Artikel, wenn mit einem Handlungskostensatz von 45 % kalkuliert wird.**
   - **Briefpapier Perga**
   - **Tintenpatrone schwarz**
b **Beurteilen Sie die Auswirkungen der Preisänderungen auf die Kundennachfrage und die Verkäuflichkeit der Produkte.**

Hinweis: Beim Briefpapier Perga sind Preisvergleiche durch Kunden nur schwer möglich und auch unüblich. Die Tintenpatrone unterliegt hingegen einem starken Wettbewerb und es stehen den Kunden – insbesondere über das Internet – gute Vergleichsmöglichkeiten zur Verfügung.

6

Der Artikel „Heftapparat Standard“ wird kaum noch nachgefragt. Er soll deshalb abverkauft werden. Im nächsten Prospekt des Warenhauses ist der Heftapparat als Sonderangebot vorgesehen. Die Leiterin der Abteilung Schreibwaren/Büro überlegt, wie mit einer deutlich sichtbaren Preissenkung der Abverkauf beschleunigt werden kann. Sie kalkuliert das Produkt daher zunächst mit einem Gewinnzuschlag von 0 %, im zweiten Schritt zusätzlich ohne Deckung der Handlungskosten.

a **Ermitteln Sie den Preis für den Heftapparat Standard, wenn zunächst auf den Gewinn und dann auch noch auf die Handlungskosten verzichtet wird.**
b **Beurteilen Sie, ob jeweils eine deutlich sichtbare Preissenkung erzielt werden kann. Entscheiden Sie sich für einen Preis und speichern sie ihn für den Abverkauf im Warenwirtschaftssystem.**

7

Das Rohergebnis ist die Differenz zwischen dem Nettoverkaufspreis einer Ware und dem Bezugspreis (Einkaufspreis). Diese Differenz ist für den Einzelhändler besonders bedeutsam, weil er daraus seine Handlungskosten bestreiten muss. Der Rest ist sein Gewinn. Je höher das Rohergebnis eines Produktes, desto interessanter ist es für den Einzelhändler.

a **Öffnen Sie das Programm mit der Datei WWS 1 Lernsituation 3 Auswertung Monat.lsi.**
b **Ändern Sie das Programmdatum auf den 31.03.2020, 19:00 Uhr und rufen Sie die Auswertung „Rohergebnis“ auf. Auswertungszeitraum: 01.03. – 31.03.2020**
c **Geben Sie die drei Artikel an, die pro Stück das höchste Rohergebnis in Prozent aufweisen.**
d **Nennen Sie die drei Artikel, die aufgrund des Monatsumsatzes das höchste Rohergebnis in EURO erzielt haben.**
e **Begründen Sie, welche Schlussfolgerungen der Geschäftsinhaber aus den Informationen für seine Sortimentszusammensetzung ziehen kann.**

Abschlussaufgabe zu Warenwirtschaftssystem 2

Situation

Für Frau Möller, die Abteilungsleiterin Schreibwaren/Büro im City-Warenhaus Bauer und die Auszubildende Ayse Özdemir ist das Warenwirtschaftssystem für viele Aufgabenstellungen eine wirksame Hilfe, um verschiedene Praxisprobleme zu lösen. Sofern Veränderungen im Programm vorzunehmen sind, verwenden sie den Datensatz **WWS 2 Lernsituation 2 Bestellung Aufgabe 1.lsi.**

1

Frau Möller möchte in ihrer Abteilung das Sortiment um einige Produkte erweitern:

- Die vorhandene Warenart „Speichermedien" soll um USB-Sticks ergänzt werden, und zwar um USB-Sticks mit 6 und 8 Gigabite (GB).
- Ganz neu sollen Tintenstrahldrucker aufgenommen werden.

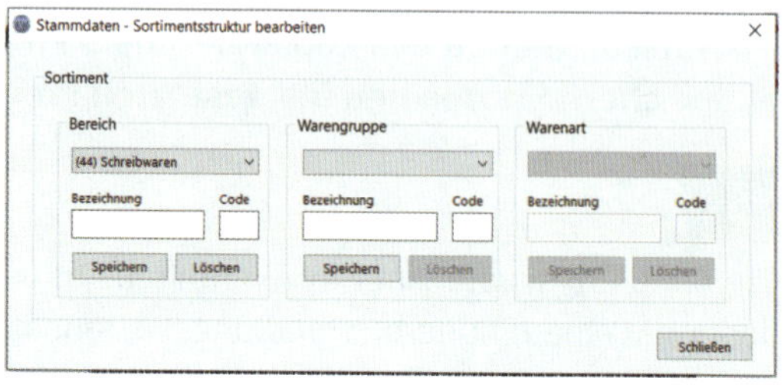

a **Fügen Sie die Artikel „Super-Memory 6 GB" und „Super-Memory 8 GB" in die vorhandene Sortimentsstruktur ein, indem Sie jeweils die achtstellige Artikelnummer für diese beiden Produkte bestimmen.**

b **Legen Sie eine neue Warenart „Tintenstrahldrucker" in der Sortimentsstruktur an und bestimmen Sie die achtstellige Artikelnummer für den Tintenstrahldrucker „XMA 100".**

c **Nehmen Sie an, Frau Möller würde auch einen neuen Flash-Speicher-Typ mit 16 GB Kapazität in das Sortiment aufnehmen. Ermitteln Sie für dieses Produkt die achtstellige Artikelnummer.**

2

In den Artikelstammdaten ist für jedes Produkt ein Meldebestand zu bestimmen.

a **Begründen Sie, wie beim Artikel Tintenpatrone HP der Meldebestand berechnet worden ist (siehe Abbildung rechts). Gehen Sie von einem durchschnittlichen Absatz von einem Artikel pro Tag aus.**

Lager Tintenpatrone HP

Mindestbestand	3,00
Aktueller Lagerbestand	53,00
Höchstbestand	53,00
Meldebestand	13,00
Lieferzeit	10 Tag(e)
Lagerplatz	

Für den neuen Artikel Super-Memory 6 GB sind die Artikelstammdaten weitgehend erstellt worden. Der Meldebestand ist aber noch zu bestimmen (siehe Abbildung rechts unten).

b **Berechnen Sie den Meldebestand für den Artikel. Gehen Sie von einem durchschnittlichen Abverkauf von zwei Stück pro Tag aus.**

c **Beschreiben Sie, wie die Erstbestellung der Sticks über 40 Exemplare in das Warenwirtschaftssystem aufgenommen wird.**

Lager Super-Memory 6 GB

Mindestbestand	6,00
Aktueller Lagerbestand	0,00
Höchstbestand	40,00
Meldebestand	0,00
Lieferzeit	4 Tag(e)

3

Frau Möller hat – wie fast jeden Tag – den Bestellvorschlag aus dem Warenwirtschaftssystem ausgedruckt.

City-Warenhaus Bauer
Oberstraße 17
40878 Ratingen

Bestellvorschlag

Pos.	Art.Nr.	Bezeichnung 1 Bezeichnung 2 Vk-Preis	Lieferant Best.-Nummer	M-Bestand Bestand H-Bestand	Meldebestand Vorschlag	Abweichung
1	44020101	PLANA Plus 500 Blatt 80 g/m² 3,45	Schneidersohn KG 43445	6 12 36	12 24	
2	44060202	Tintenpatrone Farb-Set HP 2323 25,95	Pelikan GmbH & Co. KG 21844	20 38 72	40 34	

a **Erläutern Sie die Begriffe „M-Bestand" und „H-Bestand".**
b **Begründen Sie, warum die beiden Positionen im Bestellvorschlag aufgelistet sind.**
c **Geben Sie an, wie das Warenwirtschaftssystem den Bestellvorschlag ermittelt hat.**
d **Begründen Sie, welche Verbindlichkeit die Bestellvorschläge für Frau Möller haben.**

4

Bei dem Artikel „Tintenpatrone schwarz" haben sich die Bezugsbedingungen trotz intensiver Verhandlungen mit dem Lieferanten verschlechtert. Der Lieferant gibt als Grund verringerte Einkaufsmengen an.

Der Rabatt wurde von 10 % auf 5 % gesenkt und die Möglichkeit, Skonto geltend zu machen, wurde gestrichen.

a **Rufen Sie den Artikel im Warenwirtschaftssystem auf und geben Sie die Änderungen ein.**
b **Beurteilen Sie die Auswirkungen auf den Bruttoverkaufspreis.**
c **Setzen Sie den neuen Auszeichnungspreis fest.**

5

Der Artikel „Tintenpatrone Farb-Set" läuft sehr gut. Frau Möller möchte daher den Preis für das Produkt anheben, indem Sie den Gewinnzuschlag von 10 % auf 20 % verdoppelt.

a **Rufen Sie den Artikel im Warenwirtschaftssystem auf und geben Sie den neuen Gewinnzuschlag ein.**
b **Beurteilen Sie die Auswirkungen auf den Bruttoverkaufspreis.**
c **Setzen Sie den neuen Auszeichnungspreis fest.**

6

In der Aufgabe 5 haben Sie den Gewinnzuschlag in der Verkaufskalkulation des Artikels „Tintenpatrone Farb-Set" geändert. Es gibt ein weiteres Menü im Warenwirtschaftssystem, dass die Änderung des Gewinnzuschlages (und des Handlungskostenzuschlages sowie der Umsatzsteuer) zulässt.

Begründen Sie, wodurch sich Änderungen des Gewinnzuschlages an den beiden Stellen (Feldern) in ihrer Auswirkung unterscheiden.

Kalkulation des Bruttoverkaufspreises

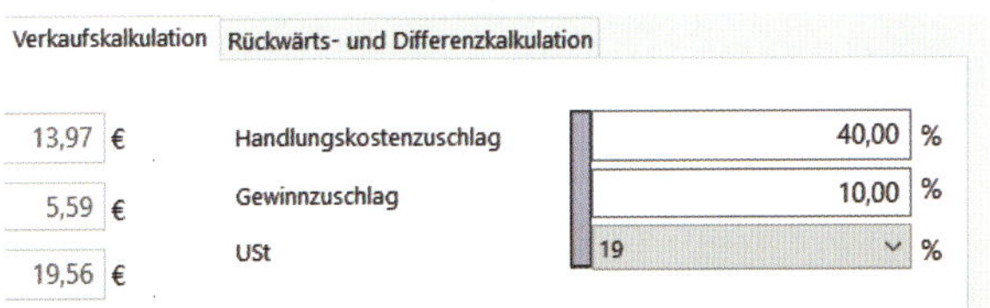

Kalkulationsgrößen im Menü Extras

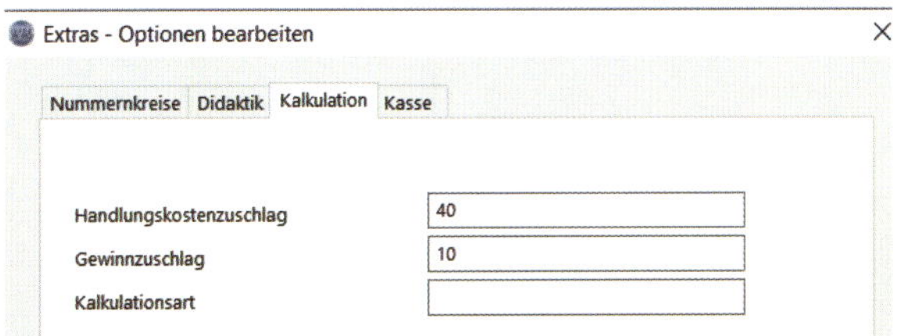

7

Die Bauschlosserei Mensing bittet um ein Angebot für ein Laser-Faxgerät. Sie erstellen das Angebot und übersenden es als PDF-Datei an die Bauschlosserei.

Der Inhaber, Herr Mensing, meldet sich daraufhin telefonisch und erwartet, dass er als Stammkunde einen Rabatt erhält.

Frau Möller einigt sich mit ihm auf einen Rabatt von 3 % und verspricht ein neues Angebot.

Angebot Nr. 129

Pos.	Art.-Nr.	Bezeichnung 1 Bezeichnung 2	Menge	Einheit	Einzelpreis	Positionspreis
1	44050201	Laser-Faxgerät Entry Level	1	Stück	204,16 €	204,16 €
Netto-Betrag:						204,16 €
		19,00 % USt. von	204,16 €		+	38,79 €
Rechnungsbetrag:						242,95 €

Zahlungsbedingungen: zahlbar sofort und ohne Abzug

Skonto: 0,00 % 0,00 €

Lieferbedingungen: frei Haus

a Erstellen Sie das erste Angebot für die Bauschlosserei Mensing: Lieferung frei Haus, zahlbar sofort und ohne Abzug. Rufen Sie dazu den Datensatz **WWS 2 Lernsituation 4 Rechnungsverkauf Arbeitsauftrag.lsi** auf.

b Ändern Sie das Angebot ab, indem Sie einen Rabatt von 3 % berücksichtigen (Button „Bearbeiten").

Herr Mensing bestellt daraufhin das Faxgerät zum neuen Preis.

c Erstellen Sie die Auftragsbestätigung, den Lieferschein und die Rechnung.

d Beschreiben Sie, was passiert, wenn Sie unter b den Button „Fortführen" verwenden.

8

Während des Telefongespräches (siehe Aufgabe 7) hatte Frau Möller kaum eine andere Wahl, als auf den Kundenwunsch einzugehen, weil die Bauschlosserei Mensing ein wichtiger Kunde ist. Trotzdem möchte sie nach dem Gespräch wissen, in welcher Höhe genau der Gewinn für ein Faxgerät durch die Rabattgewährung von 3 % verringert wird.

Ermitteln Sie mithilfe der Differenzkalkulation des Warenwirtschaftssystems die Gewinnveränderung für ein Faxgerät, wenn ein Rabatt von 3 % gewährt wird.

|Bildungsverlag EINS GmbH, Köln: Titel. |Bräker, Heinz-Jörg, Recklinghausen: 87.2, 87.3, 96.1. |Brauner, Angelika, Hohenpeißenberg: 57.1. |Bundesanstalt für Landwirtschaft und Ernährung (BLE), Bonn: 30.2, 261.3, 261.4. |Fairtrade Deutschland, Köln: 261.6. |Foto Stephan - Behrla Nöhrbaß GbR, Köln: 114.1, 296.1. |fotolia.com, New York: 89.1, 89.2, 89.3, 89.4, 89.5, 162.1, 239.1, 255.3; adisa 23.3; apfelweile 46.1, 221.1; AS Photo Project 108.1; BillionPhotos.com 240.4; Chainarong Prasertthai 242.2; ciud 224.1; Coprid 328.1; david_baily 283.2; dimedrol68 274.1; djama 240.2; dragon_fang 26.1; ExQuisine 81.1; geniuskp 301.1; gerenme 293.2; GlobalStock 109.3; gpointstudio 293.3; gradt 23.5; Gresei 103.1, 104.1; hcast 83.5; Issaurinko 221.3; JackF 91.1; klikk 240.1; Kneschke, Robert 255.1; lassedesignen 66.1, 70.1; lilechka75 259.1; Michael Tieck 158.1; MP2 36.3, 39.1, 242.1, 243.1; Muenchbach 240.3; onurdongel 293.4; PeopleImages 293.1; PRILL Mediendesign 83.3; ProstoSvet 96.2; Robert Kneschke 294.3; Robert Neumann 243.3; sabine hrdler 294.1; schenkArt 36.1; SensorSpot 258.1, 258.2, 258.3, 258.4; Stefan M¸ller 12.1; Stockwerk-Fotodesign 83.2; Szepy 109.2; TrudiDesign 23.4; Vadim Andrushchenko 211.1; venakr 221.2; volff 93.1, 93.2, 93.3, 93.4; VRD 46.2, 69.1; Xavier29 28.1; yang yu 106.1. |Henkel Central Eastern Europe GmbH, Wien: 83.4. |iglo GmbH, Hamburg: 27.1, 27.2, 27.3, 27.4. |Internationaler Verband der Naturtextilwirtschaft e.V. (IVN), Berlin: 30.3, 261.5. |iStockphoto.com, Calgary: Draghici, Alexandra 77.1; Ljupco 36.2, 40.1; Radu Razwan 180.1; urfinguss 272.1. |Jouve Germany GmbH & Co. KG, München: 20.1, 38.1, 43.1, 47.1, 49.1, 52.1, 65.1, 80.1, 102.1, 109.1, 109.4, 145.3, 145.4, 147.1, 160.1, 160.2, 170.1, 172.1, 176.1, 181.1, 182.1, 183.1, 193.1, 194.1, 195.1, 197.1, 198.1, 198.2, 199.1, 199.2, 199.3, 205.1, 208.2, 211.2, 224.2, 224.3, 225.1, 226.1, 226.2, 226.3, 228.1, 230.1, 230.2, 231.1, 232.1, 232.2, 233.1, 245.1, 246.1, 246.2, 260.1, 283.1, 288.1, 302.1; „ 145.1; michalsanca 145.2, 149.1. |Marine Stewardship Council (MSC), Berlin: 27.5. |Picture-Alliance GmbH, Frankfurt/M.: 30.1; dpa Themendienst/Andrea Warnecke 260.2. |stock.adobe.com, Dublin: 4th Life Photography 150.1; andriano_cz 268.1; Armstrong, Cello 73.1; Atkins, Peter 50.1; Cara-Foto 44.1; Diesing, Dominik 251.1; Fotoschlick 95.1; Gorodenkoff 276.1; gradt 83.6; K.C. 75.1; goodluz 133.1; kasto 255.2; lamyai 88.1; marmoset 16.1; michaeljung 86.1; MP2 242.2; Photographee.eu Titel; ra2 studio 308.1; rh2010 5.1; RobbieWi 86.3; rotoGraphics 242.3; Vietense, Sven 255.4; weerapat1003 243.2; Wittmann, Marcel 87.1. |StockFood, München: Dinodia Photo Library 29.1. |Voth, Martin, Heiden / Köln: 21.1, 23.1, 23.2, 23.6, 24.1, 24.2, 24.3, 25.1, 32.1, 33.1, 41.1, 61.1, 82.1, 83.1, 85.1, 86.2, 118.1, 120.1, 129.1, 152.1, 155.1, 182.2, 208.1, 213.1, 218.1, 219.1, 229.1, 234.1, 234.2, 234.3, 238.1, 253.1, 261.1, 261.2, 264.1, 267.1, 267.2, 271.1, 276.2, 280.1, 286.1, 294.2, 294.4, 299.1, 300.1, 304.1, 312.1, 319.1, 321.1, 322.1, 322.2, 323.1, 327.1, 328.2, 328.3, 329.1, 333.1, 333.2, 334.1, 337.1, 340.1, 340.2, 340.3, 341.1, 341.2, 341.3, 342.1.

Wir arbeiten sehr sorgfältig daran, für alle verwendeten Abbildungen die Rechteinhaberinnen und Rechteinhaber zu ermitteln. Sollte uns dies im Einzelfall nicht vollständig gelungen sein, werden berechtigte Ansprüche selbstverständlich im Rahmen der üblichen Vereinbarungen abgegolten.